公司控制、股东权利和章程设计

（第二版）

王悦建◎著

法律出版社 | LAW PRESS
北京

图书在版编目（CIP）数据

公司控制、股东权利和章程设计 / 王悦建著.
2 版. -- 北京：法律出版社，2024. -- ISBN 978 -7
-5197 -9473 -6

Ⅰ. F276.6；D922.291.914

中国国家版本馆 CIP 数据核字第 2024D0E964 号

公司控制、股东权利和章程设计（第二版）
GONGSI KONGZHI、GUDONG QUANLI HE ZHANGCHENG SHEJI（DI -ER BAN）

王悦建 著

策划编辑 周 洁 林 蕊
责任编辑 周 洁 林 蕊
装帧设计 汪奇峰

出版发行 法律出版社
编辑统筹 司法实务出版分社
责任校对 李慧艳
责任印制 吕亚莉
经　　销 新华书店

开本 710 毫米 × 1000 毫米 1/16
印张 29.75 **字数** 430 千
版本 2024 年 10 月第 2 版
印次 2024 年 10 月第 1 次印刷
印刷 保定市中画美凯印刷有限公司

地址：北京市丰台区莲花池西里 7 号（100073）
网址：www.lawpress.com.cn
投稿邮箱：info@lawpress.com.cn
举报盗版邮箱：jbwq@lawpress.com.cn

销售电话：010 -83938349
客服电话：010 -83938350
咨询电话：010 -63939796

书号：ISBN 978 -7 -5197 -9473 -6　**定价**：108.00 元

凡购买本社图书，如有印装错误，我社负责退换。电话：010 -83938349

最好的治理结构并非从理论中产生，它一定是从实践经验中发展而来的。对于那种声称某一种结构——或某一类结构——是最好的治理结构的观点，我们持一种怀疑态度。①

——[美]弗兰克·伊斯特布鲁克、[美]丹尼尔·费希尔

① [美]弗兰克·伊斯特布鲁克、[美]丹尼尔·费希尔：《公司法的经济结构》(中译本)(第2版)，罗培新、张建伟译，北京大学出版社2014年版，第5页。

凡　例

为行文方便,本书中除“参考案例”外的其他部分提及法律法规和部分规范性文件时使用简称,具体对应示例说明如下:

1.法律文件名称中的“中华人民共和国”省略,其余一般不省略。例如,《中华人民共和国公司法》,简称为《公司法》。

2.历次修正/修订后的《中华人民共和国公司法》,以《公司法》+(修订年份)标注。例如,2023 年 12 月 29 日经修订后颁布,2024 年 7 月 1 日施行的新《公司法》标注为:《公司法》(2023 年修订)。

3.公司法无标注的,均指广义上的公司法;本书“参考案例”中所指称的法律随案例的时间具体确定。

4.《最高人民法院关于适用〈中华人民共和国公司法〉若干问题的规定(一)》(法释〔2014〕2 号,2014 年修正),简称《公司法司法解释(一)》。

5.《最高人民法院关于适用〈中华人民共和国公司法〉若干问题的规定(二)》(法释〔2020〕18 号,2020 年修正),简称《公司法司法解释(二)》。

6.《最高人民法院关于适用〈中华人民共和国公司法〉若干问题的规定(三)》(法释〔2020〕18 号,2020 年修正),简称《公司法司法解释(三)》。

7.《最高人民法院关于适用〈中华人民共和国公司法〉若干问题的规定(四)》(法释〔2020〕18 号,2020 年修正),简称《公司法司法解释(四)》。

8.《最高人民法院关于适用〈中华人民共和国公司法〉若干问题的规定(五)》(法释〔2020〕18 号,2020 年修正),简称《公司法司法解释(五)》。

第二版 序言

欢迎来到股东权利意识的觉醒年代。

《公司法》历时近5年后于2023年12月29日获全国人大常委会审议通过，并于2024年7月1日施行。相较于原《公司法》，新《公司法》对公司治理、资本制度、股东权利保护、公司实际控制人、控股股东和董事、监事、高级管理人员[①]责任规制等方面都做了调整和修改。新《公司法》的施行将会带给公司管控与股东权利保护全新的革命，也会导致一系列的商事法律制度和实践发生变革，投资人、股东及董监高等相关利益主体应清醒地认识到这一巨变潮流并准备应对之道。

公司治理结构方面，新《公司法》将公司原来的二元制治理架构变成了一元制与二元制并存且可依据公司特点由股东自主确定的治理架构。公司治理架构方面如有董事会审计委员会，则可以不设监事或监事会；公司治理机构职权方面如股东会、董事会和经理的职权进行了重大调整；公司治理机构的成员配置进行了新的调适，比如董事会人数统一为3人以上，不设上限；公司治理机构的运行规范进行了修订，包括规定了新的议事规则等。新《公司法》还强化了对公司治理机构成员董监高的履职责任规制，新增对"影子董事""事实董事"、控股股东和实际控制人的责任规制等内容。公司控制权配置是公司治理的核心，也是整个治理体系发挥作用的逻辑起点。新《公司法》对公司治理如此大范围的修订必将对今后的公司控制造成极大影响，或将重塑公司控制格局。

资本制度方面，股东出资是公司设立、运营的物质基础，股东权利是资本制

---

① 公司董事、监事、高级管理人员在一起称呼时，统称为董监高。

度的核心内容,资本制度的任何变化都会影响股东权利的保护与实现。新《公司法》设定了有限责任公司股东的认缴出资期限,对股东出资方式进行了扩展,新增了股东失权制度及股东出资义务加速到期的情形,大大简化了有限责任公司的股权转让程序,完善和新增了两类公司异议股东的股权回购请求权,新增了有限责任公司股东压制下中小股东特别退出事项,新增了股份有限公司的类别股制度和授权资本制,还对公司的减资退出及除外事项进行了规定。从保护股东权利的角度看,新《公司法》扩大了知情权的范围并将股东知情权扩展到了股份有限公司的股东,降低了股份有限公司中小股东提案权的门槛。新《公司法》对资本制度和股东权利的修订内容将深刻而广泛地影响公司的投融资活动,左右着今后股东权利的保护与实现。

新《公司法》是公司制度的全新供给,必将极大地推动产生新的或改变原有的商业行为模式,包括公司控制与股东权利保护的改变。《公司法》(2013 年修正)引入认缴资本制度后,公司数量呈现爆发式增长,由 2013 年的 1033 万家增至 2021 年年底的 3800 万家。于 2022 年 3 月 1 日起实施的《市场主体登记管理条例》,使人们成立公司更加便捷。上海市浦东新区的《市场主体登记确认制若干规定》则先行先试,许多履职文件、股东会决议、董事会决议、任免文件等都不再需要向登记机关提交,成立公司再没有那么多的繁文缛节了。公司成立的便利性以及公司创造财富的特有作用,使目前我国有限责任公司约 5000 万家,股份有限公司约 10 万家①,数量众多的公司推动着全民股权时代的到来,无股不富成了大众的普遍财富信仰。人们尽管对设立公司、投资公司热情高涨,但对管理公司和控制公司、股东权利的保护与行使并不专业,甚至毫无概念。随着新《公司法》的颁布及施行,公司治理架构变得更加灵活且可供选择,股东多项权利义务联合行使且可进行契约化处理,实际控制人、控股股东和董监高法律责任更加严格,这些新动向都需要匹配行之有效的公司顶层制度。公司作为以团队组织为基础的治理结构,强调股东、董监高等相关主体之间的精诚合作,而非零和博弈,通过设计有效的制度,方可实现组织的均衡和利益的平衡。针对如何设计公司治理及管控架构、如何设计及平衡公司机构的职权、

---

① 王瑞贺主编:《中华人民共和国公司法释义》,法律出版社 2024 年版,第 6 页。

如何保护股东的自身权利等问题，新《公司法》无法为每个公司的特殊性一一提供规定及答案。因此，根据公司自身特点个性化设计适合本公司的顶层制度如公司章程等，是国内大中小型企业，包括国资国企、民营企业和外资企业必须面对的课题，也是公司创始人、实际控制人、控股股东、中小股东、董监高等相关利益主体创业、守业，实现财富传承、基业长青的必备技能。

机会主义已然过去，长期主义赢得未来。长期的竞争在某种程度上是公司自身规则和制度的差异化竞争，规则与制度的适配是公司竞争取得优势的关键。公司章程是公司的宪章性文件，总领公司的组织规则与行为。依据法律，公司章程是公司登记注册的必备文件，内容包含公司的经营范围、注册资本、组织机构及产生办法、职权和议事规则、法定代表人的产生及变更、类别股的股份数及其权利和义务、利润分配、解散事由、清算办法以及股东会会议认为需要规定的事项。公司章程的这些内容都与公司控制、股东权利保护紧密相关，对任何一家公司及其股东、创业者和公司创始人来说，公司章程都不可回避。结合权利义务的设定和我国法律法规，无论对何种类型的企业，公司章程都将日益重要。

针对国资国企，我国多次出台法规政策等文件强调公司章程的重要性。在《国务院关于国有企业发展混合所有制经济的意见》（国发〔2015〕54 号）文件中，国务院就明确要求“在少数特定领域探索建立国家特殊管理股制度，依照相关法律法规和公司章程规定，行使特定事项否决权，保证国有资本在特定领域的控制力”。在《国务院办公厅关于进一步完善国有企业法人治理结构的指导意见》（国办发〔2017〕36 号）文件中，国务院办公厅明确要求“坚持依法治企。……以公司章程为行为准则，规范权责定位和行权方式”。在国有资产监督管理委员会（以下简称国资委）《关于印发〈中央企业混合所有制改革操作指引〉的通知》（国资产权〔2019〕653 号）文件中，国资委明确要求“充分发挥公司章程在公司治理中的基础性作用”。在国务院国资委《关于印发〈国务院国资委关于以管资本为主加快国有资产监管职能转变的实施意见〉的通知》（国资发法规〔2019〕114 号）文件中，国资委明确指出“依法制定或参与制订公司章程，推动各治理主体严格依照公司章程行权履职，充分发挥公司章程在公司治理中的基础作用”。在国资委和财政部联合发布的《关于印发〈国有企业公司章程制定管理办法〉的通知》(国资发改革规〔2020〕86 号)文件中,在其第 1 条明确要求“充分发挥公司章程在公司治理中的基础作用,规范公司章程管理行为”。可以看出,随着时间的推移,国资体系不断在强调公司章程的重要性。在本次公司法修订中,新《公司法》通过第 172 条将原有国有独资公司董事会制订章程报国有资产监督管理机构批准的规定直接修改为“国有独资公司章程的制定和修改……应当由履行出资人职责的机构决定”,明确将章程的制定权上提,这一变化进一步说明了公司章程的重要性。

民营企业在成立和运营过程中,与朋友、同学、战友等熟人关系进行合作是常见现象。然而,公司治理和运营必然面临市场的竞争和利益的追逐,商业经济和人情关系之间必然会存在一定冲突。为了提前规避风险,通过公司章程提前规划好公司治理和运营、股东权利和义务显得尤为重要。我国规模较小或者股东人数较少的有限责任公司和股份有限公司多为封闭性公司,股东间的人合性较强,股东往往身兼公司管理职位亲自参与公司的经营管理,公司的所有权与经营权分离并不明显。此时,公司管控与股东间的平衡尤为重要,一旦出现纠纷,往往难以调整或解决,而公开上市的公司中发生公司控制权争夺和股东权利压制的情况也时有发生。这时,公司章程的预先规划和设计就显得非常重要。章程设计的重要价值在于预先平衡、协调公司内部各方的利益冲突,使公司在外部发展和竞争中形成合力并取得竞争优势,并不是为了使一方利益最大化而损害其他方的利益。

由于我国公司制度发展历史并不长,只有 30 多年的时间,我国众多的投资者、股东、董监高等可能没有管控公司长期积累的深厚经验,《公司法》在其头脑中可能只是一个成立公司、运营公司的文本指导,并没有内化到日常公司治理和管控之中。另外,《公司法》虽然经过了多次修改,但也只能进行普适性规定,个性化问题仍然无法一一顾及,这就需要我们认真学习《公司法》,掌握适用的实务方法,以便应对日常公司管控和众多股东权利的个性化问题。

本书第一版围绕公司控制与股东权利保护的现实需要,针对性地设计了符合公司管控的个性化规定和章程条款,得到了广大读者的认可,并曾取得京东法律实务热卖榜前三名、当当法律实务新书榜前四名、当当法律实务畅销榜前六名的名次。随着新《公司法》的颁布施行,本书第二版也因此加入新法内容,对应进行修订。新《公司法》修订内容过多且颁布和施行时间不长，在司法实践上与最新修订内容相关的典型案例并不多，所以每章引用的案例及每章最后一部分的案例分析没有大规模更新和修订，案例中的法律法规也是随着具体案件而适用当时的法律法规，特此说明。

结合新法，每章修订后的内容，简要介绍如下：

第一章：公司控制、股东权利的章程之道。本章结合《公司法》修订的大背景，依据法律修订的新内容，依然从分析公司控制入手，结合新《公司法》的赋权性规定，阐明公司控制与股东权利保护和章程个性化设计的关系，指出公司控制和股东权利保护的章程进路。

第二章：股东知情权的章程设计。股东知情权是股东的固有权利，也是股东的基础性、前提性和手段性权利。新《公司法》针对股东知情权的范围给予了扩张，包括可以查阅公司会计凭证，同时赋权股份有限公司的股东，在一定条件下对股份有限公司包括上市公司行使知情权。这些权利的扩张虽然有利于股东行使知情权，但给公司控制与股东权利保护带来不同程度的冲击，给公司商业秘密保护带来风险，增加了公司经营成本。本章从衡平的角度出发，对知情权的主体、目的、范围、行使方法、前置程序以及责任承担进行章程个性化设计，以期在公司管控、股东知情权、公司商业秘密保护等方面实现多赢。

第三章：公司议事规则的章程设计。通过会议形成决议是公司治理与管控的主要形式，因此会议议事规则对实体性事项的决议是否有效、可撤销或不成立的结果至关重要。新《公司法》将原来公司决议瑕疵所导致的无效、可撤销、不成立"三分法"方式以法律形式确立下来，同时还对股东提案权、表决权、有限责任公司股东会会议普通事项的表决规则和董事会的法定人数和表决规则都有重要修订，这些内容都与公司管控与股东权利保护息息相关。本章结合新《公司法》的规定，完善了公司股东会、董事会、监事会的会议程序性事项，以便更高效地管控公司、更好地保护股东权利。

第四章：公司表决权控制的章程设计。股东表决权的最大变化是类别股制度通过试点正式进入了新《公司法》，同时新《公司法》也要求公司章程对类别股进行细化规定。新《公司法》关于表决权的新增内容大大丰富了公司控制与股东权利保护的手段。新《公司法》对股东会、董事会以及经理的职权进行了调整，本章也会将这部分新调整的内容从公司控制与股东权利保护的角度尝试进行设计，从而适应新法的趋向。

第五章：法定代表人、董监高的章程设计。公司法定代表人、董事、监事和高级管理人员是公司经营管理的决策者、执行者和监督者。新《公司法》对法定代表人的选任主体进行了扩大，新增了法定代表人的辞任及补任规则，大大强化了董监高履职责任，包括增加忠实义务和勤勉义务的内涵，规制"事实董事""影子董事"的责任，从抽逃出资、违法资助、违法分配等方面规制董监高履职行为。公司是拟制的法人主体，公司控制的实际落地、股东权利的行使与保护都与公司这些关键人员的选任与履职紧密相连。本章将结合新法对公司这些关键少数的职权范围、资格限定、选任与解职以及责任承担进行章程个性化设计，以实现公司控制和股东权利保护落实到人。

第六章：股东分红的章程设计。股东投资的主要目的是获得分红和资本增值。如果没有章程对分红权的保护，股东投资目的就无法实现。新《公司法》新增了利润分配的法定期限，同时对违法分配利润的责任承担也进行了规定。本章从股东分红权的程序条件和实质条件出发，对股东分红权的主体、决策程序及滥用权利等方面进行章程设计并给出参考性条款，以便更好地保护股东分红权，平衡股东分红与公司发展，从而实现股东的投资目的。

第七章：股权转让的章程设计。新《公司法》大大简化了有限责任公司股东转让股权的程序事项，使有限责任公司的股东转让股权更加便利，同时明确规定了章程可以限制股份有限公司的股份转让。股权转让不仅是财产权的转让也是股东资格的变动，新《公司法》加大股权转让的自由度，将会对公司股权架构的稳定造成冲击。本章在新法内容的基础上，依然关注公司控制与股东权利，并在股权流转自由度大大增加的基础上通过章程设计掌握与平衡公司控制与股东权利保护。

第八章：股东退出的章程设计。股东退出是避免公司僵局的重要手段，合作设立公司是股东的自由选择，而分手退出公司也应是股东的选择自由。新《公司法》对股东退出的规定明显进步。新增了对有限责任公司股东压制情况下的退出的规定，也对股份有限公司的股东赋予了异议股东回购请求权。本章的修订意在满足异议股东变动、治理结构优化、资本结构调整、股权激励实行以及投资者风险控制等涉及公司控制与股东权利保护的实际需要。

第九章:股东资格继承的章程设计。股东资格的继承会改变现有的股权结构,引起公司组织架构变动及权利的重新分配,特别是新《公司法》新增了股份有限公司的继承事项,并规定公司章程可以另有规定。随着公司创业一代渐入退休状态,股东资格继承成为公司控制与股东权利保护绕不开的话题。本章修订增加了新法的规定,围绕公司控制与股东权利保护,对有限责任公司和股份有限公司两种公司类型的股东资格继承进行了设计,并提供了相应的章程参考条款,目的是通过公司控制与股东权利保护使公司基业长青。

第十章:公司反收购的章程设计。公司并购是资本市场上的常见现象,而针对上市公司的收购往往是突然而急促的,这也是为什么有"门口的野蛮人"的说法。本次《公司法》修订增加了授权资本制,也明确了董事提前解任的赔偿。这些新增内容丰富了公司反收购的手段,例如从"毒丸计划"和"金色降落伞"的角度来设计章程的反并购措施,以应对公司"门口的野蛮人"。本章的章程示范条款可以给予上市公司反收购主体对抗敌意收购的章程工具和类似灵感。

第十一章:有限合伙企业在公司控制中的应用。公司控制是一门法律技术,也是综合手段的运用。有限合伙企业是汇聚资金、集中控制权的有效工具,已被市场主体运用得炉火纯青。虽然市场中一些知名的合伙运用随着经济的发展有了新变化,但从公司控制和股东权利保护的角度来看,利用有限合伙企业进行公司控制与股东权利保护的经典模式并不过时。本章是从公司股权架构的角度并非公司章程条款的角度通过有限合伙的架构分配股权并聚合人力与资本,基于新《公司法》新内容,结合经典模式进行架构设计,以便丰富实践中的公司控制与股东权利保护。

第一版 序言

公司控制是制度的控制！股东权利首先是落实到制度上的权利！

一、公司数量的激增及公司要素的变化成为公司控制和股东保护的新课题

在公司法改革的大背景和“大众创业、万众创新”的国家政策鼓励和支持下，随着公司设立准则主义的确立，投资者的投资热情高涨，国内各类公司如雨后春笋般涌现，公司数量的野蛮增长也让公司控制和股东权利保护成为公司治理中的一道难题。

常言道：人无头不走、鸟无头不飞。几乎每家公司都有控股股东或实际控制人，但仅有控股股东或实际控制人并不能实现公司的发展壮大。通过公司平台，股东包括控股股东和实际控制人、投资者、公司董监高、[①]员工及其他相关利益者提供的各生产要素聚合在一起，这些要素如何在公司的发展运营中实现动态平衡？尤其是在现代高新技术快速发展和全球网络经济的背景下，公司发展中的知识性要素的重要性不断提升，使资本性要素不再像以前那样重要，公司利益主体的权力/利、利益分配又如何在公司生产要素的变动中保持平衡？以便让公司顺利发展，让人们的资本、智力等要素得到最大的发挥和回报，这些都成为公司控股股东、实际控制人及相关利益主体不得不思考的问题。

创始股东有理想、有激情，有守业坚持与勤奋，有展业目标与规划，且对公司有天然的控制愿望和动机，但从一而终的公司控制似乎难以维持。中小股东是“搭便车”、随波逐流，还是主动参与？股东权利如何保护？董监高、技术人

---

① 公司董事、监事、高级管理人员简称董监高。

才或关键员工在公司治理过程中如何保持自己的人力价值不断提升,如何从管理者权利、参与者权利变成所有者权利,分享公司的发展成果?公司内部遇到的这些问题以及公司所涉利益主体权利义务的碰撞必须在公司实践中获得解答或寻找出路。因此,如何依据公司法律赋予的自治权利平衡公司各方主体的权责利,实现公司管控与股东权利保护之间的平衡,是公司管控与股东权利保护必须解决的问题。否则,公司组合要素的动态变化会导致公司管控与权力失衡,从而引起公司控制权争夺。

二、国内外公司争夺案例简析

国外知名的公司争夺案例有苹果公司和Facebook。以苹果公司为例,创始人之一的乔布斯曾经因公司融资、股权稀释而丢掉苹果公司的控制权,被赶出公司董事会,但这导致公司经营状况急转直下,最终公司股东又将乔布斯请回,让其接管苹果公司。Facebook 的创始人扎克伯格也遭到小股东提案,要求其离开 Facebook 董事会,[①]但扎克伯格于 2009 年主导了对 Facebook 的股权结构调整,采用了 A 类、B 类股的双层股权结构,扎克伯格持有的 B 类股票拥有 A 类股票 10 倍的表决权,再加上其双层股权结构的设计中还加入了一个表决权代理协议(voting agreement),前十轮融资中 Facebook 的所有投资者都需要同 Facebook 签订这个表决权代理协议,同意在某些特定的需要股东投票的场合授权扎克伯格代表他们进行表决,且这项协议在 IPO 完成后仍然具有效力,这部分代理投票权为 30.5%,加上扎克伯格本人拥有 28.4% 的 B 级股,扎克伯格总计拥有 58.9% 的投票权,具有对 Facebook 的绝对控制权,从而避免了控制权之争。[②]

国内也不乏公司控制权争夺案例。大家熟悉的公司争夺案有国美电器、雷士照明、真功夫控制权争夺以及“宝万之争”等案例。这些案例中既有公司创

---

① 载 https://www.sohu.com/a/278518876_99955901,最后访问日期:2020 年 8 月 19 日。

② 参见吴建国、黄俊铭、毕曙明:《扎克伯格如何掌握控制权?即使经过 10 次融资,依然牢牢控制公司》,载《经理人》2012 年第 9 期。

始股东最终惨败的案例,也有和谐解决的个案。雷士照明就是一个公司创始股东历经三次控制权争夺而最终控制权旁落、创始股东吴长江涉刑入狱的典型案例;宝能与万科的“宝万之争”的公司争夺不仅存在于万科公司的股东之间,还存在于股东与经营者之间,虽然“宝万之争”最终和平解决,但万科公司主要创始人王石也以退休的名义离开万科。

研究这些案件的主要成因可以看到,其实质是公司的动态发展在相对固化的公司控制规则面前遇到了矛盾,是公司管控的常态与公司要素的动态产生了冲突,也是公司控制者对稳定控制与动态控制认识不足产生的问题。要防范或解决此类风险,公司股东应在公司成立和发展过程中保持公司治理与管控的权责利配置的动态平衡,做好公司顶层制度的动态设计,而配置公司权责利及公司顶层制度设计最重要的在于公司章程。

三、公司控制和股东权利的章程之道

我国《公司法》第 11 条明确规定,设立公司必须依法制定公司章程。公司章程对公司、股东、董事、监事、高级管理人员具有约束力。第 25 条和第 81 条分别规定了有限责任公司和股份有限公司的章程内容。依据该两条规定,公司章程应规定股东名称、出资方式、出资额度、出资时间,以及公司的机构及其产生办法、职权、议事规则等事项,章程规定的这些事项可以归纳为参与决策权,选择,监督管理者权,资产收益权,知情权,提议、召集、主持会议权,以及股东诉权等权利,这些权利与公司控制和股东权利保护密切关联,因此公司控制与股东权利的保护离不开公司章程。

公司章程具有公司宪章的地位,是贯穿公司从成立、存续到解散的公司业务活动、组织架构、内部治理等一系列公司自治性规范的总纲领,公司章程也是股东、投资者及公司管理者等公司相关利益主体之间的关系框架和公司发展蓝图。

公司章程制定得好,公司各相关主体的权责利可依据公司章程的个性化设计而各司其职。通过公司章程个性化的设计,公司管控主体可以排除或限制法律适用,制定适合自己公司管控的“法律”;通过公司章程的个性化设计,股东权利可以进行扩张、限缩、交换、委托,从而达到股东某种特定的目的。如果忽视章程设计或仅用章程范本来应对公司管控的动态变化或股东权利的各种要求,后期公司内部出现“你死我活”的争夺或权利纠纷就不足为奇了。

四、本书内容简介

本书结合最高人民法院《全国法院民商事审判工作会议纪要》(法〔2019〕254 号)和《民法典》生效后的司法解释等最新法律法规及近 200 个公司典型案件裁判要旨,参考了中国法学会商法学研究会《公司法》修改巡回论坛中部分法学专家的意见或观点,从公司自治的角度,通过章程个性化设计来强化公司控制及股东权利保护。特别需要指出的是,本书的公司控制并非仅指控股股东或实际控制人的公司控制,也包括中小股东或相关利益主体通过权利配置对公司的控制;本书的股东权利保护不仅是指保护控股股东的权利,也包括保护中小股东和相关利益主体的权利。正如专家所说,中国公司的核心问题是公司控制以及少数股东间的利益冲突与治理,而本书尝试从控股股东、实际控制人、中小股东及公司利益相关者多个公司主体的视角通过章程设计将公司控制与股东权利保护限定在法律和商业理性允许的范围之内,致力于帮助控股股东、实际控制人、中小股东及公司利益相关者提高处理公司核心冲突问题的能力。

俗话说,人的一生,关键就那么几步。而控制公司与保护股东权利,关键就是那么几个章程条款。本书结合司法类案,对与公司控制和股东权利保护有密切关系的几个章程关键条款进行分析及个性化设计,并给出了部分参考条款。具体包括以下主要内容。

第一章:公司控制、股东权利和章程设计。公司控制不应是随意的控制,而股东权利保护也不应是空喊的口号。本章从分析公司控制入手,结合法律规定分析公司章程的内容、效力及使用现状,阐明了公司控制与股东权利保护应通过公司章程条款的设计具体落地,给出了公司控制和股东权利保护的章程路径。

第二章:股东知情权的章程设计。股东知情权是股东的基础性和前提性权利,也是股东的固有权利,但知情权不能滥用。本章在分析股东知情权的基础上,从知情权的主体、目的、范围、行使程序以及责任承担几个方面进行个性化设计,既保证了公司管控状态的稳定,又有针对性地保护股东知情权,保护公司信息或机密不被“经济间谍”似的股东或其他有不正当目的的股东侵犯。

第三章:公司议事规则的章程设计。无程序权利,则无实质正义。会议是公司管理的主要形式,民主、科学的议事程序是保证公司管控的稳定及股东权利实现的程序要件。本章从分析公司“三会”(股东大会、董事会、监事会)的议事规则开始,从导致决议可撤销的因素出发,对公司召集和主持主体、通知送达与时限、会议有效人数、提案及发言等会议规则的细节方面进行了分析与设计,通过设计程序权利以稳定公司控制并保护股东权利。

第四章:公司表决权控制的章程设计。无表决则无权利更谈不上控制。随着市场经济及高新技术的发展,公司个性化的表决规则越来越常见。本章从公司控制的角度对股东表决及董事会表决进行了分析,对股东会表决及董事会表决的比例、表决事项类别、表决的特别安排、表决排除以及股东会和董事会权限范围进行了分析和设计,对公司要素变动下公司控制的动态平衡进行了有益的探索。

第五章:法定代表人、董监高公司控制的章程设计。管控公司首要问题在管控关键人员,公司控制和股东权利的实现也有赖于公司关键岗位和关键人员的职权行使。本章针对公司法定代表人、董监高的职权范围、资格限定、选任与解职以及责任承担方面进行了章程设计,以期对这些关键岗位和关键人员进行有选择性和目的性的设置,以保护公司控制的稳定以及股东权利的实现。

第六章:股东分红权的章程设计。股东投资的目的就是获得公司利润,如果没有章程对分红权的保护,股东投资目的则无法实现。本章从股东分红权的程序条件和实质条件出发,对股东分红权的主体、决策程序及滥用权利等方面给予章程设计的建议并给出了参考性条款,以便更好地保护股东分红权,平衡股东分红与公司发展,限制股东从公司中不当得利,从而实现股东的投资目的。

第七章:股权转让的章程设计。股权是公司的股东对公司享有的人身和财产权益的一种综合性权利。股权转让不仅是股东财产的让渡,也是股东身份的变更,股权转让容易引起公司控制和股东权利的变化,在实务中公司纠纷大部分是股权转让纠纷。本章从有限责任公司和股份有限公司股权转让的章程规制出发,对股权转让的对象、比例、价格、程序、限制等条款进行了分析与设计,以期通过个性化的条款设计减少股权转让对公司控制的冲击,保护股东转让股权的权利,防范股权转让纠纷产生的风险。

第八章:股东退出的章程设计。“天下没有不散的筵席。”合作设立公司是股东的自由选择,而分手退出公司也应是股东的选择自由,且股东退出是避免公司僵局的重要手段。本章分析了股东退出的法定路径和协议路径,并从股东退出的三种协议路径进行了分析和章程条款的设计,以便避免公司僵局,满足异议股东变动、优化治理结构、资本结构调整、股权激励实行以及投资者风险控制等公司事项的实际需要。

第九章:股东资格继承的章程设计。股东资格的继承会改变现有的股东结构,或使不适格的人成为公司股东,也会导致公司现有控制状态的改变并引发公司的动荡,因此,提前设计股东资格继承的章程条款可使公司控制状态保持稳定且保持公司的文化传承。本章从股权继承导致公司失败的案例谈起,从特定继承主体、维护公司人合性及妥善安排公司控制权的角度对股权继承条款进行分析和个性化设计,并提供了相应的章程参考条款,目的在于保证公司的基业长青。

第十章:公司反收购条款的章程设计。公司收购与反收购是资本市场上的常见现象,针对上市公司的收购往往突然而短促,这也是为什么有“门口的野蛮人”的说法。本章从敌意收购的分析入手,对敌意收购的定义、特别事项多数决条款、股东提案权限制条款、限制董监高资格条款以及“金色降落伞”条款进行分析和设计,在保证公司控制的稳定性、避免短期利益的并购者损害公司利益等方面进行了探索。本章的章程参考条款可以为上市公司反收购主体对抗敌意收购提供有用的章程工具和类似的灵感。

第十一章:有限合伙企业在公司控制中的应用。公司控制是一门法律技术,也是综合手段的运用。有限合伙企业以其独特的法律特征为公司控制提供了一种有用的工具和路径。本章主要分析了有限合伙企业的制度优势,并结合绿地集团和蚂蚁集团的控制架构向读者展示了有限合伙在公司控制中的实际应用。本章还介绍了阿里巴巴“湖畔合伙人”的非典型合伙控制在公司法基础上的实践运用,对此公司控股股东和实际控制人可以参考适用。本章是从公司股权架构的角度而非公司章程条款的角度提示公司控股股东和实际控制人可以通过有限合伙的架构分配股权并聚合人力与资本,像绿地集团、蚂蚁集团一样,牢牢掌握公司的控制权,在“带头大哥”的领导下实现共同富裕。

目 录

第一章　公司控制、股东权利的章程之道 …… 1
一、公司控制 …… 2
（一）公司控制的含义 …… 3
（二）公司控制的特征 …… 6
（三）公司控制的诸法界定 …… 8
二、公司控制与股东权利 …… 9
（一）公司控制的股权基础 …… 10
（二）公司控制的股东要素及变化 …… 11
（三）公司控制的股东权利协同 …… 13
三、公司控制、股权保护的章程进路 …… 14
（一）公司章程概述 …… 14
（二）公司章程的特征 …… 16
（三）公司章程的法律效力 …… 17
（四）公司章程当下的不足 …… 18
（五）公司章程的自治设计空间 …… 21
（六）公司控制、股权保护的章程设计 …… 23

第二章　股东知情权的章程设计 …… 29
一、股东知情权 …… 30
（一）股东知情权的历史沿革 …… 30
（二）股东知情权的功能 …… 31
（三）公司控制视角的股东知情权 …… 32

(四)股东知情权章程设计的可行性和必要性 …… 33
二、股东知情权的章程设计 …… 34
(一)瑕疵出资股东知情权的章程设计 …… 35
(二)股东行使知情权"不正当目的"的章程设计 …… 40
(三)股东知情权行使范围的章程设计 …… 45
(四)股东知情权行使方式和程序的章程设计 …… 52
(五)股东知情权行使主体责任承担的章程条款设计 …… 58
三、股东知情权经典案例解析 …… 60
(一)案情简介 …… 60
(二)争议焦点 …… 63
(三)法院判决和裁判理由 …… 63
(四)案件评析 …… 66

第三章 公司议事规则的章程设计 …… 71
一、公司议事规则概述 …… 72
(一)公司"三会"现行议事规则 …… 73
(二)公司议事规则易产生瑕疵的情形 …… 79
二、公司议事规则的章程设计 …… 83
(一)股东会议事规则的章程设计 …… 85
(二)董事会议事规则的章程设计 …… 126
(三)监事会议事规则的章程设计 …… 141
三、公司议事规则经典案例解析 …… 146
(一)案情简介 …… 146
(二)争议焦点 …… 148
(三)法院判决和裁判理由 …… 148
(四)案件评析 …… 149

第四章 公司表决权控制的章程设计 …… 153
一、公司表决权概述 …… 153

(一)股东表决权 …… 154
(二)董事表决权 …… 159
二、公司表决权的章程设计 …… 160
(一)股东表决权的章程设计 …… 160
(二)董事会表决及章程设计 …… 180
(三)股东会、董事会、经理职权博弈的章程设计 …… 194
三、公司表决权经典案例解析 …… 203
(一)案情简介 …… 203
(二)争议焦点 …… 205
(三)法院判决和裁判理由 …… 205
(四)案件评析 …… 206

第五章 法定代表人、董监高的章程设计 …… 210
一、法定代表人 …… 211
(一)法定代表人的章程设计 …… 212
(二)法定代表人的职权范围 …… 214
二、董事、监事和高级管理人员 …… 217
(一)董事 …… 217
(二)监事 …… 236
(三)公司高级管理人员 …… 248
三、法定代表人、董监高公司控制经典案例解析 …… 260
(一)董事长兼法定代表人违反章程规定应担责 …… 260
(二)高级管理人员违反忠实义务的,所得收入归公司所有 …… 263
(三)已辞职的监事对股东会决议是否有诉权? …… 267
(四)高级管理人员应从“职位”和“职权”两方面确定 …… 270

第六章 股东分红的章程设计 …… 276
一、股东分红权概述 …… 276
(一)股东分红权实现的实质性条件 …… 276

(二)股东分红权实现的程序性条件 …… 277
(三)阻碍股东分红权实现的常见问题 …… 278
二、股东分红权的章程设计 …… 280
(一)股东分红比例的章程设计 …… 281
(二)瑕疵出资股东分红权的章程设计 …… 282
(三)隐名股东分红权的章程设计 …… 284
(四)股东利润分配的实体性条件的章程设计 …… 285
(五)公司利润分配的决策程序事项的章程设计 …… 289
(六)公司利润分配时滥用股东权利的章程设计 …… 290
三、股东分红权经典案例解析 …… 292
(一)案情简介 …… 292
(二)争议焦点 …… 293
(三)法院判决和裁判理由 …… 293
(四)案件评析 …… 296

第七章 股权转让的章程设计 …… 299
一、股权转让概述 …… 299
(一)有限责任公司股权转让 …… 301
(二)股份有限公司的股份转让 …… 303
(三)公司控制权角度的股权转让 …… 307
二、股权转让的章程设计 …… 309
(一)对股权转让对象进行限制 …… 309
(二)对股权转让比例进行限制 …… 311
(三)对股权转让的价格进行限制 …… 312
(四)对股权转让的程序进行限制 …… 313
(五)特定主体股权转让的限制条款 …… 315
(六)股东股权转让的其他参考条款 …… 317
三、股权转让经典案例解析 …… 320

(一)案情简介 …… 320
(二)争议焦点 …… 322
(三)法院判决和裁判理由 …… 322
(四)案件评析 …… 324

第八章 股东退出的章程设计 …… 329
一、股东退出概述 …… 329
(一)股东法定退出 …… 330
(二)股东协议退出 …… 335
二、股东退出的章程设计 …… 338
(一)股东退出之股权回购 …… 338
(二)股东退出之股东失权 …… 346
(三)股东退出之股权转让 …… 349
三、股东退出经典案例解析 …… 352
(一)案情简介 …… 352
(二)争议焦点 …… 353
(三)法院判决和裁判理由 …… 353
(四)案件评析 …… 354

第九章 股东资格继承的章程设计 …… 356
一、股东资格继承概述 …… 356
(一)股东资格继承现状及案例简介 …… 356
(二)股东资格继承现行法律规定的解析 …… 357
(三)股东资格继承的可设计性 …… 358
二、股东资格继承章程设计 …… 360
(一)类似公司法一般规定的章程条款 …… 360
(二)维护公司股东人合性的章程条款 …… 361
(三)股东资格继承人具有特定身份,不方便或不宜担任股东的章程条款 …… 362

(四)继承人为无民事行为能力人或限制民事行为能力人的章程条款 …… 363
(五)继承人为数人的章程条款 …… 364
(六)瑕疵出资股东资格继承的章程条款 …… 365
(七)隐名股东的股东资格继承 …… 365
(八)无继承人可继承或继承人拒绝继承股东资格的章程条款 …… 366
(九)继承发生时公司控制权的妥善安排 …… 367
(十)股东职务不得继承的章程条款 …… 367
(十一)股东资格继承程序安排的章程条款 …… 368
三、股东资格继承经典案例解析 …… 369
(一)基本案情 …… 369
(二)争议焦点 …… 369
(三)法院判决和裁判理由 …… 370
(四)案件评析 …… 370

第十章 公司反收购的章程设计 …… 373
一、公司反收购概要 …… 374
(一)收购与反收购 …… 374
(二)章程反收购分析 …… 377
二、公司反收购章程设计 …… 380
(一)敌意收购的章程定义条款 …… 381
(二)"毒丸计划"反收购章程措施前瞻 …… 383
(三)特别事项多数表决条款 …… 385
(四)股东提案权限制条款 …… 387
(五)限制董监高资格条款 …… 389
(六)"金色降落伞"条款 …… 390
三、公司反收购经典案例解析 …… 393
(一)案情简介 …… 393

(二)争议焦点 …… 395
(三)法院判决和裁判理由 …… 395
(四)案件评析 …… 397

第十一章 有限合伙企业在公司控制中的应用 …… 400
一、合伙企业概述 …… 400
(一)合伙企业的特征 …… 400
(二)合伙企业的分类 …… 401
二、有限合伙企业及其制度优势应用 …… 403
(一)有限合伙企业的特征 …… 403
(二)有限合伙企业的权力分配 …… 404
(三)有限合伙企业的优势 …… 405
(四)有限合伙企业在公司控制中的应用 …… 406
三、利用有限合伙控制公司的经典实例 …… 410
(一)典型性有限合伙企业作为持股平台的控制模式 …… 410
(二)非典型性合伙人控制模式:阿里巴巴合伙人制度 …… 416

参考书目 …… 422

附 录 …… 426
一、有限责任公司章程参考版本 …… 426
二、有限合伙协议参考版本 …… 439

后 记 …… 448

第一章　公司控制、股东权利的章程之道

在网络经济中，真正的商业和组织艺术不在于控制包括"每个人"的群体，而在于在最佳时间为每一个利基市场找到底层和顶层的最佳组合。[①]

"控制"是一个人们耳熟能详的词语，《现代汉语词典》将其解释为"掌握住不使其任意活动或超出范围；使处于自己的占有、管理或影响之下"[②]。控制与人们的安全感息息相关且在我们日常生活中无处不在。人类的开拓雄心和与生俱来的危机意识导致人们喜欢通过控制追求更多并寻求安全感。对于个体而言，正是有意识的控制使人们能够沿着规划的轨道前进。而对于公司而言，必须通过适度而有效的控制来保证相关利益的维护与公司的长远发展。

公司控制是个复杂问题。伯利和米恩斯在 1932 年出版的《现代公司与私有财产》一书中对美国 200 家大公司进行了分析，发现在这些大公司中有相当比例的公司由并未拥有公司股权的高级管理人员所控制，由此得出结论：现代公司已经发生了"所有与控制的分离"，即公司实际已由职业经理组成的"控制者集团"所控制。[③] 钱德勒认为，股权分散的加剧和管理的专业化，使得拥有专门管理知识并垄断了专门经营信息的经理掌握了对企业的实际控制权，从而导致"两权分离"。[④] 依据伯利和米恩斯的理念，公司控制随着公司的"两权分离"

---

① 参见［美］凯文·凯利：《技术元素》，张行舟、余倩等译，电子工业出版社 2012 年版，第 189 页。

② 中国社会科学院语言研究所词典编辑室编：《现代汉语词典》（2002 年增补本），商务印书馆 2002 年版，第 723 页。

③ 参见［美］阿道夫·A. 伯利、［美］加德纳·C. 米恩斯：《现代公司与私有财产》，甘华鸣、罗锐韧、蔡如海译，商务印书馆 2005 年版。转引自曹时礼：《从国美事件探究我国上市公司的现代化路径》，载《华东经济管理》2011 年第 4 期。

④ 黄璐：《经营者持股和股权激励计划的治理效应研究》，厦门大学 2012 年硕士学位论文，第 13 页。

发生了变化,除了通过股东所有权控制,高级管理人员的知识性资源对公司控制也产生了重大的影响,特别是新质生产力国家战略的提出与推动,这都会导致公司控制产生动态变化。

公司成立之初,股东的出资是公司赖以存在的前提条件,但随着公司的发展,有助于公司发展壮大的知识性资源、人力资源等诸要素更多地汇聚到公司内部。特别是随着网络经济、数字经济的发展,知识性资源和人力资源对公司发展的重要性不断提升,重要性的提升会导致利益诉求的增加,由此公司内部会形成不同的利益团体。由于公司控股股东、中小股东、管理层及专业人才等主体身份往往具有复合性,团体的利益博弈更为复杂。虽然多方主体都想通过对公司的控制和管理来实现自身利益最大化,但由于身份局限、法律规制、利益掣肘等原因,会产生每一方都无法完全控制公司,并进而在公司内部形成利益动态博弈的局面。

公司内部利益的博弈会直接导致股东权利的动态变化。虽然《公司法》(2023 年修订)第 4 条第 2 款明确规定,公司股东对公司依法享有资产收益、参与重大决策和选择管理者等权利。但是,谁控制了公司,谁就在公司治理的博弈中占据了优势地位,在选择管理者和决定重大决策问题上有更多话语权,从而享有更多公司利益,并可进一步巩固自己的控制地位。不过,不具有优势控制地位的公司股东并非无所作为,这类股东完全可以利用法律的赋权,充分利用规则保护自己的股东权利。除法律法规外,公司内部的博弈规则就是公司自治性规范的总纲领——公司章程。正如中国法学会商法学研究会会长赵旭东教授所说,“公司章程在公司机构职权划分中居于核心的地位,实际上成为职权分配的最终依据”①。

一、公司控制

围绕着公司控制权产生、控制权争夺和控制权保卫已经成为现代公司经营

---

① 赵旭东:《公司组织机构职权规范的制度安排与立法设计》,载《政法论坛》2022 年第 4 期。

发展过程中所面临且必须要解决的重大问题。①

(一)公司控制的含义

1. 公司控制的概念

尽管公司控制是热门话题,但界定什么是公司控制并不容易。

从公司治理的角度看,公司控制是指“对一个公司的经营者或方针政策具有决定性的影响力,这种影响力可以决定一个公司的董事会的选任,决定公司的财务和经营者管理活动,甚至使该公司成为实现某种特定目的的工具”②。也有学者认为,“公司法上的控制是指对统驭一个公司经营管理与政策决策的描述,控制权是对公司经营管理和政策决策的权力(Power)。从企业所有与企业经营分离的角度,可以这样定位控制权:以所有权为依据但又可以与所有权相分离的经营权”③。从决议机制上看,公司内部董事会在资本多数决的基础上,由股东大会选举并委派法人执行机构负责处理公司运营中的事务,公司股东拥有解聘和选任董事的权利,实质上也就拥有了控制权。从持股结构上看,拥有了多数的公司股权就有了公司控制权。作为对公司重大事项所拥有的决策力和影响力的体现,公司控制权“是股东所有权在商事领域中的实现,同时也是实现股东利益的工具及公司一切权利配置的中心”④。美国证券交易委员会(SEC)认为,控制意味着某人有权左右公司的管理或决策,这种权力可能来自所有权、合同或其他方式。美国的P. L. 布拉姆伯格(P. L. Blumberg)教授认为,控制是能够决定董事会多数成员并主导公司的经营事务管理的权力(the power to elect a majority of the board of directors of the component and thus the power to direct the management of its business and affairs)。L. 罗斯(L. Loss)教授认为,控制是指“对一公司的业务经营及决策有主导之权力”。欧盟各国的公司法专家所组成的欧洲论坛(Forum European)所撰写的《欧盟企业集团法指令

---

① 参见谢志华:《公司控制权的本质》,载《北京工商大学学报(社会科学版)》2019年第5期。

② 殷召良:《公司控制权法律问题研究》,法律出版社2001年版,第2页。

③ 李建伟:《关联交易的法律规制》,法律出版社2007年版,第25页。

④ 胡韦:《控股公司控制权法律规制研究》,复旦大学2011年博士学位论文,第1页。

草案》在探讨控制概念时,认为只要具备了多数表决权、支配合同和任免从属企业管理机构和监督机构的多数成员的能力三个条件中的任何一个,就可以被认定为控制的存在。①

尽管国内外理论研究和实践对公司控制的概念理解和定义各有侧重和差异,但我们仍可以从中总结出公司控制的基本内涵:从公司法的制度角度观察,公司控制形态落实到了公司控制权(corporate control)上。② 以上的概念理解和定义对公司控制与公司控制权没有严格区分,有时还相互替代使用。这种"控制、公司控制以及公司控制权"在概念使用上相互取代造成了法学研究的一种困境。③ 但从某种程度上讲,由于很难有相对主流的观点,所以定义、研究这类公司控制权问题等于在不断地提出新的问题,而这也正是魅力所在,我们要用务实的精神,抛弃妄图通过"拿来主义"而一劳永逸地解决问题的做法,立足我国经济社会法治实际规律,运用法理学精神,与其他新思维、新文化兼收并蓄,努力完善公司控制相关法律制度。④

2. 公司控制的表现形态

伯利与米恩斯在《现代公司与私有财产》一书中从所有权与控制权分离的角度将美国的公司控制形态作出了以下分类:(1)完全持股控制(control through almost complete ownership),多见于传统型的古典企业,管理层拥有公司80%以上或几乎全部股权并依股权行使控制,所有权与经营权主体统一;(2)多数持股控制(majority ownership),管理层拥有一半以上的多数股权并依其行使控制,少数股东虽有所有权却被排除在经营管理权力以外,是所有权与控制权的初步分离;(3)法律方式的控制(control through a legal device without majority ownership)是所有权与控制权在相当程度上的分离,管理层此时只拥有不到半数的股权,但可通过发行无表决权股、代理投票权、多重持股等法律方式的设计实现对公司的控制;(4)少数控制(minority control)是公司股权结构分散的情

① 参见何苗:《上市公司实际控制人的界定及其责任》,复旦大学2007年硕士学位论文,第6页。

② 参见梁天:《公司控制权研究》,吉林大学2011年博士学位论文,第26页。

③ 参见梁天:《公司控制权研究》,吉林大学2011年博士学位论文,第19页。

④ 参见王泽禹:《公司控制权法律规制研究》,吉林大学2012年博士学位论文,第10页。

况，管理层只拥有少数股权（不到 20%），通过集合小股东的表决权实现对公司事务的控制；（5）管理层控制（management control），这是真正意义上的所有权与控制权的完全分离，见于股权结构高度分散的公司，所有投资主体的持股比例都很低，从而没有人可以通过股权实施控制，因此只能由管理层享有控制权。①

我国《上市公司收购管理办法》（2020 年修正）第 84 条规定，有下列 5 种情形之一的，为拥有上市公司控制权：（1）投资者为上市公司持股 50% 以上的控股股东；（2）投资者可以实际支配上市公司股份表决权超过 30%；（3）投资者通过实际支配上市公司股份表决权能够决定公司董事会半数以上成员选任；（4）投资者依其可实际支配的上市公司股份表决权足以对公司股东大会的决议产生重大影响；（5）中国证券监督管理委员会（以下简称证监会）认定的其他情形。从前述规定可以看出，我国规定的 5 种形态是在股东股权不断被稀释的情形下公司控制形态的演进，这些控制形态都是围绕股份表决权进行定义的。

国务院国资委在认定国有企业的实际控制权事项时，针对公司控制有如下观点：根据《企业国有资产交易监督管理办法》（国务院、国资委、财政部令第 32 号）第 4 条的规定，按照公司股权结构，结合投资关系、股东协议、公司章程、是否存在一致行动人或其他协议安排等情况进行综合判定。国有股东能够对公司的战略规划、经营决策等行为进行实质性支配控制和有效贯彻，且足以对股东会、董事会决议产生重大影响，即可证明国有企业对标的企业拥有实际控制权。②

随着《公司法》（2023 年修订）的颁布，股东会职权和董事会职权中原来关于“公司的经营方针和投资计划”涉及具体经营权的内容已被删除，同时公司经理的职权也由原来的法定列举式变更为“经理对董事会负责，根据公司章程

① 参见［美］阿道夫·A. 伯利、［美］加德纳·C. 米恩斯：《现代公司与私有财产》，甘华鸣、罗锐韧、蔡如海译，商务印书馆 2005 年版，第 66～84 页。转引自何苗：《上市公司实际控制人的界定及其责任》，复旦大学 2007 年硕士学位论文，第 8 页。

② 载 http://www.sasac.gov.cn/n2588040/n2590387/n9854167/c29235674/content.html，最后访问时间：2024 年 5 月 6 日。

的规定或者董事会的授权行使职权”的概括性规定。因此,公司具体经营权归属在法律上已成了谜之境地。在今后的公司实践中,公司的具体经营权包括战略规划、经营决策的职权应通过公司顶层制度即公司章程进行具体落地。在现代公司制度发展中,公司所有权与经营权的两权分离是大势所趋。在具体经营权缺乏法定规则的背景下,具体经营权领域的配置也会影响公司控制,特别是在网络科技时代,新质生产力包括核心技术和人力资本在公司发展影响中所占比重不断上升,拥有核心技术与人力资本的生产经营控制也会成为公司控制的形态之一。

综合伯利与米恩斯在《现代公司与私有财产》中对公司控制形态的分类、我国《上市公司收购管理办法》(2020 年修正)中列举的 5 种情形和《公司法》(2023 年修订)的规定以及具体经营权的公司制度设计,公司控制的表现形态与类型见图 1。

图 1　公司控制表现形态与类型

(二)公司控制的特征

依据公司控制的界定和形态,公司控制具有以下 5 个特征。

1. 公司控制对股东来说是一种间接权利状态

公司是企业法人,有独立的法人财产,享有法人财产权,公司以其全部财产对公司的债务承担责任。公司在治理的过程中,由董事会决策,公司股东不能代替公司董事会作出决策。虽然董事会在执行公司事务不能代表股东意志时,股东可通过股东会决议进行干预,但这种干预是一种间接的干预。换言之,除了通过股东会决议,没有其他法律路径能够支持股东直接影响公司运营。有的股东兼任了公司的董事、总经理等职位，此时，虽然股东身份有重叠，但具体到公司经营事项时，仍应按照法定的权利分配原则行使公司的经营管控权。

2. 股东对公司控制的首要表现形式是选择管理者权

从公司治理的角度来看，公司控制的基本表现形式体现在支配公司人、财、物的决策上，此种决策体现为股东会—董事会—经理层的三级治理架构，特别是《公司法》(2023 年修订)对股东会、董事会和经理的职权调整之后，选择管理者权就更重要了。鉴于公司成立后具有独立的法人人格，公司的人、财、物是相对独立的，要想控制公司，首先就是在对董事、监事及高级管理人员的人事选择上要具有决定权。股东通过选举董事、监事对公司董事会、监事会及经理层的决策施加影响，以保证公司的执行层以公司名义作出的经营决策能够满足股东的意愿，从而维护股东利益。

3. 公司控制是落实到公司机构设置或公司事项的具体控制

从公司架构的层面来讲，公司控制包括对股东会、董事会、监事会和经理层等公司治理机构的设置。从公司执行层面上来看，公司控制主要指对董事、监事和经理层有选任与解聘权，对公司的合并、分立、解散以及股权转让、公司章程修改、变更公司形式等涉及公司重大事项有决定权，对这些事项无决定权则无公司控制。

4. 公司控制是一种动态平衡的权利博弈状态

公司是动态发展的，公司在动态发展的过程中必然会聚合各种生产要素。公司成立的基础首先是资本性要素，没有资本就没有公司发展的物质基础，但仅有资本要素也不能支持公司发展壮大。公司在发展过程中必须要吸引技术及人力资源等智力型要素加入公司，这在网络经济模式及高新技术企业中尤其明显，经营者的智力型要素比出资者的资本要素更有优势，优势智力型要素势必会进一步要求公司控制权。哪种要素对公司发展的贡献越大，则拥有该种要素的主体就应享有更多的公司控制权。因此，“老钱”和“新智”的博弈渐成普遍态势，一成不变的公司控制在网络经济或高新技术时代难以维持或根本不存在。

5. 公司控制的实质是利益性,应遵循权责对等的逻辑

控制权利益被区分为控制权私利与控制权公利。对公司股东而言,其投资公司的主要目的是获得投资收益。控制公司后,股东可以通过影响公司的经营管理与决策使自己的利益最大化,或通过控制公司分配职员福利以及其他股东利益的权利,以获得控制权私利。对公司而言,它会在股东博弈之间寻求控制权公利,通过对控制权的合理配置来实现公司的整体价值以及可持续发展。①但公司本身终归没有自我意志,因此控制权公利的取得并非绝对的公平公正,不可避免地被部分为谋取控制权私利的股东所影响。因此,公司控制权配置的逻辑应是权责对等。公司的控制权只能由真正风险承担者享有,或者必须向控制权主体配置必要的风险。② 最高人民法院在《印发〈关于为设立科创板并试点注册制改革提供司法保障的若干意见〉的通知》(法发〔2019〕17 号)(已被修改)中明确指出,对于以公司自治方式突破科创板上市规则侵犯普通股东合法权利的,人民法院应当依法否定行为效力,禁止特别表决权股东滥用权利,防止制度功能的异化。案件审理中,要准确界定特别表决权股东权利边界,坚持"控制与责任相一致"原则,在"同股不同权"的同时,做到"同股不同责"。

(三)公司控制的诸法界定

我国《公司法》(2023 年修订)中没有公司控制这一概念,但在第 4 条第 2 款、第 21 条、第 22 条对股东权利以及滥用股东权利进行了规定。《公司法》(2023 年修订)第 265 条中对控股股东和实际控制人进行了定义,依据该法条中的定义可以推导出,占有限责任公司资本总额 50% 以上或者持有的股份占股份有限公司股本总额 50% 以上,或出资额或者持有股份的比例虽然不足 50%,但依出资额或者持有的股份所享有的表决权已足以对股东会的决议产生重大影响,或通过投资关系、协议或者其他安排,能够实际支配公司行为的情形视为对公司有控制权。同时,《公司法》(2023 年修订)将原来"实际控

---

① 参见谢志华:《公司控制权的本质》,载《北京工商大学学报(社会科学版)》2019 年第 5 期。

② 参见蔡立东:《公司自治论》,北京大学出版社 2006 年版,第 86 页。

制人不是公司股东”的规定删除，直接将实际控制人纳入了《公司法》规制的范畴中。

除《公司法》外，其他规范性文件多次使用了公司控制权这一概念。例如，2001年3月28日施行的《上市公司新股发行管理办法》（现已失效）第9条使用了实际控制权的概念。中国证监会2004年1月7日专门公布施行的《关于规范上市公司实际控制权转移行为有关问题的通知》（现已失效）和深圳证券交易所2007年6月1日施行的《关于发布〈中小企业板上市公司控股股东、实际控制人行为指引〉的通知》（现已失效）规定了善意使用控制权的法定义务。《企业会计准则第36号——关联方披露》（财会〔2006〕3号）第3条第2款明确规定，控制，是指有权决定一个企业的财务和经营政策，并能据以从该企业的经营活动中获取利益。中国证监会《上市公司收购管理办法》（2020年修正）第84条明确指出了拥有上市公司控制权的5种情形。针对国有企业的公司控制界定，《企业国有资产交易监督管理办法》第4条规定，本办法所称国有及国有控股企业、国有实际控制企业包括：（1）政府部门、机构、事业单位出资设立的国有独资企业（公司），以及上述单位、企业直接或间接合计持股为100%的国有全资企业；（2）本条第1款所列单位、企业单独或共同出资，合计拥有产（股）权比例超过50%，且其中之一为最大股东的企业；（3）本条第1、2款所列企业对外出资，拥有股权比例超过50%的各级子企业；（4）政府部门、机构、事业单位、单一国有及国有控股企业直接或间接持股比例未超过50%，但为第一大股东，并且通过股东协议、公司章程、董事会决议或者其他协议安排能够对其实际支配的企业。2023年2月17日施行的《上市公司证券发行注册管理办法》第87条使用了公司控制权的概念。这些关于“公司控制”“公司控制权”的法律法规是实践中认定公司控制或公司控制权的法律渊源和基础。

二、公司控制与股东权利

股东权利是指股东依据股东身份在法律上所享有的权利的总和。《公司法》（2023年修订）第4条第2款明确规定，“公司股东对公司依法享有资产收益、参与重大决策和选择管理者等权利。”公司控制是股东权利保护的有效手段,股东权利是公司控制的基础,两者相辅相成且应动态匹配。

(一)公司控制的股权基础

我国《民法典》第268条规定,国家、集体和私人依法可以出资设立有限责任公司、股份有限公司或者其他企业。国家、集体和私人所有的不动产或者动产投到企业的,由出资人按照约定或者出资比例享有资产收益、重大决策以及选择经营管理者等权利并履行义务。《公司法》(2023年修订)也明确规定,股东会是公司的权力机构。股东会由公司全体股东组成,是股东表达其意志、实现其利益和要求的平台,每个股东可以在股东会这个平台上自由表达自己的意见,通过法定程序,股东会将股东意见形成集体决策。因此,从股东权利的角度来看,公司控制是通过行使股东权利,对股东会决议产生重大影响或者能够实际支配公司行为的权力行使状态,其渊源是股东权利,其基础是股东直接或间接占有公司股权。

【参考案例】 在袁某明与上海宗剑模具机械有限公司盈余分配纠纷案中,就涉及股东会决议将股东会利润分配权限授权给董事会的内容,法院认定《公司法》规定了公司股东会有审议批准公司的利润分配方案和弥补亏损方案的职权。资产收益是公司股东享有的根本权利之一,应由公司全体股东决定公司未分配利润的分配方案,故董事会制定并实施利润分配方案的行为属无权行为,当属无效。①

虽然在公司治理的理论和现实中有公司所有权与公司管控权的分离,但从我国《民法典》《公司法》等相关法律规定可以看出,资本民主是公司控制的基础原则。股东可以通过股东会选任公司的董事和监事,并决定董事和监事的报酬事项。当股东会召开时,公司经营管理者一般要列席股东会会议,接受股东的质询,对相关事项解释说明。当公司监督机制失灵时,股东还可以提起代表诉讼以维护公司及股东利益。因此,在很大程度上,股权结构对公司治理结构

---

① 上海市闵行区人民法院民事判决书,(2013)闵民二(商)初字第2107号。本书所引用案例中的法律为当时生效的法律,全书同。

起着决定性作用，关系到股东对公司的控制权，进而决定股东的利益保障。①在我国法律的背景下，资本要素仍然是控制公司的第一要素，股权是公司控制权的基础，是整个公司的权力源泉，拥有公司多数股权的股东即对公司有控制权，这也是资本民主的应有之义。如果说控股股东要承担更多的公司经营风险，那么控股股东也应有更多的控制权。如无特殊的安排，公司控制的实现，则通过股权份额所对应的表决权实现。持有公司67%以上股权可达到绝对控制，持有公司51%以上股权则可达到相对控制，持有公司超过1/3的股权则对重大事项有否决权。

（二）公司控制的股东要素及变化

随着现代科技的发展，虽然股东出资形成的公司资本是公司内部权力的物质性基础，但股东提供的资本要素不再是公司发展的唯一制约因素。公司从成立之初到发展壮大需要结合资本、知识技术及人力资源各个要素，特别是国家层面上“新质生产力”的提出、推动与发展。作为网络经济时代的产物，网络高科技公司的知识和技术成为公司发展最重要的稀缺资源，这就导致像阿里巴巴、京东、华为、蚂蚁集团这样的高科技公司在权力配置、治理机制和决策方式上有别于传统公司组织。不同类型的股东或公司利益相关者自然有各自的立场，因此对公司的控制不应再简单地考虑资本的因素，而应从多要素组合的角度来考虑控制公司。

公司是包括政府、股东、经营者、员工、顾客、供应商等利益相关者提供的要素集合的平台。政府提供的公共产品和公共秩序等环境要素，股东提供的物质要素，经营者提供的决策和管理要素，员工提供的执行要素，这些要素影响着公司的控制与发展。虽然其他利益相关方提供的要素也很重要，但前述四种要素对公司的成立发展具有不可或缺性和不可互相替代性，是最重要、最直接且和公司控制权直接相关的要素。

从政府提供的公共产品和公共秩序要素来看，一旦其发生变化，将会对公

① 参见吴高臣：《目标公司小股东的法律保护——以要约收购为背景》，中国海关出版社2003年版，第178页。

司整体的控制架构产生重大影响。例如，《公司法》（2023年修订）施行后，公司的组织架构直接发生了改变，原来的双层制治理架构改成了可双层、可单层，原作为监督机构的监事会可设置可不设置，甚至可以没有监事或监事会，这就直接改变了原有的公司控制架构。由此，公司控股股东或实际控制人就不得不改变原来的控制架构、方法或路径，以适应新法的要求。

从出资者所提供的物质要素来看，公司一开始成立的时候股权可能非常集中，所有者就是管理者。但公司在发展中会持续引入资金，其股权结构就会随着融资而稀释，股东权利就由少数人享有变成了多数人共享。公司物质要素的变动会导致股权结构的变化，股权结构的变化则必然会导致公司控制发生变化。

在公司的发展中，随着公司股权的稀释和公司业务的扩展，原来的股东不大可能具有更全面的知识、经验和能力去领导公司的大多数事务。因此，股权分散和管理专业化使"两权分离"成为趋势，作为直接提供决策和管理要素的经营者则会掌控和使用公司的资源，经营者对资源的掌控和使用则会使其对公司拥有控制力。在公司发展的过程中，公司由封闭型公司转向了开放型公司，实际决策与执行的经营者权力不断增加而股东参与的机会趋于下降，这也会导致公司控制权配置的变动。

公司员工所提供的执行要素也会导致公司控制权的变动。没有员工提供的执行要素，经营者的决策只能是一纸空文，股东所提供的物质要素就得不到利用。现在的员工自我价值和权利意识增强，而服从性降低，员工由以前的被动工作发展到自主价值创造与自主经营。现在盛行的股权激励就是股东要稀释股权来吸引人才，这体现了员工要素对公司控制的影响。

21世纪以来，不仅是外部市场竞争加剧，公司内部的竞争也是愈演愈烈，日益增多的公司控制权争夺案件也说明了这一点。互联网、物联网、大数据、云平台和人工智能等新技术的不断发展和成熟，公司不像以前那样依赖财产性要素，而可能是更依赖于管理性要素和人力性要素，那么管理者和员工的影响力就会上升。从而可以看出，公司控制被这些要素深深影响，成为一个动态配置和调整的过程。

（三）公司控制的股东权利协同

法律的规定具有宏观性、概括性和滞后性，将宏观且滞后的法律规定应用于微观活跃的公司控制和股东权利保护实践，既无法涵盖微观市场实践的全面性，又难以应对快速发展的市场实践的复杂性。从公司控制权的使用上看，公司控制权具有唯一性，或者说排他性。公司控制权原则上是不能共享的，如果可以共享，那也一定是在有效的契约框架下进行的。正如专家所言，公司自治理念的发展呈现一种从治理结构层面向股东关系层面不断拓展的趋向。其最为明显的表现就是契约自由或者说是自由议价理念在股东关系层面的运用。① 公司控制和股东权利保护的发展正在以股东权利的契约协同与股东权责利的交换的形式表现出来。

阿里巴巴创始人马云及其团队就采用了"同股不同权"的方式来保卫其公司控制权。1999 年，马云同其他 18 个人共同创立了阿里巴巴，成为阿里巴巴的联合创始人。在之后的 5 年里，阿里巴巴总共进行了三次融资，马云及其团队的持股比例被稀释至 47%。2005 年，雅虎作为产业投资者被引入阿里巴巴，并以 40% 的持股比例成为第一大股东，但它只有 35% 的表决权。2013 年，阿里巴巴在上市之前通过确立合伙人制度正式确立"同股不同权"制度。2014 年，阿里巴巴在美国成功上市之后，根据合伙人制度和"同股不同权"制度，马云及其团队的持股比例虽然下降到 13.1%，但却实际占有董事会半数以上席位，其公司控制权十分稳固。② 其实，这种控制权稳固的另外一个重要原因是阿里巴巴大股东之间的契约协同设计并写入了公司章程后由制度保障。

从我国《公司法》的角度来看，马云及其团队用以保卫其公司控制权的"同股不同权"制度是对我国公司法制度的一大挑战。因为阿里巴巴上市之时我国《公司法》（2004 年修正）规定股份有限公司是同股同权、同股同利，马云及其团队的公司控制模式设计显然不符合法律规定。直到 2019 年 3 月，《上海证

---

① 参见汪青松：《股份公司股东权利配置的多元模式研究》，中国政法大学出版社 2015 年版，第 83 页。

② 参见谢志华：《公司控制权的本质》，载《北京工商大学学报（社会科学版）》2019 年第 5 期。

券交易所关于发布〈上海证券交易所科创板股票上市规则〉的通知》（已被修改）才在第2.1.4条明确"特别表决权股份"，规定"每一特别表决权股份拥有的表决权数量大于每一普通股份拥有的表决权数量"。可以看出，当时我国法律的发展已滞后于资本市场的实践。但在本次公司法修订过程中，《公司法》（2023年修订）在第143条、第144条中明确规定了类别股，从法律层面满足了特定股东的实际控制需求，同时《公司法》（2023年修订）也在第145条明确规定类别股的具体细则应在公司章程中载明。

法律不应成为市场实践创新的扼杀者，市场的创新应留给市场去检验。欣慰的是，我国《公司法》（2023年修订）已为公司控制和股东权利保护的个性化设计创造了制度空间，公司控制和股东权利保护完全可以在现有公司法的框架下通过股东之间的协同落地于公司章程而得以实现。

三、公司控制、股权保护的章程进路

（一）公司章程概述

公司章程是由发起设立公司的投资者制定的、公司必须具备的，并对公司、股东、董事、监事及其高级管理人员均具有约束力的，调整公司内部组织关系和经营行为的，规范公司与有关各方权利义务关系基本规则的法律文件。

《公司法》（2023年修订）明确规定，设立公司必须依法制定公司章程。设立有限责任公司，应当由股东共同制定公司章程；设立股份有限公司，应当由发起人制定公司章程并经成立大会通过。依据法律规定，公司章程是由股东合意制定的股东意思自治的产物，具有股东间的契约属性，也具有公司自治规范的性质。在设立或投资公司时，股东或投资者可以选择决定公司章程的内容；在修改公司章程时，股东可以投反对票，虽然这种反对可能被多数资本所吸收；在签订公司章程时，股东还可以通过法律规定的任意记载事项自由决定公司章程的内容。虽然后来的股东可能不赞成章程的部分条款，但是一旦签署了公司章程并加入公司，应视为认可章程并受其制约。有学者明确指出，将章程视为合同,在理论上是可以接受的。[①] 英国 2006 年《公司法》第 17 条和第 33 条规定,公司宪章(包括章程)的条款对公司及其成员具有相同的约束力,如同公司和每个成员之间存在遵守哪些条款的契约。[②] 公司章程具有合同与自治规范的二重性,公司章程的股东意思自治和契约学说为公司控制与股东权利的个性化设计提供了充足的理论养分。

依据《公司法》(2023 年修订)第 46 条、第 95 条之规定,公司章程的内容应包括公司名称、经营范围、注册资本、组织机构及产生办法、职权和议事规则、法定代表人的产生及变更、类别股的股份数及其权利和义务、利润分配、解散事由、清算办法以及股东会会议认为需要规定的其他事项。《公司法》(2023 年修订)规定的这些章程内容部分是与公司设立、公司组织有重大关系的基础性事项,这些基础性事项是公司章程的绝对必要记载事项,是公司章程内容不可或缺的。已在《公司法》(2023 年修订)有规定,公司章程可以记载也可以不记载的事项为相对必要记载事项,例如,公司对外提供担保的决议机关和数额限制。另外,《公司法》(2023 年修订)还规定,公司章程可以规定股东会会议认为需要规定的其他事项,这些事项是公司章程的任意记载事项,这些任意记载事项体现了公司法的意思自治理念,是公司控制与股东权利保护个性化规定的主要载体。公司章程规定的这些内容涉及公司从生到死,从成立、运营到解散的几乎全部事项,通过公司章程规定这些内容,公司管控和股东权利的个性化才得以实现。

公司章程的重要性还体现在其法律效力上。公司章程效力是指公司章程生效后所具有的,以国家强制力为保证的,是在公司存续的期间,分配权力、义务、责任给其成员,是规范公司及其成员行为的效力、作为公司成立要件的创设效力以及对于公司之外的第三人的公示力和对抗力的总和。[③] 公司章程的效力不仅体现在对现有相关主体的约束上,还表现在对继受主体或新加入的相关主体具有约束力上,《公司法》(2023 年修订)在第 5 条明确规定,公司章程对公

---

① 参见罗培新:《公司法的合同解释》,北京大学出版社 2004 年版,第 141 页。

② 参见葛伟军译:《英国 2006 年公司法》(第 3 版),法律出版社 2017 年版,第 17 ~ 29 页。

③ 参见阮传宝:《公司章程效力研究》,河南大学 2011 年硕士学位论文,第 8 页。

司、股东、董事、监事和高级管理人员具有约束力。

《公司法》于2023年修订完成后，公司章程的重要性进一步得到提高，规定公司章程的条款从《公司法》（2018年修正）第11条提前到《公司法》（2023年修订）第5条。可以说，公司章程是股东依法制定的规制公司组织与活动的宪章性文件，是公司最重要、最基本的规范性文件，是公司组织和活动的根本法，在公司内部具有至高无上的地位。

（二）公司章程的特征

1. 公司章程的法定性和要式性

公司章程的法定性表现在没有公司章程，则不能成立公司。公司章程的制定、内容、效力及变更均由《公司法》明确规定，公司章程对公司及相关人员具有法定约束力。从其内容来看，《公司法》对公司章程规定了绝对必要记载事项。2022年3月1日施行的《市场主体登记管理条例》（国务院令第746号）明确规定，公司章程是公司设立时的必备要件之一。《公司法》（2023年修订）在第46条和第95条对有限责任公司和股份有限公司的章程应当载明的事项进行了列举式规定，明确规定了章程的必备内容。从《公司法》的规定来看，公司章程具有要式民事法律行为的特点。公司章程必须依法制定，否则公司登记机关对公司不予登记。

2. 公司章程的公开性和可查询性

《公司法》（2023年修订）第32条、第40条规定，公司登记机关应当将规定的公司登记事项通过国家企业信用信息公示系统向社会公示。《市场主体登记管理条例实施细则》第59条也规定，公司登记机关应依法提供市场主体登记管理档案查询服务。公司章程公开记载了公司方方面面的信息，反映了公司的治理管控、权力配置的全貌。公司章程的内容依法向社会公开，供公众依法查询，国家也根据依法登记的章程，对公司进行监管，这有利于保护公司债权人和社会公共的利益。

3. 公司章程的自治性和可设计性

《公司法》（2023年修订）第45条规定，设立有限责任公司，应当由股东共同制定公司章程；第 94 条规定，设立股份有限公司，应当由发起人共同制定公司章程。依据以上法律条文可以知道，公司章程是由股东或发起人自行制定的，是公司股东或发起人意思表示一致，协商博弈形成的文件结果。《公司法》（2023 年修订）中多处明确规定，章程另有规定的除外，这些赋权性规定足以说明公司股东或发起人在法律许可的范围内可以充分发挥主观能动性，设计制定一份适合本公司特点的公司章程。

4. 公司章程的稳定性及修改的程式性

公司章程具有稳定性，一经依法制定，不得随意修改。《公司法》（2023 年修订）第 66 条规定，有限责任公司修改公司章程，必须经代表 2/3 以上表决权的股东通过；第 116 条规定，股份有限公司修改公司章程，必须经出席会议的股东所持表决权的 2/3 以上通过。公司章程记载了公司的经营范围、出资信息，规定了公司的议事制度、权利构架、利润分配及解散清算等多项内容，是确定公司权利义务的宪章性文件。通过公司章程，国家、社会公众及公司利益相关人，能清楚地了解公司的基本情况和主要特征，进而判断公司行为的合法性。因此，公司章程必须具有稳定性，且其修改必须依据法律规定的程序进行。

（三）公司章程的法律效力

公司章程的法律效力是公司章程的核心要素。《公司法》（2023 年修订）第 5 条明确规定，公司章程对公司、股东、董事、监事、高级管理人员具有约束力。公司章程作为公司运作的宪章性文件，既是股东意志的体现，也反映了立法的价值追求。结合法律规定，公司章程的效力主要是对于公司内部治理与管控的效力上。

1. 公司章程对公司的效力

公司章程是公司组织与行为的基本准则，公司必须遵守并执行公司章程。按照《公司法》（2023 年修订）第 5 条、第 46 条和第 95 条的规定，公司章程对公司具有约束力；公司名称、住所和经营范围应规定在章程中，虽然公司超出章程所规定的经营范围的合同一般不会被司法机关认定为无效，但经营范围的变更也要体现在章程中;公司的资本,股东出资方式和出资日期,公司的机构及其产生办法、职权、议事规则这些与公司控制、股东权利保护的重要事项都要规定在公司章程中。由公司章程的法定内容可以看出,公司章程约束着公司组织存在和运行行为的方方面面。

2. 公司章程对股东的效力

公司章程是股东之间的契约。创始股东或发起人为了成立公司,应在意思表示一致的情况下制定公司章程进而规定公司的成立事项、组织机构、运营规则等各项公司重大事项。认购或受让公司股权而加入公司的股东,公司章程对其也产生契约的约束力,公司股东必须遵守公司章程的规定。

3. 公司章程对董事、监事和高级管理人员的效力

《公司法》(2023 年修订)第 5 条明确规定公司章程对董事、监事和高级管理人员具有约束力,而《公司法》(2023 年修订)第 265 条又将经理、副经理、财务负责人以及上市公司董事会秘书和公司章程规定的其他人员规定为高级管理人员,扩大了公司章程的效力范围。公司章程对董事、监事和高级管理人员的约束力表现为《公司法》(2023 年修订)第八章专门规定了公司董事、监事、高级管理人员的资格和义务,进一步完善董事、监事和高级管理人员的义务和责任配置体系,强化了董事、监事和高级管理人员的责任。董事、监事、高级管理人员应当遵守法律、行政法规和公司章程,对公司负有忠实义务和勤勉义务。若董事、监事、高级管理人员的行为违反了公司章程的规定,其应就自己的行为对公司负责,依据过错程度也可能直接对第三人承担责任。公司章程还规定如果董事、监事和高级管理人员违反了公司章程的规定,公司及股东可以提起诉讼追责。

(四)公司章程当下的不足

公司章程作为公司组织和活动的根本大法,在理论研究中的地位重于泰山,但在实务应用中常常轻如鸿毛。就公司法规则生成路径而言,公司章程先于公司法,因为公司法是法律化的章程自治行为。有学者甚至指出公司章程作为独立规范文本的法律地位应得到认可。但可惜的是,在我国商业实践中公司

章程并未得到高度重视与尊重。① 无论是公司的创始人，还是公司的投资者、抑或公司的董监高等相关利益主体，在实务中并没有充分注意到公司章程的重要性。当下公司章程设计中存在的问题主要表现在以下 5 个方面。

1. 简单依据《公司法》规定制定公司章程

即将《公司法》条文照抄照搬到公司章程中，或者简单依据公司登记机关提供的章程范本进行填空式操作，将《公司法》对公司章程的规定内容作具体罗列，包括公司名称和住所、公司经营范围、公司注册资本、股东的姓名或者名称、股东的出资方式、出资额和出资时间、公司的机构及其产生办法、职权、议事规则、公司法定代表人等内容。

2. 公司章程条款缺乏可操作性

公司章程本来是公司的"宪法"，公司发展、公司运营、股东权益保护、"三会一层"的权利及行使包括公司发展的蓝图等，都应该从公司章程中得到指导与解答。但在模式化的公司章程中，章程的规定和《公司法》的规定几乎完全相同，缺乏实践可操作性。例如，在笔者办理的公司案件中，法院要求查看公司章程是否有个性化规定时，发现在章程中明确规定，依据《公司法》的规定行使权利，再回到《公司法》查看规定时，发现《公司法》要求章程有规定的依据章程规定，导致在处理公司实际事务时，章程起不到对具体操作的指导作用。

3. 公司章程没有个性化内容，对《公司法》给予章程的赋权性规定基本没有涉及

在市场实践中，公司各有个性，公司从事的行业类别不一样，公司的业务范围、公司规模、股东组成及类别、权力架构等方面千差万别，不同公司组合了不同的人、财、物的市场要素。而《公司法》也在法条中明确规定"公司章程另有规定的除外"，《公司法》的这种规定，就是要求或赋权公司利用法律的赋权设计适合自己的章程条款，从而对公司实践作出具体的指导或适用。但根据目前的章程现状，公司章程没有体现或满足公司治理和股东管控个性化的要求。

① 参见林少伟：《程序型公司法的证成与实现》，载《当代法学》2022 年第 1 期。

4. 公司登记机关的要求限制了章程个性化设计的发挥

已废止的《公司登记管理条例》(2016 年修订)第 23 条规定,公司章程有违反法律、行政法规的内容的,公司登记机关有权要求公司做相应修改。据此,以前我国公司登记机关对公司章程进行实质性审查有了法规依据。当公司登记机关面对公司章程的个性化设计条款的合法性无法判断时,往往拒绝对该等条款办理登记并要求公司对相应条款作出修改,这直接影响了公司登记的效率、打击了公司章程个性化设计的积极性,很大程度上减少了章程个性化设计条款的出现频率,降低了《公司法》赋予公司章程自治权利的使用。《市场主体登记管理条例》于 2022 年 3 月 1 日施行以后,公司章程不再作为实质审查材料而仅作为备案文件提交,且公司登记机关对申请材料只进行形式审查,不再进行实质审查,这为公司控制、股东权利的章程个性化设计去除了过度审查的制度障碍。但笔者在办理章程个性化设计之后的登记事项中发现,由于以前的行政审查惯性或为避免承担行政责任,不少登记机关仍要求市场主体按照其提供的章程模板进行登记,否则就要求全体股东同时到场签字才予以登记。如果公司股东众多,这种要求就很难实现或不便操作,这给公司章程的个性化制造了登记困难。尽管有这些实践中的惯性因素,但毕竟《市场主体登记管理条例》及《公司法》(2023 年修订)规定了公司登记的新内容,相信章程的个性化设计理念将深入人心,公司登记机关也会在理念上和实践中依法与时俱进,使公司章程真正体现股东的意思自治,使政府监管与公司的自主发展、个性化发展结合起来,促进公司制度的个性化发展,鼓励公司投资者的积极性并促进市场经济的发展。

5. 公司章程没有与时俱进,滞后的条款跟不上公司的发展

公司的发展不是短期的,而是长期的,它的发展受具体社会情境的影响,公司章程的拟定者不可能预见所有可能发生的偶然事件,并据此作出相应的安排。① 虽然我国《公司法》自 2005 年修订后大幅增加了公司的自治条款,但法律也只能规定公司的普遍性行为。所以对于《公司法》不能涵盖的细节及个性化问题,就需要公司章程进行弥补,进行与时俱进的设计。公司发展是主动的

① 参见伍坚:《论公司法上的缺省性规则——兼评新〈公司法〉相关规定之得失》,载《法学》2007 年第 5 期。

而章程适配存在被动性，实务中有的公司已快速发展面目一新，而章程仍存在公司档案袋中多年未变，当再想更新章程时便会发现存在诸多困难。公司如不能及时检查和更新公司章程，可能让公司在决策和执行上面临困难，导致公司高层之间的沟通和协作不畅，从而影响公司的整体运营和发展。随着战略投资、并购和 IPO 等复杂交易的增加，公司章程需要公平对待每个股东，如果公司章程中没有完善的股东权益保护机制，股东之间可能就会产生纠纷和争议。

（五）公司章程的自治设计空间

公司章程作为公司设立、经营、管理所需要的基础性文件，是公司内部的最高自治规范，对公司股东、董事、监事和高级管理人员均有约束力。[①] 我国《公司法》在根据经济与社会发展的实际情况不断调整。与《公司法》（1993 年）相比，《公司法》（2023 年修订）通过公司章程赋予公司广泛的自治权。《公司法》（1993 年）在处理公司章程与公司法的关系时，采取法律授权的方式，允许公司章程在个别内容上对法律的规定予以细化或者补充，如“董事长、副董事长的产生办法由公司章程规定”“股东会的议事方式和表决程序，除本法有规定的外，由公司章程规定”。1993 年《公司法》不允许公司章程排除成文法的适用[②]，而在《公司法》（2018 年修正）法律条文中，允许公司章程规定的自治条款达三十多处。例如，《公司法》（2018 年修正）中多次出现“除本法有规定的外，由公司章程规定”以及“但是，公司章程另有规定的除外”这样的表述，很大程度上说明，它已经由原本强制性的法律规范转变为任意性的法律规范。其中，《公司法》对公司章程“另有规定”的规范，为公司章程可以排除《公司法》的适用奠定了基础。[③] 从公司控制与股东权利保护的角度来说，公司章程构成了公司内部权力的契约性基础。经大幅修订后，《公司法》（2023 年修订）允许公司章程规定的自治条款达四十多处，公司意思自治及行为自由的空间进一步增加，包括公司的组织架构设计及类别股的入法都给股东的意思自治赋予了新的

---

① 参见王建文：《论我国引入公司章程防御性条款的制度构造》，载《中国法学》2017 年第 5 期。

② 参见钱玉林：《公司章程“另有规定”检讨》，载《法学研究》2009 年第 2 期。

③ 参见钱玉林：《公司章程“另有规定”检讨》，载《法学研究》2009 年第 2 期。

宽广空间。

公司章程背后所体现的是公司法律追求的一个基本价值即在公司领域的自治性。章程自治的原因在于,《公司法》虽然对公司的行为准则设计出了一套相对完善的规定,然而这些都只能对公司的普遍性问题进行规制,而对于公司内部一些诸如股权结构、组织机构等问题不可能有统一的规定,只能交给章程去解决。[①] 今天的公司章程不应再是复制性、填空式的僵化条款的组合。对受公司章程约束的公司股东、董事、监事和高级管理人员来说,公司章程与国家现行法律、行政法规几乎处于同等重要的位置。如果说 1993 年的《公司法》没有为公司自由地制定公司章程提供多少空间,现实中的公司章程只能被动地遵从《公司法》文本,那么,2023 年修订的《公司法》已经在 1993 年《公司法》的基础上引入了意思自治的私法理念,公司股东可以更自由地制定公司章程。[②] 公司章程"可以对公司机关的权力配置、股东权益的保护、股权转让、公司重大事项的决策、董事、监事和高级管理人员职权与责任承担等方方面面作出自主安排,而不必拘泥于公司法的规定"[③]。

公司章程的契约性本质能够通过《公司法》的"授权性"结构和功能的有限性来体现。《公司法》授权公司参与方去给大规模经济中可能产生的许多不同的风险和机遇选择最优的安排。由于没有哪一套条款对所有人都是最优的,因此,《公司法》采用了一种"授权性"结构。这一"授权性"结构几乎将公司内部的制度安排完全交给了公司相关方通过公司章程来确定。公司章程的契约性本质还随着强制性条款效力的不断弱化而得到增强。[④]《公司法》(2023 年修订)将"类别股"入法,即反映了这一发展趋势。虽然如此,但《公司法》也只能规定公司的一般性、普适性问题,不可能顾及各个公司的特殊性。股东在新的法律环境下要趁着趋势的东风,依据法律的赋权,合法地、个性化地设计公司章程,以便为控制公司并保护自己的权利提供规则支持。在股东权利意识日益觉

---

① 参见范健、王建文:《公司法》(第 2 版),法律出版社 2008 年版,第 185 页。

② 参见钱玉林:《公司章程"另有规定"检讨》,载《法学研究》2009 年第 2 期。

③ 王建文:《论我国引入公司章程防御性条款的制度构造》,载《中国法学》2017 年第 5 期。

④ 参见汪青松:《股份公司股东权利配置的多元模式研究》,中国政法大学出版社 2015 年版,第 80 ~ 81 页。

醒的今天，通过章程制度性配置公司控制权和保护股东权利应成为公司治理和管控的常态。正如专家所说，"在公司章程制定之前，实际上股东会、董事会、经理，甚至监事会的职权都处于不确定状态，公司章程甚至可以赋予董事会某种监督的职能，而后者恰是各国法律改革董事会的主要焦点。由此，公司章程在公司机构职权划分中居于核心的地位，实际上成为职权分配的最终依据"①。

（六）公司控制、股权保护的章程设计

《公司法》是为经济发展保驾护航的，其内在核心是私法的意思自治，公司章程是否体现股东意思自治的要求以及在多大程度上为股东意思自治提供保障，将成为一个公司制度竞争力的主要判断标准。自 2005 年以来，《公司法》修订最显著的特点就是加入了许多类似于"公司章程另有规定的，从其规定""章程另有规定除外"的公司自治性条款。2013 年注册资本认缴制规定进入《公司法》以后，公司有了更多的自主运营权和决策权，章程个性化特征更加明显。《公司法》（2023 年修订）的修订力度更大，引入了多元并存的公司治理架构，新增类别股和授权资本制等内容，这些新内容为夯实章程地位，提升公司自治能力提供了更大的空间。可以说，不断更新的《公司法》重塑了公司章程的地位，使其在公司运营发展过程中起着至关重要的统领作用，并管控和规制公司运营、管理的方方面面。股东和发起人可以通过章程设计完善公司治理结构，提高公司自治能力和解决争议的效率，同时实现投资公司、管控公司的个性化目的。

现实经济生活中，随着公司治理规则化加强，章程在公司治理中的地位日渐凸显。实践中的章程已不像过去那样"照抄""照搬"《公司法》条文，而是越发具有个性化。② 股东对章程的设计是对公司管控自治和个性化权利保护的更高追求，股东通过设计章程将私人意志导入公司治理之中，通过章程将个人主张、特殊权利、特定要求以法定形式得以呈现。《公司法》中经典的说法就是

---

① 赵旭东：《公司组织机构职权规范的制度安排与立法设计》，载《政法论坛》2022 年第 4 期。

② 参见吴飞飞：《论公司章程的决议属性及其效力认定规则》，载《法制与社会发展》2016 年第 1 期。

"章程另有规定除外",这是公司自治内容的体现,也是公司治理特色的体现,股东怎么重视和利用都不为过。只要股东、发起人制定的公司章程内容不违反法律的强制性规定,就应合法有效,理应得到尊重并由市场检验其生命力。

1. 公司章程设计原则

依据《公司法》规定,公司章程与《公司法》的关系体现在三个方面:一是法定优先,《公司法》有规定的,章程规定不得与《公司法》规定相矛盾,这是章程规定的合法性;二是章程优先,《公司法》有规定但允许章程另行规定;三是章程自主规定,《公司法》没有规定,允许章程作出规定。因此,公司章程的设计不是随意设计、任性而为,也不是仅为控制公司或保护某一方的股东权利,而是要力争公司所承载的各种利益的调整方式和规则达到最优化,实现公司控制、股东权利保护和各方利益的黄金匹配,因此公司章程设计应遵循一定的原则。

(1)从法律的层面上来说,公司章程应依法设计(章程的合法性原则)

《公司法》是为了保障交易安全秩序而由国家针对所有公司制定的普遍性规定。公司作为民事主体之一,其自治的表达受到国家法律的约束,公司的一切活动都应遵守《公司法》和国家其他法律的规定。公司章程的合法性原则不仅表现为公司章程在制定时,必须遵循国家法律法规的规定,还表现为公司章程在修改时,仍应遵循国家法律法规的框架,确保章程内容的合法性。

【参考案例】 在北京治政工贸发展有限公司与北京市八大处农工商总公司与公司有关的纠纷二审案中,北京市第一中级人民法院认为:民事主体的民事法律行为不得违反法律法规的强制性规定。公司章程虽是公司的契约和行为的准则,属公司自治的范畴,但其内容亦不得违反法律法规的强制性规定。①

(2)从公司涉及主体的角度来说,公司章程不得侵犯股东法定权利,不得违背股权平等,要遵循权责利对等的原则

公司章程应遵循股权平等的原则,有限责任公司的股东按照出资比例享有股权,股份有限公司则在股份发行时,实行公平、公正的原则,同种类的每一股份应当具有同等权利。依法保护股东的平等权利是公司正常运作的基础机制,

---

① 北京市第一中级人民法院民事判决书,(2016)京01民终2242号。

也是吸引外在投资者的制度红利，法律之下的股东平等有助于维护股东间的合作关系和公司治理的公平性。公司章程的制定和修改应当遵循权责利对等的原则，即股东的权益应与其所承担的责任和义务相对应，通过公司章程，实现股东权责利的平等。

【参考案例】 在长春东北亚物流有限公司（以下简称东北亚公司）与吉林荟冠投资有限公司及董某琴、东证融成资本管理有限公司公司解散纠纷案中，吉林省高级人民法院就明确释明：依据东北亚公司章程，大股东足以决定公司任何决策而不受中小股东委派董事的影响，大股东客观上实际控制了东北亚公司，致使中小股东无法行使参与重大决策及选择管理者的权利，中小股东投资公司的目的无法实现①，最终一个盈利且经营良好的公司被判决解散。

（3）公司章程的个性化和可操作性原则

《公司法》作为规范公司行为的基本法律只能规定公司的一般性、普适性问题，如果公司章程也照搬《公司法》内容，就失去了制定公司章程的意义。公司章程是公司行为的规范和指导，章程制定过程是明确股东在以后的公司管理决策中的权、责、利及公司地位的过程。公司章程应该明确公司的宗旨、经营范围、组织结构、股东权利和义务等基本要素，这些要素应该根据公司的实际情况和特点进行制定，使章程能够适应公司的特殊需求，充分体现公司的个性化和独特性，个性化章程也使公司具有更强的生命力和竞争力。公司章程需要具有可操作性，即章程中的规定和要求应该明确、具体，并且具有可执行性，包括明确规定公司的决策程序和表决机制，以确保公司的决策过程能够高效、透明、公正地进行。同时，章程中还应该规定决策结果的执行措施、监督机制和争议解决机制，以确保决策能够得到有效的实施。

2. 公司章程设计内容

《公司法》（2023 年修订）虽然对“章程另有规定”的说法的次数减少了，但“章程另有规定”的内容却大大增加了。《公司法》（2023 年修订）中体现章程自治的“章程另有规定”的内容主要表现如下：

① 吉林省高级人民法院民事判决书，（2016）吉民终 569 号。

(1)公司的经营范围由公司章程规定。公司可以修改公司章程,变更经营范围(第9条)。

(2)确定法定代表人的人选和职权(第10条、第11条)。

(3)公司向其他企业投资或者为他人提供担保的决议机关及数额规定(第15条)。

(4)公司股东会、董事会、监事会会议及表决的常规方式与章程规定方式(第24条)。

(5)公司股东会、董事会决议不成立的章程规定(第27条)。

(6)有限责任公司的注册资本和股东认缴的出资额和实缴期限(第47条、第49条)。

(7)股东会职权的另有规定(第59条、第112条)。

(8)股东会定期会议与会议通知时间(第62条、第64条)。

(9)股东会的议事方式及表决程序(第65条、第66条)。

(10)董事会职权的自我定义(第67条、第120条)。

(11)有限责任公司董事长、副董事长的产生办法(第68条)。

(12)有限责任公司审计委员会的设置及职权(第69条)。

(13)董事任期及原董事继续履行职务的章程规定(第70条、第120条)。

(14)董事会的议事方式和表决程序(第73条)。

(15)经理职权的章程空间(第74条、第126条)。

(16)职工监事的比例(第76条、第130条)。

(17)原监事继续履行职务的章程规定(第77条、第130条)。

(18)监事会其他职权的章程规定(第78条、第131条)。

(19)监事会的议事方式和表决程序(第81条、第132条)。

(20)有限责任公司股权转让的章程另有规定(第84条)。

(21)有限责任公司的股东资格继承(第90条)。

(22)发起设立方式设立股份有限公司的成立大会的召开和表决程序的章程规定(第103条)。

(23)股份有限公司股东知情权的持股比例规定(第110条)。

(24)股份有限公司股东会临时会议召开的章程规定情形(第113条)。

(25)股份有限公司股东会临时提案的章程规定(第 115 条)。

(26)股份有限公司股东会选举董事、监事的累积投票制(第 117 条)。

(27)股份有限公司董事会审计委员会的设置、议事方式和表决程序和设置其他专门委员会的章程规定(第 121 条)。

(28)上市公司章程依法律、行政法规的规定载明董事会专门委员会的组成、职权以及董事、监事、高级管理人员薪酬考核机制等事项(第 136 条)。

(29)采用面额股或者无面额股及互相转换的章程规定(第 142 条)。

(30)与普通股权利不同的类别股的章程规定(第 144 条、第 145 条、第 146 条)。

(31)授权资本制的章程规定(第 152 条、第 153 条)。

(32)股份有限公司股东的股份转让限制(第 157 条)。

(33)股份有限公司公司章程可以对公司董事、监事、高级管理人员转让其所持有的本公司股份作出其他限制性规定(第 160 条)。

(34)股份有限公司收购本公司股份特定情形下的董事会会议决议事项(第 162 条)。

(35)股份有限公司财务资助的公司章程授权规定(第 163 条)。

(36)股份有限公司股东资格继承的章程规定(第 167 条)。

(37)董事、监事、高级管理人员关联交易限制的章程规定(第 182 条)。

(38)董事、监事、高级管理人谋取公司商业机会限制的章程规定(第 183 条)。

(39)董事、监事、高级管理人员自营或者为他人经营与其任职公司同类的业务限制的章程规定(第 184 条)。

(40)发行可转换为股票的公司债券,并规定具体的转换办法决议机关的章程规定(第 202 条)。

(41)有限责任公司财务会计报告送交股东的章程期限(第 209 条)。

(42)股份有限公司利润分配的章程规定(第 210 条)。

(43)公司聘用、解聘承办公司审计业务的会计师事务所,决定机关的公司章程规定(第 215 条)。

(44)公司合并支付的价款不超过本公司净资产 10% 的,可以不经股东会决议;公司章程可以另有规定(第 219 条)。

(45)股份有限公司减资事项,公司章程可另有规定(第224条)。

(46)股份有限公司发行新股的优先认购权的章程另有规定事项(第227条)。

(47)公司解散事由的公司章程规定的营业期限届满或者公司章程规定的其他解散事由(第229条)。

(48)公司清算组组成的章程规定事项(第232条)。

(49)高级管理人员的章程规定范围(第265条)。

《公司法》(2023年修订)以上条款涉及公司运营各方面的关键事项,与公司控制和股东权益保护有极大的关系。例如,管控公司及股东权利保护基础性权利是股东知情权,依据《公司法》(2023年修订)第57条及公司法司法解释的相关条文就可以个性化设计股东的知情权;《公司法》(2023年修订)第65条和第66条所规定的股东的议事方式和表决程序都是公司经营管理方式的重大事项;《公司法》(2023年修订)第73条第1款对有限公司董事会的议事方式和表决程序的个性化进行了赋权规定,从而在公司日常运营中可以管控公司及实现股东权利;《公司法》(2023年修订)第84条、第90条和第167条又对公司股权的变动及继承进行了赋权性的规定,可以让股东在股权的变动中保持公司控制和保护股东权利;《公司法》(2023年修订)第144条、第145条对类别股进行了规定,规定了优先劣后股、差异表决权股和转让受限股,并要求公司章程进一步细化,从而对公司控制权、股东保护类别化进行了规定,扩展了公司控制与股东权利保护的方法和手段;《公司法》(2023年修订)第152条、第153条规定的授权资本制赋予了资本市场并购与反并购的新手段,"毒丸计划"应对"门口的野蛮人"有了适用的法律空间,今后资本市场上的公司控制权争夺将会异彩纷呈。

如前所述,《公司法》引入了公司章程"另有规定"的规范,为公司章程排除《公司法》的适用奠定了基础,为股东管控公司及保护股东权利创造了极大的设计空间。但对章程的个性化设计不应是"眉毛胡子一把抓"的设计,而应是"抓住牛鼻子、解决主要矛盾",针对与控制公司和股东权利保护密切相关的关键权利和事项进行章程个性化设计,这些关键权利和事项包括知情权、会议的程序权利、表决权、选择管理者权利、分红权、股权转让及退出的权利、股东资格继承权以及这些权利的综合运用。章程设计只有从这些关键权利和事项的角度出发,才能实现控制公司和保护股东权利的目的。

第二章　股东知情权的章程设计

阳光是最好的防腐剂，公司控制与股东权利的实现首先是充分知情。

股东知情权是股东享有对公司经营管理等重要情况或信息真实了解和掌握的权利，是股东依法行使资产收益、参与重大决策和选择管理者等权利的基础性权利。[①] 在市场经济不发达的时代，公司多由股东一人经营，股东兼任公司的董事或经理职位，在履行职务时就会了解到公司的信息，此时不会涉及或很少涉及股东知情权的事项。《公司法》（1993 年）仅规定了股东可通过查阅的手段来实现知情权。随着我国市场经济的发展，公司所有权与经营权在建立现代公司制度的过程中不断分离，公司的经营权由董事会及公司管理层掌握，多数股东并不直接参与公司的经营管理，产生了对公司信息掌握的信息差，进而导致不参与经营的股东对公司的经营管理情况不清楚，并可能影响股东权益的实质实现。因此，我国 2005 年、2013 年《公司法》中大幅增加了知情权的内容，《公司法司法解释（四）》又专门对股东知情权做出进一步细化的规定。《公司法》（2023 年修订）将股东查阅的范围进一步扩张，针对有限责任公司，增加了股东可以查阅复制股东名册，股东可以查阅会计凭证的内容；针对股份有限公司，允许连续 180 日以上单独或者合计持有公司 3% 以上股份的股东查阅公司的会计账簿、会计凭证。《公司法》（2023 年修订）对股东知情权范围和股份有限公司股东知情权的扩张反映了法律维护股东利益、追求诚信经营的价值立场，但权利扩张的同时会对应增加义务，也会给公司管治带来负担。如何处理知情权的扩张与公司管理负担增加的矛盾，如何在公司控制与股东权利保护方

---

① 参见孙天文、解恒奎、董新辉编著：《公司案件审判参考》，人民法院出版社 2018 年版，第 140～141 页。

面实现平衡,这是公司章程不能回避的话题。

一、股东知情权

股东是公司资本等生产要素的提供者,也是公司经营风险的最终承担者。股东做出与公司有关的决定,或对公司的经营提出建议或者质询,则需要对公司的信息有所了解和掌握,股东要对公司事务进行参与和监管,首先要获取公司的有关信息,进而维护自己及公司的利益。因此,股东有权知悉公司的人事、账务、运行等经营管理情况,这一知悉的权利在法律上的反映就是股东知情权。从知情权的内容上来看,股东知情权包括查阅权、质询权和信息披露;从知情权的行使来看,股东知情权不仅是知悉的权利,还是可以通过行使股东知情权收集其他股东或董监高等侵害公司及股东权利证据的权利;从知情权行使的目的来看,通过知情权的行使,股东可以监督公司的经营管理。股东知情权是股东行使资产收益、参与重大决策和选择管理者等权利的前提性权利、基础性权利、手段性权利和监督性权利。

(一)股东知情权的历史沿革

股东知情权的发展随着社会经济的发展和法律的进化而发展。《公司法》(1993 年)立足于建设现代企业制度,为国有企业改制提供制度供给,在其第 32 条中规定,有限责任公司的股东有权查阅股东会会议记录和公司财务会计报告;第 110 条规定,股份有限公司的股东有权查阅公司章程、股东大会会议记录和财务会计报告,对公司的经营提出建议或者质询。《公司法》(1993 年)涉及股东知情权的这两个条款仅是宣示性的规定,对股东知情权的实现路径缺乏具体规定。

随着市场经济的发展,立足于构建现代公司法律制度的《公司法》(2005 年修订)针对股东知情权有进一步的规定。《公司法》(2005 年修订)不仅赋予了股东查阅权,还有复制权;不仅包括股东会会议记录,还包括董事会决议和财务账簿等资料。在其第 34 条中明确了有限责任公司的股东有权查阅、复制公司章程、股东会会议记录、董事会会议决议、监事会会议决议和财务会计报告,股东还可以依法定程序要求查阅公司会计账簿；第 98 条明确规定了股份有限公司的股东有权查阅公司章程、股东名册、公司债券存根、股东会会议记录、董事会会议决议、监事会会议决议、财务会计报告，对公司的经营提出建议或者质询。《公司法》（2005 年修订）对于股东知情权的范围比《公司法》（1993 年）有了很大的扩张，包括查阅范围的扩张和行使权利方式的扩张，但《公司法》（2005 年修订）对股东知情权的规定仍不能很好地适配实践。

《公司法司法解释（四）》用了 6 个条文，对股东知情权的行使与诉讼作了明确而具体的规定，使股东知情权的行使有了参照的规则，知情权的标的范围也扩大到"公司特定文件材料"，并且通过《公司法司法解释（四）》第 8 条类型化列举了股东知情权行使"不正当目的"的情形，但该司法解释仍没有对司法实践中争议较大、司法裁判标准不一的查阅会计凭证事项作出回应，即使部分省、自治区、直辖市高级人民法院在其"审判指导意见"中将查阅范围扩大到了会计凭证；《公司法司法解释（四）》对急需解决的股份有限公司股东的知情权问题也没有作出针对性回应。

《公司法》（2023 年修订）将股东知情权的查阅范围明确扩大到"会计凭证"，同时根据股权投资热和股权激励等会导致有限责任公司股东的人数大大增加的现实情况，针对有限责任公司的查阅也增加了"股东名册"这一公司重要资料。实践中的股份有限公司并非都有众多的股东存在，发起设立的股份有限公司存在封闭性，现实中这类公司的股东同样存在查阅会计账簿和会计凭证的需求。同时一些非上市公众公司和上市公司也存在财务造假，而监管机关在没有证据的情况下也不宜直接核查公司财务，只有这些公司财务造假暴雷后才方便核查。《公司法》（2023 年修订）第 110 条有条件地允许股份有限公司股东查阅公司会计账簿和会计凭证，实现了法律对两类公司股东的平等保护。但相比丰富的经济实践和司法实践来讲，权利的扩张将会与公司经营管理产生一定的矛盾，公司章程应根据公司的特点对这些矛盾从自治性的角度进行化解。

（二）股东知情权的功能

从公司控制与股东权利保护的角度来说，股东知情权在股东权利体系中有重要而又独特的功能。股东知情权既是公司股东的固有权能，也是股东依法行使资产收益、参与重大决策和选择管理者等权利的基础性、手段性和前提性权利。

股东知情权既可以为自己行使,也可以为公司利益行使,是兼具自益性与共益性的股东权利。有限责任公司的股东行使知情权不受持股比例或持股期限的限制,股份有限公司股东行使知情权虽有比例限制,但《公司法》(2023年修订)有了极大突破,增加了股份有限公司股东的知情权,与有限责任公司的股东一样,可以查阅公司的会计账簿、会计凭证,包括委托中介机构进行查阅。股份有限公司股东知情权的法定增加将对我国的股份有限公司包括上市公司的治理都提出了新的要求。

股东通过法律赋予的知情权查阅公司的财务会计报告、会计账簿、会计凭证等有关公司经营、管理、决策的相关资料,从而了解公司的经营管理信息和监督公司高级管理人员活动。从查阅公司资料和知情公司活动的角度来说,股东知情权也是一种监督性权利,且有被滥用的风险。因此,股东知情权的行使常常被认为对公司治理层不太友好,常会引起公司治理层的抵触。

股东没有知情权,股东的资产收益、参与重大决策和选择管理者等权利则无法实现,或因信息不对称而不能正确地实现。股东知情权包括财务会计报告查阅权、会计账簿查阅权、检查人选任权和质询权等权利,而账簿查阅权是股东知情权的核心内容。股东会计账簿查阅权既有益于股东高效、低成本地行使其他股权,也有益于提高公司在股东中间的透明度,从而规范公司治理与经营管理行为,提升公司的投资价值与核心竞争力。[①] 股东没有知情权或股东的知情权没有保障,股东的其他权利也就成了"空中楼阁"。股权知情权的功能能否实现,与公司治理逻辑是否匹配,公司章程应对此作出约定或回应,因为这直接关系到股东权利的行使及实现,也关系到股东知情权制度的价值实现。

(三)公司控制视角的股东知情权

股东知情权是股东的固有权利,从权利和义务的二元关系上来说,股东知

---

① 参见程继伟、曹文兵:《股东查账权"正当目的"与"不正当目的"之辨》,载 http://rmfyb.chinacourt.org/paper/html/2016-12/01/content_119130.htm?div=-1,最后访问日期:2024年1月8日。

情权对应的是公司的义务，是公司对其信息真实、完整和准确的信息披露义务。从公司治理和控制的视角出发，没有知情权就谈不上治理与控制；没有知情权，股东权利就难以得到保护及实质实现。一般来说，亲自参与公司经营的股东或控制公司的控股股东和实际控制人不会主张股东知情权，但没有亲自参与经营或所有权与经营权两权分离的股东为了保障自己的权益就需要了解、知悉公司的运营情况，从而产生了股东对知情权的诉求。

从公司治理和控制的角度出发，实际控制并经营公司的股东或管理层倾向于缩小股东知情权的范围，而没有控制公司或参与公司经营管理的股东当然希望扩大股东知情权范围。股东知情权的行使，在于通过公司经营管理者对股东履行信息披露义务，使股东知悉公司的具体经营是否偏离了自己的投资初衷或预定目标，是否有侵犯公司利益或股东权利的事项发生，从而对公司利益和股东权利进行更好的保护。如果公司不当限制股东知情权，股东的权益不能得到很好的保护，股东的投资预期和愿望就会落空；但若过于注重保护股东的知情权，对股东知情权的行使不加以适当限制，也会导致股东滥用权利，从而增加公司的负担，给公司的正常经营管理造成极大的困扰，反而会损害公司和股东的利益。例如，有的股东为了与公司进行同业竞争或为了谋取不正当利益而利用股东知情权获取公司的商业秘密，有的股东成了"商业间谍"或"商业间谍"的帮手，这也是法律对股东知情权的行使进行一定限制的原因。

（四）股东知情权章程设计的可行性和必要性

《公司法》（2023 年修订）对股东知情权的规定反映在第 57 条、第 110 条，这两个条文对有限责任公司和股份有限公司的股东知情权的行使条件、程序、范围给予了明确的规定和充分的保护。针对股份有限公司的股东，《公司法》（2023 年修订）有条件地给予了保护，但也明确规定公司章程对股份有限公司股东行使知情权的持股比例有较低规定的，从其规定。

虽然有法律的赋权规定，但实践中股东知情权仍存在不少的问题，例如瑕疵出资股东知情权的行使、实际出资人权利、权利行使的程序、知情权范围的确定、不正当目的及其关联事项等，这些问题与股东知情权及其公司的治理与控制紧密相关。现行规定虽然给了行使权利抓手,但面对股东知情权行使的现实仍感觉抽象空泛,与股东知情权的实质实现、公司自治权利的行使、公司控制的现实需要等事项仍存在一定距离,这些距离就需要公司制度进一步完善,尤其是通过对公司章程进行个性化设计。

【参考案例】 在北京燕京汽车厂与北京中资燕京汽车有限公司股东知情权纠纷案中,正如法院释明:股东知情权系法律赋予公司股东的了解公司信息的权利,作为一项法定权利,其行使范围、行使程序、行使方式等应以法律规定为准。但公司法又不能穷尽股东行使知情权的范围和方式,股东通过公司章程、股东会决议、股东协议等方式扩大股东知情权的范围、丰富股东知情权的方式的,人民法院应当准许。[①]

法的一项基本任务是平衡利益,如何预防、减少股东利益与公司利益在股东知情权行使时所产生的矛盾,是制度设计必须解决的。[②] 从公司管控和股东权利保护的角度来讲,为避免股东知情权的不当行使,为保护公司利益和全体股东利益,公司章程也有必要制定一些适合本公司的特殊规定,以便为股东行使知情权给予必要的指导或规制。

二、股东知情权的章程设计

股东知情权是股东的固有权利,除了法律赋予股东的法定知情权,股东还可以通过公司章程对股东知情权做出具体的规定以保障公司和股东的整体利益。按照《公司法》(2023 年修订)相关规定及司法实践,公司章程可以在股东知情权的主体身份、主观目的、权利对象和范围、权利行使程序以及未能保障股东知情权的责任承担方面进行个性化的设计,以保护股东和公司的整体权利,平衡股东知情权行使与公司正常经营秩序。

---

① 北京市第二中级人民法院民事判决书,(2023)京 02 民终 3157 号。

② 参见庞梅:《股东知情权:从利益平衡到法律适用》,载《法律适用》2007 年第 8 期。转引自李建伟:《公司诉讼类型化专题 24 讲(一)》,法律出版社 2021 年版,第 171 页。

(一)瑕疵出资股东知情权的章程设计

知情权是股东的固有权利,不可通过章程或协议实质性剥夺,股东合法行使知情权应受法律保护和支持。但在实践中瑕疵出资股东是否有资格行使股东知情权颇有争议,司法机关的观点也不尽一致。瑕疵出资股东主要是指在公司成立或者融资过程中,未按公司章程或法律规定履行出资义务的股东,一般包括股东出资瑕疵及股东身份不适当两种类型。瑕疵出资的股东,典型表现为未履行或者未全面履行出资义务、抽逃出资、出资的财产权利有瑕疵等;股东身份不适当表现为隐名股东和名义股东,《公司法司法解释(三)》表述为实际出资人和名义出资人。

1.瑕疵出资股东的知情权章程限制问题

针对瑕疵出资股东是否有知情权的问题,公司法及公司法司法解释都没有进行明确具体的规定。《公司法司法解释(四)意见稿》第14条曾规定,公司以股东出资存在瑕疵为由进行抗辩的,不予支持。但在《公司法司法解释(四)》正式文稿公布时,本条被删除,这也说明司法机关对此条规定有不同观点。

依据《公司法》(2023年修订)第52条、第107条规定,股东未按照公司章程规定的出资日期缴纳出资的,经过一定的程序,公司可以使其失去股东权。公司股东出现瑕疵出资的情况时,在经过合法催缴后,瑕疵出资股东未履行缴纳义务的,股东将丧失其未缴纳的股权,股权尚可以失去,依据"举重以明轻"的体系解释方法,限制未出资或抽逃全部出资的股东的知情权符合立法本意。另外,对于部分出资瑕疵的股东也可以采取补足出资的前提条件,再让该股东行使知情权,这也符合契约论的先履行抗辩理论。针对登记在股东名册上的名义出资人,从法律的角度上来说,其具有股东资格,无论和实际出资人具有什么样的合同关系,依据商事登记的外观主义,都有权行使股东知情权;而对于隐名股东来说,其并没有作为公司股东进行登记,当然依法不能行使股东知情权。

现实司法案例中,瑕疵出资的股东诉求知情权一般都得到了支持,这一现象发生的主要原因在于公司章程没有相应的自治性、限制性条款。

【参考案例】 在诺地瑞升(北京)机械工程有限公司与王某股东知情权纠

纷案中,法院指出,王某虽然没有足额出资,但是诺地瑞升公司未提交证据证明公司章程或已生效的股东会决议对该股东权利进行了合理限制,故王某股东知情权不因其未足额缴纳出资而受到限制。①

【参考案例】 在尤某与无锡惠成信息技术有限公司股东知情权纠纷案中,二审法院具有同样的观点,认为,股东知情权是基于股东身份而拥有的固有权利,非经特别约定,一般不能予以限制。惠成公司以尤某未出资否定其股东资格和股东知情权的行使缺乏事实和法律依据。本案中,二审法院也释明:非经特别约定,一般不能对股东知情权予以限制。②

依据以上两个案例,可以看出,在公司章程或股东会决议未有明确约定的情况下,法院一般不会支持限制瑕疵出资股东的股东知情权。但笔者认为,因为公司章程对应规定的缺乏而导致公司利益受损失不利于控制公司的股东对公司进行治理和保护。

2. 身份不适当股东的知情权章程限制问题

股东身份不适当的主要表现形式为隐名股东和名义股东,《公司法司法解释(三)》表述为实际出资人和名义出资人。通常实际出资人和名义出资人通过签署协议由前者实际出资而享有投资收益,后者登记在公司登记资料中,成为名义上的股东。《公司法司法解释(三)》规定的“名义股东以公司股东名册记载、公司登记机关登记为由否认实际出资人权利的,人民法院不予支持”在一定程度上给予了实际出资人或隐名股东法律保护。实际出资人虽有认缴出资的意思表示和实际出资行为,满足实质要件,但在形式要件方面并不具备股东资格;名义出资人因登记在工商登记和相关文件中,满足形式要件,具有股东身份。因此对于实际出资人/隐名股东的股东知情权问题,司法实践中仍有不同的判决,表现为以下两种倾向,一种是以形式要件为主的认定,另一种是以实质要件为主的认定。

【参考案例】 在石某与上海柯腾家居用品有限公司股东知情权纠纷案中,虽然上海柯腾家居用品有限公司辩称石某并非公司的实际股东,其名下

① 北京市第三中级人民法院民事判决书,(2018)京03民终6951号。

② 江苏省无锡市中级人民法院民事判决书,(2017)苏02民终1593号。

20%股权的实际所有人为上海齐家网信息科技股份有限公司。但法院认为，原告石某系被告经工商信息登记的股东，公司股东即便存在出资瑕疵，但在未丧失公司股东身份之前，仍可行使相应的股东知情权。①

【参考案例】 股东知情权是法律赋予股东的权利之一。吴某琴、沈某与常州常申会计师事务所有限公司（以下简称常申公司）股东知情权纠纷案中，上诉人吴某琴、沈某未被登记在被上诉人常申公司股东名册和章程中，不具有常申公司的股东资格证明。吴某琴、沈某虽然提供了与叶某亭、常申公司签订《委托出资协议书》，但常申公司否认吴某琴、沈某是常申公司的股东，常申公司与吴某琴、沈某之间存在股东身份争议。根据《最高人民法院关于适用〈中华人民共和国公司法〉若干问题的规定（四）》第7条之规定，股东依据公司法第33条、第97条或者公司章程的规定，起诉请求查阅或者复制公司特定文件材料的，人民法院应当依法受理。公司有证据证明前款规定的原告在起诉时不具有公司股东资格的，人民法院应当驳回起诉，但有初步证据证明在持股期间有合法权益受到损害，请求依法查阅或复制持股期间的公司特定文件材料的除外。因此，吴某琴、沈某要求享有常申公司的股东知情权，首先必须要解决与常申公司的股东身份争议，要向法院提供充分证据证明吴某琴、沈某是常申公司的股东。吴某琴、沈某在本案中目前尚不具备直接享有常申公司股东知情权的主体资格。②

【参考案例】 在陈某富因与天水星华机电设备有限公司（以下简称星华公司）股东知情权纠纷案中，天水市中级人民法院对名义股东的股东资格进行了实质性审核，并认为陈某富系星华公司股东的证据只有工商登记等形式要件，但对于公司内部股东权益纠纷，仅具备形式要件不足以认定股东资格。在股东资格不能确认的情况下，陈某富要求行使股东知情权没有法律依据。③

【参考案例】 在徐州新彩卷烟印刷有限责任公司（以下简称新彩公司）与王某华、张某文等股东知情权纠纷上诉案中，二审法院认为，虽然王某华等7人

---

① 上海市嘉定区人民法院民事判决书，(2016)沪0114民初13219号。

② 江苏省常州市中级人民法院民事裁定书，(2018)苏04民终1853号。

③ 甘肃省天水市中级人民法院民事判决书，(2013)天民二终字第00008号。

及其他400余名实际出资人并未登记为股东,但王某华等7人作为实际出资人,已经履行了出资义务,在公司经营盈利之后,也多次取得了公司的分红,实际享有了出资人的权利。根据权利义务相一致及诚实信用的原则,应当确认王某华等7人的实际出资人的身份。虽然王某华等7人要成为法律意义上的公司股东,还需依法办理有关登记手续,但这并不影响王某华等7人在公司内部关系中向新彩公司主张权利。由于公司经营业绩的优劣与王某华等7人有直接的利害关系,故王某华等7人有权对公司经营中的重大事项行使知情权、表决权,其要求新彩公司履行法定义务,要求查阅公司相关财务账簿的请求,应予支持。①

从以上案件的判决结果及法院释明的理由来看,司法机关对瑕疵股东行使知情权存在不同观点。在石某与上海柯腾家居用品有限公司股东知情权纠纷案中,法院以股东登记的形式要件认定名义股东可行使相应的股东知情权。而在陈某富因与星华公司股东知情权纠纷案中,法院从股东资格的实质性角度出发,名义股东不具有股东知情权。在新彩公司与王某华、张某文等股东知情权纠纷上诉案中,法院则依据实际出资、参与分红等事实,认定实际出资人在内部关系中享有股东知情权的权利。依据最高人民法院《关于印发〈全国法院民商事审判工作会议纪要〉的通知》(法〔2019〕254号)第28条的规定,【实际出资人显名的条件】实际出资人能够提供证据证明有限责任公司过半数的其他股东知道其实际出资的事实,且对其实际行使股东权利未曾提出异议的,对实际出资人提出的登记为公司股东的请求,人民法院依法予以支持。鉴于《公司法》(2023年修订)不仅规定有限责任公司的知情权,还赋予一定条件的股份有限公司股东具有同等知情权,公司有必要结合股东名册在章程中对瑕疵股东知情权进行规定,以便于保护公司和股东的相应利益。

瑕疵股东知情权行使的章程条款参考示例

第×××条　登记在股东名册上的股东有权依法向公司申请查阅相应资料。(隐名股东)实际出资人经股东会决议通过,可以名义股东名义行使股东

① 江苏省徐州市中级人民法院民事判决书,(2011)徐商终字第0206号。

知情权，但此时名义股东无权行使股东知情权，除非有相应的司法裁判要求公司提交相应资料以供查阅或复印。

第×××条　股东未履行公司章程规定的出资义务或履行出资义务不完全、不适当时，股东在行使知情权之前，应先履行出资义务并向公司及其他股东承担因瑕疵出资而产生的违约责任；出资义务履行完毕后，该股东可以依据本章程及法律规定行使股东知情权。特殊紧急情况下，该股东应公司要求提供担保后可以行使股东知情权。

第×××条　完全未履行出资义务或完全抽逃出资的股东要求行使股东知情权时，公司有权要求该股东履行补足出资义务并向公司及其他股东承担违约责任；如该股东不履行出资义务或未返还全部抽逃的出资的，公司有权请求股东会作出决议，依据《公司法》规定启动该股东失权事项，解除该股东的股东资格；股东会作出该决议时，该股东作为利害关系人不具有表决权。

第×××条　非登记在公司登记管理机关备案资料中的主体向公司要求行使《公司法》规定的知情权的，股东会有权作出该主体行使或不行使知情权的决议。

第×××条　以实物出资或其他权利出资的股东，当公司发现该实物或权利存在虚假或欺诈事项时，公司有权要求该股东以货币补足其出资。在该股东履行补足出资义务之前，公司有权拒绝该股东行使知情权。

第×××条　股东没有完全履行出资义务之前或全部抽逃出资之后，该股东无股东知情权，无权查阅、复制公司章程、股东名册、股东会会议记录、董事会会议决议、监事会会议决议和财务会计报告，无权查阅公司会计账簿及会计凭证。如该股东坚持查阅，应首先依据公司章程或股东协议规定补足出资及消灭瑕疵出资的状态，然后公司方可同意该股东行使知情权。但公司股东会另有决议的除外，在股东会决议时，该股东应予以回避，不得行使表决权。

第×××条　瑕疵出资或身份不适当的股东行使股东知情权时，公司股东会可以做出同意或不同意的决定，此时该瑕疵出资或身份不适当的股东无表决权，但司法机关判决该股东有权行使股东知情权的除外。

第×××条　当特定股东知情权的行使被公司拒绝时，该股东应依本章程所规定的争议解决条款寻求法律救济。

(二)股东行使知情权“不正当目的”的章程设计

法律赋予股东知情权,是为了股东通过查阅公司有关公司经营、财务、决策、管理的相关资料以及询问有关的问题,了解公司的经营状况和公司高级管理人员业务活动,从而保护自己利益和公司利益。股东只有具有善意、正当的目的,才可行使知情权利。《公司法司法解释(四)》第 8 条对股东行使知情权的不正当目的进行了列举式规定,但该规定并不能涵盖现实公司股东实践的丰富性。通过章程对正当目的进行补充,是在保护公司及股东利益和章程个性化设计的应有之义。

在我国《公司法》(2005 年修订)之前,对知情权行使的正当目的没有规定,在《公司法》(2005 年修订)第 34 条对股东知情权规定以后,才有了股东知情权不正当目的的说法,但何为“正当目的或不正当目的”,《公司法》(2005 年修订)并没有给出明确的规定,只是在法律的实践中“摸着石头过河”。直至 2017 年 9 月 1 日,《公司法司法解释(四)》才对股东知情权的目的进行了规定。出于股东权利保护之理念,该解释对于知情权目的的正当性采用了推定主义,而对目的的不正当性进行了列举,即符合以下四种情形的,则视为目的不正当:(1)股东自营或者为他人经营与公司主营业务有实质性竞争关系业务的,但公司章程另有规定或者全体股东另有约定的除外;(2)股东为了向他人通报有关信息查阅公司会计账簿,可能损害公司合法利益的;(3)股东在向公司提出查阅请求之日前的三年内,曾通过查阅公司会计账簿,向他人通报有关信息损害公司合法利益的;(4)解释还对知情权目的不正当设置了兜底条款,即股东有不正当目的的其他情形。

依据《公司法司法解释(四)》的规定,股东自营或者为他人经营与公司主营业务有实质性竞争关系业务的,可以对该股东的知情权进行限制,即通过公司章程或全体股东约定进行限制。如没有相应的限制,自营或者为他人经营与公司主营业务有实质性竞争关系业务的股东仍可行使股东知情权。对管控公司的股东来说,其当然不希望在自己控制之下的公司技术信息或经营信息等资料被竞争者知道,当然也不希望类似股东对自己控制的公司有详细的知情。具有同业竞争关系的股东当然希望对公司知情内容越多越好。如果没有相应的章程限制条款，公司就很难拒绝与公司主营业务有实质性竞争关系业务的股东的知情权行使的要求，这不利于保护公司和股东的整体利益。

《公司法司法解释（四）》仅规定了股东有不正当目的的情形，但对不正当目的的主体没有进一步的细分。例如，当查阅股东的直系亲属，比如配偶、子女等有自营或者为他人经营与公司主营业务有实质性竞争关系业务的情况下，股东要求查阅是否视为"不正当目的"？从公司利益和股东权益保护的角度考虑在公司章程里可以对这些法律未规定的特别情况进行详细定义或列举式规定，以便让公司股东做到对不正当目的的情形有明确的认识和了解，预防纠纷的发生。

"正当目的"在实务中界定非常抽象，为了设计好正当目的的章程条款，有以下的观点可以借鉴：最高人民法院从四个层面对正当目的进行了解读：(1)正当目的必须是一个从股东身份出发的目的，即股东身份性。换言之，某个人提出查阅请求时，所主张的目的不能是纯粹其个人的而与股东身份无关的目的。(2)正当目的与基于股东身份的个人利益具有合理关联性，即合理相关性。合理相关性的要求，是一个相当抽象的标准，主要是指股东查阅公司信息是为了与在公司投资相关的原因。换言之，该目的应当是关乎公司经济利益（最终表现为股东的经济利益）或者投资人股票价值的。(3)该目的本身必须合法且不能违背公司利益。(4)这些目的必须是善意的，即股东提出查阅请求时不是为了满足好奇心，也不是为了投机或者骚扰公司以及使公司管理层陷入尴尬等目的。即使陈述的目的在法律上是充分的，如果陈述的目的不是出于善意，那么法院仍将不允许查阅。①

借鉴以下实践判例，我们也可以得到对类似章程条款个性化设计的有益启发。

【参考案例】　在江苏牧羊集团有限公司（以下简称牧羊公司）与徐某辉股东知情权纠纷案中，江苏省高级人民法院认为：牧羊公司的会计账簿中必然涉及以往产品的销售渠道、客户群、客户交易习惯、销售价格、原材料成本、原材料

① 刘德权总主编、俞宏雷卷主编：《最高人民法院司法观点集成新编版·商事卷》（第5册），中国法制出版社2017年版，第246页。

来源等经营信息,此种信息中有可能还包含商业秘密。现徐某辉配偶卞周某及其共同投资人徐某另外设立的公司均与牧羊公司存在竞争关系,徐某辉一旦掌握了牧羊公司的商业秘密,极可能故意或过失地泄露或使用上述信息,致使牧羊公司的竞争对手取得不应有的竞争优势,从而损害牧羊公司的合法利益,因此,可认定徐某辉行使会计账簿查阅权的目的具有不正当性。[①] 最终江苏省高级人民法院支持了南京市中级人民法院的判决,裁定驳回了徐某辉的再审申请。[②]

【参考案例】 在孙某凤与北京科华众生云计算科技有限公司(以下简称科华众生公司)股东知情权纠纷二审案中,二审法院释明:本案中,科华众生公司主张孙某凤查阅会计账簿有不正当目的,可能损害公司合法利益,向法院提交了科华众生公司的企业信用信息、披云腾陆公司变更前企业信用信息以及上海谷购公司的企业信用信息等证据材料,上述证据材料表明,三公司从事的主要业务均是计算机技术开发、技术服务、技术咨询等业务,而孙某凤既是科华众生公司的股东,也是披云腾陆公司的股东(持股75%)和法定代表人,孙某凤的配偶孟某培是上海谷购公司的股东(持股90%)。虽然孙某凤提交了披云腾陆公司于2019年9月16日变更名称及经营范围的工商登记信息,但该工商登记信息显示披云腾陆公司的经营范围变更的时间在本案一审立案受理之后,且孙某凤未提交其他证据证明其关于披云腾陆公司一直从事的业务为进出口贸易的事实主张。孙某凤上诉提出披云腾陆公司和上海谷购公司注册后实际并未进行经营活动,但孙某凤没有提交充分证据证明,与其一审关于披云腾陆公司一直从事的业务为进出口贸易的事实主张亦不相符。综合上述情况,二审法院认为,一审法院对科华众生公司关于孙某凤查阅会计账簿存在不正当目的的抗辩意见予以采纳并无不当。孙某凤的上诉理由,没有事实和法律依据,本院不予支持。[③]

【参考案例】 在张某萍、侨大教育科技有限公司(以下简称侨大公司)等股东知情权纠纷案中,二审法院释明:……第三,唯源公司确为张某萍配偶的妹

---

① 江苏省南京市中级人民法院民事判决书,(2016)苏01民终7835号。

② 江苏省高级人民法院民事裁定书,(2017)苏民申4285号。

③ 北京市第二中级人民法院民事判决书,(2020)京02民终816号。

妹为法定代表人的公司，一审中张某萍确认其有在唯源公司任职，唯源公司及其全资子公司唯源培训中心的主营业务为成人教育类业务，一审法院认定侨大公司与唯源公司在主营业务和所围绕的招生生源基本一致并无不当。第四，由于侨大公司与唯源公司的实际业务性质具有同一性，加之张某萍实际有在唯源公司任职以及其与唯源公司法定代表人之间的亲属关系，可以认定侨大公司与唯源公司之间存在实质性竞争关系。张某萍作为侨大公司股东，其查阅会计账簿和会计凭证可以获得侨大公司的相关客户资料等商业秘密，从而存在可能损害侨大公司的合法利益，一审法院认定张某萍查阅会计账簿和会计凭证具有不正当目的并无不当，二审法院予以维持。①

依据以上判例，如股东的直系亲属例如配偶、子女等自营或者为他人经营与公司主营业务有实质性竞争关系业务的，法院经审查后或判决或裁定驳回了股东查询的知情权诉请。建议公司章程将案例中的情况规定为“视同股东目的不正当”，一旦发生纠纷，公司为保护自己的利益也有章程上的依据，以起到保护公司利益，确保股东知情权的正当行使。

股东行使知情权的“不正当目的”的章程条款参考示例

第×××条　股东在申请行使股东知情权之前，应先向公司提交承诺及申请书，承诺查阅目的及使用正当，不会侵犯公司利益。拒绝签署的，视为股东知情权行使目的不正当，公司有权拒绝配合股东查阅。

第×××条　股东自营或者为他人经营与公司主营业务有实质性竞争关系业务的，不得行使股东知情权。这里的他人包括但不限于与该股东有直系亲属关系、亲属关系或任何其他的关系的第三人。这里的实质性竞争关系是指生产与本公司产品相同或类似产品，与本公司的经营范围相同或近似的，以及与本公司经营模式相同或近似的经营行为。

第×××条　股东的配偶、子女、儿媳、女婿【或仅限于配偶】如有法律规定的不正当目的的情形，视同股东有不正当目的。股东的配偶、子女、儿媳、女婿【或仅限于配偶】如自营或者为他人经营与公司主营业务有实质性竞争关系

---

① 广东省广州市中级人民法院民事判决书，(2023)粤01民终4350号。

业务的,视同股东有同业竞争关系。如有本章程规定的同业竞争关系的,则股东的知情权限定于公司章程、股东会会议记录、董事会会议决议、监事会会议决议和财务会计报告,不得查阅其他公司资料。公司股东会有其他决议的,依股东会决议执行,但请求行使知情权的股东此时无表决权。

第×××条　本公司股东有义务向公司报告其本人或本人的配偶、子女、儿媳、女婿【或仅限于配偶】是否有自营或者为他人经营与公司主营业务有实质性竞争关系业务的情形。如有隐瞒真实情况或报告虚假情况的,视同该股东违约并承担相应违约责任,公司也有权拒绝该股东行使知情权及其他股东会决议认为需要限制的其他股东权利。

第×××条　股东有以下情形之一者,视为目的不正当:(1)股东行使知情权是为公司的竞争对手攫取有关信息;(2)股东行使知情权是为索取公司股东名单后出售;(3)股东行使知情权是为自己兼职的其他公司获取商业信息或秘密;(4)股东行使知情权是为满足好奇心或者不必要地干预公司商业经营;(5)股东的配偶或直系亲属等与公司主营业务有实质性竞争关系。

第×××条　股东因以下原因行使股东知情权的,公司无义务配合:(1)股东提出查阅请求时,目的与股东身份无关;(2)查阅目的与基于股东身份的个人利益不具有合理关联性;(3)查阅目的本身不合法且/或违背公司利益;(4)查阅目的并非善意。

第×××条　其他公司或经营主体与本公司经营范围的种类相同或近似的,视为与本公司有业务竞争关系。

第×××条　有限责任公司有证据证明要求行使股东知情权的股东存在下列情形之一的,应当认定该股东有"不正当目的":

(一)股东自营或者为他人经营与公司主营业务有实质性竞争关系业务的;

(二)股东为了向他人通报有关信息查阅公司会计账簿,可能损害公司合法利益的;

(三)股东在向公司提出查阅请求之日前的三年内,曾通过查阅公司会计账簿,向他人通报有关信息损害公司合法利益的;

(四)当法院裁判或公司允许股东行使股东知情权时,该股东委托的人员与公司有利害冲突关系时,该等人员不得代理股东行使股东知情权,否则视为股东行使股东知情权有不正当目的。

（五）股东有不正当目的的其他情形。

第×××条　除本章程规定外，全体股东可以一致约定股东行使知情权的"不正当目的"的情形。

股东会决议可以对股东行使知情权的"不正当目的"作出决议后限制某类特定股东知情权的行使，该决议的通过应由未行使股东知情权的其他股东全票通过方可允许该股东行使股东知情权。

（三）股东知情权行使范围的章程设计

依据《公司法》（2023 年修订）的规定，股东知情权的范围如表 1 所示。

表 1　股东知情权的范围

知情权范围	股东类型及请求权基础	
	有限责任公司股东《公司法》（2023 年修订）第 57 条	股份有限公司股东《公司法》（2023 年修订）第 110 条
公司章程	查阅、复制	查阅、复制
股东名册	查阅、复制	查阅、复制
股东会会议记录	查阅、复制	查阅、复制
董事会会议决议	查阅、复制	查阅、复制
监事会会议决议	查阅、复制	查阅、复制
财务会计报告	查阅、复制	查阅、复制
会计账簿	查阅	查阅（连续 180 日以上单独或者合计持有公司 3% 以上股份的股东）
会计凭证	查阅	查阅（连续 180 日以上单独或者合计持有公司 3% 以上股份的股东）
全资子公司相关资料	依法查阅、复制	依法查阅、复制

《公司法》（2023 年修订）规定，公司的股东有权查阅和复制公司章程、股东名册、股东会会议记录、董事会会议决议、监事会会议决议和财务会计报告。有限责任公司的股东和连续 180 日以上单独或者合计持有公司 3% 以上股份的股份有限公司的股东可以要求查阅公司会计账簿和会计凭证，但应当提出书

面请求,说明目的;上市公司股东查阅、复制相关材料的,应当遵守《证券法》(2019 年修订)等法律、行政法规的规定,股东要求查阅、复制公司全资子公司相关材料的,适用《公司法》(2023 年修订)的相关规定。

在公司知情权纠纷案件中,如果股东诉求的范围超出了《公司法》的规定,在公司章程没有扩大知情权范围的情况下,股东的诉求可能就不会得到法院的支持。

【参考案例】 在李某君、吴某、孙某、王某兴诉江苏佳德置业发展有限公司(以下简称佳德公司)股东知情权纠纷案,江苏省宿迁市中级人民法院对该案进行了类似的判决释明。在该案中,李某君、吴某、孙某、王某兴要求在佳德公司住所地依据《公司法》的规定查阅或复制佳德公司的会计账簿、议事录、契约书、通信、纳税申报书等(含会计原始凭证、传票、电传、书信、电话记录、电文等)所有公司资料,特对公司提出书面申请。望公司准备好所有资料,以书面形式答复4 位申请人的委托代理律师。在案件审理中,江苏省宿迁市中级人民法院释明:4 位上诉人查阅权行使的范围应当包括会计账簿(含总账、明细账、日记账和其他辅助性账簿)和会计凭证(含记账凭证、相关原始凭证及作为原始凭证附件入账备查的有关资料)。对于4 位上诉人要求查阅其他公司资料的诉请,因超出了 2005 年《公司法》第 34 条规定的股东行使知情权的查阅范围,不予支持。江苏省宿迁市中级人民法院在案例中进一步释明:关于4 位上诉人要求复制被上诉人佳德公司会计账簿及其他公司资料的诉讼请求,法院认为,《公司法》赋予了股东获知公司运营状况、经营信息的权利,但同时也规定了股东行使知情权的范围。《公司法》第 34 条第 1 款将股东有权复制的文件限定于公司章程、股东会会议记录、董事会会议决议、监事会会议决议和财务会计报告。第 2 款仅规定股东可以要求查阅公司财务会计账簿,但并未规定可以复制,而佳德公司章程亦无相关规定,因此 4 位上诉人要求复制佳德公司会计账簿及其他公司资料的诉讼请求既无法律上的规定,又超出了公司章程的约定,不予支持。①

---

① 李某君、吴某、孙某、王某兴诉江苏佳德置业发展有限公司股东知情权纠纷案,载《最高人民法院公报》2011 年第 8 期。

从上述公报案例来看，因公司章程中没有规定股东知情权的文件材料范围，一旦发生纠纷，法院只有按照《公司法》及公司法司法解释的规定来进行裁定或判决。从法院的进一步释明可以看出，如果佳德公司章程允许4名上诉人复制公司会计账簿及其他公司资料，那么法院还是会尊重公司章程的规定的。毕竟股东知情权范围可以由股东之间的约定而扩大，公司要诚信经营、诚信管理，如果股东内部都做不到诚信对待，更谈不上对公司外部的诚信经营。

【参考案例】 在富巴投资有限公司（以下简称富巴公司）、海融博信国际融资租赁有限公司（以下简称海融博信公司）股东知情权纠纷再审审查与审判监督案中，最高人民法院对申请人要求查询公司会计凭证的原件的诉请不予支持。最高人民法院释明如下：《公司法》仅将股东可查阅财会资料的范围限定为财务会计报告与会计账簿，没有涉及原始凭证，二审判决未支持富巴公司查阅海融博信公司原始凭证的请求，并无不当。《会计法》第9条也未赋予股东查阅公司原始凭证的权利。[①]

依据上述判例，在《公司法》（2023年修订）颁布施行之前，各级法院对股东知情权的范围是否包含会计凭证的裁判尺度不尽相同，原始会计凭证是公司经营情况最真实的反映，如果将股东查阅权的范围仅限于会计账簿，将难以确保通过会计账簿了解公司的真实经营情况。《公司法》（2023年修订）已明确规定，公司股东可以有条件查阅公司的会计凭证。因此，随着新法的施行，股东查阅会计凭证应不再具有争议。但按照《会计法》（2017年修正）（已被修改）第14条第1款、第5款的规定，会计凭证包括原始凭证和记账凭证；记账凭证应当根据经过审核的原始凭证及有关资料编制。因此，实践中原始凭证与有关资料所包括的审批资料、商业合同、增值税发票、银行款项交易回单、物流底单及签收单、出入库单据等资料是否可以被提供查看实践中仍不明确，建议通过公司章程具体设计及明确。

【参考案例】 在科朗公司与上海和丰中林林业股份有限公司（以下简称和丰公司）股东知情权纠纷上诉案中，法院释明：关于科朗公司主张查阅和丰

---

① 最高人民法院民事裁定书，(2019)最高法民申6815号。

公司子公司的财务报表以及和丰公司及其分公司、子公司的会计账簿问题。由上述已查明的和丰公司章程第144条及第146条的规定可见,章程载明和丰公司应向股东提交子公司财务报表、股东享有检查公司及其子公司的会计账簿、记录和管理账目的权利。前述章程的规定超过《公司法》列举的股东知情权内容,考虑到和丰公司虽为股份有限公司,但股东仅有5名,只要股东合理地行使知情权,一般不会对公司的经营造成重大影响,故前述公司章程的相关规定不致无效。何况科朗公司系因和丰公司在申请上市过程中经审计发现财务问题后而主张行使知情权,理由正当,故科朗公司请求查阅和丰公司子公司的会计报表并查阅和丰公司及其分公司、子公司的会计账簿,应获支持。据此,二审法院对于原审判决未予支持科朗公司的此部分诉讼请求依法予以改判。需要指出的是,一般而言,子公司是指有一定比例以上的股份被另一家公司所拥有或通过协议方式受到另一公司实际控制的公司,鉴于和丰公司章程中未对子公司的范围作出明确界定,审理中当事人双方也未能就此达成一致意见,考虑到子公司本系依法独立享有民事权利、承担民事责任的法人,为避免可能损害子公司其他股东的权利,二审法院对章程中所涉子公司界定为系和丰公司的全资子公司,包括上海银和林业发展有限公司、西昌银和林业发展有限公司、东阿银和林业发展有限公司、东明银和林业发展有限公司、东平银和林业发展有限公司、上海禾生林业科技有限公司、古蔺县银和林业发展有限公司、云南正和林业发展有限公司。①

【参考案例】 在北京放心存空间科技有限公司(以下简称放心存公司)等与张某伟股东知情权纠纷上诉案中,法院认为:……关于焦点四,张某伟行使股东知情权的查阅、复制范围是否及于放心存公司子公司的财务会计报告、会计账簿及会计凭证。首先,《公司法》第14条第2款规定:"公司可以设立子公司,子公司具有法人资格,依法独立承担民事责任。"根据上述规定可知,有限公司所控股的公司法人地位独立。同时,股东知情权源于公司股东身份,只有具备股东身份方可享有知情权,此为《公司法》赋予股东行使知情权之基础。张某伟投资放心存公司成为其股东,享有股东权益。但张某伟并非放心存公司

---

① 上海市第二中级人民法院民事判决书,(2013)沪二中民四(商)终字第S1264号。

之子公司的股东，母公司与子公司之间的控制关系是基于股权的占有或者控制协议，而张某伟与放心存公司的子公司之间并无直接法律关系，其对放心存公司的股东权益亦不能直接及于放心存公司之子公司，因此张某伟所主张股东知情权的对象及于放心存公司子公司缺乏基础。其次，《公司法》第33条对有限公司的股东知情查阅范围进行了明确限定，其内容并未包含公司的子公司。在《公司法》等规范性法律文件未对母公司股东设置子公司知情权的情况下，张某伟主张行使对放心存公司子公司的知情权，超越了其股东知情权行使的法定界限，缺乏法定权利来源。①

依据以上判例，在《公司法》(2023年修订)之前，股东针对公司的全资子公司行使知情权时，法院的裁判标准并不统一。企业集团中，控股公司或者控股公司的股东或者管理层可能利用子公司从事关联交易损害控股公司利益，如果控股公司股东不能查阅子公司的信息，此时该种违法行为就借由多层次法律主体规避股东查阅权的行使，致使保护少数股东权利的立法目的落空。子公司的运营对控股公司有重大影响时，控股公司股东可通过查阅子公司的会计账簿等材料，监督其经营状况，间接维护控股公司及其股东的权益。《公司法》(2023年修订)第57条第5款、第110条第3款增加股东可以查阅全资子公司相关材料的规定，扩大知情权范围，对于确保双重代表诉讼的有效实施具有重要意义。②

【参考案例】 在北京兴琦房地产开发有限公司与李某秋股东知情权纠纷案中，法院释明：股东知情权范围源于法律规定和章程规定，法律规定知情权范围系法律保护股东最低程度的知情权，属于强制性的规定，公司章程不应限制或排除该权利，但公司章程可以作出超过法定知情权范围的规定，法院对此应予以尊重。③

股东在章程中自行约定股东知情权范围有助于股东顺利行使知情权并避免可能发生的争议。如果股东在公司章程规定可以查阅或复制公司特定文件

① 北京市第三中级人民法院民事判决书，(2023)京03民终2423号。

② 参见林一英：《新〈公司法〉对股东权利保护的完善》，载《法律适用》2024年第2期。

③ 北京市第二中级人民法院民事判决书，(2020)京02民终3552号。

材料,或当公司章程赋予股东的知情权大于《公司法》及其司法解释规定的范围时,只要公司章程规定没有违反法律强制性规定,法院应对这些规定予以尊重。这既符合《公司法》立法本意,也是优化公司管控、保护股东权利的现实需要。对于没有参与公司经营的股东来说,知情权范围的扩大有利于其股东利益的保护和实现;但对于控制公司的股东或公司本身来说,扩大公司的知情权可能并非其所愿,因为股东知情权也是一项监督性权利。

股东知情权范围的章程条款参考示例

第×××条　股东可以查阅及复制的材料包括:公司章程、股东会会议记录、董事会会议决议(董事会会议记录)、监事会会议决议、财务会计报告、会计账簿、会计凭证、合同账册、销售记录等。其中,会计账簿含总账、明细账、日记账和其他辅助性账簿;会计凭证含记账凭证、相关原始凭证及作为原始凭证附件入账备查的有关资料。

已经查阅的资料,公司无义务配合再次查阅,但司法裁判允许的除外。

第×××条　依据《公司法》及其司法解释规定可以查阅的资料,股东可以查阅、摘抄但不能采用复印、拍照或扫描等类似方法查阅;《公司法》及其司法解释规定可以复制的资料,可以复印或拍照。

第×××条　股东要求查阅或复印公司法规定以外的材料的,公司股东会可以通过决议作出同意或不同意的决定。此时,要求查阅的股东无表决权。公司股东会没有决议的,依法律规定。

第×××条　股东依法行使股东知情权,提出查阅公司有关信息或者索取资料的,应当向公司提供证明其持有公司股份的种类以及持股数量的书面文件,公司经核实股东身份后按照法律法规及司法解释的规定予以提供。

第×××条　股东提出查阅公司的全资子公司涉及知情权信息资料的,公司应依法律规定进行。

第×××条　公司有义务按以下安排向股东提供相关信息和文件:

(一)在每个会计年度结束后的120天内提供:经法定认可的审计机构审计的财务报表,以及公司的管理层对当年业务的报告,包括但不限于公司当年年度、季度、月度花费与当年年度、季度、月度预算的对比;

（二）在每个会计季度结束后的30天内提供：公司的季度财务报表，以及公司的管理层对当季业务的报告；

（三）在每个会计月度结束后的30天内提供：公司的月度财务报表，以及公司的管理层对当月业务的报告，包括但不限于对当月财务数据与公司当年预算数据不相符的关键财务项的说明；

（四）在每个会计年度结束后的30天内提供：公司的下一会计年度的预算报告；

（五）公司发给公司任一股东的任何消息或文件；

（六）任何公司的重大人事变动（此处“重大人事”，指涉及公司董事长、总经理、董事、监事、财务负责人及其他各部门负责人员、技术核心人员）。

公司向股东提供的全部财务报表均应至少包括当期的损益表、资产负债表、现金流量表，这些财务报表应符合中国会计准则。

第×××条　股东享有作为股东所享有的对公司经营管理的知情权和进行监督的权利，股东有权取得公司财务、管理、经营、市场或其他方面的信息和资料，股东有权向公司管理层提出建议并听取管理层关于相关事项的汇报。公司应按时提供给股东以下资料和信息：

（一）每日历季度最后一日起30日内，提供月度合并管理账，包含利润表、资产负债表和现金流量表；

（二）每日历年度结束后45日，提供公司年度合并管理账；

（三）每日历年度结束后120日，提供公司年度合并审计账；

（四）在每日历/财务年度结束前至少30天，提供公司年度业务计划、年度预算和预测的财务报表；

（五）在股东收到管理账后的30天内，提供供股东与公司就管理账进行讨论及审核的机会；

（六）按照股东要求的格式提供其他统计数据、其他财务和交易信息，以便股东被适当告知公司信息以保护自身利益。

第×××条　股东有权查阅、复制公司章程、股东名册、股东会会议记录、董事会会议决议、监事会会议决议、财务会计报告，对公司的经营提出建议或者质询。

连续180日以上单独或者合计持有公司1%以上股份的股东要求查阅公司的会计账簿、会计凭证的,按照法律法规的规定进行。

(四)股东知情权行使方式和程序的章程设计

权利的行使离不开程序的保障。无程序的权利行使,会使权利的行使进入混乱状态,并不利于权利的保护,甚至会导致纠纷的发生。从保护股东权利的角度来讲,股东知情权是股东的重要权利,部分股东不实际参与公司经营,行使知情权就成为该部分股东了解公司信息的重要手段和渠道,但股东知情权的行使也应在实体权利和程序权利平衡的机制下进行,即对公司经营效率、经营秩序等公司权益不应形成不利影响。《公司法》(2023年修订)扩充股东知情权到了股份有限公司的股东,且由于有的股份有限公司股东众多,多个股东要求行使知情权可能会给公司运营带来很大的负担,因此,股东知情权行使的程序设计就显得尤为重要。从控制和管理公司的角度上来讲,《公司法》(2023年修订)对股东知情权的调整给公司管理带来了新的挑战。如果不对股东知情权进行一定的约束或限制,股东知情权的滥用将会扰乱公司的正常经营管理,增加公司的运营成本。《美国特拉华州公司法》就在其第220条规定了一个"宣誓"程序,第220(一)(4)条规定,"宣誓",包括宣誓人确认其陈述属实,若不属实,愿意根据美利坚合众国法律或者州法的规定接受伪证罪处罚。[①] 借鉴《美国特拉华州公司法》的以上规定,可以考虑在公司章程中设计行使股东知情权的申请和承诺的前提条件,以约束股东知情权被不正当行使,并明确股东知情权不正当行使的责任承担,公司章程还可以规定股东知情权的行使方式和行使时间等内容,例如,《公司法》(2023年修订)第57条规定,如果公司有合理根据认为股东查阅会计账簿有不正当目的,可能损害公司合法利益的,可以拒绝提供查阅,并应当自股东提出书面请求之日起15日内书面答复股东并说明理由。本处的15日是拒绝情况下的15日,但法律没有规定公司如果允许查阅应在多长时间内允许并配合股东查阅,这也是公司章程可以设计的地方之一。

《公司法》(2023年修订)第57条第1款规定,股东有权复制公司章程、股

① 《特拉华州普通公司法》,徐文彬、戴瑞亮、郑九海译,中国法制出版社2010年版,第91页。

东名册、股东会会议记录、董事会会议决议、监事会会议决议和财务会计报告。但对公司会计账簿、会计凭证，《公司法》（2023 年修订）只赋予股东查阅的权利，并没有规定可以复制。依据实务经验，法院裁判支持股东行使知情权或公司同意股东行使知情权时，股东行使知情权也会在短的期限内行使，不可能无休止地对会计账簿、会计凭证进行查阅，但股东及其委派的中介机构也无法在短时间查阅清楚时，这种情况就不利于股东知情权的保护。但实践中，行使股东知情权时针对会计账簿、会计凭证是否可以摘抄或复制？《公司法》（2023 年修订）没有进行规定，实务中也有争议。

【参考案例】　在北京倍爱康生物技术有限公司、东峰企业有限公司股东知情权纠纷执行案中，最高人民法院认为：本案的焦点问题是股东在行使知情权过程中，查阅公司会计账簿是否包含摘抄。第一，摘抄是股东行使知情权、查阅会计账簿的辅助手段。股东知情权是公司股东了解公司信息、知晓公司事务的权利，是股东的法定权利、固有权利。查阅会计账簿是股东知情权实现的方式。《公司法》第 33 条规定，“股东有权查阅、复制公司章程、股东会会议记录、董事会会议决议、监事会会议决议和财务会计报告。股东可以要求查阅公司会计账簿”。公司会计账簿一般包括大量、专业的数据信息，在股东不能充分理解专业数据信息的情况下，不能认为仅股东自行查阅会计账簿就实现了知情权。对此，《公司法司法解释（四）》第 10 条规定，股东依据人民法院生效判决查阅公司文件材料的，在该股东在场的情况下，可以由会计师、律师等依法或者依据执业行为规范负有保密义务的中介机构执业人员辅助进行。该规定明确了股东行使知情权可以由具有专业能力的人员进行辅助，其目的就是帮助股东了解公司信息。同理，进行摘抄也是辅助股东查阅公司文件材料、了解公司信息的方法。无论是聘请专业人员，还是进行摘抄，都是辅助股东实现其知情权的手段。第二，一般情况下，摘抄不等同于复制。《民事诉讼法》第 70 条第 1 款规定，书证应当提交原件，物证应当提交原物，提交原件或者原物确有困难的，可以提交复制品、照片、副本、节录本。《最高人民法院关于民事诉讼证据的若干规定》第 44 条第 1 款规定，摘录有关单位制作的与案件事实相关的文件、材料，应当注明出处，并加盖制作单位或保管单位的印章。参照法律和司法解释对证据的有关规定精神,摘录和复制具有不同的法律含义。从词义上理解,"摘抄"与"摘录"意思相近,均可理解为"选取一部分内容抄录下来","复制"可理解为"依照原件制作成同样的"。可见,摘录、摘抄与复制的含义不同,不能产生"制作成同样的"效果,不能认为摘抄本质上属于复制。股东对会计账簿进行摘抄,不违反公司法规定,倍爱康公司关于"摘抄"本质上属于"复制"的主张,不能成立。①

【参考案例】 在长沙蓄能工贸有限责任公司与黄某股东知情权纠纷再审案中,湖南省高级人民法院也有类似的释明:《公司法》明文规定行使股东知情权的范围,黄某主张的查阅、复制公司章程、股东会会议记录、董事会会议决议、监事会会议决议和财务会计报告的诉讼请求,符合《公司法》第 34 条第 1 款规定的范围,其请求应予支持。但《公司法》第 34 条第 2 款明文规定股东只可以要求查阅公司财务会计账簿,并未规定复制权,鉴于《公司法》条款对公司的会计账簿知情权的特殊规定,故黄某提出的要求查阅会计账簿的诉讼请求符合相关法律规定,但对于会计账簿及原始凭证,根据《会计法》第 9 条规定:"各单位必须根据实际发生的经济业务事项进行会计核算,填制会计凭证,登记会计账簿,编制财务会计报告。"第 14 条规定:"会计凭证包括原始凭证和记账凭证。办理本法第十条所列的各项经济业务事务,必须填制或者取得原始凭证并及时送交会计机构。……记账凭证应当根据经过审核的原始凭证及有关资料编制。"第 15 条第 1 款规定:"会计账簿登记,必须以经过审核的会计凭证为依据,并符合有关法律、行政法规和国家统一的会计制度的规定。"因此,根据会计准则,相关契约等有关资料也是编制记账凭证的依据,应当作为原始凭证的附件入账备查。公司的具体经营活动也只有通过查阅原始凭证才能知晓,不查阅原始凭证,中小股东可能无法准确了解公司真正的经营状况。据此,黄某查阅权行使的范围应当包括会计账簿(含总账、明细账、日记账和其他辅助性账簿)和会计凭证(含记账凭证、相关原始凭证及作为原始凭证附件入账备查的有关资料)。故黄某要求查阅公司会计账簿及原始凭证的诉讼请求符合法律规定,但黄某请求复制会计账簿及原始凭证的诉讼请求,因涉及公司商业机密

---

① 最高人民法院执行裁定书,(2020)最高法执监 97 号。

和重要经营信息，法律规定明确限定查阅范围，因此黄某该诉请既无法律上的规定，又超出了公司章程的约定，应不予支持。①

依据以上案例，建议针对股东知情权行使的方式方法进行章程个性化规定，以避免可能产生的纠纷。

《公司法》（2023年修订）规定的股东知情权行使方式限于查阅、复制，且针对会计账簿、会计凭证仅限于查阅。股东通过行使知情权固然可以了解公司财务信息，但仅仅通过查阅公司提供的财务信息难以发现公司控股股东、实际控制人或管理层的违法问题，尤其是财务信息不真实不完整的情况下。因此，通过审计的手段可以更好地掌握公司真实财务状况，并对促进公司相关主体合法经营、改善公司治理有重要意义，但是否可以由股东提起对公司财务资料的审计，实践中存在争议。

【参考案例】 在阿特拉斯设备有限公司（以下简称阿特拉斯公司）、河北阿特拉斯设备制造有限公司（以下简称河北阿特拉斯公司）股东知情权纠纷民事再审案中，最高人民法院释明，阿特拉斯公司有权查阅合资公司的原始凭证和记账凭证，并有权指定审计师对合资公司账目进行审计。虽然《公司法》第33条第2款规定股东可以要求查阅公司会计账簿，并未规定股东可以查阅原始凭证和记账凭证，但该条规定的意旨主要是防止小股东滥用知情权干扰公司的正常经营活动。本案中，合资双方持股比例各为50%，不存在小股东滥用股东权利妨碍公司正常经营的情形。况且，双方在合资合同中有“合同各方有权各自承担费用自行指定审计师审计合营公司的账目”的特别约定。河北阿特拉斯公司章程亦规定，“合营各方有权自费聘请审计师查阅合营公司账簿。查阅时，合营公司应提供方便”。合资双方通过章程、合资合同约定的公司内部治理事项，属于当事人意思自治权利的范畴，缔约双方应当诚实守信，予以遵守。河北阿特拉斯公司亦确认，审计师在审计合资公司的账目时，必然涉及原始凭证和记账凭证。在合资双方约定合资一方有权自行指定审计师审计合资公司账目的情况下，股东知情权的范围不宜加以限缩，否则，将与设置股东知情

① 湖南省高级人民法院民事判决书，（2016）湘民再2号。

权制度的目的背道而驰。此外,考虑到河北阿特拉斯公司已经不再实际经营、双方协商通过清算解决遗留问题的实际情况,基于利益平衡和确保信息真实的考虑,阿特拉斯公司查阅会计账簿时应有权查阅原始凭证和记账凭证。在河北阿特拉斯未能举证证明阿特拉斯查阅会计账簿具有不正当目的的情况下,阿特拉斯公司请求查阅原始凭证在内的会计账簿并指定审计师对合资公司账目进行审计,具有合同依据和法律依据。①

【参考案例】 在科朗公司与上海和丰中林林业股份有限公司(以下简称和丰公司)股东知情权纠纷上诉案中,上海市第二中级人民法院释明,关于科朗公司所提审计问题。公司法虽未明确股东可通过审计方式行使知情权,但本案中该方式已通过记载于和丰公司章程的形式予以确定,且审计亦系股东了解公司经营状况的方式之一,该规定对于公司及股东均具有约束力,故科朗公司请求判令和丰公司配合其审计,可予支持。②

依据以上案例和最高人民法院的释明,如果在公司章程或者股东协议中约定股东知情权的审计事项,应会得到司法的支持。

《公司法》(2023 年修订)对股东知情权的行使并无程序性规定。《公司法》(2023 年修订)第 209 条规定有限责任公司应当依照公司章程规定的期限将财务会计报告送交各股东。股份有限公司的财务会计报告应当在召开股东会年会的 20 日前置备于本公司,供股东查阅;公开发行股票的股份有限公司必须公告其财务会计报告。因此,除上市公司公告其财务会计报告后,股东可以随时查阅外,有限责任公司及非上市股份有限公司的股东随时的查阅权并不利于公司经营管理,且会给公司增加额外成本。公司有必要通过章程细化股东知情权行使的程序,在章程中载明股东知情权行使的时间、地点、频次、方式,使股东知情权的行使有章可循。为保证公司的正常运营,公司应根据自身的合理情况规定一个合适的时间比如每个季度末允许查阅一次,或每 6 个月可以查阅。这样的章程设计既赋予了公司股东查阅的权利,又给公司准备材料提供了时间。

---

① 最高人民法院民事判决书,(2020)最高法民再 170 号。

② 上海市第二中级人民法院民事判决书,(2013)沪二中民四(商)终字第 S1264 号。

股东知情权行使方式及程序的章程条款参考示例

第×××条　股东要求行使知情权时，所产生的费用由该股东承担。一旦公司允许或司法裁判允许股东查阅，公司应有30天的时间准备股东有权查阅的资料。

第×××条　本公司财务会计报告在每年的公历3月经审计后，股东可以申请查阅【或公司将会把财务会计报告依据本章程所规定的方式送达公司股东】。

第×××条　行使股东知情权的股东最多可以委托2名在中介机构实际执业的有资质的会计师和/或律师到场查阅。公司有权核验会计师和/或律师的资质并要求股东及其受托人签署《保密协议》。

第×××条　公司股东可以依法行使知情权，有权查阅、复制公司章程、股东名册、股东会会议记录、董事会会议决议、监事会会议决议和财务会计报告。股东向公司提出书面请求并说明目的，可以查阅公司会计账簿、会计凭证。但公司有合理依据认为股东查阅会计账簿、会计凭证有法律或本章程规定的不正当目的，可能损害公司合法利益的，公司可以拒绝提供查阅，并应当自股东提出书面请求之日起15日内书面答复股东并说明理由。

第×××条　股东在行使知情权时，应提前15日向公司提出申请，注明查阅目的。签署《正当目的保证书》并应按照公司要求签署《保密协议》，不签订《正当目的保证书》和/或《保密协议》的，不能行使知情权，不能查阅公司相关资料。公司有权审查股东查阅的正当目的。当双方对正当目的有争议时，股东可提请股东会作出判断决议，此时，查阅股东无表决权。

第×××条　股东行使股东知情权时，应当在每年的公历3月或9月进行，但司法裁决确定的查阅时间除外；股东行使知情权不应干扰公司的正常经营，且应给予公司不少于30日的准备时间。

第×××条　如股东提出知情权行使申请，应在提交申请的同时，向公司以正式的书面披露报告的形式告知该股东的对外投资情况，包括投资的相关周期的经营情况；如未如实披露的，或披露与事实不符的，公司有权拒绝查阅。

第×××条　每一股东均有权指定一家审计师审计公司的账目，以每个财政年度一次为限;公司将允许审计师接触公司的账册、财务记录和管理人员,并为审计师提供办公场所和所有其他合理的设施,使其能够开展审计工作。

第×××条　为监控公司的财务状况,每一股东均有权检查和复制任何必要或适当的任何种类的会计账册、记录、票据、合同和文件;每一股东均可在公司的正常工作时间内进行上述检查和复制,条件是该等检查和复制不得无理干扰公司的业务经营;每一股东均可通过其代理人、雇员或其指定的独立会计师事务所行使该股东的上述权利。

第×××条　公司应编制并在下列时间向各股东提供下列报表:(一)在每个财政年度最后一天截止后的90日之内,提供公司到该财政年度截止时的资产负债表和届时截止之财政年度的相关损益表和现金流动表,上述各项报表均按以下规定得到审计;(二)在每个财政季度最后一天截止后的30日之内,提供公司到该财政季度截止时未经审计的资产负债表和该季度以及当年的相关损益表;(三)在每个月最后一天截止的30日之内,提供该月的损益表以及对现财政季度剩余时间的预测/展望,包括但不限于人员的数量、收入、现金平衡和开支。

第×××条　公司应聘请一家在中国注册并得到董事会批准的独立并具有良好声誉的会计师事务所为公司的审计师,审查和验证公司的年度财务报表并将审计报告报送董事会和总经理。每一股东都有权指定一家在中国或外国注册的审计师审计公司的账目,以每个财政年度一次为限。如果该等审计的结果与公司审计人员的审计结果有重大差异且为董事会所接受,则上述审计的费用应由公司承担,否则由审计股东承担。公司将允许上述审计师接触公司的账册、账务记录和管理人员,并为上述审计师提供办公场所和所有其他合理的设施,使其能够开展审计工作。

(五)股东知情权行使主体责任承担的章程条款设计

无论公司规模如何,文档资料的重要性对于公司的治理与运营是不言而喻的。股东知情权所涉及的文档资料包括公司章程、股东会会议记录、董事会会议决议、监事会会议决议、财务会计报告、会计账簿、会计凭证、股东名册、债券存根等是公司组织架构、治理运营、金融财务的重要依据,每一份文件都是企业有效运转、创造财富不可或缺的资料。如果没有有效保管这些资料，公司的真实情况则不能得到有效的反映，甚至会涉及刑事犯罪，我国《刑法》第 162 条第 2 款就规定了隐匿、故意销毁会计凭证、会计账簿、财务会计报告罪。我国《会计法》(2024 年修正)第 40 条也明确规定，针对以下行为，给予相应的行政处罚，构成犯罪的，依法追究刑事责任：(1)不依法设置会计账簿的；(2)私设会计账簿的；(3)未按照规定填制、取得原始凭证或者填制、取得的原始凭证不符合规定的；(4)以未经审核的会计凭证为依据登记会计账簿或者登记会计账簿不符合规定的；(5)随意变更会计处理方法的；(6)向不同的会计资料使用者提供的财务会计报告编制依据不一致的；(7)未按照规定使用会计记录文字或者记账本位币的；(8)未按照规定保管会计资料，致使会计资料毁损、灭失的；(9)未按照规定建立并实施单位内部会计监督制度或者拒绝依法实施的监督或者不如实提供有关会计资料及有关情况的；(10)任用会计人员不符合本法规定的。

在《公司法司法解释(四)》出台之前，《公司法》没有对涉及股东知情权的资料缺失规定相应的责任。《公司法司法解释(四)》第 12 条明确规定，公司董事、高级管理人员等未依法履行职责，导致公司未依法制作或者保存《公司法》所规定的股东知情权涉及的文件材料，给股东造成损失，股东依法请求负有相应责任的公司董事、高级管理人员承担民事赔偿责任的，人民法院应当予以支持。《公司法》(2023 年修订)第 8 章对董监高的忠实勤勉义务进行了更详细的规定，也明确规定董监高应遵守公司章程的规定，当公司未依法制作或者保存《公司法》所规定的股东知情权涉及的文件材料，给股东造成损失，股东依法请求负有相应责任的公司董事、高级管理人员承担民事赔偿责任的，人民法院也应当予以支持。

【参考案例】　在张某某、潘某某与苏州金通新型建材有限公司损害公司利益责任纠纷案中，法院认定：潘某某作为账册保管义务人，应承担无法提供账册导致的举证不能的法律后果，根据《最高人民法院关于民事诉讼证据的若干规定》第 75 条规定、参照《最高人民法院关于适用〈中华人民共和国公司法〉若干问题的规定(四)》第 12 条规定，推定潘某某侵占收支差额 1,578,941 元的事实成立。①

由上述案例可以知道,如果事先在公司章程中规定相关责任人未能保管好相关资料,给股东造成损失的责任承担,股东就可以依据这些条款直接维护自己的权利。

公司责任主体的责任承担章程条款参考示例

第×××条 《公司法》第57条、第110条规定的公司文件资料由公司总经理/法定代表人/董事会秘书负责对接安排,并由其依据本章程和《公司法》规定负责股东知情权行使事项的办理。

第×××条 《公司法》第57条、第110条规定的公司文件材料分别由公司董事会办公室和公司财务部保管,并任该等部门负责人为第一责任人。如发生保管不善致使相关资料丢失,应由该等部门负责人向公司承担赔偿责任。

第×××条 如《公司法》第57条、第110条规定的公司文件资料未能得到妥善保管或备置,当股东行使知情权不能时,并且因行使知情权不能而造成损失,公司应向该股东承担赔偿责任,赔偿该股东因行使知情权不能而支出的损失包括但不限于诉讼费用、维权费用、律师费用及与维权有关的其他费用。公司支付赔偿费用后,可以依据公司的管理制度向有关责任人追偿。

三、股东知情权经典案例解析

公司章程规定的股东知情权范围应受法律保护
股东知情权纠纷案②

(一)案情简介

真功夫餐饮管理有限公司(以下简称真功夫公司)是一家台港澳地区与境内合资的有限责任公司,其工商登记的投资者为东莞市双种子饮食有限公司、今

① 江苏省苏州市中级人民法院民事判决书,(2019)苏05民终7449号。

② 广东省广州市中级人民法院民事判决书,(2017)粤01民终5896号。

日资本投资(香港)有限公司、中山市联动创业投资有限公司、蔡某某、潘某海。

2013 年 3 月 14 日,蔡某某曾起诉真功夫公司要求行使股东知情权,该案经过两审,最终以(2014)穗中法民二终字第 311 号民事判决书终结案件,法院对蔡某某的知情权进行了相应处理。

2014 年 10 月 15 日,蔡某某向真功夫公司发出《关于行使股东知情权的再次告知函》,称其根据《公司法》及公司章程规定享有股东知情权,自 2013 年 7 月其对公司的经营管理现状和未来发展战略完全不知情,为了解公司数年来的实际经营管理状况,尽责协助公司今后的良性发展,维护其股东知情权,提出如下要求:(1)真功夫公司告知其自 2013 年 7 月至今,召开过几次董事会会议?做出过几份董事会决议?监事是否就其对公司事务采取的重大行动向公司(任何层面的机构或负责人)提供过监事报告或意见?如有召开董事会会议,请公司立即向蔡某某委派的董事/代理人蔡某红,提供每次董事会会议合法有效完整的会议记录及董事会决议复制文本;如有监事报告或监事意见,亦请同时提供复制文本。(2)真功夫公司立即向蔡某某委派的董事/代理人蔡某红提供:(a)2013 年 7 月之后的每个财政年度的经审计的资产负债表、相关损益表和现金流动表;(b)2013 年 7 月之后的每个财政季度未经审计的资产负债表和(该季度以及当年)的相关损益表;(c)2013 年 7 月之后的每个月的损益表。以上会计报告应包括资产负债表、利润表(也称收益表、损益表)、现金流量表、资产减值准备明细表、所有者权益(或股东权益)变动表、报表附注及财务情况说明书等。(3)真功夫公司立即向蔡某某委派的董事/代理人蔡某红提供 2013 年度公司合法聘请的会计师事务所,审查和验证公司的年度财务报表后作出的正式审计报告。(4)真功夫公司允许并尽快安排蔡某某委派的董事/代理人蔡某红及其聘请的会计师,在公司的正常工作时间内,检查和复制蔡某某认为必要或适当的任何种类的真功夫公司会计账册、记录、票据、合同和文件,简称查账;查账的时间自 2013 年 7 月至上述检查实际开始的当月止。(5)真功夫公司允许并尽快安排蔡某某委派的董事/代理人蔡某红及其指定的中国注册会计师,审计公司自 2013 年 1 月至审计实际开始进行当月的账目审计;公司应允许负责审计的会计师检查和复制蔡某某认为必要或适当的任何种类的真功夫公司会计账册、记录、票据、合同和文件,接触相关管理人员,并为审计人员提供办公场所和所有其他合理的设施,使其能够开展审计工作。(6)真功夫公司向蔡某某委派的董事/代理人蔡某红书面告知:(a)截至2014年8月底,公司应向全体股东分配而未分配的红利总金额和蔡某某应分配金额;未分配红利资金的详细去向、用途及决策程序;公司拒绝按年度分配红利、至今不分配此前多个年度红利的合法依据;(b)公司目前高级管理人员的姓名、职务及薪酬标准;(c)公司2013年年底变更法定代表人、2014年在广州市南沙区购买土地1.6万多平方米、用5000万元投资电子商务业务等重大事项的决策依据和相关资料、决策程序、目前进展情况等。

2014年11月5日,真功夫公司向蔡某某回函称,根据公司于2014年5月20日《董事会决议》通过的真功夫公司《委派董事、监事实施细则》的规定,蔡某红因关联交易与真功夫公司存在纠纷,且因泄露公司机密等事由与真功夫公司存在利益冲突并损害公司利益,不符合担任公司董事的条件;根据公司2012年度临时董事会第四项决议之精神,蔡某红不适宜担任蔡某某的代理人;依《章程》由董事享有的权利,应在所委派的适格董事入职后行使,届期公司将为其履职提供必要协助。

2015年9月7日,蔡某某再次向真功夫公司发出上述函件。

2015年9月11日,真功夫公司回函称,从2011年3月之后,公司均能依照法律和《章程》规定的条件和程序及董事会相关决议为所有股东行使知情权规定提供相关便利;蔡某某不能委派与公司有利益冲突者担任代理人或由其委派出任公司董事,请委任与公司没有直接利害冲突、能遵守《公司法》相关规定、保守公司商业秘密、维护公司利益者担任蔡某某的知情权代理人;公司现有重大决策、财务收支、高级管理人员的人事安排都得到了最高权力机构董事会及其授权机构的批准、授权或确认;公司坚决按照《章程》和《公司法》、《会计法》的规定,坚持按照经济业务的客观现实进行会计记录、依法申报缴纳税款,并且每年度终了都会聘请专业、诚信的会计师事务所进行年度审计、依法出具审计报告;蔡某某来函中大量的其他要求不属于股东权利而属于董事会的职权,因蔡某某尚在服刑期间,依法律规定已不能再担任公司董事职务,且刑满释放后5年内也不得再担任公司的董事、监事、高级管理人员,故蔡某某在行使股东知情权时不能超越法定权利范畴。

2015 年 12 月 9 日，蔡某某提起知情权诉讼。

诉讼关系见图 2。

图 2　诉讼关系

（二）争议焦点

1. 蔡某某行使知情权的范围如何界定？

2. 蔡某某行使知情权是否有不正当目的？蔡某红是否可以代理蔡某某行使有关的股东知情权？

（三）法院判决和裁判理由

一审法院判决：

1. 真功夫公司于判决发生法律效力之日起 10 日内，将自 2013 年 7 月19 日至判决发生法律效力之日止的董事会会议决议、监事报告、财务会计报告（含合并会计报表）提供给蔡某某查阅、复制；

2. 真功夫公司于判决发生法律效力之日起 10 日内向蔡某某提供自 2013 年 7 月 19 日至判决发生法律效力之日止的资产负债表、损益表（含年度、季度、月）、现金流动表；

3. 真功夫公司于判决发生法律效力之日起 10 日内，将自 2013 年 7 月19 日至判决发生法律效力之日止的会计账簿提供给蔡某某委托的会计专业人员查阅。

二审法院判决：

1. 撤销广东省广州市天河区人民法院（2015）穗天法民二初字第 2788 号民事判决第 4 项；

2. 变更广东省广州市天河区人民法院（2015）穗天法民二初字第 2788 号民事判决第 1、2 项为“上诉人真功夫餐饮管理有限公司于本判决发生法律效力之日起 10 日内，将自 2013 年 7 月 19 日至本判决发生法律效力之日止的董事

会会议决议、监事报告、财务会计报告提供给上诉人蔡某某及其委托的代理人蔡某红查阅、复制”;

3. 变更广东省广州市天河区人民法院(2015)穗天法民二初字第2788号民事判决第3项为“上诉人真功夫餐饮管理有限公司于本判决发生法律效力之日起十日内,将自2013年7月19日至本判决发生法律效力之日止的会计账簿(会计账册)、记录、票据、合同和文件提供给上诉人蔡某某委托的代理人蔡某红及上诉人蔡某某委托的会计专业人员查阅、复制”;

4. 上诉人真功夫公司于本判决发生法律效力之日起10日内,配合上诉人蔡某某指定的审计师,对真功夫公司自2011年1月1日至本判决发生法律效力之日止的账目进行审计。

裁判理由:

本案的焦点一:蔡某某行使知情权的范围如何界定?

一审法院观点:

按照国家统一的会计制度的规定,年度、半年度财务会计报告应当包括:会计报表、会计报表附注、财务情况说明书;会计报表应当包括资产负债表、利润表、现金流量表及相关附表。需要编制合并会计报表的企业集团,母公司除编制其个别会计报表外,还应当编制企业集团的合并会计报表;企业集团合并会计报表,是指反映企业集团整体财务状况、经营成果和现金流量的会计报表。因此,合并会计报表属于真功夫公司财务会计报告的应有内容,蔡某某有权查阅、复制。同时,上述财务会计报告所涉报表的范围不得超过真功夫公司《章程》第8.5条的规定。蔡某某还要求真功夫公司提供其全资子公司及孙公司的财务会计报告等,超出其作为真功夫公司股东可直接行使的股东知情权的范畴,一审法院不予支持。

真功夫公司《章程》第8.3条规定:“每一方(即股东)有权检查和复制任何必要或适当的任何种类的真功夫公司会计账册、记录、票据、合同和文件。”该“任何必要或适当的任何种类的……记录……文件”均约定不明,蔡某某据此提出的诉讼请求亦不明确,一审法院不予支持。

根据《章程》第8.6条该项规定,蔡某某作为真功夫公司的股东即合营一方,有权指定一家在中国或外国注册的审计师审计合营公司的账目,真功夫公司提供办公场所及合理设施。现蔡某某要求指定审计师进驻真功夫公司主要办事机构的办公场所审计,缺乏《章程》依据,且蔡某某要求真功夫公司配合安排审计的请求也不属于法定的股东知情权范畴,双方可另寻途径解决。

但二审法院有不同的观点:

根据真功夫公司《章程》第 8.3 条规定,公司股东有权检查和复制任何必要或适当的任何种类的会计账册、记录、票据、合同和文件。故蔡某某除了可以查阅会计账簿(会计账册)外,还可依章程约定复制会计账簿(会计账册)。对于用于作出会计账簿的原始凭证,真功夫公司章程规定了“记录、票据、合同和文件”。故二审法院支持蔡某某要求查阅、复制会计账簿、记录、票据、合同和文件的诉请。依据《会计法》第 15 条第 1 款“会计账簿包括总账、明细账、日记账和其他辅助性账簿”之规定,蔡某某可查阅、复制的会计账簿,包含总账、明细账、日记账和其他辅助性账簿的内容。

关于真功夫公司是否应配合安排蔡某某指定的会计师(审计师)事务所,对真功夫公司自 2011 年 1 月 1 日至审计开始之日的账目进行审计。依据真功夫公司《章程》第 8.6 条规定,蔡某某享有该项权利,二审法院予以支持。

本案的焦点二:蔡某某行使知情权是否有不正当目的?蔡某红是否可以代理蔡某某行使有关的股东知情权?

一审法院的观点如下:

本案中,蔡某某向真功夫公司提出书面请求说明其行使知情权的目的是了解公司实际经营状况,明显属于其作为有限责任公司股东应享有的知情权。真功夫公司在另案中提出蔡某某损害公司利益的事实理由发生在蔡某某作为真功夫公司法定代表人及董事长期间,该案所涉纠纷与蔡某某当时在真功夫公司处的身份有必然联系。而在本案中,蔡某某在服刑期间,其原有职务职位已被变更。从客观条件上来看,蔡某某对真功夫公司已不具有类似以前的影响力,故真功夫公司认为蔡某某作为股东行使股东知情权有不正当目的,可能损害真功夫公司利益,缺乏依据。关于蔡某某委派蔡某红作为查阅、复制的主体是否适当的问题。由于股东知情权涉及股东和公司之间的利益冲突,在保护股东利益的同时也应适当照顾公司的利益,使双方利益平衡,故知情权的行使应当符合一定的条件并受一定的限制,股东知情权的行使应当在权利平衡的机制下进行。蔡某某主张其委派蔡某红作为真功夫公司董事及其行使股东知情权的代理人，真功夫公司对此不予确认，现双方对蔡某红是否具备真功夫公司董事的身份仍有争议。由于蔡某某要求查阅、复制的案涉相关资料涉及真功夫公司的商业秘密等经营信息，对于查阅主体的范围应作严格限制，考虑到股东知情权的实质包含着对公司进行检查监督的权利，蔡某红本身不是会计专业人员，也不当然具备真功夫公司董事身份，与真功夫公司又确有未决诉讼，不宜作为查阅、复制真功夫公司案涉经营资料的主体。

二审法院对真功夫公司"不正当目的"的抗辩支持了一审的观点并进行了补充说明，即蔡某某作为真功夫公司股东，与真功夫公司利益具有一致性，真功夫公司提交的一些材料只能反映双方之间存在一些诉讼纠纷，并不足以证实蔡某某行使股东知情权可能会给公司利益造成损害。但对于蔡某某是否有权委托代理人行使本案各项股东知情权，二审法院认为，民事主体委托代理人行使权利是法定权利，应予支持。一审以蔡某红的身份而否认其权利欠妥，二审法院予以纠正。真功夫公司以蔡某红是本案证人对其代理人身份异议。经审查，蔡某红并未在本案中作为证人作证，真功夫公司的抗辩缺乏事实依据。另外，作为案件代理人不得再为该案证人，是对证人身份是否成立存在影响，而非对代理人身份存在影响，故真功夫公司的抗辩还存在逻辑错误，二审法院也不予采信。

（四）案件评析

1. 蔡某某行使知情权的范围如何界定？公司章程超出法定的知情权范围是否受法律保护？

《公司法》（2018 年修正）第 33 条规定，股东有权查阅、复制公司章程、股东会会议记录、董事会会议决议、监事会会议决议和财务会计报告。股东可以要求查阅公司会计账簿。股东要求查阅公司会计账簿的，应当向公司提出书面请求，说明目的。公司有合理根据认为股东查阅会计账簿有不正当目的，可能损害公司合法利益的，可以拒绝提供查阅，并应当自股东提出书面请求之日起 15 日内书面答复股东并说明理由。公司拒绝提供查阅的，股东可以请求人民法院要求公司提供查阅。

《公司法司法解释(四)》第7条第1款规定,股东依据《公司法》第33条、第97条或者公司章程的规定,起诉请求查阅或者复制公司特定文件材料的,人民法院应当依法予以受理。

从以上法律和《公司法司法解释(四)》的条文来看,股东知情权的范围不仅仅包括《公司法》第33条、第97条所规定的文件材料,还包括公司的特定文件材料,但所谓的"特定文件材料"是指哪些文件材料,法律和司法解释并没有给出明确的说明。

具体到本案,真功夫公司《章程》第8.3条规定,为监控合营公司的财务状况,每一方均有权检查和复制任何必要或适当的任何种类的会计账册、记录、票据、合同和文件;每一方均可在合营公司的正常工作时间内进行上述检查和复制,条件是该等检查和复制不得无理干扰合营公司的业务经营;每一方均可通过其代理人、雇员或其指定的独立会计师事务所行使该一方的上述权利。第8.6条规定,合营公司应聘请一家在中国注册并得到董事会批准的独立并具有良好声誉的会计师事务所为合营公司的审计师,审查和验证合营公司的年度财务报表并将审计报告报送董事会和总经理。每一方还有权指定一家在中国或外国注册的审计师审计合营公司的账目,以每个财政年度一次为限。如果该等审计的结果与合营公司审计人员的审计结果有重大差异且为董事会所接受,则上述审计的费用应由合营公司承担。合营公司将允许上述审计师接触合营公司的账册、记录和管理人员,并为上述审计师提供办公场所和所有其他合理的设施,使其能够开展审计工作。

通过《公司法》条文和公司章程相应条款的对比发现,真功夫公司的《章程》对股东知情权所指向的知情权对象进行了扩大,不仅有法定的财务会计报告和会计账簿,还包括"任何必要或适当的任何种类的会计账册、记录、票据、合同和文件"。真功夫公司《章程》也扩大了股东行使知情权的手段,不仅有查阅,还可对这些材料进行复制。在真功夫公司《章程》第8.6条中,《章程》还赋予了股东有权指定审计师对公司的账目进行审计,公司有配合的义务。真功夫公司《章程》所赋予股东行使知情权的范围和措施大大超出了法律规定。

蔡某某依据真功夫公司《章程》规定,在诉求中提出:真功夫公司应提供真功夫公司(包括所有全资子公司及孙公司)合法合规的财务会计报告及合并财务报表;真功夫公司应配合查阅并复制真功夫公司的会计账册、会计凭证、记录、票据、合同和文件;真功夫公司应配合蔡某某指定的审计师/会计师事务所,进驻真功夫公司主要办事机构办公场所,对真功夫公司的账目进行审计。

结合蔡某某的诉请、一审法院的观点和二审法院的观点,可以看出,蔡某某要求真功夫公司提供其全资子公司及孙公司的财务会计报告既无法律上的支持,也没有章程规定的支持,且一审法院认为集团合并报表已反映了企业集团整体财务状况,因此蔡某某查阅真功夫公司全资子公司和孙公司的财务会计报告的要求没有得到支持。

但在王某与无锡蓝海工程设计有限公司股东知情权纠纷案中,法院参照《会计法》(1993 年修正)(已被修改)的规定,支持了股东查询、复制公司分支机构财务报表的诉请。① 如果股东在公司章程中规定可以查阅全资子公司和孙公司的财务资料,这也是公司股东的意思自治,应该得到法院的支持,但真功夫公司的《章程》没有类似的规定。针对真功夫公司《章程》第 8.3 条和第 8.6 条规定的内容,虽然一审法院认为"约定不明"或"不属于法定知情权的范畴",但二审法院尊重了公司股东的意思自治,纠正了一审法院的观点,对《章程》所给予股东知情权的范围及行使方式给予了支持和肯定。

结合以上分析,《公司法》对股东的知情权仅做了基本限度的规定和保护,公司章程可以在《公司法》的基础上根据公司实际情况扩大公司股东的知情权范围和行使方式,这也是股东通过公司章程进行权利配置的自治领域,符合公司章程个性化设计的原则和方向,值得借鉴和学习。

2. 本案知情权的行使是否有不正当目的,股东知情权是否可以委托?

《公司法》(2018 年修正)第 33 条第 2 款规定,公司有合理根据认为股东查阅会计账簿有不正当目的,可能损害公司合法利益的,可以拒绝提供查阅,并应当自股东提出书面请求之日起 15 日内书面答复股东并说明理由。

《公司法司法解释(四)》第 8 条规定了有限责任公司股东行使知情权的"不正当目的",列举如下:

---

① 江苏省无锡市中级人民法院民事判决书,(2016)苏 02 民终 1718 号

（1）股东自营或者为他人经营与公司主营业务有实质性竞争关系业务的，但公司章程另有规定或者全体股东另有约定的除外；

（2）股东为了向他人通报有关信息查阅公司会计账簿，可能损害公司合法利益的；

（3）股东在向公司提出查阅请求之日前的3年内，曾通过查阅公司会计账簿，向他人通报有关信息损害公司合法利益的；

（4）股东有不正当目的的其他情形。

《公司法司法解释（四）》第10条第2款规定，股东依据人民法院生效判决查阅公司文件材料的，在该股东在场的情况下，可以由会计师、律师等依法或者依据执业行为规范负有保密义务的中介机构执业人员辅助进行。

从以上法律和司法解释规定可以看出，如果公司章程没有对"不正当目的"进行的规定，公司据以抗辩的基础应是《公司法司法解释（四）》第8条的规定，且依据《公司法司法解释（四）》第10条第2款规定，股东知情权的行使原则上由股东亲自行使，在股东在场的情况下，可以增加股东委托的特定主体例如会计师、律师等依法或者依据执业行为规范负有保密义务的中介机构执业人员辅助股东行使。对于是否由除以上辅助主体以外的股东委托的代理人行使，《公司法》及其司法解释并没有规定。依据一般法律原理，民事主体委托代理人行使权利是法定权利，股东知情权作为公司股东的一项固有民事权利同样属于可以委托的范畴，但因一般法与特别法的关系，股东知情权的行使应依据《公司法》及其司法解释的规定进行。在本案中，蔡某某诉请真功夫公司应配合蔡某某及蔡某某委派的董事/代理人蔡某红行使股东知情权。依据案件判决书内容，蔡某某因职务侵占仍在服刑期间，肯定不能到现场行使股东知情权，故委托并非会计师、律师等类似中介机构执业人员身份的蔡某红行使股东知情权并不符合《公司法》及其司法解释的规定。

但真功夫公司对此诉请的抗辩似乎并没有从蔡某红的不具备中介机构执业人员身份及《公司法》及其司法解释的规定进行抗辩，而是主张"蔡某某严重扰乱真功夫公司的生产经营秩序和稳定发展，针对多项内容重复提起诉讼，行使股东知情权明显具有恶意，可能损害公司利益；蔡某红在本案中既是证人，又以代理人身份全程参与庭审，严重影响了本案事实的查明；且蔡某红因关联交易与真功夫公司存在纠纷,因泄露公司机密等事由与真功夫公司存在利益冲突并损害公司利益;蔡某某不能委派与公司有利益冲突者担任代理人,应委任与公司没有直接利害冲突、能遵守《公司法》相关规定、保守公司商业秘密、维护公司利益者担任蔡某某的知情权代理人"。

从本案双方及一审、二审法院的观点来看,真功夫公司对抗辩蔡某某行使股东知情权的"不正当目的"是从可能会给公司利益造成损害的角度出发,但该抗辩并不符合《公司法司法解释(四)》第 8 条的规定,不被一审和二审法院支持应属正常。但针对蔡某红作为蔡某某股东知情权的代理人事项,真功夫公司仍然没有依据公司法司法解释的规定进行抗辩,即《公司法司法解释(四)》第 10 条明确规定,只有股东在场的情况下,才可以聘请律师、会计师等中介机构且有保密责任的人员辅助进行,而蔡某红并不具备这样的身份,虽然民事权利可以委托行使,但相对民法来说,《公司法》为特别法,既然股东知情权的行使有明确特别规定,真功夫公司就应据之抗辩,而从证人或代理人的冲突问题这一角度进行抗辩感觉立足点不牢。依笔者观点,一审法院的判决说理更胜于二审法院的说理,二审法院对"蔡某红不应被否认权利"的观点并未详细回应;但从社会责任的角度来说,因为蔡某某在羁押之中,当然不可能到公司现场行使权利,为保障股东的固有权利,且在蔡某红曾为真功夫公司董事的身份背景下,允许蔡某红受托行使股东知情权更具有实现社会责任的意义。但一审法院的论述应有道理,股东知情权具有对公司进行检查监督的实质意义,在蔡某红本身不是会计、律师专业人员,且与真功夫公司又确有未决诉讼的情况下,其代理行使知情权确有不妥之处。公司为解决这一不利情况,有必要在公司章程中规定"股东不在现场的,不能行使股东知情权;股东在现场的情况下,非具有律师、会计师及类似第三方中介机构身份的人员并签署保密协议的,不得辅助或受托代为股东行使知情权"。如果真功夫公司章程有类似规定,那么本案蔡某某的知情权是否得到法院的支持就是亦未可知的。

综合以上分析,本案中公司章程对股东知情权范围的扩大及行使方式的增加得到了法院的支持,而公司章程对行使主体没有具体的规定导致了真功夫公司抗辩的被动,由此说明了通过公司章程对股东知情权进行个性化设计和配置的重要性。

第三章 公司议事规则的章程设计[①]

权利的实现与保障需要相应的程序，否则实体权利便可能摇摇欲坠。[②]

公司是拟制的法人主体，通过法定或章定的公司治理架构运行。在公司治理架构中，股东会是公司的权力机构，董事会是兼具公司的决策、执行和监督功能的机构，监事会是公司的监督机构。股东会、董事会、监事会通过召集会议、召开会议、会议表决并形成决议从而行使对公司管控、治理和监督。因此，会议是股东会、董事会和监事会的主要运作形式，通过会议形成决议是公司管治的主要形式。

公司会议是各方利益、观点冲突及调整的过程，程序性是会议的主要特征。若没有合法有效的议事程序或议事程序存在瑕疵，则难以保证参会方充分行使权利并作出有效决议。公司会议程序的民主性、科学性是公司良治之精粹，合法规范的程序不仅有助于实现实体正义，而且其本身也具有独立的价值。

《公司法》(2023 年修订)将《公司法》(2018 年修正)中没有规定的议事方式和表决程序进行了填补规定，缩小了公司章程可以个性化设计的空间，例如增加有限责任公司股东会普通决议的通过比例和有限责任公司董事会会议的法定人数及表决通过规则。《公司法》(2023 年修订)的这些新增规定对现今私募股权投资市场上存在的"一票否决权"或"特殊事项否决"造成了很大的冲击，亟须通过公司章程设计进行应对。既然会议是公司治理管控的主要方式，基于法律的授权性规定，当股东想在公司控制、权利保护中获得优势时，会议规则制定的主导权不应忽视。谁拥有了制定公司会议规则的主导权，谁就在公司控制和权利保护的博弈中占得先机，毕竟公司控制与股东权利需要通过形式要

① 本章议事规则如无特别说明主要分析有限公司议事规则，而对股份公司的议事规则以章程示例列出。

② 参见林少伟：《程序型公司法的证成与实现》，载《当代法学》2022 年第 1 期。

件形成公司决议,才能获得公司组织法上的拘束力。

一、公司议事规则概述

公司通过开会形成决议是公司特有的意思表示形成机制,是公司管理行为的主要表现形式。依据公司法规定,公司议事规则就是由法律和公司章程所规定的,公司股东会、董事会、监事会的会议召集和主持、议事方式、表决权行使等程序性规定的总和。

法谚有云:正义不仅应得到实现,而且应当以人们看得见的方式加以实现,程序正义就是"看得见的正义"。公司控制与股东权利保护的具体落实都需要依托程序正义,无程序正义则无实体权利。公司决议行为讲究程序正义原则,正当程序有助于实体结果公正,也有其本身秩序和效率等固有的过程价值,公司决议的成立须由法定主体依据法定职权经由法定召集程序和表决方式依法作出。[①] 无论是公司法规定的决议可撤销还是决议不成立,这些都是基于公司决议的形式要件作出的,决议的形式要件即议事规则是决议成立的核心要素。

【参考案例】 最高人民法院在指导案例10号李建军诉上海佳动力环保科技有限公司公司决议撤销纠纷案中指出,人民法院在审理公司决议撤销纠纷案件中应当审查:《公司法》第22条中所规定的公司决议可撤销的情形,在不满足法定情形的前提下,解聘公司高级管理人员职务的决议所依据的事实、理由,均不在司法审查的范围内。[②] 也就是说,其主张在审理公司决议是否合理、合法时,应意识到此类决议内容是公司内部管理计划,从而法院应避免用其主观意思揣度公司内部管理意图,防止用其自身意思影响决议效力。[③]

从最高人民法院指导性案例可以看出,公司决议是否可撤销取决于决议程序的合法性,而对决议内容所涉及的事实是否正当或合理,司法并不审查。这一指导性案例的司法观点也为我们揭示了公司议事规则的重要性。四川省高

---

① 参见崔建远:《民法,给程序以应有的地位》,载《政治与法律》1998年第2期。

② 参见李建军诉上海佳动力环保科技有限公司公司决议撤销案,最高人民法院指导案例10号(2012年)。

③ 参见刘净:《指导案例10号〈李建军诉上海佳动力环保科技有限公司公司决议撤销纠纷案〉的理解与参照》,载《人民司法》2013年第3期。

级人民法院发布的商事审判典型案例之六：渝发公司诉红光公司董事会决议撤销纠纷案中，[①]审理法院与最高人民法院10号指导案例有相同的观点：决议显失公平及解职理由等不属于撤销公司决议的法定审查范围。[②]

议事规则的目的在于平衡公司各利益主体之间开会的权利，顺利地召集会议，合法高效地作出决定，节约公司治理成本，保障公司的正常运营，提高公司的竞争力以实现公司发展。同时，正当完善的议事规则也能有效防范公司纠纷、化解公司治理僵局。可以说，议事规则从程序上对公司目标实现提供了制度保障。我国提出依法治企的时间并不长，人们的规则意识尚未充分建立，股东尤其是控股股东及实控人不习惯遵守公司法或公司章程确定的议事规则，决议随意、随意决议的现象屡见不鲜。这种随意的会议现象不仅不利于保护股东权利，而且管控公司的意志也没有通过合法完善的议事规则进行表达，从而使管控公司的合法性受到挑战，反过来又会削弱管控的权威，并影响公司的发展。《公司法》(2023年修订)第24条明确规定公司股东会、董事会、监事会召开会议和表决可以采用电子通信方式，公司章程另有规定的除外。在网络电子信息技术快速发展的今天，电子通信方式固然有其便捷性，但操作不慎，会议决议更容易产生瑕疵导致公司运营受阻，章程对议事规则的设计更有其紧迫性和必要性。

从法理上看，真实合法有效的公司决议(包括股东会决议与董事会决议)必须遵循程序严谨、内容合法的基本要求。[③] 本章内容主要依托公司法的赋权性规定，通过章程设计严谨且个性化的公司会议议事规则，避免决议瑕疵并适应公司实际需求。因公司股东会、董事会决议内容违反法律、行政法律的无效事项不属于议事规则的范畴，故本章不涉及决议内容违法所导致的决议无效事项。

(一)公司“三会”现行议事规则

《公司法》(2023年修订)规定的公司“三会”，即股东会、董事会和监事会的一般议事规则如表2所示。

---

① 参见杨傲多：《四川高院首次发布商事审判典型案例》，载人民网，http://npc.people.com.cn/n/2015/0422/c14576-26883114.html。

② 参见四川省成都市中级人民法院民事判决书，(2014)成民再终字第43号。

③ 参见刘俊海：《公司自治与司法干预的平衡艺术：〈公司法解释四〉的创新、缺憾与再解释》，载《法学杂志》2017年第12期。

表 2 《公司法》(2023 年修订)规定的股东会、董事会和监事会议事规则

项目	有限责任公司			股份有限公司		
	股东会	董事会	监事会	股东会	董事会	监事会
召开时间	第六十二条 股东会会议分为定期会议和临时会议。 定期会议应当按照公司章程的规定按时召开。代表十分之一以上表决权的股东、三分之一以上的董事或者监事会提议召开临时会议的,应当召开临时会议。	无具体规定。	第八十一条第一款 监事会每年度至少召开一次会议,监事可以提议召开临时监事会会议。	第一百一十三条 股东会应当每年召开一次年会。有下列情形之一的,应当在两个月内召开临时股东会会议: (一)董事人数不足本法规定人数或者公司章程所定人数的三分之二时; (二)公司未弥补的亏损达股本总额三分之一时; (三)单独或者合计持有公司百分之十以上股份的股东请求时; (四)董事会认为必要时; (五)监事会提议召开时; (六)公司章程规定的其他情形。	第一百二十三条 董事会每年度至少召开两次会议,每次会议应当于会议召开十日前通知全体董事和监事。 代表十分之一以上表决权的股东、三分之一以上董事或者监事会,可以提议召开临时董事会会议。董事长应当自接到提议后十日内,召集和主持董事会会议。 董事会召开临时会议,可以另定召集董事会的通知方式和通知时限。	第一百三十二条第一款 监事会每六个月至少召开一次会议。监事可以提议召开临时监事会会议。

续表

项目	有限责任公司			股份有限公司		
	股东会	董事会	监事会	股东会	董事会	监事会
召集和主持	第六十一条 首次股东会会议由出资最多的股东召集和主持，依照本法规定行使职权。 第六十三条 股东会会议由董事会召集，董事长主持；董事长不能履行职务或者不履行职务的，由副董事长主持；副董事长不能履行职务或者不履行职务的，由过半数的董事共同推举一名董事主持。 董事会不能履行或者不履行召集股东会会议职责的，由监事会召集和主持；监事会不	第七十二条 董事会会议由董事长召集和主持；董事长不能履行职务或者不履行职务的，由副董事长召集和主持；副董事长不能履行职务或者不履行职务的，由过半数的董事共同推举一名董事召集和主持。	第七十八条第三款 监事会设主席一人，由全体监事过半数选举产生。监事会主席召集和主持监事会会议；监事会主席不能履行职务或者不履行职务的，由过半数的监事共同推举一名监事召集和主持监事会会议。	第一百一十四条第一款、第二款 股东会会议由董事会召集，董事长主持；董事长不能履行职务或者不履行职务的，由副董事长主持；副董事长不能履行职务或者不履行职务的，由过半数的董事共同推举一名董事主持。 董事会不能履行或者不履行召集股东会会议职责的，监事会应当及时召集和主持；监事会不召集和主持的，连续九十日以上单独或者合计持有公司百分之十以上股份的股东可以自行召集和主持。	第一百二十二条第二款 董事长召集和主持董事会会议，检查董事会决议的实施情况。副董事长协助董事长工作，董事长不能履行职务或者不履行职务的，由副董事长履行职务；副董事长不能履行职务或者不履行职务的，由过半数的董事共同推举一名董事履行职务。	第一百三十条第三款 监事会设主席一人，可以设副主席。监事会主席和副主席由全体监事过半数选举产生。监事会主席召集和主持监事会会议；监事会主席不能履行职务或者不履行职务的，由监事会副主席召集和主持监事会会议；监事会副主席不能履行职务或者不履行职务的，由过半数的监事共同推举一名监事召集和主持监事会会议。

续表

项目	有限责任公司			股份有限公司		
	股东会	董事会	监事会	股东会	董事会	监事会
	召集和主持的，代表十分之一以上表决权的股东可以自行召集和主持。					
通知	第六十四条 召开股东会会议，应当于会议召开十五日前通知全体股东；但是，公司章程另有规定或者全体股东另有约定的除外。 股东会应当对所议事项的决定作成会议记录，出席会议的股东应当在会议记录上签名或者盖章。	无具体规定。	无具体规定。	第一百一十五条第一款 召开股东会会议，应当将会议召开的时间、地点和审议的事项于会议召开二十日前通知各股东；临时股东会会议应当于会议召开十五日前通知各股东。	第一百二十三条 董事会每年度至少召开两次会议，每次会议应当于会议召开十日前通知全体董事和监事。 代表十分之一以上表决权的股东、三分之一以上董事或者监事会，可以提议召开临时董事会会议。董事长应当自接到提议后十日内，召集和主持董事会会议。 董事会召开临时会议，可以另定召集董事会的通知方式和通知时限。	无具体规定。

续表

项目	有限责任公司			股份有限公司		
	股东会	董事会	监事会	股东会	董事会	监事会
表决方式	第六十五条 股东会会议由股东按照出资比例行使表决权；但是，公司章程另有规定的除外。	第七十三条第三款 董事会决议的表决，应当一人一票。	第八十一条第四款 监事会决议的表决，应当一人一票。	第一百一十六条 股东出席股东会会议，所持每一股份有一表决权，类别股股东除外。公司持有的本公司股份没有表决权。	第一百二十四条第二款 董事会决议的表决，应当一人一票。	第一百三十二条第四款 监事会决议的表决，应当一人一票。
议事方式和表决程序	第六十六条 股东会的议事方式和表决程序，除本法有规定的外，由公司章程规定。 股东会作出决议，应当经代表过半数表决权的股东通过。 股东会作出修改公司章程、增加或者减少注册资本的决议，以及公司合并、分立、解散或	第七十三条第一款、第二款 董事会的议事方式和表决程序，除本法有规定的外，由公司章程规定。 董事会会议应当有过半数的董事出席方可举行。董事会作出决议，应当经全体董事的过半数通过。	第八十一条第二款、第三款 监事会的议事方式和表决程序，除本法有规定的外，由公司章程规定。 监事会决议应当经全体监事的过半数通过。	第一百一十六条第二款、第三款 股东会作出决议，应当经出席会议的股东所持表决权过半数通过。 股东会作出修改公司章程、增加或者减少注册资本的决议，以及公司合并、分立、解散或者变更公司形式的决议，应当经出席会议的股东所持表决权的三分之二以上通过。	第一百二十四条第一款 董事会会议应有过半数的董事出席方可举行。董事会作出决议，应当经全体董事的过半数通过。	第一百三十二条第二款、第三款 监事会的议事方式和表决程序，除本法有规定的外，由公司章程规定。 监事会决议应当经全体监事的过半数通过。

续表

项目	有限责任公司			股份有限公司		
	股东会	董事会	监事会	股东会	董事会	监事会
	者变更公司形式的决议，应当经代表三分之二以上表决权的股东通过。					
会议记录	第六十四条第二款 股东会应当对所议事项的决定作成会议记录，出席会议的股东应当在会议记录上签名或者盖章。	第七十三条第四款 董事会应当对所议事项的决定作成会议记录，出席会议的董事应当在会议记录上签名。	第八十一条第五款 监事会应当对所议事项的决定作成会议记录，出席会议的监事应当在会议记录上签名。	第一百一十九条 股东会应当对所议事项的决定作成会议记录，主持人、出席会议的董事应当在会议记录上签名。会议记录应当与出席股东的签名册及代理出席的委托书一并保存。	第一百二十四条第三款 董事会应当对所议事项的决定作成会议记录。出席会议的董事应当在会议记录上签名。	第一百三十二条第五款 监事会应当对所议事项的决定作成会议记录，出席会议的监事应当在会议记录上签名。

综合以上《公司法》(2023 年修订)的规定可以看出,《公司法》(2023 年修订)虽然对公司"股东会、董事会、监事会"的议事规则进行了规定,但多是抽象概况,对有限责任公司董事会的召开时间及通知也没有规定,多处规定了"议事方式和表决程序,除公司法有规定的外,由公司章程规定"。如果公司章程没有进一步细化会议规则,《公司法》(2023 年修订)的概括性规定无法指导公司会议的具体进行,《公司法》(2023 年修订)的这些指示性规则也不能得到充分应用。因此,股东有必要发挥主观能动性,制定适合本公司治理控制与股东权利保护个性化需要的会议议事规则。

(二)公司议事规则易产生瑕疵的情形

从法律角度看,公司决议行为是公司特有的意思形成机制,是由诸多要件构成的特殊法律行为,形式要件是决议成立的核心要素。决议形成过程中的形式要件就是议事规则,如果公司会议没有遵守法定或章程规定的议事规则,则会形成公司决议瑕疵,公司决议面临可撤销或不成立的风险,从而影响公司的正常运营。

1. 公司决议可撤销的瑕疵

《公司法》(2023 年修订)第 26 条第 1 款规定了股东会、董事会决议可撤销的情形。依据司法实践,公司决议可撤销的瑕疵事项主要发生在会议的召集、召开和表决程序中。

(1)公司会议召集程序的瑕疵。

公司会议召集程序的价值不仅在于可以形成代表公司意志的会议决议,而且在于保证会议参与方权利的充分行使。从公司会议召集的程序来说,易产生瑕疵情况主要包括公司会议召集人存在瑕疵,召集人无权召集或越权召集,以及会议通知存在瑕疵。

【参考案例】 在彭某勇与长沙电机厂有限责任公司公司决议撤销纠纷案中,法院认为,"长沙电机厂在未提交有效证据证明其董事会及监事会不能履行或者不履行召集股东会会议职责的情况下,径行登报由长沙电机厂的法定代表人、第一大股东唐某晖召集股东会会议,因此,涉案临时股东会会议召集程序不合法"①。

公司会议通知中的瑕疵可能导致公司决议被撤销。会议通知应有利于参与方参加会议并行使权利,公司发出会议通知也应有利于公司通知的送达。在司法实践中,公司负有证明已向股东发出会议通知的举证责任。

【参考案例】 在宝恒投资有限公司与三亚保力房地产投资开发有限公司公司决议撤销纠纷案中,案件的焦点在于"保力公司是否向宝恒公司做出了召开股东会或董事会的通知"。保力公司主张其已经依法向宝恒公司发出了通知,并作了公告,无论宝恒公司是否收到,均视为依法发出了通知;宝恒公司则认为其没有收到所谓的会议通知,而在案件审理中保力公司不能证明宝恒公司已经收到了通知,未能完成证明责任,故法院认定宝恒公司未签收通知,保力公司没有履行完成通知义务,判决公司决议存在瑕疵,相关公司决议被撤销。②

【参考案例】 在包某红等与南通斯材佳建材有限公司股东会决议效力确认纠纷案,江苏省高级人民法院释明:某公司在案件审理中主张其曾经以口头和电话形式通知股东参加股东会议,并且其保留了到会 50 名股东的签名单和会议记录,但该公司并未能提供有效证据证明其主张,故法院认定股东会召集瑕疵存在瑕疵。③

当公司不能完成有关股东会会议通知已发出并到达股东的举证责任时,将承担举证不能的不利后果,所形成的公司决议有可能被撤销。

(2)会议召开程序中的瑕疵。

会议实际召开是决议成立的基本要件。若会议根本就没有召开或参会一方单独开会,其他参与方没有机会或场合发表意见,当然不能对所议事项发表意见或进行表决,这样的决议被撤销或不成立也是应有之义。

【参考案例】 在三亚保力房地产投资开发有限公司、宝恒投资有限公司与三亚保力房地产投资开发有限公司、宝恒投资有限公司公司决议撤销纠纷申

---

① 湖南省长沙市中级人民法院民事判决书,(2016)湘01民终1518号。

② 参见海南省高级人民法院民事判决书,(2015)琼民二终字第19号。

③ 参见江苏省高级人民法院民事裁定书,(2013)苏商申字第562号。

请再审案中,最高人民法院认为:本案中,保力公司只有天久公司与宝恒公司两个股东,且天久公司为持有90%股份的大股东,在宝恒公司未参加临时股东会和董事会的情形下,临时股东会和董事会的召集程序和表决方式应认为存在重大瑕疵,形式上虽有临时股东会决议和董事会决议存在,实质上的临时股东会决议和董事会决议应认为不存在。也就是说,未经依法召开股东会或董事会并作出会议决议,而是由实际控制公司的股东单方召开或虚构公司股东会、董事会及其会议决议的,即使该股东实际享有公司绝大多数的股份及相应的表决权,其单方形成的会议决议不能具有相应效力。最高人民法院裁定驳回了本案再审申请人三亚保力房地产投资开发有限公司的再审申请,支持了海南省高级法院的终审判决,即撤销保力公司涉案的临时股东会决议、董事会决议、董事会临时会议决议、股东会临时会决议。①

(3)公司会议表决程序中的瑕疵。

依据《公司法》(2023年修订)第66条第1款和第116条第1款的规定,有限责任公司股东会的议事方式和表决程序,除公司法有规定外,可以由公司章程规定;而股份有限公司股东出席股东会会议,所持每一股份有一表决权,但类别股股东除外。我国资本市场的科创板、深交所、新三板、北交所都已允许同股不同权的差异表决权设计,《公司法》(2023年修订)明确规定了股份有限公司的类别股,并规定公司章程可以规定类别股的股份数及其权利和义务。如果公司章程对公司股东表决权有个性化的表决设计,股东表决时应遵守这样的规定。

【参考案例】 在杨某生与中审会计师事务所有限公司股东会决议撤销纠纷案中,北京市海淀区人民法院释明:从公司法的角度看,章程第25条规定事项均为公司重大事项,公司法规定必须经代表2/3以上表决权的股东通过,系对该类事项赞成票的最低限制,公司章程规定高于这一规定的,属当事人意思自治的范畴,应当具有法律效力。②

---

① 参见最高人民法院民事裁定书,(2016)最高法民申300号。

② 参见北京市海淀区人民法院民事判决书,(2008)海民初字第10313号。

(4)公司会议程序中的其他瑕疵。

公司法还规定了表决权排除的事项,如在担保事项、关联交易事项等的表决中,利害关系人的表决权应被限制。如果公司会议没有遵守公司法或公司章程规定的表决规则,则所形成的公司决议存在被撤销的可能。

【参考案例】 在北京弘泰永盛资本管理有限公司(以下简称弘泰永盛公司)等与北京土星在线教育科技股份有限公司(以下简称土星公司)公司决议撤销纠纷案中,北京市朝阳区人民法院释明:根据在案证据以及各方当事人的陈述,可以认定2021年1月29日,国贸写字楼对于进入大楼的人员实行预约登记制度,未经登记的人员无法进入大楼7层。鼎盛益祥中心、环宇万维公司、弘泰永盛公司于2021年1月25日至土星公司办理了出席涉案股东大会的登记手续。土星公司仅以登记人员并非开会人员为由不为已登记股东委托人员办理预约,导致参会股东于股东大会召开当日因无提前预约无法参加会议,属于实质性地剥夺了股东参与股东大会的权利,该行为严重违反法律规定以及公司章程的规定。最后,利害股东提起本案诉讼要求撤销相关股东大会决议具有法律依据和事实依据,法院予以支持。①

2. 决议不成立的瑕疵情形

公司决议成立须满足以下三方面要素:第一,具有会议的外观。要求有召集会议权力的主体召集会议,并曾向全体参会成员发送过召集通知或以公告方式通知会议,按照法律或章程规定真实召开会议。第二,须在会议期间作出决议。如果在开会期间未能作出决议,而会后伪造或虚构的决议是不能成立的。第三,决议须满足多数决的要求。未达到多数决要求的公司决议属于不成立而非可撤销,其效力不能补正,不能像可撤销的会议决议一样经过一定期间而成为永久有效的决议。

在《公司法司法解释(四)》未施行以前,会议程序严重瑕疵一般按照无效决议处理。《公司法》(2023年修订)在第27条明确规定了股东会决议、董事会决议不成立的四种情形,将《公司法司法解释(四)》中的规定吸收进入了《公司

---

① 参见北京市朝阳区人民法院民事判决书,(2021)京0105民初49856号。

法》(2023 年修订)。

【参考案例】 如在彭某与王某君、陕西银河工程监理有限责任公司决议效力确认纠纷案中,西安市中级人民法院经审理认为:股东会作为公司的权力机关,通过股东行使表决权而作出股东会决议以体现股东会的意思表示。股东会表决是公司股东对于公司治理的合意,依法应有股东的签名、盖章。银河公司于某年某月某日在未依法召集,且未依法进行表决的情况下,以股东会会议名义作出了《某年临时股东会会议纪要》,该会议纪要应当认定为无效。①

对于未对会议决议事项进行表决而作出股东会决议的情形,法院采用了"股东会未形成决议"的表述。②《公司法司法解释(四)》颁布施行以后,其中第 5 条明确规定了公司决议不成立的具体情形,包括未召开会议、未对决议事项进行表决、出席会议人数或者股东所持表决权不符合公司法或章程规定、表决结果未达到公司法或公司章程规定的通过比例以及其他可能导致公司决议不成立的情形。《公司法》(2023 年修订)在第 27 条明确将四种情形,即未召开会议、未对决议事项进行表决、出席会议人数或者股东所持表决权不符合公司法或章程规定、表决结果未达到公司法或公司章程规定的通过比例吸收,同时将兜底条款删除,明确规定了决议不成立的四种情形。从《公司法》(2023 年修订)第 27 条规定的情形来看,这些都是会议中出现的瑕疵事项,公司章程应根据具体情况进行具体的设计,以避免公司决议不成立情况的出现。

二、公司议事规则的章程设计

从公司治理管控的架构来看,公司会议规则包括股东会会议、董事会会议和监事会会议的"三会"议事规则。

1. 股东会会议

股东会会议分为定期会议和临时会议,无论是何种形式的股东会会议,其

---

① 参见陕西省西安市中级人民法院民事判决书,(2016)陕 01 民终 868 号。
② 参见天津市第二中级人民法院民事判决书,(2016)津 02 民终 3229 号。

召集程序和决议内容均受公司法和公司章程的约束及调整。一般来说，股东会会议需由有权提议人提议，由召集人召集，以通知或公告程序告知股东拟召开会议的时间、地点、表决事项等内容，并由特定人主持方可召开。同时，法律尊重股东意思自治，规定可由股东约定或在公司章程中规定股东会会议的通知程序、议事方式或表决程序。

2. 董事会会议

虽然股东会是公司的权力机构，但其并不直接参与公司的经营管理，董事会才是公司的常设性决策、监督和执行机构。关于有限责任公司董事会的会议，《公司法》（2023 年修订）第 72 条规定了董事会会议的召集和主持程序，以及在负责召集和主持的董事长和副董事长不能履行职务或者不履行职务时的解决路径；第 73 条规定了董事会的议事方式和表决程序，除法律有规定的外，由公司章程规定；但对有限责任公司董事会的召开时间及通知事项没有规定。针对股份有限公司，《公司法》（2023 年修订）第 122 条、第 123 条和第 124 条相应进行了针对性规定，其中明确董事会临时会议，公司章程可以规定通知方式和通知时限。因此，法律已赋权公司章程可以设计董事会会议规则，对有限责任公司董事会的召开时间及通知事项进行自主设计。

3. 监事会会议

监事会是公司的监督机构，主要职责在于对公司人员和经营活动的监督。《公司法》（2023 年修订）规定了有限责任公司的监事会应至少一年召开一次会议，而股份有限公司的监事会每 6 个月至少召开一次会议。有限责任公司和股份有限公司的监事会的议事方式和表决程序，除公司法有规定的外，由公司章程规定。依据法律规定可以知道，无论有限责任公司还是股份有限公司，法律都赋权公司章程可以对监事会的议事方式和表决程序进行个性化规定。

综上所述，《公司法》（2023 年修订）赋权了公司章程可以设计适合公司具体情况的会议规则。从规则配置权利的角度看，一方面，公司会议规则的完备有利于提升中小股东话语权，但对控制股东来说，只要按照《公司法》（2023 年修订）规定的概括性规则就可以开会，一般认为更多更细的会议规则会束缚自己管控公司的手脚；但从另一方面来说，如果没有完备或个性化的会议规则，中小股东也可以随时提起公司决议之诉，并不利于公司的正常经营管控。因此，提前设计好会议规则有利于各方权利的行使，有利于公司良好的管控和运营，有利于股东权利的保护。

（一）股东会议事规则的章程设计

1. 股东会会议类型和会议提案的章程设计

（1）股东会会议类型。

实践中，有限责任公司的章程一般不会规定定期会议或有规定但不明确，章程关于定期会议的条款如法律规定一样抽象或简单提及，而股份有限公司的章程对临时会议召开的其他情形也较少规定，这并不有利于公司的治理以及股东权利的保护。

依据《公司法》（2023 年修订）第 62 条的规定，有限责任公司的定期会议应由公司章程规定，法律对有限责任公司的临时会议的召开虽然规定了有权提议主体，但对有权提议主体提议后，股东会应该召开的时间并没有规定。如果时间太短则不能给股东充足的时间做准备；如果时间太长，则要处理的事项可能已发生变化，开会就失去了意义。依据《公司法》（2023 年修订）第 113 条的规定，股份有限公司股东会临时会议可以通过章程进行相应的个性化规定。

定期会议对没有亲自经营公司的股东有重要意义，会议的召开可以让这些股东对公司运作情况知情并充分行使股东权利。如果没有规定定期会议，股东想要知道公司的情况，只能通过提议召开临时会议或通过行使股东知情权才可以知道。对控制公司的股东来说，其当然不希望定期会议过于频繁，因为这将消耗控股股东的精力，干扰公司正常的经营节奏，也不利于保守公司的经营秘密或商业秘密。从保护股东权利及有利公司经营的角度来说，每季度一次股东会会议比较合适。当然如果股东有半年会或年度会议的话，也可以设计每年两次定期会议。

另外，股份有限公司临时股东会的有权召集主体在提议召开临时股东会后，应在两个月内召开临时股东会。有限责任公司的章程也可以借鉴该条款，类似规定在有权提议召开临时股东会的主体提议召开后，应在两个月内召开临时股东会,以免久拖而使临时股东会会议失去召开意义。

股东会会议类型章程条款参考示例

第×××条　(定期会议条款)股东会会议分为定期会议和临时会议。定期会议每半年召开一次,分别于当年7月15日前和次年元月15日前召开。因故不能在上述期限内召开股东会的,应当报告全体股东,说明原因并在公司内部发布公告。本公司的定期会议由公司依据本章程的通知程序在会议召开的20日前通知。

第×××条　当有权主体提议召开或出现法定情形应召开临时股东会会议时,公司应当在两个月内召开临时股东会会议,所涉事项紧急时应尽快召开临时股东会会议。

第×××条　(临时会议通知时限)当有权主体提议召开股东会临时会议时,应在召开临时会议的15日前依据本章程规定的通知程序进行通知;若董事会认为事项紧急时,应在会议召开的5日前通知。该会议的紧急性以董事长认定为准。

(2)股东会会议提案。

股东会会议提案是指有权主体向股东会会议提出的议题或议案。股东会会议提案的首要目的,是确保股东行使作为公司所有者对公司重要决策的参与、影响或控制的权利。没有提案权,股东成了股东会会议的看客,或只能表决其他股东的提案,根本谈不上公司管控和股东权利的保护。

①提案的主体。

股东会会议的提案首先涉及提案主体,即哪个主体有权向股东会提出议案?

依据《公司法》(2023年修订)第64条规定,召开股东会会议时,有限责任公司应将对“所议事项”的决定作成会议记录,但具体哪个主体有权提出“所议事项”,《公司法》(2023年修订)并没有明确规定。在《公司法》(2023年修订)第59条所规定的股东会职权中,没有规定股东可以提出所议事项的前提条件。针对股份有限公司,在《公司法》(2023年修订)第115条明确规定了单独或者合计持有公司1%以上股份的股东,可以在股东会召开10日前提出临时提案并书面提交董事会;临时提案的内容应当属于股东会职权范围,并有明确议题和具体决议事项;公司不得提高提出临时提案股东的持股比例。

股东是公司资本的提供者,通过股东会会议行使集体决策的权利,因此股东应有股东会会议提案权。依据法律规定,公司章程可以规定股东的其他职权。出于成本、效率和防止滥用提案权的考虑,法律已对股份有限公司的股东提案权设置了要求,即只有单独或合计持有1%以上股份的股东才可以有提案权,且公司不得提高提出临时提案股东的持股比例,但法律并未禁止不得降低提出临时提案股东的比例。如果要设计有限责任公司的提案权,也可以参照股份有限公司的股东提案权。比如,在公司章程中规定,持股6个月以上,单独或合计持有公司1%以上股权的股东,可以在股东会召开10日前书面提出临时提案并交给董事会。显然,这里的持股时限、持股比例、提案提出的时间可以在章程中做其他的规定。针对控制股东来说,只要可以控制股东会的表决,具体是否规定临时提案权对自己并不重要,但没有相应的规定,似乎全体股东都有提案权。对于中小股东或非控股股东来说,如果能在公司章程中规定临时提案权,则对于保障自己的股东权利,实现投资目的、监控公司的运营非常有利。

公司董事会依法具有召集和主持公司股东会会议的职责,且依据公司法赋予公司董事会的职权来看,其作为公司的决策、监督和执行机构,需要在公司重大事项上提出建议供股东会进行审议和表决,因此可以说董事会天然具有向股东会提案的权利,向股东会会议提出提案是董事会履行其职责的重要路径。

公司监事会是公司的监督机构。依据《公司法》(2023年修订)第78条规定,监事会有权向股东会会议提出提案。提出提案是监事会的法定权利,公司章程不能剥夺,这是监事会的监督职能所决定的。

《公司法》(2023年修订)对经理的法定职权进行了全部删除,规定具体职权由公司章程规定或董事会授权。依据现行的市场实践,公司经理是公司经营的具体执行机构,虽然《公司法》(2023年修订)对经理的法定职权进行了删除,这其实是法律对公司治理放松管制、尊重公司意思自治的表现,同时也对公司治理提出了更高的专业要求。商业实践中,公司经理将直接面对公司生产经营中的日常事务和重大问题,赋予公司经理在股东会上的提案权有助于公司经理将公司生产经营中的问题直接提交股东会,由股东集体决策做最后的决定。依据《公司法》(2023年修订)第74条、第126条的规定,公司章程可以直接规定经理的职权,故通过公司章程赋予经理向股东会的提案权可以使公司就生产经营的重大问题审慎抉择,从而更好地维护公司和股东利益。

股东会提案权主体章程设计条款参考示例

第×××条　本公司为有限责任公司,(持股比例××%以上或持股时间××天以上的)公司股东有权向公司股东会会议提出提案,提案内容应当符合国家法律、法规和公司章程的规定,属于公司经营范围和股东会会议职权范围,并有明确议题和具体决议事项。

第×××条　公司董事会可以向公司股东会会议提出提案。

第×××条　监事会有权向股东会会议提出提案。

第×××条　单独或者合计持有公司1%以上股份的股东,可以在股东会召开10日前提出临时提案并书面提交董事会。临时提案应当有明确议题和具体决议事项。董事会应当在收到提案后2日内通知其他股东,并将该临时提案提交股东会审议;但临时提案违反法律、行政法规或者公司章程的规定,或者不属于股东会职权范围的除外。公司通过股东会决议不得提高但可以提出临时提案股东的持股比例。

第×××条　下列主体或机构可以根据法律、行政法规、部门规章、公司监管规则、公司章程及公司其他制度性文件的相关规定,向股东会提出会议内容的提案:

(一)董事会、1/3以上的董事;

(二)董事长;

(三)总经理;

(四)1/2以上的独立董事(两名以上的独立董事联合提议);

(五)监事会(监事会主席或两名以上的监事);

(六)代表1/10以上表决权的股东(或持股180日以上的股东)。

股东会会议提案的内容应当属于股东会职权范围,有明确议题和具体决议事项。

第×××条　任何有权主体通过董事会向股东会会议所提议案，任何董事个人无审核权，董事会有权审议所提提案，董事会的审议不得违背法定程序，且董事会的审议结果应以董事会决议作出。

第×××条　董事会对向股东会会议提案的审查仅限于程序性审查，不能进行实质审查。（当然也可以规定实质审查，例如，董事会有权对股东会会议提案的内容是否符合法律、行政法规及本章程规定进行审核，并以董事会决议形式作出提交或不提交股东会会议审议的决定。）

②提案的内容。

提案的内容是指有权提案主体提出的议案内容。《公司法》（2023 年修订）规定提案内容应当属于股东会职权范围，并有明确议题和具体决议事项。

依据《公司法》（2023 年修订）第 4 条第 2 款之规定，公司股东依法享有资产收益、参与重大决策和选择管理者等权利；股东是公司的所有者；《公司法》（2023 年修订）第 59 条、第 112 条规定了股东会的权利。虽然股东权利与股东会的职权并非同一权利，但公司法规定的股东会职权其实是股东权利的集体反映。依据法律规定，只要属于公司经营范围和股东会职权范围内的事项，原则上股东都是可以提出建议或意见的。比如提议董事、监事的任免事项；提议召开股东会、董事会事项；提议公司分红事项；提议公司增加或者减少注册资本方案，公司发行债券方案，公司合并、分立、解散、清算或者变更公司形式等事项；提议修改公司章程事项等。

董事会针对股东会提案的内容一般在董事会职权范围内提出议案。董事会可以就股东会会议的召集，董事和监事的聘任及解聘，公司的经营计划和投资方案，公司的利润分配方案和弥补亏损方案，公司增加或者减少注册资本以及发行公司债券的方案，公司合并、分立、解散或者变更公司形式的方案以及股东诉讼或代表诉讼等事项提出议案。

经理针对股东会的提案内容一般应当限制在公司具体经营中涉及公司重大事项或者涉及股东权利的事项。如果公司章程对经理职权另有规定，经理可以依据章程授权，向股东会提出经理职权范围内且与股东会职权相关事项的议案。

监事会的性质及职权范围，决定了监事会向股东会提交的议案内容应在其监督职权范围内，不应涉及董事会及经理的职权范围。例如提出召集临时股东会会议的提案，解除不称职的董事、监事、经理职务提案，以公司名义追究损害公司利益的董事、监事和经理法律责任等监事会有权监督的内容。

【参考案例】 在中国农业生产资料集团与广州东凌国际投资股份有限公司公司决议效力确认案中，法院释明：本案的主要争议焦点是原告中国农业生产资料集团提交的两项提案是否符合《公司章程》第55条的规定以及被告广州东凌国际投资股份有限公司董事会是否有权不将原告作为公司股东的所提交的提案提交股东大会审议。关于原告提交的两项提案是否符合《公司章程》第55条的规定。首先，《公司章程》第四节股东大会的提案与通知的第55条规定，提案的内容应当属于股东大会职权范围，有明确议题和具体决议事项，并且符合法律、行政法规和本章程的有关规定。原告提出的33号提案内容为提请本次股东大会审议和确认被告第六届董事会第三十四次会议决议第14项内容无效。根据《公司法》第37条、《公司章程》第43条的规定，股东大会的职权范围并不包括确认董事会决议无效。另根据《公司法》第22条的规定，股东公司股东会或者股东大会、董事会的决议内容违反法律、行政法规的无效。股东会或者股东大会、董事会的会议召集程序、表决方式违反法律、行政法规或者公司章程，或者决议内容违反公司章程的，股东可以自决议作出之日起60日内，请求人民法院撤销。也就是说，本案原告认为董事会决议无效的，可通过向人民法院起诉确认寻求救济，但确认董事会决议无效不属于股东大会的职权。原告提交的33号提案不符合“属于股东大会职权范围”的基本条件，违反《公司章程》第55条的规定。原告34号提案内容为提请本次股东大会确认原告于2017年6月12日向2016年年度股东大会召集人提出的各项提案属于股东大会审议权限并将该等议案提交本次股东大会审议。根据《公司法》第37条、《公司章程》第43条的规定，股东大会的职权范围并不包括确认股东提案属于股东大会审议权限。原告34号提案不符合《公司章程》第55条的规定。综上，法院认为，原告向被告董事会提交的中农函字[2017]33号、中农函字[2017]34号两项临时提案不符合《公司章程》第55条规定，判决驳回原告中国农业生产资料集团公司的全部诉讼请求，[①]广州市中级人民法院维持了一审的判决结果。[②]

股东会提案内容章程条款参考示例

第×××条　公司有权向股东会提出议案的主体应在其职权范围内向股东会提出议案。提出议案的内容应当属于股东会法定或章程规定的职权范围，并有明确议题和具体的决议事项。

第×××条　股东会的提案内容应属于股东会的职权范围，有明确的议题和具体的决议事项，并且符合法律、行政法规和公司章程的有关规定。提案主体一般应围绕以下内容进行提案：

（一）选举和更换董事、监事，决定有关董事、监事的报酬事项。

（二）审议批准董事会的报告。

（三）审议批准监事会的报告。

（四）审议批准公司的利润分配方案和弥补亏损方案。

（五）对公司增加或者减少注册资本作出决议。

（六）对发行公司债券作出决议。

（七）对公司合并、分立、解散、清算或者变更公司形式作出决议。

（八）修改公司章程。

（九）审议批准须经股东会通过的公司向其他企业投资和担保事项。

（十）审议公司在一年内购买、出售重大资产或者向他人提供担保的金额超过公司资产总额30%的事项，并经出席会议的股东所持表决权的2/3以上通过。

（十一）审议与持有本公司股份的其他公司合并；将股份用于员工持股计划或者股权激励；将股份用于转换公司发行的可转换为股票的公司债券的事项。

（十二）公司聘用、解聘承办公司审计业务的会计师事务所的事项。

---

① 参见广东省广州市珠海区人民法院民事判决书，（2018）粤0105民初767号。

② 参见广东省广州市中级人民法院民事判决书，（2018）粤01民终17312号。

（十三）审议发行优先股事项，应当就涉及优先股的下列事项逐项进行表决：

①本次发行优先股的种类和数量；②发行方式、发行对象及向原股东配售的安排；③票面金额、发行价格或定价区间及其确定原则；④优先股股东参与分配利润的方式，包括股息率及其确定原则、股息发放的条件、股息支付方式、股息是否累积、是否可以参与剩余利润分配等；⑤回购条款，包括回购的条件、期间、价格及其确定原则、回购选择权的行使主体等（如有）；⑥募集资金用途；⑦公司与相应发行对象签订的附条件生效的股份认购合同；⑧决议的有效期；⑨公司章程关于优先股股东和普通股股东利润分配政策相关条款的修订方案；⑩对董事会办理本次发行具体事宜的授权，及其他事项。

（十四）公司章程规定的其他职权。

第×××条　除累积投票制外，股东会对所有提案应当逐项表决。对同一事项有不同提案的，应当按提案提出的时间顺序进行表决。除因不可抗力等特殊原因导致股东会中止或不能作出决议外，股东会不得对提案进行搁置或不予表决。

2. 股东会会议的召集与通知

股东会会议起始于召集和通知。若股东会会议进行顺利，则所有的瑕疵不会被关注或放大，包括会议召集和通知等瑕疵。但依据现实中公司决议纠纷案件，纠纷之所以发生，往往是股东会会议的召集存在程序瑕疵，包括召集主体不适格、通知有遗漏、召集通知中未载明召集事由、议题等必要事项、召集通知时间仓促或会议安排并不适合参会人到会等瑕疵。确有必要通过公司章程进行个性化设计以规避这些瑕疵，避免可能发生的决议纠纷，从程序上保证股东会会议的顺利进行。

（1）股东会会议的召集主体。

关于召集主体，《公司法》（2023 年修订）明确规定，有限责任公司的首次股东会会议由出资最多的股东召集和主持；股份有限公司的成立大会召开规则为，募集设立股份有限公司的发起人应当自公司设立时应发行股份的股款缴足之日起 30 日内召开公司成立大会。发起人应当在成立大会召开 15 日前将会议日期通知各股东或者予以公告。成立大会应当有持有表决权过半数的股东出席,方可举行。以发起设立方式设立股份有限公司成立大会的召开和表决程序由公司章程或者发起人协议规定。除首次股东会会议外,依据《公司法》(2023 年修订)第 63 条、第 114 条之规定,具有召集权的主体分别为董事会、监事会、有限公司代表 1/10 以上表决权的股东、股份有限公司连续 90 日以上单独或者合计持有公司 10% 以上股份的股东。依据《公司法》(2023 年修订)规定,关于股东会会议的召集、主持等规则事项,章程都有设计空间。

【参考案例】 在广西洁宝纸业投资股份有限公司与卢某章、杨某乔公司决议撤销纠纷民事再审案中,广西壮族自治区高级人民法院明确指出,《公司法》(2005 年修订)第 102 条并未禁止公司董事长或公司大股东委托代理人主持会议,且董事会议决议中明确同意推荐李某元作为股东大会主持人,因此李某元有权主持股东会,并据此纠正该案二审法院的观点。①

从该案可以看出,在法无禁止即自由的私法领域,如果公司章程设计股东会会议的其他主持主体应会得到司法的支持。

《公司法》(2023 年修订)规定了股东会会议的召集和主持主体,但对召集主体召集会议的期限没有明确规定,现实中有的召集主体可能因某种利害关系故意不召集或怠于召集。公司会议的召集一定要考虑到效率或紧急情况,以免在经营活动中失去商机。为督促股东会召集主体积极履行召集职责,依据《公司法》(2023 年修订)第 66 条的赋权性规定,公司章程可以明确有权召集主体召集股东会会议的具体期限,比如决定开会后要在 10 日以内召集。明确各有权召集主体不履行或怠于履行职责的时间限制,即在董事会不召集股东会会议的多长时间内(比如 10 日),监事会要召集股东会会议;在监事会不行使召集权利的多长时间内(比如 10 日),代表 1/10 以上表决权的股东或股份有限公司连续 90 日以上单独或者合计持有公司 10% 以上股份的股东可以召集。公司章程还应明确约定,对不履行股东会召集职责的主体进行相应处罚。有了这样

---

① 参见广西壮族自治区高级人民法院民事判决书,(2013)桂民提字第 154 号。

的条款设计,可以相应督促或约束有义务的主体履行职责,从而使股东会会议更有效率,保证公司的正常经营管理。

股东会会议召集主体章程条款参考示例

第×××条 (召集主体条款)召集本公司股东会会议的主体为董事会;董事会决定召集股东会会议时,应以董事会决议的形式作出。任何主体在没有法律依据下召集股东会会议皆为非法。

第×××条 (主持主体条款)董事长为公司的法定代表人,行使下列职权:主持股东会,召集、主持董事会会议,行使法定代表人的职权。

第×××条 (股东会会议召集和主持条款)股东会会议,由董事会召集,董事长主持,董事长可以委托其他董事代其主持会议;董事长不能履行职务或者不履行职务时,由副董事长主持;副董事长不能履行职务或者不履行职务时,由董事会以决议形式指定一名董事或代表主持会议;董事会不能履行或者不履行召集股东会会议职责时,由监事会召集和主持;监事会或者监事不召集和主持的,应当由出席会议的持有最多表决权的股东(或股东代理人)主持;以上主体没有召集或主持时,代表1/10以上表决权的股东可以自行召集和主持。

以上召集和主持主体应按顺序进行。从提请股东会会议召开后,有权召集主体10日内无召集行为的,视为不能履行职务或不履行职务;主持主体在会议现场拒绝主持或不主持的,视为不能履行职务或不履行职务。

第×××条 (临时股东会召集条款)有下列情形之一的,在事实发生之日起一个月内应召开股东会临时会议:

(一)董事会提议召开时;

(二)监事会提议召开时;

(三)代表1/10以上表决权的股东、1/3以上的董事提议召开时;

(四)本章程规定的其他需要召开股东会临时会议表决的情形。

第×××条 有权召集股东会的主体故意延迟召集股东会并由此给公司或其他股东造成损失的,应予以赔偿。

(2)股东会会议召集形式。

实践中,常有股东对股东会会议的召集形式提出异议,并因此而涉诉。有的股东要求必须要有书面通知,有的股东认为现代通信技术如此发达,而自己本身又在外地或海外,接收书面文件不方便,为什么不用电子邮件或短信、微信的方式通知呢?实践中,股东会会议的召集形式又往往引起争议,并导致涉诉。《公司法》(2023年修订)第24条规定,公司股东会、董事会、监事会召开会议和表决可以采用电子通信方式,公司章程另有规定的除外。依据以上规定,电子通信方式是常规方式,而其他形式,则需要通过公司章程另外规定,为避免产生不必要的纷争,公司章程可以根据管控公司的需要对股东会会议召集形式进行个性化设计。

【参考案例】 在艾获瑞环境技术(上海)有限公司(以下简称上海艾获瑞公司)诉上海境闲机械设备制造有限公司(以下简称境闲公司)公司决议撤销纠纷案中,上海市第一中级人民法院认为:2017年8月11日,上海艾获瑞公司董事长袁某发出《2017年第二次董事会会议通知》,通知各位董事定于2017年8月14日在上海艾获瑞公司会议室召开上海艾获瑞公司2017年第二次董事会。会议召开时间14时,会议方式为微信视频通话。同年8月14日,境闲公司以及法定代表人(董事)于某瑞、董事华某回函确认收悉上述通知,称7月27日的董事会决议和股东会会议议题违反合同约定,其表示反对。该函未表示境闲公司委派的董事于某瑞、华某不会参加该次董事会微信视频会议。境闲公司员工于当日13时56分获该次董事会通知中指定的人员陈某添加微信的验证通过。境闲公司该行为表明其意欲派员参加微信视频会议,但境闲公司委派人员最终未被加入该次董事会会议微信群组,致其无法参加视频会议。因参加微信视频必须由建立者将与会人员加入群组方可进行,故该次董事会将境闲公司委派的两名董事排除在董事会会议之外无法参与表决,应视为该次董事会并未完成召集程序,显属违法,应予撤销。[1]

【参考案例】 在周某与温州海外旅游有限公司公司决议撤销纠纷案中,

---

① 参见上海市第一中级人民法院民事判决书,(2018)沪01民终3108号。

浙江省温州市中级人民法院释明:《公司法》第22条规定,公司股东会或者股东大会、董事会的决议内容违反法律、行政法规的无效。股东会或者股东大会、董事会的会议召集程序、表决方式违反法律、行政法规或者公司章程,或者决议内容违反公司章程的,股东可以自决议作出60日内,请求人民法院撤销。本案系股东请求撤销公司股东会决议纠纷,人民法院在审理过程中应当审查会议召集程序、表决方式是否违反法律、行政法规或者公司章程,以及决议内容是否违反公司章程,至于决议内容是否违反法律、行政法规系确认公司决议无效纠纷案件中应当审查的内容,而非本案审理的范围。从召集程序上看,被上诉人于2014年9月9日向上诉人周某的住所邮寄送达了股东会通知,又于2014年9月11日向上诉人的手机及电子邮箱送达了股东会通知,并在温州晚报上刊登公告进行通知,其已经穷尽了通知的措施,上诉人称被上诉人未履行通知义务与事实不符,法院不予支持。①

依据法律和以上案例中的争议事项,如果在公司章程中规定了明确的召集方式,则股东会在召集程序上的争议应会大大降低。

股东会会议召集形式章程条款参考示例

第×××条　公司提倡无纸化办公,当召集股东会会议时,通知方式为以公司××××邮箱向股东名册中股东留存的邮箱地址进行会议通知,并附之以公司安排向股东名册中股东的手机号码发送短信或微信信息。一旦按照以上联系信息发出通知后,即视为已进行了有效的会议通知。已通过上述方式进行了会议通知的,如股东声称未能收悉的,由此产生的责任由该股东承担。

第×××条　公司股东会、董事会召开会议和表决,采用电子通信方式,公司应按照各股东在股东名册信息中留存的电子通信方式进行会议通知、发表意见及参与表决,按照各董事在公司留存的电子通信方式进行会议通知、发表意见及参与表决。

第×××条　公司召开股东会会议,董事长或董事长授权代表应于股东会会议召开日前15天以传真方式发出通知(但需以手机信息确认)通知各位股东。

① 参见浙江省温州市中级人民法院民事判决书,(2015)浙温商终字第60号。

第×××条　股东会会议召开形式及议程应保证给予所有股东充分发表意见和真实表达意思的机会。

股东会会议一般应以现场会议的形式召开。遇特殊情况，经董事会同意，在保证与会股东能充分发表意见并真实表达意思的前提下，也可采用电话会议、视频会议或者签署书面决议等方式对议案作出决议。但是，年度股东会会议以及任何需要经代表2/3以上表决权的股东通过的重大事项，应当以现场会形式举行。

电话会议是指借助电话及类似通信设备举行会议，并能保证每位股东可以正常进行发言和讨论。以电话会议方式召开的，应制作现场录音，并形成书面记录和会议决议，事后由与会股东签署后一并存档。

视频会议是指借助网络视频及类似通信设备举行会议，并能保证每位股东可以正常进行发言和讨论。以视频会议方式召开的，应制作现场录音、录像，并形成书面记录和会议决议，事后由与会股东签署后一并存档。

书面签署决议方式是指，制成书面议案材料分别送交各位股东，以股东签署书面决议的方式召开股东会会议。对股东表决意愿的书面意见应制作会议记录。

采用签署书面决议方式对议案作出决议的，可不按照本章程规定进行会议通知和提供议案资料。

(3)股东会召集通知的送达。

实践中的送达一般约定"发出即送达"或"到达即送达"两种生效模式。对发出通知方来说，如果以"发出即送达"为通知到达的标准最有利。但在实务中，如果被通知方主张未收到的话，通知方只能依据"发出即送达"的规定来支持自己的观点。而如果设计"到达或签收即送达"的规定，则通知方要证明是否到达或签收，或是本人亲自签收都有实际困难。所以才有案例显示公司已穷尽通知形式，但被通知方仍然主张通知方未履行通知义务情况的发生。

【参考案例】　在×××与上海×××工具有限公司公司决议效力确认纠纷案中，上海市浦东新区人民法院释明：原告认为其提议于2011年9月2日下午召开临时股东大会的通知已经于2011年8月12日邮寄给被告公司的另一股东即第三人，但收件人系第三人的邮寄地址分别为上海市凌某路127弄

34 号401 室及上海市三某路105 号2－3 幢的两份邮件均被退回，且原告并无证据证明寄送邮件时第三人确实居住在上述地址的事实，因此原告无证据证明2011 年9 月2 日下午召开临时股东大会的通知已于会议召开15 日以前通知全体股东，故2011 年9 月2 日召开的临时股东大会违反了公司法及公司章程的规定，侵犯了其他股东的合法权利，该临时股东大会形成的《股东会决议》和关于《上海×××工具有限公司章程》修正案仅是原告单方意思表示，不具有法律效力。①

在没有公司章程明确规定的情况下，鉴于以“发出即送达”或“到达即送达”的方式易产生争议，且在争议发生时双方不方便举证。有效通知当然以有效的联系方式为前提，各股东的具体联系方式包括但不限于手机号码，微信、联系地址、私人邮箱以及包括紧急联系人的联系信息比较繁杂，全部规定在公司章程中不太合适，且联系信息经常变更而章程相对稳定，二者在稳定性上也不匹配。公司可以在公司章程中规定指向性的文件，比如股东通知以公司所保存的股东名册中的通信信息为准，补充规定各股东接收通知的有效地址变动的告知期限和方式，并和股东明确约定，紧急联系人有权作为该股东一方的授权代表接收公司文件，按此等联系方式发出后，在一定时间内则视为送达，这样的个性化设计规定有利于提高公司股东会的召集、召开和表决效率。

【参考案例】 福建省高级人民法院也曾在案件中对会议送达的事项进行如下释明：会议通知系按照阮某柳在公司章程载明的住址寄送的，但根据《特快专递回执单及全程跟踪查询结果》显示阮某柳拒收《临时股东会会议通知书》。阮某柳拒收会议通知应当视为自愿放弃参加股东会会议的权利，属于对自己股东权利的处分。②

【参考案例】 在福州德太恒发贸易有限公司、昆明云南红酒业发展有限公司(以下简称云南红公司)请求变更公司登记纠纷案件中，福州市中级人民法院释明，因云南红公司已向登记在册股东的住址邮寄参加股东会议的相关通知文件，至于通知文件被拒收或投递不成功而退回，在邮寄地址系吴某良、吴某

① 参见上海市浦东新区人民法院民事判决书，(2012)浦民二(商)初字第197 号。

② 参见福建省高级人民法院民事裁定书，(2016)闽民申133 号。

平、蒋某渠等其他股东已在公司章程或另案中所确认的送达地址情况下，一审认定云南红公司已履行通知义务，邮件被退回不利后果不应由云南红公司承担，并无不当。上诉人德太公司对于案涉股东会议召集程序所提异议不能成立，本院不予采纳。[①]

【参考案例】 在真功夫餐饮管理有限公司、潘某海公司决议撤销纠纷上诉案中，广州市中级人民法院认为：在真功夫公司明知蔡某标因被羁押而不在户籍所在地居住的情况下，真功夫公司向蔡某标的户籍所在地邮寄会议通知，显然蔡某标本人不可能收到该通知。在真功夫公司知道蔡某标存在的其他多种联系方式（如联系刑事案件中蔡某标的代理人转交、其妹妹蔡某红转交、或通过被羁押的场所转交等）的情况下，真功夫公司仍然仅向蔡某标本人确定不在的户籍所在地地址邮寄，显然不符合“适当发出”的要求。[②]

依据以上案例，可以看出公司章程对会议通知的送达如有明确规定或设计的话，可以减少不必要的纷争。

股东会召集通知送达的章程条款参考示例

第×××条　任何通知或文件可以由公司派人递交或通过预付邮件寄送给股东。递送的地址是该股东在股东名册或托收登记簿上的地址。当通知或文件是通过邮局递发时，在信封邮戳标明的送达时间二十四小时无返回后，视为已经送达。在证明通知或文件已被送达时，只需证明邮件信封已被正确、适当标明了地址，付足邮资及已被递送即可。

第×××条　通知文件应以挂号信、专人送达、邮寄等有效方式送达到该股东在股东名册或托收登记簿上的地址、联系人或联系电话。任一股东变更此等地址或联系号码应当以书面通知公司。该等地址和号码为公司联系联系股东的唯一地址和号码。任何已付讫邮资挂号信或快递信件，只要联系信息与股东留存的联系信息一致都被视作自发信之日起，按正常邮程已被收到。如果公司按此等地址或号码发出相关书面资料、文件、通知、函件等，无论股东“拒收”的情形，该等资料、文件、通知、函件于发出之日视为已经送达。如果股东变更

① 参见福建省福州市中级人民法院民事判决书，(2018)闽01民终3761号。

② 参见广东省广州市中级人民法院民事判决书，(2017)粤01民终9139号。

此等地址或号码的,需至少提前7天书面通知公司;否则,公司仍按原地址或号码发出的书面资料、文件、通知、函件等,发出之日视为已送达。股东变更联系信息未通知公司的,任何送达不能产生的后果皆由该股东承担。

第×××条 公司可将文件等资料或通知送达给股东留存的紧急联系人处。一旦公司依据本章程规定的方式送达股东留存的紧急联系人后,即视为送达股东本人。

第×××条 如果公司已按照股东留存的有效联系信息发出了会议通知或其他资料,在送达回执上显示拒收的信息时,视为该股东对自己权利的放弃,由此产生的任何责任由该股东承担。

(4)股东会会议召集通知的时限。

公司股东会会议有定期会议和临时会议两种。《公司法》(2023年修订)第64条第1款规定,召开股东会会议,应当于会议召开15日前通知全体股东;但是,公司章程另有规定或者全体股东另有约定的除外。《公司法》(2023年修订)第64条所涉股东会会议并没有明确该会议是定期会议还是临时会议。因此有限责任公司于此处对通知的时限可以作出有利于亲自参与管控公司的股东的规定,也可以作出有利于没有参与管控公司的股东的规定。规定时间长,可以有充分的时间准备;规定时间短,则留给未参与经营的股东的考虑时间有限。《公司法》(2023年修订)对股份有限公司的股东会会议的召开时间规定于第115条中,规定明确,并没有设计的空间。

【参考案例】 在杭州玻璃集团有限公司与杭州剑波工贸有限公司公司决议效力确认纠纷案中,公司就在章程第14条规定:临时会议通知于会议召开3日前通知全体股东,会议通知形式:(1)在职的直接通知;(2)不在职的采用邮寄和公告方式同时进行。①

可以看出,这样类似"闪电行动"的通知时限肯定不利于未参与公司经营的股东充分有效表达自己的意见,发生决议纠纷之诉毫不奇怪。

【参考案例】 在章某与海安县新苏中实业有限公司(以下简称新苏中公

① 参见浙江省杭州市拱墅区人民法院民事判决书,(2014)杭拱商初字第662号。

司)公司决议撤销纠纷案中,法院释明:法院认为,股东会会议通知是股东得以参加股东会并行使其干预权的前提,尤其是在经营者和控股股东合二为一的情况下,股东会已成为少数股东要求大股东解释其政策并提出反对意见的唯一场所。股东会会议通知制度的立法目的,在于成功地向股东通知开会事宜,保障公司股东为开会事宜做好充分准备并按时参加股东会正常行使股东权利,防止控股股东利用突袭手段控制股东会。案涉股东会开会之前,召集会议的公司执行董事博某德仅提前一两天通知其他股东,且没有明确告知开会的主要事宜,显然违反了《公司法》及公司章程的规定。虽然新苏中公司之前召开股东会经常以口头通知的方式作出,但不能以此证明公司形成了股东会会议召开无须按照《公司法》及公司章程的规定进行通知的惯例。况且,本案股东会会议讨论的事宜系对公司重大资产的处置,即便如新苏中公司所抗辩的系股权转让,股东在没有提前15日接到通知的情形下,也显然对公司资产或持有的股权是否转让、以何种价格转让、转让给谁等事项没有调查、思考和准备的时间,不利于在股东会决议时作出充分判断和表决。事实上,新苏中公司的另外两位在股东会决议上签字的股东贲某甲、贲某乙也提出了异议。因此,本案股东会会议的召集程序显然违反了法律及公司章程的规定,而新苏中公司违反程序召集股东会的行为影响了股东正常行使其股东权利,不符合法律规定股东会会议通知制度的立法目的。本案股东会召集程序违反了公司章程的规定,应予撤销。[①]

股东会召集通知时限的章程条款参考示例

第×××条 (定期会议通知时限)股东会会议分为定期会议和临时会议。定期会议每半年召开一次,分别于当年7月底之前和次年1月底之前召开。因故不能在上述期限内召开股东会的,应当通知全体股东,说明原因并在公司股东内部发布公告。本公司的定期会议由公司依据本章程的通知程序在会议召开的20日之前通知。

第×××条 (临时会议通知时限)当有权主体提议召开股东会临时会议时,应在召开临时会议的15日前依据本章程规定的通知程序进行通知;若董事

① 参见江苏省南通市中级人民法院民事判决书,(2014)通中商终字第0462号。

会认为事项紧急时,应在会议召开的五日前进行相应通知。该紧急事项以董事会决议认定为准。

(5)股东会会议通知的内容章程条款设计。

《公司法》(2023年修订)对公司股东会会议召集的通知内容没有作出明确规定,但第25条明确规定,公司股东会、董事会的决议内容违反法律、行政法规的无效;第26条规定,公司股东会、董事会会议决议内容违反公司章程的,股东自决议作出之日起60日内,未被通知参加股东会的股东自知道或者应当知道股东会决议作出之日起60日内,可以请求人民法院撤销;但是,股东会、董事会会议的召集程序或者表决方式仅有轻微瑕疵,对决议未产生实质影响的除外。未被通知参加股东会会议的股东自知道或者应当知道股东会决议作出之日起60日内,可以请求人民法院撤销;自决议作出之日起1年内没有行使撤销权的,撤销权消灭。如果通知中没有载明会议内容,对没有参与管理公司的股东来说,则会存在会议议题突袭的问题;如果未参会的股东在决议作出之日起1年内也不知晓决议内容的,即使后来知道了内容撤销权也消灭了。因此,从未参与管理公司的股东利益出发,在公司章程中规定会议通知要有内容而不是仅仅通知开会更有利自己行使股东权利。建议公司为避免纠纷,在公司章程中规定会议通知的内容与会议内容是否一致作出明确的规定,同时也要规定如果不一致的情况下如何处理。

【参考案例】 在杨某宪与北京尚业乾元投资管理有限公司(以下简称尚业公司)公司决议纠纷中,北京市海淀区人民法院认定:尚业公司就2016年12月2日临时股东会的通知程序及通知事项均存在重大瑕疵,其不能证明会议通知有效到达杨某宪,且通知中载明的会议议题与股东会决议内容不符,并违反了公司章程的规定,导致不能认定是一次股东会的决议。故而法院认为此次临时股东会决议应属不成立。①

【参考案例】 在上海创欣资产经营管理有限公司(以下简称创欣公司)与上海丽璞投资管理有限公司公司决议撤销纠纷案中,二审法院释明,在向创欣

① 参见北京市海淀区人民法院民事判决书,(2018)京0108民初8683号。

公司发送的股东会会议通知中,并未载明涉案股东会决议第5项至第8项内容,且创欣公司代理人在会议上明确提出上述事项不应纳入审议范围。因此,涉案股东会决议中的第5项至第8项内容应属于表决事项存在瑕疵,违反了公司章程的规定,且不属于轻微瑕疵,依法应予以撤销。一审法院关于决议第5项至第8项内容的表决程序亦属于轻微瑕疵的认定应属不当,二审法院予以纠正。[①]

股东会通知内容的章程个性化条款参考示例

第×××条　股东会会议的通知应载明以下内容:

(一)会议的日期、地点和会议期限;

(二)提交会议审议的事项和议题;

(三)说明全体股东均有权出席股东会,并可以书面委托代理人出席会议和参加表决,该股东代理人不必是公司的股东;投票代理委托书的送达时间和地点;

(四)会务常设联系人姓名、电话号码及其他联系信息;

(五)通知中未列明的议题除全体股东一致同意外,不能在股东会上提请表决。在股东会的表决过程中,提请会议审议的事项不得现场变更,否则视为新的议题,不得在本次股东会上提请表决。股东会会议通知中应当充分、完整披露所有提案的全部具体内容,并附随便于股东对拟讨论的事项作出合理判断所需的全部资料或解释说明。

第×××条　股东会会议通知应载明召开会议的时间、地点和会议议程等内容,并应就会议议程所涉及的问题提供尽量详细的资料和有关文件。除非经甲股东书面同意,未列入会议议程或列入会议议程但未提供相应资料和文件的事宜,不应在股东会会议上讨论和/或进行表决。

第×××条　本公司召开股东会的地点为:公司住所地。股东会应当设置会场,以现场会议形式召开,并应当按照法律、行政法规、中国证监会和公司章程的规定,采用安全、经济、便捷的网络或者其他方式为股东参加股东会提供便利。

---

① 参见上海市第一中级人民法院民事判决书,(2019)沪01民终12104号。

3. 股东会议事方式及表决程序

《公司法》(2023 年修订)第 66 条第 1 款明确规定,股东会的议事方式和表决程序,除本法有规定的外,由公司章程规定。由此法律授权性规定可以看出,公司章程可以对有限责任公司股东会的议事方式和表决程序进行规定。为保证股东会的决议没有程序瑕疵,提前在公司章程中设计好会议的议事方式和表决程序非常重要,公司章程缺乏相应的会议规则可能引起决议之诉。

【参考案例】 在联华超市股份有限公司、天津一商友谊股份有限公司(以下简称一商友谊)公司决议撤销纠纷案中,关于股东大会延期召开后,是否仍需要提前 15 天通知股东,《公司法》及一商友谊的公司章程中均未作出明确规定。对此一审法院认为,应从会议通知程序是否影响各股东及时、公平地参与会议、股东大会议案是否为实质性变更、股东会决议多数意思的形成以及获取议案信息是否全面、客观等方面进行判断。[①]

议事方式是指公司股东会会议以什么方式就股东会的决议事项进行讨论并作出决议。表决程序是指公司的股东会会议就股东是否有权表决、如何表决及表决通过所需要的比例等事项的程序性规定。一般来说,议事方式和表决程序应包括如何通知股东参加会议、会议的召集和主持、讨论会议的方式、法定或章程规定人数、议事议程的提出和确定、会议审议规则、表决方式、会议记录事项等股东会会议的具体事项。这些具体事项及程序组合起来成为一套复杂的规则体系,其中的步骤及规定都应逻辑衔接。股东会的议事方式和表决程序其实涉及的是参与主体的责任,并为会议中的分歧提供解决方案。因此,所有股东均应重视股东会议事规则,并使股东会会议顺利进行。

(1)股东会会议有效的章定人数。

我国《公司法》(2023 年修订)并没有规定股东会会议召开的有效法定人数。股东会会议的召开当然应有足够的股东到场并参与讨论,才能充分保障各股东和公司的利益。召开股东会会议时,如果股东出席人数不足够则不能反映

① 参见天津市第二中级人民法院民事判决书,(2021)津 02 民终 8651 号。

多数股东的意见，也有可能造成大股东或控股股东滥用优势资本侵犯中小股东的利益。一方面，从控制股东的角度来说，当然在召开股东会时，反对的声音越少越好，决策也可以快速作出，但针对中小股东来说，如果没有足够的人数出席股东会，或没有足够的表决票数参与股东会表决，当然不能反映中小股东的意见或建议，也不能充分保障中小股东的权益。另一方面，如果出席股东所持表决权数达不到一定的比例，中小股东也有可能利用人数优势损害大股东的利益。因此，公司章程可以规定股东会会议的最低出席股东人数或出席会议股东所持有的最低表决权数作为会议有效召开的前提条件。依据这一前提条件，可以平衡中小股东和大股东的利益，从而使股东会决议反映多数股东的真实意见，确保股东会决议不被撤销或有效成立。从公司管控的角度出发，在公司章程中规定必须某个股东主体或其代表出席股东会会议，股东会会议方可召开，类似规定可以大大加强控股股东对公司的控制。

股东会会议有效法定人数的章程条款参考示例

第×××条　出席会议人员的签名册由公司董事会负责制作。

第×××条　公司股东会应由全体股东出席方为有效。

第×××条　公司股东会最低出席人数为全体股东人数的2/3以上。

第×××条　公司股东会应由代表2/3以上表决权的股东参会方可召开。

第×××条　公司股东会应由代表过半数表决权的股东参加且有甲股东参会方可召开。

第×××条　公司股东会在讨论公司章程规定的一般事项时，应由代表过半数表决权的股东参会方可召开；公司股东会在讨论公司章程规定的特别事项时，应由代表2/3以上表决权的股东参会方可召开。

第×××条　股东会会议应当由至少过半数表决权的股东出席方可举行。（替代性条款：股东会会议应当由全体股东出席方可举行；或股东会会议应当由代表过半数表决权的股东出席，且××股东出席方可举行。）

（2）宣布开会与会议程序。

股东会会议的开会应由有权主持人宣布开会，并由主持人首先明确出席人数是否符合法定或公司章程规定。在核实以后,主持人应明确宣布会议开始,或宣布进入会议程序,这里的会议程序应结合会议的通知进行,比如按照通知的顺序要求某个主体如股东、董事会、监事会作出报告或对提议进行说明,并由参会股东讨论等。因会议的具体召开比较琐碎,会议进程中可能存在轻微瑕疵,但这些轻微瑕疵不应影响股东公开参与会议并行使权利。

【参考案例】 在滕州华安虹江化工有限公司、黄某波公司决议撤销纠纷案中,法院释明,关于轻微瑕疵的情形,公司法及其司法解释未有明确规定,在实践中,可以程序瑕疵是否会导致各股东能否公平地参与、多数意思的形成以及获取对此所需的信息为判定标准。本案中,两次临时股东会会议由董事会召集,会议的通知均送达到了公司全体股东,黄某波收到会议通知后未参加会议,系对其自身股东权利的放弃,该会议主持程序方面的瑕疵,并未阻碍其作为股东获得所需信息、行使表决权的权利。并且丁某元系在过半数以上董事推举的主持人董事张某涛在场的情况下,代为主持会议,其主持作用并不必然直接影响股东个人自由投票之意思表示,全体与会股东亦未对该主持行为表示任何异议,对决议并未产生实质影响,因此应属于轻微瑕疵。①

宣布开会与会议程序的章程条款参考示例

第×××条 董事会、监事会应采取必要措施,保证股东会会议的严肃性和正常秩序,无关人员一律不得入场。

第×××条 股东会会议召开时,会议主持人应向股东会宣布到会人数是否符合公司章程规定的表决权数或到会人数。

第×××条 股东会会议召开时,会议主持人应根据股东会会议的通知宣布议事主题或顺序,或向参会股东提供书面的会议程序。股东会会议应根据会议通知及会议程序进行。

第×××条 在股东会定期会议上,董事会应当就半年或年度股东会决议中应由董事会办理的各事项执行情况向股东会作出书面报告。

第×××条 在股东会定期会议上,监事会应当宣读有关公司半年或年度

① 参见山东省枣庄市中级人民法院民事判决书,(2022)鲁04民终1316号。

监督专项报告。

第×××条　股东或股东代理人在审议议题时，应简明阐述股东的观点，对报告人没有说明而影响其判断和表决的问题可提出质询，有权要求报告人解释清楚。对有争议又无法表决通过的议题，由主持人在征得与会股东过半数的同意意见后可暂缓表决。暂缓表决的事项应在股东会决议中作出说明。

（3）提案事项与讨论发言。

股东会会议讨论的提案内容应当属于股东会职权范围，并有明确议题和具体决议事项，提案内容与股东会通知应相符合。除全体股东一致同意外，超出股东会会议通知的提案内容不应在股东会会议上进行讨论与表决。主持人应按照会议程序就提案的事项提交会议讨论或辩论，并明确讨论或辩论的时间或发言顺序，同时提醒参会人员在讨论提案时应注意保持礼貌，发言应集中于提案的事项而不是集中在表达的情绪上。

提案事项的章程条款参考示例

第×××条　股东会会议提案应当属于股东会职权范围，并有明确议题和具体决议事项。股东会会议通知发出后，不得再提出通知中未明确的提案。股东会表决提案之前，提案主体可以撤回提案；经提案人撤回的提案，股东会不再进行讨论及表决。

第×××条　如董事会认为股东的提案违反法律、法规和本章程的规定，应当做出不同意将提案提交股东会商议及表决的决定，并将该决定及时通知提案股东。如在提案股东修订提案后并坚持提交的情形下，董事会应将提案提交股东会讨论与表决。

第×××条　未能明确具体内容的提案，不得视为正式提案，股东会不得进行表决。

第×××条　当主持人宣布提案讨论时，主持人应先宣布由全体参会人员自由讨论五分钟，经过自由讨论后，任一方发言时应先征询主持人的批准；主持人无权剥夺的股东发言，但主持人应依据发言要求的先后顺序批准发言人发言，且发言人违反本章程规定时主持人有权结束发言人的发言。在所有参会股东发言结束之前，主持人无权宣布结束会议，除非经代表过半数表决权的股东同意结束会议。

每一股东就同一议题的发言不得超过10分钟,且发言不应超过3次,除非现场参会股东全体一致同意延长某位股东或其代表人的发言。

(4)股东会会议表决与会议记录。

股东会会议中的表决事项涉及股东权利的行使及股东意见的表达。针对表决的规则事项,公司章程应作出明确详细的规定。

会议主持人在股东会会议对提案讨论发言接近尾声时,应询问是否还有人要发言。当股东就提案讨论结束后,主持人应将提案提交股东会表决。当然主持人也可以建议提案进行讨论后的分别表决,以避免股东讨论后忘记或错过相应的观点或议题。

股东会会议的表决应首先注意表决主体的资格审定,瑕疵出资的股东是否应限制表决权,是否有应回避而没有回避的股东等。

公司章程应明确表决方式,例如采用现场举手表决、起立表决、书面表决、投票表决、电子网络表决等方式。

在股东会会议对议案表决的过程中,存在股东因种种因素"中途退席"且并未授权他人行使表决权的情形,或股东有表决权但弃权的表决,使股东会会议议程骤停或使各方辛苦准备组织的股东会会议失败。在法律没有明确规定类似情形的情况下,公司章程有必要对会议议程中突然出现的"离开""不表决"等事项进行规定。投票表决的监票方式、表决结果的公布以及最后的会议记录都应有明确的章程规定。

会议记录是会议的重要环节,因为股东会会议记录是公司法明确规定的股东知情权的对象,也是股东会决议有效、无效、被撤销或不成立的重要证据。如果没有记录好或保管好股东会会议记录,相关责任人应依据公司法以及公司法司法解释的规定承担责任。

股东会表决与会议记录的章程条款参考示例

第×××条　股东会审议有关关联交易事项时,关联股东不应当参与投票表决,其所代表的有表决权的股权数不计入表决权总数。

关联股东的回避和表决程序为:

（一）关联股东应当在股东会召开10日前向董事会披露其与关联交易方的关联关系。

（二）股东会在审议有关关联交易事项时，会议主持人宣布有关联关系的股东，并解释和说明关联股东与关联交易各方的关联关系。

（三）关联股东可以参加审议涉及自己的关联交易，并可就该关联交易是否公平、合法及产生的原因等向股东会作出解释和说明，但该股东无权就该事项参与表决；股东会进行表决前，会议主持人应当向与会股东宣告关联股东不参与投票表决。

（四）股东会对关联交易事项作出的决议必须经股东会中非关联股东所持表决权的过半数通过方为有效。但是，该关联交易事项涉及本章程规定的特别决议事项时，股东会决议必须经股东会中非关联股东所持表决权的2/3以上通过方为有效。

第×××条　股东会对提案进行表决前，应当推举两名由股东或律师或监事组成的代表参加计票和监票。审议事项与股东有关联关系的，相关股东及代理人不得参加计票、监票。

股东会对提案进行表决时，应当场公布表决结果，决议的表决结果载入会议记录。

通过网络或其他方式投票的公司股东或其代理人，有权通过相应的投票系统查验自己的投票结果。

第×××条　股东会的表决方式采用投票表决，投票（表决）结果由董事会负责存档。

第×××条　股东会采取记名方式投票表决。同一表决权只能选择现场、网络表决方式中的一种，同一表决权出现重复表决的以第一次投票结果为准。

第×××条　每一审议事项的表决投票，应当至少有两名股东代表和一名监事参加清点，并由清点人代表当场公布表决结果。

第×××条　公司股东会会议作出有关公司普通事项的决议，应当经代表过半数表决权的股东通过；股东会会议作出修改公司章程、增加或者减少注册资本的决议，以及公司合并、分立、解散或者变更公司形式的决议，应当经代表

2/3 以上表决权的股东通过。

第×××条 在正式公布表决结果前,股东会现场、网络及其他表决方式中所涉及的公司、计票人、监票人、主要股东、网络服务方等相关各方对表决情况均负有保密义务。

第×××条 股东会决议应当及时告知股东,告知股东的通知中应列明出席会议的股东和代理人人数、所持有表决权的股权总数及占公司有表决权股权总数的比例、表决方式、每项提案的表决结果和通过的各项决议的详细内容。有关提案未获通过,应在通知中作特别提示。

第×××条 在股东会就相关议题表决时,股东没有出席会议也没有委托代理人出席、股东中途离场的或出席会议不参加表决的,视为弃权。股东在会议表决时明确选择弃权选项的,为弃权。弃权票不计入计算投票比例的分母基数。

第×××条 在股东会就相关议题进行表决时,如股东没有明确表示同意或反对的,视为同意(视为反对或弃权)。

第×××条 收到会议通知后,如果不发表反对意见的股东则视为赞成甲股东在股东会会议上的意见。

第×××条 召开股东会会议应坚持从简节约的原则,不得给予出席会议的股东额外的经济利益。

第×××条 股东会会议应有会议记录,由主持人指定专人负责记录,应至少有两人负责一起核对记录。会议记录应记载以下内容:

(一)会议时间、地点、议程和召集人姓名或名称;

(二)会议主持人以及出席或列席会议的董事、监事、经理和其他高级管理人员姓名;

(三)出席会议的股东和代理人人数、所持有表决权的总数及占公司股权总数的比例;

(四)对每一提案的审议经过、发言要点和表决结果;

(五)股东的质询意见或建议以及相应的答复或说明;

(六)律师及计票人、监票人、股东会会议记录人姓名;

(七)本章程规定应当载入会议记录的其他内容。

第×××条　股东会会议可以采用电子通信方式召开会议和书面传签相结合的方式形成决议，即当股东会会议时，可通过电话会议或视频会议等电子通信方式召开；在会议讨论并形成决议意见后，与会股东应进一步通过电子邮件等电子通信方式对会议内容和表决事项进行书面确认，形成决议。当电子通信方式召开会议和书面传签不一致时，以电子通信方式召开会议的录音、录像所记载的内容为准。

第×××条　本章程规定所称"以上""以下""以内""届满"的，包括本数；所称"不满""超过""以外"的，不包括本数。

（5）对股东的处罚措施。

公司章程是公司自治的载体，既赋予股东权利，亦使股东承担义务，是股东在公司的行为准则，股东必须遵守公司章程。我国公司法并未明文规定公司章程可以对股东作出处罚，但作为对股东有约束力的公司章程来说，在公司章程中制定对股东的处罚措施也是股东权利与义务对等的表现。

【参考案例】　在南京安盛财务顾问有限公司诉祝某股东会决议罚款纠纷案中，法院对南京安盛财务顾问有限公司处罚祝某的股东会决议作出了如下的释明：公司章程关于股东会对股东处以罚款的规定，系公司全体股东所预设的对违反公司章程股东的一种制裁措施，符合公司的整体利益，体现了有限公司的人合性特征，不违反公司法的禁止性规定，应合法有效。但公司章程在赋予股东会对股东处以罚款职权时，应明确规定罚款的标准、幅度，股东会在没有明确标准、幅度的情况下处罚股东，属法定依据不足，相应决议无效。[①]

从以上参考案例中法院的释明来看，法院没有否定公司章程对股东处罚的章程规定的效力，但认为该章程的规定因没有明确处罚标准而没有被法院支持。依据以上实践案例并结合公司自身的实际情况，公司可以在章程中制定具体针对股东的处罚条款，以提升公司治理的效率，维护股东和公司的整体利益。

---

①　参见南京安盛财务顾问有限公司诉祝某股东会决议罚款纠纷案，载《最高人民法院公报》2012年第10期。

股东处罚措施的章程条款参考示例

第×××条 公司股东承担以下义务:

(一)遵守公司章程;

(二)按约缴纳出资,并依其出资额为限承担公司的亏损及债务;

(三)服从、执行股东会会议所通过的决议;

(四)维护公司利益,反对和抵制有损公司利益的行为;

(五)在公司办理正式登记注册后,不得抽逃出资;

(六)股东应当足额缴纳本章程中规定的各自所认缴的出资额。未按规定缴纳或未足额缴纳其所应认缴出资额的股东,应当向足额缴纳出资额的股东承担违约责任;

(七)积极支持公司改善经营管理,促进公司业务发展;

(八)有关法律、法规以及本章程所规定的其他业务。

凡股东不遵守以上义务者,除股东应承担法定责任外,公司股东还应依据以上条款接受公司处罚。

第×××条 公司股东有下列情形的,可给予一定的经济处罚,具体标准和幅度如下:

(一)在公司已尽了通知义务之下,非不可抗力因素不参加股东会年会的(有书面委托公司其他股东参加除外),第一次罚款××××元;累计不参加年会达2次以上的,罚款××××元;累计未参会达3次以上的,除罚款××××元外,扣发当年股东分红的××%;累计未参会达4次以上的,除罚款××××元外,还要扣发当年股东分红的××%;累计不参加年会达5次以上的,除罚款××××元外,还要扣发当年股东分红的××%;

(二)在股东会上有不合理的过激言语或行为,经参会股东过半数认定是由于该过激言语或行为过错而造成股东会无法正常召开的,除每次罚款××××元外,还要追究造成损失××%—××%的经济赔偿责任;

(三)对于公司正当、合法的决议不履行相关义务给公司造成经济损失的,除每次罚款××××元外,还要追究造成损失××%—××%的经济赔偿责任。

以上罚款由本人缴交或由公司从股东分红中扣除。

（注：以上条款中的数额可由全体股东协商一致后酌定）

4. 股份有限公司股东会议事规则章程条款参考示例

股份有限公司股东会议事规则

第×××章　总则

第×××条　公司应当按照法律、行政法规、公司章程和本规则的规定召开股东会，保证股东能够依法行使权利。公司董事会应当切实履行职责，认真、按时组织股东会。公司全体董事应当勤勉尽责，确保股东大会正常召开和依法行使职权。

第×××条　股东会应当在公司法和公司章程规定的范围内行使职权。

第×××条　股东会分为年度股东会和临时股东会。年度股东会每年召开一次，并应于上一个会计年度完结之后的6个月之内举行。

第×××条　发生下列所述情形之一的，公司在事实发生之日起2个月以内召开临时股东会：

（一）董事人数不足公司法规定的法定最低人数，或者少于公司章程所定人数的2/3时；

（二）公司未弥补的亏损达实收股本总额的1/3时；

（三）单独或者合计持有公司10%以上股份的股东书面请求时；

（四）董事会认为必要时；

（五）监事会提议召开时；

（六）法律、行政法规、部门规章或公司章程规定的其他情形。

第×××条　本公司召开股东会，应当聘请律师对以下问题出具法律意见：

（一）会议的召集、召开程序是否符合法律、行政法规、公司章程和本规则的规定；

（二）出席会议人员的资格、召集人资格是否合法有效；

（三）会议的表决程序、表决结果是否合法有效；

（四）应公司要求对其他有关问题出具的法律意见。

第×××章 股东会的召集

第×××条 独立董事有权向董事会提议召开临时股东会。对独立董事要求召开临时股东会的提议,董事会应当在收到提议后10日内提出同意或不同意召开临时股东会的书面反馈意见。董事会同意召开临时股东会的,应当在做出董事会决议后的5日内发出召开股东会的通知;董事会不同意召开临时股东会的,应当说明理由并公告。

第×××条 监事会有权向董事会提议召开临时股东会,并应当以书面形式向董事会提出。董事会应当在收到提案后10日内提出同意或不同意召开临时股东会的书面反馈意见。董事会同意召开临时股东会的,应当在做出董事会决议后的5日内发出召开股东会的通知,通知中对原提案的变更,应当征得监事会的同意。董事会不同意召开临时股东会,或者在收到提案后10日内未作出书面反馈的,视为董事会不能履行或者不履行召集股东会会议职责,监事会可以自行召集和主持。

第×××条 单独或者合计持有公司10%以上股份的股东有权向董事会请求召开临时股东会,并应当以书面形式向董事会提出。董事会应当在收到请求后10日内提出同意或不同意召开临时股东会的书面反馈意见。

董事会同意召开临时股东会的,应当在做出董事会决议后的5日内发出召开股东会的通知,通知中对原提案的变更,应当征得提出该提案的股东的同意。董事会不同意召开临时股东会,或者在收到请求后10日内未做出反馈的,单独或者合计持有公司10%以上股份的股东有权向监事会提议召开临时股东会,并应当以书面形式向监事会提出请求。

监事会同意召开临时股东会的,应在收到请求后5日内发出召开股东会的通知,通知中对原提案的变更,应当征得提出该提案的股东的同意。

监事会未在规定期限内发出股东会通知的,视为监事会不召集和主持股东会,连续90日以上单独或者合计持有公司10%以上股份的股东可以自行召集和主持。

第×××条 监事会或股东决定自行召集股东会的,应当书面通知董事会。在股东会决议公告前,召集会议股东持股比例不得低于10%。

第×××条 对于监事会或股东自行召集的股东会,董事会和董事会秘书应予配合。董事会应当提供股权登记日的股东名册。召集人所获取的股东名册不得用于除召开股东会以外的其他用途。

第×××条　监事会或股东按照本规则的规定自行召集的股东会，会议所需的费用由公司承担。公司承担后有权从失职董事的薪酬中扣除。

第×××章　股东会的提案与通知

第×××条　提案的内容应当属于股东会职权范围，有明确议题和具体决议事项，并且符合法律、行政法规、公司章程和监管机构的有关规定。

第×××条　公司召开股东会，董事会、监事会以及单独或者合并持有公司1%以上股份的股东，有权向公司提出提案。单独或者合计持有公司1%以上股份的股东，可以在股东会召开10日前提出临时提案并书面提交召集人。召集人应当在收到提案后2日内发出股东会补充通知，公告临时提案的内容。除前款规定的情形外，召集人在发出股东会通知公告后，不得修改股东会通知中已列明的提案或增加新的提案。股东会通知中未列明或不符合本规则规定的提案，股东会不得进行表决并做出决议。

第×××条　公司召开股东会，应当于会议召开30日前发出书面通知，将会议拟审议事项及开会的日期和地点告知所有股东名册中的股东。拟出席股东会的股东，应当于会议召开15日前，将出席会议的书面回复送达公司。计算前述通知期，不包括会议召开当日。

第×××条　股东会会议通知应当以书面形式作出，并包括以下内容：

（一）会议的时间、地点和会议期限；

（二）提交会议审议的事项和议题；

（三）如有审理事项和提案的相关资料，将会向股东提供以便其作明智的判断；

（四）如任何董事、监事、总经理和其他高级管理人员与将讨论的事项有重要利害关系，应当披露其利害关系的性质和程度；

（五）载有任何拟在会议上提议通过的特别决议的全文；

（六）载明会议投票代理委托书的送达时间和地点；

（七）以明显的文字说明：股权登记日登记在册的全体股东均有权出席股东会，并可以书面委托代理人出席会议和参加表决，该股东代理人不必是公司的股东；

(八)有权出席股东会会议的股东的股权登记日；

(九)会务常设联系人姓名,电话号码；

(十)法律、行政法规、公司章程和监管机构的有关规定。公司股东会采用网络方式的,应当在股东大会通知中明确载明网络方式的表决时间、表决程序以及股东身份确认方式。

第×××条 除非另有规定,股东会通知可以由公司派人递交或通过预付邮件寄送给股东。递送的地址是该股东在股东名册或托收登记簿上的地址。当通知或文件是通过邮局递发时,在信封邮戳标明的送达时间24小时后,视为已经送达。在证明通知或文件已被送达时,只需证明邮件信封已被适当地址标明了地址,付足邮资及已被递送即可。

第×××条 股东会通知和补充通知中应当充分、完整披露所有提案的具体内容,以及为使股东对拟讨论的事项做出合理判断所需的全部资料或解释。拟讨论的事项需要独立董事发表意见的,发出股东会通知或补充通知时应当同时披露独立董事的意见和理由。

第×××条 发出召开股东会的通知后,无正当理由,股东会不得延期或取消,股东会通知中列明的提案不得取消。一旦出现延期或取消的情形,召集人应在原定股东大会召开日前至少2个工作日公告并说明原因。

第×××章 股东会的召开

第×××条 公司召开股东会会议的地点为:股东会会议通知中确定的地点。股东会会议将设置会场,以现场会议形式召开。公司还将按照法律、行政法规、公司章程和监管机构的规定,在技术可行的情况下,采用安全、经济、便捷的网络方式为股东参加股东会提供便利。股东通过网络方式参加股东会会议的,视为出席。

第×××条 董事会和其他召集人应当采取必要措施,保证股东会会议的正常秩序。对于干扰股东会会议、寻衅滋事和侵犯股东合法权益的行为,应当采取措施加以制止并及时报告有关部门查处。

第×××条 记载于股东名册上的所有股东或其代理人,均有权出席股东会会议,并依照有关法律法规、公司章程、监管机构的规定及本规则行使表决权,公司和召集人不得以任何理由拒绝。

第×××条　股东可以亲自出席股东会会议并行使表决权,也可以委托代理人代为出席和在授权范围内行使表决权。

第×××条　任何有权出席股东会会议并有权表决的股东,有权委任至多两人(该人可以不是股东)作为其股东代理人,代为出席和表决。该股东代理人依照该股东的委托,可以行使下列权利:

(一)该股东在股东会会议上的发言权;

(二)自行或者与他人共同要求以投票方式表决;

(三)以举手或者投票方式行使表决权,但是委任的股东代理人超过一人时,该等股东代理人只能以投票方式行使表决权。股东应当以书面形式委托代理人,由委托人签署或者由其以书面形式委托的代理人签署;委托人为法人的,应当加盖法人印章或者由其董事或者正式委任的代理人签署。

第×××条　个人股东亲自出席股东会会议的,应出示本人身份证或其他能够表明其身份的有效证件或证明;委托代理他人出席会议的,应出示本人有效身份证件、股东授权委托书。法人股东应由法定代表人或者法定代表人委托的代理人出席会议。法定代表人出席股东会会议的,应出示本人身份证、能证明其具有法定代表人资格的有效证明;委托代理人出席会议的,代理人应出示本人身份证、法人股东单位的法定代表人依法出具的书面授权委托书。

第×××条　股东出具的委托他人出席股东会会议的授权委托书应当载明下列内容:

(一)代理人的姓名;

(二)是否具有表决权;

(三)分别对列入股东会会议议程的每一审议事项投赞成、反对或弃权票的指示;

(四)委托书签发日期和有效期限;

(五)委托人签名(或盖章)。委托人为法人股东的,应加盖法人单位印章。委托书应当注明如果股东不作具体指示,股东代理人是否可以按自己的意思表决。

第×××条　表决代理委托书至少应当在该委托书委托表决的有关会议

召开前24小时,或者在指定表决时间前24小时内,备置于公司住所或者召集会议的通知中指定的其他地方。代理投票授权委托书由委托人授权他人签署的,授权签署的授权书或者其他授权文件应当经过公证。经公证的授权书或者其他授权文件,和投票代理委托书均需备置于公司住所或者召集会议的通知中指定的其他地方。委托人为法人的,由其法定代表人或者董事会、其他决策机构决议授权的人作为代表出席公司的股东会。

第×××条 任何由公司董事会发给股东用于任命股东代理人的委托书的格式,应当让股东自由选择指示股东代理人投赞成票或者反对票,并就会议每项议题所要作出表决的事项分别作出指示。委托书应当注明如果股东不作指示,股东代理人可以按自己的意思表决,表决结果由委托股东承担。

第×××条 出席会议人员的会议登记册由公司负责制作。会议登记册载明参加会议人员姓名(或单位名称)、身份证号码、住所地址、持有或者代表有表决权的股份数额、被代理人姓名(或单位名称)等事项。

第×××条 召集人和公司聘请的律师将依据股东名册共同对股东资格的合法性进行验证,并登记股东姓名(或单位名称)及其所持有表决权的股份数。

第×××条 股东会召开时,公司全体董事、监事和董事会秘书应当出席会议,总经理和其他高级管理人员应当列席会议。

第×××条 股东会由董事长主持。董事长不能履行职务或不履行职务时,由副董事长(公司有两位或两位以上副董事长的,由姓氏笔画最少的副董事长)主持,副董事长不能履行职务或者不履行职务时,由过半数的董事共同推举一名董事主持。

监事会自行召集的股东会,由监事会主席主持。监事会主席不能履行职务或不履行职务时,由监事会副主席主持,监事会副主席不能履行职务或者不履行职务时,由过半数的监事共同推举的一名监事召集和主持。

股东自行召集的股东会,由召集人推举代表主持。召开股东会时,会议主持人违反本规则使股东会无法继续进行的,经现场出席股东会有表决权过半数的股东同意,股东会可推举一人担任会议主持人,继续开会。

第×××条 在股东会年度会议上,董事会、监事会应当就其过去一年的工作向股东会作出报告,每位独立董事也应作出述职报告。

第×××条 除涉及公司商业秘密不能在股东会会议上公开外，董事、监事、高级管理人员在股东会会议上就股东的质询和建议作出解释和说明。

第×××章 股东会的表决与决议

第×××条 会议主持人应当在表决前宣布现场出席会议的股东和代理人人数及所持有表决权的股份总数，现场出席会议的股东和代理人人数及所持有表决权的股份总数以会议登记为准。

第×××条 股东（包括股东代理人）以其所代表的有表决权的股份数额行使表决权，除公司章程另有规定外，每一股份享有一票表决权。股东会审议影响中小投资者利益的重大事项时，在技术可行的情况下，对中小投资者的表决应当单独计票。单独计票结果应当及时公开披露。公司持有的本公司股份没有表决权，且该部分股份不计入出席股东会有表决权的股份总数。在遵守法律、行政法规、部门规章、监管部门规定和本章程前提下，公司董事会、独立董事和符合相关规定条件的股东可以公开征集股东投票权。征集股东投票权应当向被征集人充分披露具体投票意向等信息。禁止以有偿或者变相有偿的方式征集股东投票权。公司不得对征集投票权设定最低持股比例限制。

第×××条 股东会审议有关关联交易事项时，关联股东不应当参与投票表决，其所代表的有表决权的股份数不计入有效表决股份总数；股东会决议的公告应当充分披露非关联股东的表决情况。与该关联事项有关联关系的股东（包括股东代理人）可以出席股东会，并可以依照会议程序向到会股东阐明其观点，但在投票表决时必须回避。

第×××条 除会议主席以诚实信用原则作出决定，容许纯粹有关程序或行政事宜的决议案以举手方式表决外，股东会上，股东所做的任何表决必须以书面投票方式进行。

第×××条 当以举手方式表决，会议主席根据举手表决的结果，宣布提议通过情况，并将此记载在会议记录中，作为最终的依据，无须证明该会议通过的决议中支持或者反对的票数或者其比例。

第×××条 当以投票方式表决的事项是选举主席或者中止会议，则应当立即进行投票表决；其他以投票方式表决的事项，由主席决定何时举行投票，会议可以继续进行，讨论其他事项，投票结果仍被视为在该会议上作出的有效力的结果。

第×××条 董事、监事的选举应符合以下规定:

(一)董事、监事候选人名单以提案的方式提请股东会表决。

(二)单独或者合计持有公司1%以上股份的股东,可以向股东会提名董事候选人以及由股东会选举的监事候选人;职工代表监事由职工代表大会选举产生。

(三)董事会应在股东会召开前以公告方式披露董事和监事候选人的详细资料。

(四)独立董事的提名人在提名前应当征得被提名人的同意。提名人应当充分了解被提名人职业、学历、职称、详细的工作经历、全部兼职等情况,并对其担任独立董事的资格和独立性发表意见,被提名担任独立董事候选人的人士应当就其本人与公司之间不存在任何影响其独立客观判断的关系发表公开声明。在选举独立董事的股东会会议召开前,公司董事会应当公布前述与独立董事候选人有关的内容。

(五)股东会进行董事、监事选举议案的表决时,根据公司章程的规定或股东会的决议,可以实行累积投票制。当控股股东持有公司股份达到30%以上,且股东会就选举两名以上董事、监事(非职工代表监事)进行表决时,应当实行累积投票制。累积投票制是指股东会选举董事或者监事时,每一股份拥有与应选董事或者监事人数相同的表决权,股东拥有的表决权可以集中使用。

(六)股东会通过有关董事、监事选举提案的,除非股东会另有决议,新任董事、监事从股东会决议通过之日起就任。

第×××条 采取累积投票制时,每一股东持有的表决票数等于该股东所持股份数额乘以应选董事、监事人数。股东可以将其总票数集中投给一个或者分别投给几个董事、监事候选人。每一候选董事、监事单独计票,以得票多者当选。选举董事并实行累积投票制时,独立董事和其他董事分别进行选举,以保证公司董事会中独立董事的比例。按照董事候选人、监事候选人所得票数高低排序确定当选人。

第×××条 实行累积投票制时,会议主持人应当于表决前向到会的股东和股东代表宣布对董事、监事的选举实行累积投票,并告之累积投票时表决票数的计算方法和选举规则。

第×××条　董事会、监事会应当根据股东会会议议程，事先准备专门的累积投票的选票。该选票除与其他选票相同部分外，还应当明确标明是董事、监事选举累积投票选票的字样，并应当标明下列事项：

（一）会议名称；

（二）董事、监事候选人姓名；

（三）股东姓名；

（四）代理人姓名；

（五）所持股份数；

（六）累积投票时的表决票数；

（七）投票时间。

第×××条　除累积投票制外，股东会对所有提案应当逐项表决。对同一事项有不同提案的，应当按提案提出的时间顺序进行表决。除因不可抗力等特殊情况使股东会会议中止或不能作出决议外，股东会不得对提案进行搁置或不予表决。

第×××条　股东会审议提案时，不得对提案进行修改，否则，有关变更应当被视为一个新的提案，不得在当次股东会会议上进行表决。

第×××条　除非本章程另有规定，股东会会议采取记名方式投票表决。

第×××条　同一表决权只能选择现场或网络表决方式中的一种。同一表决权出现重复表决的以第一次投票结果为准。

第×××条　出席股东会会议的股东，应当对提交表决的提案发表以下意见之一：同意、反对或弃权。未填、错填、字迹无法辨认的表决票、未投的表决票均视为投票人放弃表决权利，其所持股份数的表决结果应计为弃权，以监票人现场判断为准。

第×××条　股东会决议分为普通决议和特别决议。股东会作出普通决议，应当经出席会议的股东（包括股东代理人）所持表决权过半数通过。股东会作出特别决议，应当经出席会议的股东（包括股东代理人）所持表决权的2/3以上通过。

第×××条　下列事项由股东会以普通决议通过:

(一)董事会和监事会的工作报告;

(二)董事会拟定的利润分配方案和弥补亏损方案;

(三)董事会和监事会成员的任免及其报酬和支付方法;

(四)公司年度预算方案、决算方案、资产负债表、利润表及其他财务报表;

(五)公司年度报告;

(六)聘请或更换为公司审计的会计师事务所;

(七)除法律、行政法规、公司章程和监管机构规定的应当以特别决议通过以外的其他事项。

第×××条　下列事项由股东会以特别决议通过:

(一)公司增加或者减少注册资本和发行任何种类股票、认股证和其他类似证券;

(二)发行公司债券;

(三)公司的分立、合并、解散、清算或变更公司形式;

(四)公司章程的修改;

(五)公司在一年内购买、出售重大资产或者担保金额超过公司最近一期经审计总资产30%的;

(六)回购公司股份;

(七)股权激励计划;

(八)利润分配政策的调整;

(九)法律、行政法规、公司章程和监管机构规定以及股东会以普通决议认定会对公司产生重大影响的、需要以特别决议通过的其他事项。

第×××条　股东会对提案进行表决前,应当推举两名股东代表参加计票和监票。审议事项与股东有利害关系的,相关股东及代理人不得参加计票、监票。股东会对提案进行表决时,应当由律师、股东代表、监事代表或上市股份股票登记机构中的一方或多方,根据监管机构的规定,共同负责计票、监票,并当场公布表决结果,决议的表决结果载入会议记录。通过网络方式投票的公司股东或其代理人,有权通过相应的投票系统查验自己的投票结果。

第×××条　股东会会议现场结束时间不得早于网络方式的时间,会议主持人应当宣布每一提案的表决情况和结果，并根据表决结果宣布提案是否通过。在正式公布表决结果前，股东会会议现场和网络表决方式中所涉及的公司、计票人、监票人、主要股东、网络服务方等相关各方对表决情况均负有保密义务。

第×××条　股东会决议应当按有关法律、法规、部门规章、规范性文件、监督管理机构规定或公司章程规定及时公告，公告中应列明出席会议的股东和代理人人数、所持有表决权的股份总数及占公司有表决权股份总数的比例、表决方式、每项提案的表决结果和通过的各项决议的详细内容。提案未获通过，或者本次股东会变更前次股东会决议的，应当在股东会决议公告中作特别提示。

第×××条　股东会会议应有会议记录，由董事会秘书负责。会议记录记载以下内容：

（一）会议时间、地点、议程和召集人姓名或名称；

（二）会议主持人以及出席或列席会议的董事、监事、总经理、董事会秘书和其他高级管理人员姓名；

（三）出席会议的股东和代理人人数、所持有表决权的股份总数及占公司股份总数的比例；

（四）对每一提案的审议经过、发言要点和表决结果；

（五）股东的质询意见或建议以及相应的答复或说明；

（六）律师及计票人、监票人姓名；

（七）《公司章程》及本规则规定应当载入会议记录的其他内容。

召集人应当保证会议记录内容真实、准确和完整。出席会议的董事、监事、董事会秘书、召集人或其代表、会议主持人应当在会议记录上签名。会议记录应当与现场出席股东的会议登记册及代理出席的委托书、网络方式表决情况的有效资料一并保存，保存期限不少于10年。

第×××条　召集人应当保证股东会连续举行，直至形成最终决议。因不可抗力等特殊原因导致股东会会议中止或不能作出决议的，应采取必要措施尽快恢复召开股东会或直接终止本次股东会会议，并及时公告。如依规依法应报告时，召集人应向公司所在地行政监管机构报告。

第×××条　股东会通过有关派现、送股或资本公积转增股本提案的,公司将在股东会结束后2个月内实施具体方案。

第×××条　公司股东会决议内容违反法律、行政法规的,股东有权请求人民法院认定无效。公司控股股东、实际控制人不得限制或者阻挠中小投资者依法行使投票权,不得损害公司和中小投资者的合法权益。股东会、董事会的会议召集程序、表决方式违反法律、行政法规或者公司章程,或者决议内容违反公司章程的,股东有权自决议作出之日起60日内,请求人民法院撤销。

未被通知参加股东会会议的股东自知道或者应当知道股东会决议作出之日起60日内,可以请求人民法院撤销;自决议作出之日起一年内没有行使撤销权的,撤销权消灭。

第×××条　股东会会议召开后,公司应当根据法律、行政法规、公司章程和监管机构的规定进行信息披露。

第×××条　股东会形成的决议,由董事会负责执行,并按决议的内容交由公司总经理组织有关人员具体实施承办;股东会决议要求监事会办理的事项,直接由监事会组织实施。

第×××章　类别股东表决的特别程序

第×××条　持有不同种类股份的股东,为类别股东。类别股东依据法律、行政法规、公司章程和监管机构的规定,享有权利和承担义务。

第×××条　除其他类别股份的股东外,内资股的股东和境外上市外资股的股东视为不同类别股东。

第×××条　公司拟变更或者废除类别股东的权利,应当经股东会以特别决议通过和经受影响的类别股东在按本规则相关规定分别召集的股东会上通过,方可进行。

第×××条　下列情形应当视为变更或者废除某类别股东的权利:

(一)增加或者减少该类别股份的数目,或者增加或减少与该类别股份享有同等或者更多的表决权、分配权、其他特权的类别股份的数目;

(二)将该类别股份的全部或者部分换作其他类别,或者将另一类别的股份的全部或者部分换作该类别股份或者授予该等转换权;

(三)取消或者减少该类别股份所具有的、取得已产生的股利或者累积股利的权利；

（四）减少或者取消该类别股份所具有的优先取得股利或者在公司清算中优先取得财产分配的权利；

（五）增加、取消或者减少该类别股份所具有的转换股份权、选择权、表决权、转让权、优先配售权、取得公司证券的权利；

（六）取消或者减少该类别股份所具有的，以特定货币收取公司应付款项的权利；

（七）设立与该类别股份享有同等或者更多表决权、分配权或者其他特权的新类别；

（八）对该类别股份的转让或所有权加以限制或者增加该等限制；

（九）发行该类别或者另一类别的股份认购权或者转换股份的权利；

（十）增加其他类别股份的权利和特权；

（十一）公司改组方案会构成不同类别股东在改组中不按比例地承担责任；

（十二）修改或者废除本节所规定的条款。

第×××条 受影响的类别股东，无论原来在股东会上是否有表决权，在涉及本规则规定的特定事项时，在类别股股东会议上具有表决权，但有利害关系的股东在类别股东会上没有表决权。前款所述有利害关系股东的含义如下：

（一）在公司按公司章程的规定向全体股东按照相同比例发出购回要约或者在证券交易所通过公开交易方式购回自己股份的情况下，“有利害关系的股东”是指公司章程相关条款定义的控股股东；

（二）在公司按照公司章程的规定在证券交易所外以协议方式购回自己股份的情况下，“有利害关系的股东”是指与该协议有关的股东；

（三）在公司改组方案中，“有利害关系的股东”是指以低于本类别其他股东的比例承担责任的股东或者与该类别中的其他股东拥有不同利益的股东。

第×××条 类别股东会的决议，应当经根据本规则规定由出席类别股股东会有表决权的2/3以上的股权表决通过，方可作出。

第×××条 公司召开类别股东会，应当于会议召开30日前发出书面通知,将会议拟审议事项以及开会日期和地点告知所有该类别股份的在册股东。拟出席会议的股东,应当于会议召开15日前,将出席会议的书面回复送达公司。拟出席会议的股东所代表的在该会议上有表决权的股份数,达到在该会议上有表决权的该类别股份总数1/2以上的,公司可以召开类别股股东会议;达不到的,公司应当在5日内将会议拟审议事项、开会日期和地点以公告形式再次通知股东,经公告通知,公司可以召开类别股股东会议。

第×××条　类别股股东会议的通知只需送给有权在该会议上表决的股东。除公司章程另有规定以外,类别股股东会议应当以与股东会尽可能相同的程序举行,公司章程中有关股东会举行程序的条款适用于类别股股东会议。

第×××条　本章程规定所称"以上""以下""以内""届满"的,包括本数;所称"不满""超过""以外"的,不包括本数。

(二)董事会议事规则的章程设计

董事会议事规则,是指董事会会议必须遵守的一系列程序性规定,是董事会规范运作、董事会决议尽量避免瑕疵的程序性保障。公司应在公司章程中规定规范的董事会议事规则,确保董事会高效运作和科学决策。如果股东要管控公司,则公司董事会是控制公司的必争之地。《公司法》(2023年修订)对董事会的职权依然作了法定列举性规定,并明确规定通过公司章程或者股东会授予,董事会可以有其他职权,因此,公司章程应对公司董事会的职权进行特别设计,并制定个性化的公司董事会议事规则保证管控股东在控制公司上的主动权。

1. 董事会的召集和主持主体

董事会会议起始于召集和主持。董事会会议的召集和主持权,是指法律规定的特定主体依据法律规定或约定的权利及程序召集董事会会议的权利。《公司法》(2023年修订)第72条和第122条都明确规定了董事会会议的首要召集权人和主持权人是董事长;其次是副董事长,最后是过半数的董事共同推举一名董事召集和主持。由法律规定的顺位可以看出,只有在前一顺位的召集和主持主体不能履行职务或不履行职务时,次一顺位的主体才有权召集和主持。现实中有的召集及主持主体可能因某种利害关系有意不履行或怠于履行义务，针对董事会召集主体不能履行职务或不履行职务的情况，公司法并没有明确规定，建议公司章程对董事会召集及主持主体不能履行职责、怠于履行职责或不履行职责的情况作出规定，从而使公司董事会顺利进行。

【参考案例】　在长春市朝阳市政工程建设股份有限公司（以下简称朝阳市政公司）与王某娟、原审第三人张某、田某、潘某、徐某坤公司决议纠纷案中，法院释明，董事会是由股东会或股东大会选举产生的必设和常设的集体业务执行机关与经营意思决定机关，董事会应当依据法律和公司章程规定履行职务。经二审法院询问，朝阳市政公司确认2020年12月15日董事会会议为临时会议。依据朝阳市政公司章程第52条和第56条的规定，代表1/10以上表决权的股东、1/3以上的董事或者监事会，可以提议召开董事会临时会议；董事会会议由董事长召集和主持。只有在出现章程第57条“董事长不能履行职务或者不履行职务”之情形时，半数以上董事才能共同推举一名董事履行职务。由此可见，董事长召集并主持董事会会议是常态。当出现董事长因自身情况无法召集、主持会议或提议未获准许的情况下，才存在半数董事推举一名董事履行职务的可能。因朝阳市政公司未提交董事长王某娟已不能履行职务或不履行职务的相关证据，由董事张某直接召集2020年12月15日董事会会议，明显违反了公司章程的规定，原审法院据此撤销前述董事会决议，依据充分。①

董事会召集和主持主体的章程条款参考示例

第×××条　董事会会议由董事长召集和主持；董事长不能履行职务或者不履行职务的，由副董事长召集和主持；副董事长不能履行职务或者不履行职务的，由过半数的董事共同推举一名董事召集和主持。应召集和主持主体在董事会应召开会议的7天前或提议召开董事会7天后没有召集的，视为不能履行职务或者不履行职务，依法应由法定下一顺位主体召集和主持董事会会议。

第×××条　董事会由董事长召集和主持，董事长因故不能主持时，由董

① 参见吉林省长春市中级人民法院民事判决书，（2021）吉01民终3186号。

事长指定其他董事主持。董事会会议,应由董事本人出席,董事因故不能出席,可以书面委托其他董事代为出席董事会,委托书中应载明授权范围。董事会应当就会议所议事项的决定制成会议记录,出席会议的董事和记录员在会议记录上签名。董事会会议应由过半数的董事出席方可举行;董事会作出决议,应当经全体董事的过半数通过。

第×××条 当没有主体召集和主持董事会时,股东会应及时解聘原有董事会成员并选举新的董事会成员。

第×××条 无论任何原因,当推选或指定董事的股东失去股东资格后,其所推选或指定的董事不得再行使董事权利,应由新的股东及时指定或推选新的董事,但法律法规另有规定的除外。

2. 董事会所议事项的提案主体

董事会开会时,应有具体的所议事项,但董事会会议召开时谁有权提出这个所议的事项,公司法中并没有规定。我们知道,并不是任何主体都可以向董事会提出所议事项,类似的提交董事会表决的事项应当属于董事会的职权范围,然后由董事会提交董事会会议进行表决。依据《公司法》(2023 年修订)规定并结合董事会权限,董事会是公司的决策、监督和执行机构,行使公司法和公司章程规定职权。《公司法》(2023 年修订)对董事会职权进行了列举性规定,职权为:(1)召集股东会会议,并向股东会报告工作;(2)执行股东会的决议;(3)决定公司的经营计划和投资方案;(4)制订公司的利润分配方案和弥补亏损方案;(5)制订公司增加或者减少注册资本以及发行公司债券的方案;(6)制订公司合并、分立、解散或者变更公司形式的方案;(7)决定公司内部管理机构的设置;(8)决定聘任或者解聘公司经理及其报酬事项,并根据经理的提名决定聘任或者解聘公司副经理、财务负责人及其报酬事项;(9)制定公司的基本管理制度;(10)公司章程规定或者股东会授予的其他职权。因此,董事会职权可为执行股东会决议并向其报告的权利、公司经营的决策与执行权利、公司内部管理机构设置、相应管理人员的聘任权利以及公司章程规定或股东会授予的其他职权。董事会在执行这些法定及章定职权时,所涉及的主体有董事长、董事或独立董事、经理、监事或监事会、股东以及董事会下属的各专门委员会,因此，为保证董事会顺利行使权利，以上这些主体应有资格、有权利在董事会会议时提出所议事项，提案时应有明确议题和具体决议事项。当然对于有限责任公司来说，当股东为提案主体时，对股东不应再设置持股数量的限制；而对于股份有限公司来说，由于股东人数众多，不设置一定的限制会使董事会疲于应付会议提议，故建议设置一定的门槛，比如持股数量的限制，类似代表1/10以上的表决权的股东才有董事会提案权等；如股份有限公司股东人数较少或规模较小的，为保护中小股东权益，不宜设置提案门槛。

董事会所议事项提案主体的章程条款参考示例

下列主体或机构可以根据法律、行政法规、部门规章、监管机关的监管规则、公司章程及公司其他制度性文件的相关规定，向董事会提出符合会议内容的议案：

（一）1/3以上的董事（有限责任公司也可以设定两名以上董事联合提议）；

（二）董事长；

（三）总经理；

（四）1/2以上的独立董事（两名以上的独立董事联合提议）；

（五）监事会（监事会主席或两名以上的监事）；

（六）代表1/10以上表决权的股东（股东或持股半年以上的股东）；

（七）董事会设立的各专门委员会。

董事会议案的内容应当属于董事会职权范围，有明确议题和具体决议事项。

3. 董事会会议程序

（1）董事会会议的法定人数和表决票数。

《公司法》（2023年修订）第73条第1、2、3款规定，董事会的议事方式和表决程序，除本法有规定的外，由公司章程规定。董事会会议应当有过半数的董事出席方可举行。董事会作出决议，应当经全体董事的过半数通过。董事会决议的表决，应当一人一票。第124条第1、2款规定，董事会会议应当有过半数的董事出席方可举行。董事会作出决议，应当经全体董事的过半数通过。董事会决议的表决，应当一人一票。

董事会会议的议事方式和表决程序应包括会议的通知、召集和主持、法定或章程规定人数、讨论会议的方式、议事议程事项、会议审议和表决方式、会议记录事项等董事会会议的具体事项。《公司法》(2018 年修正)第 48 条中概括规定为董事会的议事方式和表决程序,除本法有规定的外,由公司章程规定。因此,在《公司法》(2023 年修订)之前,公司章程可以对董事会会议的议事方式和表决程序进行个性化规定。《公司法》(2023 年修订)施行后,基于其第 73 条的规定,有限责任公司董事会会议的法定人数与表决通过票数相比以前的《公司法》已有了明确的法定规则,即"过半数出席、过半数通过",有限责任公司董事会的议事方式和表决程序的章程设计空间已被压缩,协议的议事方式和表决程序不能与法定规则相冲突,相关主体再想通过"一票否决"等方式来控制董事会或控制公司经营管理应适配新的法定规则。即便如此,鉴于《公司法》(2023 年修订)第 73 条第 1 款明确规定"董事会的议事方式和表决程序,除本法有规定的外,由公司章程规定",从控制公司及保护股东权利的目的出发,根据实际情况对有限责任公司董事会会议的议事方式和表决程序仍有设计的空间。不过,针对股份有限公司董事会会议的法定人数及表决通过票数,《公司法》(2023 年修订)没有赋权公司章程可以在法律规定的基础上进行自主设计,因此公司章程对股份有限公司董事会会议的法定人数和表决规则进行自主设计的空间有限,但股份有限公司董事会会议的议事方式和表决程序仍可以依据实际情况进行自主设计。

有限责任公司董事会会议法定人数章程条款参考示例[①]

第×××条　董事会会议应当有过半数的董事(包括按本章程规定,书面委托其他董事代为出席董事会议的董事)出席方可举行。董事会作出决议,应当经全体董事的过半数通过。董事会决议的表决,应当一人一票。根据本章程规定和法律法规规定应当由全体董事的 2/3 以上的董事表决通过的事项除外。

第×××条　董事会会议应当有过半数的董事出席方可举行。董事会作

① 鉴于《公司法》(2023 年修订)第 73 条已对有限公司董事会会议的表决规则、有效人数进行了明确的规定,本处的部分示例条款仅供参考。

出决议，应当经全体董事的过半数通过。董事会决议的表决，应当一人一票。针对本章程规定的董事会决议特别事项，除法定规则外，还应取得××股东所委派的董事同意。

第×××条 董事会会议应当有2/3的董事出席方可举行。董事会作出决议，应当经全体董事的2/3以上表决通过。

第×××条 董事会会议应有过半数的董事出席方可举行。

（一）董事会决议可以采用现场会议表决和书面传签表决两种方式作出。

（二）董事会表决实行一人一票。董事会作出决议，应当经全体董事过半数通过。

（三）利润分配方案、薪酬方案、重大投资、重大资产处置方案、聘任或解聘高级管理人员、资本补充方案等重大事项不得采取书面传签方式表决，并且应当由2/3以上董事表决通过。

（2）董事会会议通知的送达。

送达问题本身因涉及程序问题，董事会会议通知的送达事项可以参考本章"股东会召集通知的送达"部分的设计。

董事会会议通知送达的章程条款参考示例

第×××条 董事会会议通知使用电子通知方式，通知会通过董事留存的联系电话、微信或电子邮箱进行通知。

第×××条 董事会任何通知或文件可以由公司派人递交或通过预付邮件寄送给董事。递送的地址是该董事在公司保留的董事联系方式上的地址。当通知或文件是通过邮局递发时，在信封邮戳标明的送达时间24小时后，视为已经送达。在证明通知或文件已被送达时，只需证明邮件信封已被适当标明了地址，付足邮资及已被递送即可。

第×××条 通知文件应以挂号信、专人送达、邮寄等有效方式送达到董事在公司登记留存的联系方式。任一董事变更此等地址或联系号码应当以书面通知公司。该等地址和号码为公司联系董事的唯一地址和号码。任何已付讫邮资挂号信或快递信件，只要联系信息与董事留存的联系信息一致都被视作自发信之日起，按正常邮程已被收到。如果公司按此等地址或号码发出相关书面资料、文件、通知、函件等,无论董事“拒收”的情形,该等资料、文件、通知、函件于发出之日视为已经送达对方。如果董事变更此等地址或号码的,需至少提前7天书面通知公司;否则,公司仍按原地址或号码发出的书面资料、文件、通知、函件等,发出之日视为已送达对方。

第×××条 公司也可以将文件等资料或通知送达给董事留存的紧急联系人处。一旦公司依据本章程规定的方式送达股东留存的紧急联系人后,视为送达董事本人。

第×××条 董事会会议召开的方式为:

(一)董事会会议召开形式及议程应保证给予所有董事充分发表意见和真实表达意思的机会。董事会认为需要进一步研究或者作重大修改的议案,应当在对议案进行修改、完善后复议,复议的时间和方式由董事会会议决定。

(二)董事会会议一般应以现场会议的形式召开。遇特殊情况,经董事长同意,在保证与会董事能充分发表意见并真实表达意思的前提下,也可采用电话会议、视频会议或者签署书面决议等方式对议案作出决议。但是,年度董事会会议以及任何董事认为应当以现场会形式举行的其他董事会会议,必须以现场会形式举行。

(三)电话会议是指借助电话及类似通信设备举行会议,并能保证每位董事可以正常进行发言和讨论。以电话会议方式召开的,应制作现场录音,并形成书面记录和会议决议,事后由与会董事签署后一并存档。

(四)视频会议是指借助网络视频及类似通信设备举行会议,并能保证每位董事可以正常进行发言和讨论。以视频会议方式召开的,应制作现场录音、录像,并形成书面记录和会议决议,事后由与会董事签署后一并存档。

(五)书面签署决议方式,是指制成书面议案材料分别送交各位董事,由董事签署书面决议的方式召开董事会会议。对董事表决的书面意见应制作会议记录。

(六)采用签署书面决议方式对议案作出决议的,仍应按照本章程规定进行会议通知和提供议案资料。

(3)董事会会议通知内容的章程设计。

无论是有限责任公司还是股份有限公司,公司法对董事会会议通知内容都没有明确的规定,如果通知中没有就会议内容作出记载,则可能存在会议议题突袭的问题。董事会会议议题的突袭直接对公司决策及治理造成影响,间接也不利于该董事所代表的股东的利益实现。因此,从没有参与管理公司的股东利益出发,公司章程中应规定董事会会议通知要有内容而不仅仅是一份开会通知。为避免纠纷,在公司章程中规定董事会会议通知的内容与会议内容是否一致作出明确的规定,同时也要规定如果不一致的情况下如何处理。例如,董事会会议的通知应当包括举行会议的日期、会议地点和会议期限、事由及议题、发出通知的日期。董事会会议的通知也可附有该次董事会会议的详细议案。

董事会会议通知内容的章程条款参考示例

第×××条 董事会会议的通知应当包括举行会议的日期、会议地点和会议期限、事由及议题、发出通知的日期。董事会会议的通知应附有该次董事会会议的详细议案。通知中未载明的内容,除全体董事一致同意外,不得在董事会会议上讨论和决议。

第×××条 公司召开董事会会议,董事长或董事长授权代表应于董事会会议召开10日前以传真方式发出书面通知(但需以手机短信确认)通知各位董事,但如经参会董事书面确认,董事长或董事长授权代表可发出离董事会会议日期少于10日的开会通知。

第×××条 董事会会议事项及表决:

(一)董事会会议可在公司总部住所地或对大多数董事们而言便利的世界任何其他地方举行。

(二)董事会会议的通知经以下方式后应被视为已正式交与一名董事,如口头或书面交予其本人或送至其最后为人所知的地址或其为此目的提供给公司的任何地址。董事可同意简短通知且可放弃任何会议的通知,任何该等放弃为有溯及力的。

(三)董事们可选举一名董事会主席并决定其任期,但如董事会主席未被选举,或在任何会议时主席未在指定的开会时间5分钟内出席,董事们可选择其中一名成员为该次会议的主席。

（四）董事会会议的法定人数为过半数董事出席。在董事会会议上提议的事项应经全体董事过半数表决权通过。

（五）经全体董事签署且附有董事会议记录簿的书面决议，与在正式召集的会议上通过的决议具有同等效力。任何董事的签名可由其代理人作出。任何该等决议可包含在一份文件或为此目的准备和/或分送且由一名或以上董事签署的多份独立副本之中。发给董事或其替任者的电报、电传或传真信息应被视为其为本条目的签署的文件。

有限责任公司董事会议事规则章程条款参考示例

第×××条　董事会会议分为定期会议和临时会议。

第×××条　董事会定期会议每半年至少召开一次。

第×××条　董事长认为必要或者2名及以上董事提议，即可召开董事会临时会议。

第×××条　董事会会议应在会议召开10日前以书面形式通知各董事，载明会议时间、地点和议题等，并提交相关资料。情况紧急，需要尽快召开董事会临时会议的，可以随时通过口头或者电话等方式发出会议通知，但召集人应当在会议上作出说明。

第×××条　董事会会议由全体董事过半数出席方可举行。董事会会议应由董事本人出席，董事本人因特殊原因不能出席时，可以书面形式委托其他董事代为出席并行使表决权。委托书中应载明授权范围，但受委托的董事以一人委托为限，且不能超越授权范围行使表决权；委托其他董事出席的董事，视为出席会议，并独立承担法律责任。

第×××条　董事会由董事长召集和主持，作出决议和决定须经全体出席董事过半数通过。每一董事有一票表决权。

第×××条　董事会实行记名式表决，参加会议的董事应明确表明同意、不同意或者缓议的意见，但对董事会通过的决议应予执行。董事会对所议事项的决议做成决议记录，出席会议的董事在决议记录上签字。

第×××条　董事会会议可以采用电子通信方式召开会议和书面传签相

结合的方式形成决议；也就是说，当董事会会议时，可通过电话会议或视频会议等电子通信方式召开；在会议讨论并形成决议意见后，与会董事应进一步通过电子邮件等电子通信方式对会议内容和表决事项进行书面确认，形成决议。

第×××条　董事会会议记录、会议纪要、决议记录、出席会议的董事签名簿、代理出席的授权委托书及董事会会议材料等，由专人归档保存，保存期限10年以上。

第×××条　董事会休会期间，董事长根据董事会决议和授权，代表董事会行使职权，检查董事会决议的实施情况，其他董事对董事长工作行使建议权。

第×××条　董事在代表公司或者董事会行事时，应当遵守法律、法规和公司章程的规定，忠实履行职责，维护公司利益。当其自身的利益与公司和股东的利益相冲突时，应当以公司的最大利益为行为准则。

第×××条　董事对董事会决议承担责任。因董事会决议违反法律法规、公司章程或造成公司利益遭受严重损失的，参与决议的董事应承担相应责任，但在表决时表示异议并记载于会议记录的，该董事可免除责任。

股份有限公司董事会议事规则章程条款参考示例

第×××条　定期会议

董事会会议分为定期会议和临时会议。董事会每年度至少召开两次定期会议。一次在当年度的7月之前完成，一次在次年的1月底之前完成。

第×××条　定期会议的提案

在发出召开董事会定期会议的通知前，董事会办公室应当充分征求各董事的意见，初步形成会议提案后交董事长拟定。董事长在拟定提案前，应当视需要征求总经理和其他高级管理人员的意见。

第×××条　临时会议

有下列情形之一的，董事会应当召开临时会议：

（一）代表1/10以上表决权的股东提议时；

（二）1/3以上董事提议时；

（三）监事会提议时；

(四)本章程规定的其他情形。

第×××条　临时会议的提议程序

按照前条规定提议召开董事会临时会议的,应当通过董事会办公室或者直接向董事长提交经提议人签字(盖章)的书面提议。书面提议中应当载明下列事项:

(一)提议人的姓名或者名称;

(二)提议理由或者提议所基于的客观事由;

(三)提议会议召开的时间或者时限、地点和方式;

(四)明确和具体的议题;

(五)提议人的联系方式和提议日期等。

提议内容应当属于本公司章程规定的董事会职权范围内的事项,与提议有关的材料应当一并提交。董事会办公室在收到上述书面提议和有关材料后,应当于当日转交董事长。董事长认为提议内容不明确、不具体或者有关材料不充分的,可以要求提议人修改或者补充。

董事长应当自接到提议的要求后10日内,召集并主持董事会会议讨论。

第×××条　会议的召集和主持

董事会会议由董事长召集和主持;董事长不能履行职务或者不履行职务的,由过半数的董事共同推举一名董事召集和主持。

第×××条　会议通知

召开董事会定期会议和临时会议,董事会办公室应当分别提前10日和5日将盖有董事会办公室印章的书面会议通知,通过直接送达、传真、电子邮件、信函或者其他方式,提交全体董事和监事以及经理、董事会秘书。非直接送达的,还应当通过电话进行确认并做相应记录。情况紧急,需要尽快召开董事会临时会议的,可以随时通过电话或者其他口头方式发出会议通知,但召集人应当在会议上作出说明。

第×××条　会议通知的内容

书面会议通知应当至少包括以下内容:

(一)会议的时间、地点;

(二)会议的召开方式;

（三）拟审议的事项（会议提案）；

（四）会议召集人和主持人、临时会议的提议人及其书面提议；

（五）董事表决所必需的会议材料；

（六）董事应当亲自出席或者委托其他董事代为出席会议的要求；

（七）联系人和联系方式。

口头会议通知至少应包括上述第（一）、（二）项内容，以及情况紧急需要尽快召开董事会临时会议的说明。

第×××条　会议通知的送达和变更

通知文件应以挂号信、专人送达、邮寄等有效方式送达到董事在公司留存的联系地址、联系人或联系电话。任一董事变更此等地址或联系号码应当以书面通知公司。该等地址和号码为公司联系联系董事的唯一地址和号码。任何已付讫邮资挂号信或快递信件，只要联系信息与董事留存的联系信息一致都被视作自发信之日起，按正常邮程已被收到。如果公司按此等地址或号码发出相关书面资料、文件、通知、函件等，无论董事"拒收"的情形，该等资料、文件、通知、函件于发出之日视为已经送达对方。如果董事变更此等地址或号码的，需至少提前7日书面通知公司；否则，公司仍按原地址或号码发出的书面资料、文件、通知、函件等，发出之日视为已送达对方。董事变更联系信息未通知公司的，任何送达不能产生的后果皆由该董事负责。公司可将文件等资料或通知送达给董事留存的紧急联系人处。一旦公司依据本章程规定的方式送达董事留存的紧急联系人后，视为送达董事本人。

董事会定期会议的书面会议通知发出后，如果需要变更会议的时间、地点等事项或者增加、变更、取消会议提案的，应当在原定会议召开日之前3日发出书面变更通知，说明情况和新提案的有关内容及相关材料。不足3日的，会议日期应当相应顺延或者取得全体与会董事的认可后按期召开。董事会临时会议的会议通知发出后，如果需要变更会议的时间、地点等事项或者增加、变更、取消会议提案的，应当事先取得全体与会董事的认可并做好相应记录。

第×××条　会议的召开

董事会会议应当有全体董事过半数的董事出席方可举行。有关董事拒不出席或者怠于出席会议导致无法满足会议召开的最低人数要求时，当次董事会会议应延期举行,同时董事长和董事会秘书应当及时向股东会报告。监事可以列席董事会会议;董事会秘书应当列席董事会会议。董事会认为有必要的,可以通知其他有关人员列席董事会会议。

第×××条 亲自出席和委托出席

董事原则上应当亲自出席董事会会议。因故不能出席会议的,应当事先审阅会议材料,形成明确的意见,书面委托其他董事代为出席。

委托书应当载明:

(一)委托人和受托人的姓名;

(二)委托人对每项提案的简要意见;

(三)委托人的授权范围、授权期限和对提案表决意向的指示;

(四)委托人的签字、日期等。

委托其他董事对定期报告签署书面确认意见的,应当在委托书中进行专门授权。受托董事应当向会议主持人提交书面委托书,在会议签到簿上说明受托出席的情况。

第×××条 关于委托出席的限制

委托和受托出席董事会会议应当遵循以下原则:

(一)在审议关联交易事项时,非关联董事不得委托关联董事代为出席;关联董事也不得接受非关联董事的委托;

(二)董事不得在未说明其本人对提案的个人意见和表决意向的情况下全权委托其他董事代为出席,有关董事也不得接受全权委托和授权不明确的委托。

第×××条 会议召开方式

董事会会议以现场召开为原则。必要时,在保障董事充分表达意见的前提下,经召集人(主持人)、提议人同意,也可以通过视频、电话、传真或者电子邮件表决等方式召开。董事会会议也可以采取现场与其他方式同时进行的方式召开。非以现场方式召开的,以视频显示在场的董事、在电话会议中发表意见的董事、规定期限内实际收到传真或者电子邮件等有效表决票,或者董事事后提交的曾参加会议的书面确认函等计算出席会议的董事人数。

第×××条　会议审议程序

董事阻碍会议正常进行或者影响其他董事发言的，会议主持人应当及时制止。除征得全体与会董事的一致同意外，董事会会议不得就未包括在会议通知中的提案进行表决。董事接受其他董事委托代为出席董事会会议的，不得代表其他董事对未包括在会议通知中的提案进行表决。

第×××条　发表意见

董事应当认真阅读有关会议材料，在充分了解情况的基础上独立、审慎地发表意见。

董事可以在会前向董事会办公室、会议召集人、经理和其他高级管理人员、各专门委员会、会计师事务所和律师事务所等有关人员和机构了解决策所需要的信息，也可以在会议进行中向主持人建议请上述人员和机构代表与会解释有关情况。

第×××条　会议表决

每项提案经过充分讨论后，主持人应当适时提请与会董事进行表决。

会议表决实行一人一票，以记名和书面等方式进行。董事的表决意向分为同意、反对和弃权。与会董事应当从上述意向中选择其一，未做选择或者同时选择两个以上意向的，会议主持人应当要求有关董事重新选择，拒不选择的，视为弃权；中途离开会场不回而未做选择的，视为弃权。弃权票不计入计算票数的总基数中。

第×××条　表决结果的统计

与会董事表决完成后，董事会秘书与一名监事联合进行统计。现场召开会议的，会议主持人应当当场宣布统计结果；其他情况下，会议主持人应当要求董事会秘书在规定的表决时限结束后下一工作日之前，通知董事表决结果。董事在会议主持人宣布表决结果后或者规定的表决时限结束后进行表决的，其表决情况不予统计。

第×××条　决议的形成

除有相关规定外，董事会审议通过会议提案并形成相关决议，必须获得全体董事过半数同意。法律、行政法规和本公司章程规定董事会形成决议应当取得更多董事同意的，从其规定。董事会根据本公司章程的规定，在其权限范围内对担保事项作出决议,除公司全体董事过半数同意外,还必须经出席会议的2/3以上董事的同意。不同决议在内容和含义上出现矛盾的,以形成时间在后的决议为准。

董事会会议可以采用电子通信方式召开会议和书面传签相结合的方式形成决议;也就是说,当董事会会议时,可通过电话会议或视频会议等电子通信方式召开;在会议讨论并形成决议意见后,与会董事应进一步通过电子邮件等电子通信方式对会议内容和表决事项进行书面确认,形成决议。

第×××条　回避表决

出现下述情形的,经董事向董事会报告并经审批后,董事应当对有关提案回避表决:

(一)《公司法》规定董事应当回避的情形;

(二)董事本人认为应当回避的情形;

(三)本公司章程规定的因董事与会议提案所涉及的企业有关联关系而需回避的其他情形。

在董事回避表决的情况下,有关董事会会议应由全体董事过半数且为无关联关系董事出席方可举行,形成决议须经全体董事过半数且为无关联关系董事通过。出席会议的无关联关系董事人数不足全体董事过半数的,不得对有关提案进行表决。

第×××条　不得越权

董事会应当严格按照本章程规定职权或股东会授予职权行事,不得越权形成决议。

第×××条　暂缓表决

过半数的与会董事认为提案不明确、不具体,或者因会议材料不充分等其他事由导致其无法对有关事项作出判断时,会议主持人应当要求会议对该议题进行暂缓表决。提议暂缓表决的董事应当对提案再次提交审议应满足的条件提出明确要求。

第×××条　会议记录

董事会秘书应当安排董事会办公室工作人员对董事会会议做好记录。会议记录应当包括以下内容:

（一）会议届次和召开的时间、地点、方式；

（二）会议通知的发出情况；

（三）会议召集人和主持人；

（四）董事亲自出席和受托出席的情况；

（五）会议审议的提案、每位董事对有关事项的发言要点和主要意见、对提案的表决意向；

（六）每项提案的表决方式和表决结果（说明具体的同意、反对、弃权票数）；

（七）与会董事认为应当记载的其他事项。

第×××条　董事签字

与会董事应当代表其本人和委托其代为出席会议的董事对会议记录和决议进行签字确认。董事对会议记录或者决议有异议的，可以在签字时作出书面说明。

（三）监事会议事规则的章程设计

监事会是代表公司股东和职工对公司董事和高级管理人员进行监督的机构，监事会应向股东会报告工作。

《公司法》（2023 年修订）第 78 条对监事会的职权规定已非常全面，该条赋予了公司监事/监事会对公司的人、财、事各方面的监督检查权利，包括经营及财务检查权、高管履职监督权、罢免权、会议召集主持权、提案权、起诉权、质询建议权等。《公司法》（2023 年修订）第 81 条规定，监事会每年度至少召开一次会议，监事可以提议召开临时监事会会议。监事会的议事方式和表决程序，除本法有规定的外，由公司章程规定。监事会决议应当经全体监事的过半数通过。监事会决议的表决，应当一人一票。为监事会更好的履行职责规范公司行为，规范监事会运作，保证监事会依法独立行使权利和履行义务，公司章程设计一套切实可靠、高效有机的议事方式和表决程序非常有必要。

鉴于监事会的主要职能是监督，故监事会的议事规则要简洁、高效、行动迅速。如果只有一人监事，则该监事可以随时依据法律规定行使权利。如果公司设置监事会，则公司章程应规定监事会应定期开会，比如每季度召开一次会议；监事会议的召集、主持、议程等事项都不能烦琐，比如说监事会决定开会后，除确实不能出席外，所有监事应亲自出席，不能委托他人替代。召开的时限不能过长，发出召集通知后，应在三天或五天内启动会议，而不是久拖不决。任一监事都可以行使监督权力，但监事会的决策应由集体作出。监事的表决不应复杂，以书面或举手表决即可，所议事项应当由全体监事的过半数通过，必要时授予监事会主席独立采取监督行动的权力。

有限责任公司监事会议事规则章程条款参考示例

第×××章　监事会表决程序和议事规则

第×××条　监事会会议分为定期会议和临时会议。

第×××条　监事会定期会议每年度至少召开一次。

第×××条　监事会主席认为必要或者2名监事提议，即可召开监事会临时会议。

第×××条　监事会会议应在会议召开7日前以书面形式通知各监事，载明会议时间、地点和议题等，并提交相关资料。情况紧急，需要尽快召开监事会临时会议的，可以随时通过口头或者电话等方式发出会议通知，但召集人应当在会议上做出说明。

第×××条　监事会会议由2名及以上监事出席方可举行。监事会会议应由监事本人出席，监事本人因特殊原因不能出席时，可以书面形式委托其他监事代为出席并行使表决权。委托书中应载明授权范围，但受委托的监事以一人委托为限，且不能超越授权范围行使表决权；委托其他监事出席的监事，视为出席会议，并独立承担法律责任。

第×××条　监事会会议由监事会主席召集和主持。作出决议和决定应当经全体监事的过半数通过。每名监事有一票表决权。

第×××条　会议应当根据监事的提议，要求董事、高级管理人员、公司其他员工或者相关人员到会接受质询。监事会可以要求董事、高级管理人员提交执行职务的报告。董事、高级管理人员应当如实向监事会提供有关情况和资料，不得妨碍监事会或者监事行使职权。

第×××条　监事会实行记名式表决，参加会议的监事应明确表明同意、不同意、弃权或者缓议的意见，但对监事会通过的决议应予执行。监事会对所议事项的决议作成决议记录，出席会议的监事在决议记录上签字。

第×××条　监事会会议记录、会议纪要、决议记录、出席会议的监事签名簿、代理出席的授权委托书及监事会会议材料等，由专人归档保存，保存期限10年以上。

第×××条　监事对监事会决议承担责任。因监事会决议违反法律法规、公司章程或造成公司利益遭受严重损失的，参与决议的监事应承担相应责任，但在表决时表示异议并记载于会议记录的，该监事可免除责任。

股份有限公司监事会议事规则章程条款参考示例

第×××章　监事会表决程序和议事规则

第×××条　监事会定期会议和临时会议

监事会会议分为定期会议和临时会议。

监事会定期会议应当每6个月召开一次。出现下列情况之一的，监事会应当在10日内召开临时会议：

（一）任何监事提议召开时；

（二）股东会、董事会会议通过了违反法律、法规、规章、监管部门的各种规定和要求、公司章程、公司股东会决议和其他有关规定的决议时；

（三）董事和高级管理人员的不当行为可能给公司造成重大损害或者在市场中造成恶劣影响时；

（四）公司、董事、监事、高级管理人员被股东提起诉讼时；

（五）法律法规及公司章程规定的其他情形。

第×××条　定期会议的提案

在发出召开监事会定期会议的通知之前，监事会办公室应当向全体监事征集会议提案，并至少用两天的时间向公司全体员工征求意见。在征集提案和征求意见时，监事会办公室应当说明监事会重在对公司规范运作和董事、高级管理人员职务行为的监督。

第×××条　临时会议的提议程序

监事提议召开监事会临时会议的，应当通过监事会办公室或者直接向监事会主席提交经提议监事签字的书面提议。书面提议中应当载明下列事项：

(一)提议监事的姓名;

(二)提议理由或者提议所基于的客观事由;

(三)提议会议召开的时间或者时限、地点和方式;

(四)明确和具体的提案;

(五)提议监事的联系方式和提议日期等。在监事会办公室或监事会主席收到监事的书面提议后3日内,监事会办公室应发出召开监事会临时会议的通知。

第×××条　会议的召集和主持

监事会会议由监事会主席召集和主持;监事会主席不能履行职务或者不履行职务的,由全体监事的过半数监事共同推举一名监事召集和主持。

第×××条　会议通知

召开监事会定期会议和临时会议,监事会办公室应当分别提前10日和5日将盖有监事会印章的书面会议通知,通过直接送达、传真、电子邮件或者其他方式,提交全体监事。非直接送达的,还应当通过电话进行确认并做相应记录。

情况紧急,需要尽快召开监事会临时会议的,可以随时通过口头或者电话等方式发出会议通知,但召集人应当在会议上作出说明。

第×××条　会议通知的内容

书面会议通知应当至少包括以下内容:

(一)举行会议的日期、地点和会议期限。

(二)事由及议题;

(三)发出通知的日期。

(四)联系人和联系方式。

口头会议通知至少应包括上述第(一)、(二)项内容,以及情况紧急需要尽快召开监事会临时会议的说明。

第×××条　会议召开方式

监事会会议应当以现场方式召开。

监事会会议可以电子通信方式进行表决。在电子通信表决时,监事应当将其对审议事项的书面意见和投票意向在签字确认后传真或邮件发至监事会办公室指定地址。监事不应当只写明投票意见而不表达其书面意见或者投票理由。

第×××条　会议的召开

两名及以上监事出席即可举行监事会会议,但监事会决议应当经全体监事的过半数通过。董事会秘书可以列席监事会会议,但监事会主席或两名监事联合决定董事会秘书不列席的除外。

第×××条　会议审议程序

会议主持人应当逐一提请与会监事对各项提案发表明确的意见。会议主持人应当根据监事的提议,要求董事、高级管理人员、公司其他员工或者相关中介机构业务人员到会接受质询。

第×××条　会议表决

监事会决议监事会会议的表决实行一人一票,以记名和书面方式进行。

监事的表决意向分为同意、反对和弃权。与会监事应当从上述意向中选择其一,未做选择或者同时选择两个以上意向的,会议主持人应当要求该监事重新选择,拒不选择的,视为弃权;中途离开会场不回而未做选择的,视为弃权。

监事会形成决议应当经全体监事的过半数通过。

第×××条　会议记录

监事会办公室工作人员应当对现场会议做好记录。会议记录应当包括以下内容:

(一)会议届次和召开的时间、地点、方式;

(二)会议通知的发出情况;

(三)会议召集人和主持人;

(四)会议出席情况;

(五)关于会议程序和召开情况的说明;

(六)会议审议的提案、每位监事对有关事项的发言要点和主要意见、对提案的表决意向;

(七)每项提案的表决方式和表决结果(说明具体的同意、反对、弃权票数);

(八)与会监事认为应当记载的其他事项。对于通信方式召开的监事会会议,监事会办公室应当参照上述规定,整理会议记录。

第×××条　监事签字

与会监事应当对会议记录和决议进行签字确认。监事对会议记录或者决议有不同意见的,可以在签字时作出书面说明。

三、公司议事规则经典案例解析

董事会会议通知没有适当送达,董事会决议被撤销
公司决议撤销案[①]

(一)案情简介

真功夫餐饮管理有限公司(以下简称真功夫公司)于2007年7月19日依法登记成立,投资人(股东)包括蔡某某、潘某海、东莞市双种子饮食管理有限公司(以下简称双种子公司)、润海资本有限公司[曾用名:今日资本投资一(香港)有限公司](以下简称润海公司)和中山市联动创业投资有限公司(以下简称中山联动公司),成立时的法定代表人为蔡某某。在真功夫公司已登记备案的章程(2007年11月20日制定)中,蔡某某的住所地载明为广东省××市××镇××街××巷××号。

2013年11月7日,在股东潘某海、双种子公司及润海公司委派的董事会成员共同提议下,真功夫公司董事会决定召开2013年第二次临时董事会会议,并于次日向各董事会成员发出《2013年度真功夫餐饮管理有限公司第二次临时董事会会议通知》及《真功夫餐饮管理有限公司2013年第二次临时董事会会议提案》,明确会议将于2013年11月22日上午10:00在广州市××区××路××号××广场×楼×号会议室举行。其中,针对董事蔡某某、黄某伟的通知,真功夫公司均采取了特快专递的方式送达。邮件上填写的蔡某某的收件地址为××市××街××巷××号(蔡某某身份证所载住址)。

由于在上述通知的会议时间仅有潘某海、潘某及方华三位董事到会,未达到公司章程规定的董事会参会人数,会议主持人(副董事长)潘某海宣布会议押后15天(2013年12月9日)在同一地点和时间举行。真功夫公司为此于2013年11月22日再次向5位董事发出新的会议通知,明确会议于2013年12月9日上午10:00在同一地点举行。董事蔡某某、黄某伟的通知仍以特快专

① 参见广东省广州市中级人民法院民事判决书,(2017)粤01民终9139号。

递的方式送达，送达地址与第一次邮寄地址一致。

2013 年 12 月 9 日上午 10:00，真功夫公司在广州市 × × 区 × × 路 × × 号 × × 广场 × 楼 × 号会议室召开 2013 年度第二次临时董事会。董事潘某海、方华、潘某亲自到会，董事黄某伟、蔡某某本人未到会，亦未派代表参加。会议由副董事长潘某海主持，会议议题包括：(1)就外方股东名称变更而修订章程相应条款的议案；(2)就章程第 4.2 条进行修改的议案；(3)就章程第 4.6 条进行修改的议案；(4)就章程第 4.7 条进行修改的议案；(5)就章程第 4.12 条进行修改的议案；(6)选举潘某海为公司董事长的议案。经投票表决，6 项议题均全票通过。其中，董事黄某伟及蔡某某的董事权利由会议主持人潘某海代为行使。各董事随后在《2013 年度真功夫餐饮管理有限公司第二次临时董事会会议决议》上签名确认（黄某伟和蔡某某由潘某海代签名）。

2013 年 12 月 31 日，经真功夫公司申请，东莞市厦工商行政管理局依法核准变更真功夫公司的法定代表人为潘某海。

2014 年 2 月 7 日，蔡某某以真功夫公司 2013 年度第二次临时董事会会议的召集程序、表决方式及董事会决议内容违反公司章程为由诉至该院，要求撤销该次董事会通过的董事会决议。

诉讼关系如图 3 所示。

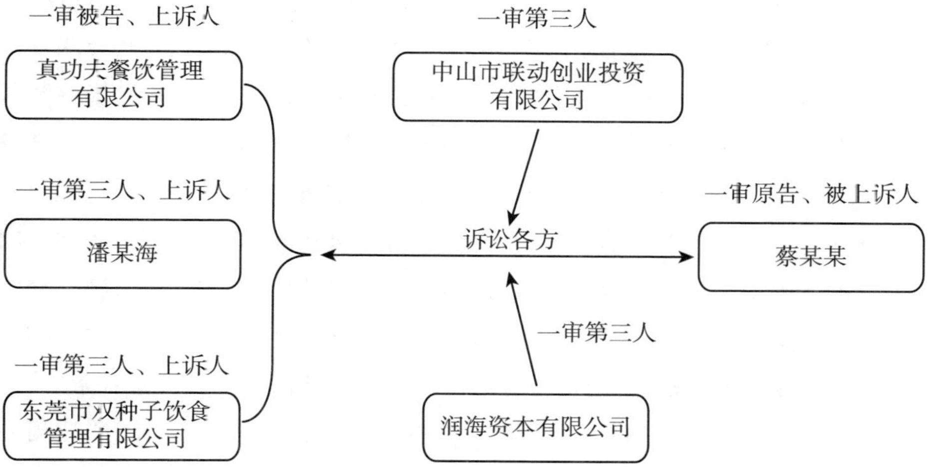

图 3　诉讼关系

(二)争议焦点

真功夫公司董事会向蔡某某送达2013年第二次临时董事会会议通知及提案的行为是否符合公司章程的约定?

(三)法院判决和裁判理由

一审法院判决:

真功夫公司董事会于2013年12月9日作出的《2013年度真功夫餐饮管理有限公司第二次临时董事会会议决议》于本判决发生法律效力之日起撤销。

二审法院判决:

驳回上诉,维持原判。

裁判理由:

针对本案争议焦点:真功夫公司董事会向蔡某某送达2013年第二次临时董事会会议通知及提案的行为是否符合公司章程的约定?

一审法院认为:真功夫公司在向各董事发出董事会会议通知及提案时应符合章程规定的"适当发出"的要求。然而,对于"适当发出"的标准,章程中并未作出具体明确的约定,章程条款也未明确各董事的通知送达地址,故在章程无明确约定的情况下,对于"适当发出"的解释应按通常理解进行,所谓适当发出,即要求当事人从善意、中立的立场出发,根据已知的信息通过合理方式发出有关通知,以使通知内容尽可能被对方知晓。本案中,真功夫公司已知蔡某某因在真功夫公司任职期间涉嫌职务犯罪被羁押,真功夫公司应能够通过合理途径获知蔡某某的联系方式(包括被羁押地点及委托辩护人等的情况),理应清楚蔡某某本人无法签收真功夫公司寄往其身份证住址的会议通知及提案。因此,该院认为,真功夫公司董事会在向蔡某某送达2013年第二次临时董事会会议通知及提案的过程中,未能合理保障蔡某某就该次会议所享有的基本权利,该送达行为明显存在瑕疵,应认定与章程中有关"适当发出"的约定不符。

二审法院支持了一审法院的观点,并补充认为:(1)一审法院对"适当发出"作出的解释、说明,合情合理,并未苛责任何一方。(2)本案中,在真功夫公司明知蔡某某因被羁押而不在户籍所在地居住的情况下,真功夫公司向蔡某某的户籍所在地邮寄会议通知，显然蔡某某本人不可能收到该通知。在真功夫公司知道蔡某某存在的其他多种联系方式（如联系刑事案件中蔡某某的代理人转交、其妹妹蔡某红转交，或通过被羁押的场所转交等）的情况下，真功夫公司仍然仅向蔡某某本人确定不在的户籍所在地地址邮寄，显然不符合“适当发出”的要求。(3)真功夫公司也没相关证据证明其邮寄给蔡某某的邮件已由其同住成年家属签收。(4)真功夫公司就案涉董事会的通知行为与真功夫公司此前几次会议的通知行为不符。综上，一审法院认定涉案董事会议的通知不符合“适当发出”的要求，合理有据。

(四)案件评析

《公司法》第22条第2款规定，股东会或者股东会、董事会的会议召集程序、表决方式违反法律、行政法规或者公司章程，或者决议内容违反公司章程的，股东可以自决议作出之日起60日内，请求人民法院撤销。

真功夫公司章程有如下规定：

第4.2条规定，董事会由五名董事组成，除非各方另有书面协议，否则董事长由蔡某某任命，副董事长由潘某海任命；

第4.3条规定，董事长是合营公司的法人代表，当董事长不能履行其职责时，董事长应授权副董事长或另一位董事代表合营公司；

第4.6条规定，有关下列事项的董事会决议应有全体五名董事（本人或派代理人出席）在按规定程序召开的董事会会议上一致投赞成票方可通过：(a)章程的修正……

第4.9条规定，如有三分之一以上的董事要求召开董事会临时会议，则在收到其提议后的三天之内，董事长或者（在董事长缺席或不能履行职责期间）副董事长应发出关于召开董事会临时会议的书面通知；

第4.10条规定，董事长或者（在董事长缺席或不能履行职责期间）副董事长应在任何董事会会议召开之前，提前至少十四天发出书面通知，通知中应列明会议的具体日程、时间和地点……董事会会议应在通知发出之日后十四天至二十八天的时间内召开；

第4.12条规定，三分之二董事（四名董事）通过本人出席、电话会议或委托代理人的方式出席会议即构成董事会会议的法定人数，但是，如果召开董事会会议的通知已经适当发出，而一方指定的董事未能通过本人出席、电话会议或委托代理人的方式出席董事会会议，使会议不能达到前句所述的法定人数，则该等董事会会议应被押后并于十五日之后在同一地点和时间重新召开。如果在重新召开的董事会上，上述董事仍未能通过本人出席、电话会议或指定代理人的方式出席会议，则重新召开的董事会会议主持人应被视为上述董事指定的代理人代其出席会议并就有关决议投票。

争议焦点：真功夫公司董事会向蔡某某送达2013年第二次临时董事会会议通知及提案的行为是否符合公司章程的约定？

依据真功夫公司章程第4.10条、第4.12条的规定，董事长或者(在董事长缺席或不能履行职责期间)副董事长应在任何董事会会议召开之前，提前至少14天发出书面通知，且董事会会议通知的发出应符合"适当发出"的要求。

在本案中，真功夫公司于2013年11月8日、11月22日两次向公司5位董事发出会议通知，但针对蔡某某的通知地址为真功夫公司已登记备案的章程(2007年11月20日制定)中载明的蔡某某住所地广东省××市××镇××街××巷××号。真功夫公司于2013年12月9日上午如期召开2013年度第二次临时董事会，3位董事到场，并全票通过6项董事会决议。

依据蔡某某的主张，其认为其已委托蔡某红为其代理人并多次接收真功夫公司的文件，且真功夫公司明知蔡某某被持续羁押在广州市第一看守所，从以往的惯例中真功夫公司也清楚知道蔡某红的通信地址和手机，真功夫公司没有正当合法的理由却违反其此前通知蔡某红的一贯做法，故意向明知蔡某某不可能收到的地址发送会议通知，显然不属于章程规定的"适当发出"，故涉案董事会召集程序严重违反章程规定应予撤销。

真功夫公司则抗辩称，蔡某某虽被羁押，但真功夫公司无权与被关押在看守所内的蔡某某进行通信、联系；如果真功夫公司不按照章程所规定的地址发送会议通知，则会违反章程规定的"适当发出"的要求；真功夫公司虽与蔡某红曾有联系，但不代表真功夫公司承认蔡某红的代理人身份，且蔡某红本人与真功夫公司也有利益冲突。因此本案董事会议的召集和通知完全依照法律法规及公司章程的规定进行，完全符合"适当发出"的要求。

从本案当事人的诉辩意见及一审、二审法院观点并结合案件事实来看，法院之所以认定真功夫公司并没有依据章程规定的“适当发出”，除了本案蔡某某的被羁押状态外，更为重要的是真功夫公司的章程并没有就何为“适当发出”作出进一步的规定和说明。既然公司章程没有对这一名词作出详细规定和解释，则法院参照了一般的理解来进行解释，是否“适当发出”这一章程可以规定的事项完全交由了法院决定。本案的任一方包括公司在内也只能将自己的理解交由法院判定。真功夫公司的辩解最终没有得到支持，除了客观事实并不支持真功夫公司以外，与公司章程没有对“适当发出”作出明确的界定也有关系。因为章程没有规定，则在公婆各说理的情况下，只能由审判机关作出判定，各方的命运就交到了司法机关的手中。如果公司章程规定了“紧急联系人”的制度，则在股东或董事不方便联系的情况下，直接联系其紧急联系人，则本案各方浓墨重彩的说理与争议也就不会发生了。

本案还有一个焦点问题应在此予以进一步分析，就是未到会董事的董事权利可否由会议主持人潘某海代为行使？

经过一审、二审的审理，如果本案董事会召集方式违反了公司章程的规定，依法足以撤销，且一审、二审法院也多从案涉董事会通知违反章程规定的情形作出判决。在此总结了第二个焦点问题是因为笔者认为有必要在此分析一下董事的代理权事项。

依据真功夫公司章程第 4. 12 条规定，在经过适当通知后，如果在重新召开的董事会上，上述董事仍未能通过本人出席、电话会议或指定代理人的方式出席会议，则重新召开的董事会会议主持人应被视为上述董事指定的代理人代其出席会议并就有关决议投票。从该条款的规定可以看出，如果经过公司的通知，不出席的董事的权利则自动委托给了董事会会议主持人。

依据《公司法》第 48 条第 1 款的规定，有限责任公司的董事会的议事方式和表决程序，除本法有规定的外，由公司章程规定。依据《公司法》第 112 条第 1 款的规定，股份有限公司的董事因故不能出席董事会会议的，可以书面委托其他董事代为出席，委托书中应载明授权范围。具体到本案，真功夫公司是中外合资的有限责任公司，董事会是其权力机关，合资公司的董事会有一般公司的董事会的职能，也有股东会的职能。我们知道公司董事应由股东选举和更换，虽然董事当选后应代表公司利益而不是选举他的股东利益，但从个人角度来说，董事当然不能和选举他的股东利益相偏离。因此，在真功夫公司章程中规定，当经过适当通知后，董事仍不出席的，其董事权利被董事会主持人所代理行使。在这种自动代理的情况下，主持人的表决并不能必然反映缺席董事的权利，正如本案所发生的一样，真功夫公司董事会的主持人全部投出了赞成票，导致决议表面上全部通过。

真功夫公司是有限责任公司，董事会的议事方式和表决程序最终由公司章程规定，包括董事的委托权限，类似此类的章程条款应为有效。但这样的章程看起来对公司控制一方有利，即董事会主持人，往往是公司董事长。这个条款也有可能被他人利用，正如真功夫公司的案涉董事会召开一样，副董事长即会议主持人利用这一条款直接代理了两位缺席的董事进行表决。如果没有本案会议通知程序违反公司章程的“适当发出”的章程规定，一旦形成表决结果之后，其他董事或股东再以表决未有代理权为由提出公司决议的撤销或无效之诉，并不一定能得到法院的支持。

综上所述，章程所规定的程序性事项也并非可有可无的小事，股东在设计公司章程条款时一定要慎重并考虑全面。

第四章　公司表决权控制的章程设计

股东表决权是公司所有与公司控制的连接点，是联系公司所有与公司经营关系的桥梁。①

公司控制和治理是一个分权制衡的机制，以公司章程为纲领共享一个决策体系。股东通过股东会会议行使表决权，将自己的权利要求转化为法律上的意思表示，并通过股东会、董事会及监事会形成决议，对公司及相关主体产生拘束力。没有表决权的行使，股东会、董事会等制度成为一纸空文，股东所有权与股东享有资产收益、参与重大决策和选择管理者等权利产生割裂。随着资本市场的蓬勃发展及公司融资的不断进行，控股股东的股权比例不断被稀释，其表决权比例不断下降，对公司的控制力也相应减弱。表决权的多寡通常决定控制力的大小。如何通过表决权的设计，在公司所有与公司控制之间取得衡平，已成为市场经济社会各界越来越关注的重要话题。

一、公司表决权概述

公司表决权是指股东与董事基于特定身份而依法享有的在股东（大）会、董事会上按持有股份或董事资格独立作出自己的意思表示、参与公司意思决定的权利，广义上的公司表决权，包括股东表决权，以及由其派生出的董事（监事）基于董事（监事）资格而依法享有的在董事（监事）会上作出自己的意思表示、参与董事（监事）会意思决定的董事表决权、监事表决权。② 公司表决权从

① 参见梁上上：《股东表决权：公司所有与公司控制的连接点》，载《中国法学》2005 年第 3 期。

② 参见肖海军、危兆宾：《公司表决权例外排除制度研究》，载《法学评论》2006 年第 3 期。

权利归属来看是股东权、董事权权利体系的一部分,从权利作用来看是公司资本所有与公司控制的连接点,可以说是争夺公司控制权的最有力工具。[①]

从公司治理与控制的角度出发,公司表决权主要包括股东和董事在股东会会议和董事会会议上表决的权力/利,广义角度的公司表决权也包括监事表决权,但因监事表决权主要涉及公司监督事项,与公司控制权及股东权利保护甚少直接相关,故于本章中不讨论监事表决权事项。股东依据对公司的出资按照“资本多数决”的规则行使表决权,而董事表决权的行使规则是“一人一票”的“人头多数决”。通过表决权的行使,股东和董事控制公司,参与经营管理。

(一)股东表决权

1.股东表决权的定义及功能

股东表决权是指参加股东会会议的股东依据法律或章程的规定按所持股份对股东会会议审议事项作出赞成、反对或放弃的意思表示的权利。依据股东出资者的身份,股东表决权是股东固有的权利,它体现的是股东参与公司重大决策的权利和选择管理者的权利,股东表决权是股东管理与控制公司的载体与工具。股东通过表决权的行使达到直接或间接的管理公司,从而实现或影响其他权利。[②]

有学者认为,在现代公司中,公司所有者与公司经营者在权力上的分离是经济规律的必然选择,也是现代公司的本质所在。但在权力分离过程中,表决权扮演着极为重要的角色,它是公司所有与公司经营的连接点。一方面,它不但维系着公司所有者与经营者的关系,还控制着经营者的权利。另一方面,它也反映股东之间的内部关系,既是控制股东对中小股东进行控制的工具,也是不同股东之间争夺公司控制权的工具。如果说股东有限责任的根本价值在于使公司法人人格取得独立,那么,正是表决权这一连接点,使我们对公司结构与

---

① 参见梁上上:《论股东表决权:以公司控制权争介为中心展开》,法律出版社2005年版,第5页。

② 参见叶青:《有限责任公司股东表决权之章程设计》,载《法制博览》2015年第9期。

内部运营机制有了深刻的认识。所以表决权制度至关重要，是公司法的第二特征，具有独立的制度价值。①

股东表决权从功能看是一种控制权，这种控制权首先表现在股东可以通过投票表决决定公司经营管理的重大事项，使公司能够按照股东的意愿来管理及处分公司财产，以保护股东的合法权益。股东通过资本多数决的表决权机制选择或罢免董事、确立公司的运营方式、决策重大事项等，借以实现对公司的有效管理和控制，其中也包括控制公司财产权，故表决权实质上是一种控制权，同时兼有保障自益权行使和实现之功能，具有工具性质。② 谁拥有多数表决权，谁就控制了公司，谁就可以让有利于自己的公司决议等到执行，从而达到占有控制权收益的目的。

2. 股东表决权的法定行使与协议行使

《公司法》(2023 年修订)明确规定，股东会是公司的权力机构，公司股东对公司依法享有资产收益、参与重大决策和选择管理者等权利。股东参加股东会会议并就会议事项进行表决，是股东行使股东权利，参与公司事务的主要方式，也是股东会会议制度的主要目的所在。依据《民法典》和《公司法》(2023 年修订)的规定，股东行使表决权的一般规律是股东表决权与股东出资数额或持股比例相对应，持有本公司较大比例的股份或股权的股东当然对公司有控制权，而持股比例不占优势的股东则几乎不能对公司进行控制和影响。

《公司法》(2023 年修订)规定，股东会会议由股东按照出资比例行使表决权；但是，公司章程另有规定的除外。股东会的议事方式和表决程序，除公司法有规定的外，由公司章程规定。股东会会议作出决议应当经代表过半数表决权的股东通过。股东会会议作出修改公司章程、增加或者减少注册资本的决议，以及公司合并、分立、解散或者变更公司形式的决议，应当经代表 2/3 以上表决权的股东通过；股份有限公司的股东出席股东会会议，所持每一股份有一表决权，类别股股东除外。公司持有的本公司股份没有表决权。股东会作出决议，应当经出席会议的股东所持表决权过半数通过。股东会作出修改公司章程、增

① 参见梁上上：《股东表决权：公司所有与公司控制的连接点》，载《中国法学》2005 年第 3 期。
② 参见江苏省南京市中级人民法院民事判决书，(2012)宁商终字第 991 号。

加或者减少注册资本的决议,以及公司合并、分立、解散或者变更公司形式的决议,应当经出席会议的股东所持表决权的2/3以上通过。

依据《公司法》(2023年修订)规定,有限责任公司的股东可以在公司章程中作出不按照出资比例行使表决权的约定。如直接约定差异表决权,创始人股权以出资比例倍数行使表决权或直接明确创始人的表决权,此类表决权设计加强了创始股东对公司的控制。《公司法》(2023年修订)针对股份有限公司明确规定了类别股制度,股东可通过章程规定类别股来加强表决权。股份有限公司中资本实力弱的股东也可通过公司章程的特别事项分类、表决权协同、表决权差异设计或优先股制度的设计进行控制或影响公司。股东可以让渡部分表决权以换取分红等其他权益从而实现表决权协同,这种协同可以将公司的各类驱动要素联合起来,以便各位股东在公司平台及公司章程框架内一起干事创业。毕竟,随着公司不断再融资,除非原有股东有能力跟进继续投资,否则,其持股比例必将被逐渐稀释。为避免股权稀释造成的失权,原有股东与其他股东协同行动的可能性会提高。[①]

股东表决权的设计实质上是股东权利交换的设计。不同位置的股东对表决权会有个性化的要求,比如公司控制股东要求加强自己的控制地位来拥有持续的影响力,战略投资股东在某些事项上要求有特别的表决权从而保护自己的投资利益,小股东在表决权劣势的情况下,也希望通过依傍控股股东或联合其他小股东以保护自己的投资利益。实践中股东的表决权在各方投资人的博弈中会有变动或协同,这就让股东表决权的让渡或联合有了现实的可能性。

美国1918年的Manson v. Curtis一案中,法院指出,拥有大部分股份的两个或多个股东联合制定公司政策或行动,或他们将选举的官员,这并不违法或违反公共政策。为通过选举特定人员作为董事来获得对公司的控制权而在少数人但占多数股份之间达成的普通协议并不违法。股东有权将他们的利益和投票权结合起来,以确保对公司的控制以及公司采用和遵守特定的政策和业务过程。在他们之间对此类意图和效果进行充分考虑的情况下,如果协议不违反任

---

① 参见叶林、吴烨:《上市公司章程反收购条款的规范路径》,载《证券法苑》2017年第4期。

何明确的章程或法律规定或不考虑对其他股东或其他非法对象的任何欺诈、压迫或错误，则该协议是有效和具有约束力的。①

3. 股东表决权协议行使的常见方式

实践中一般有以下4种方法来协同或强化表决权。

（1）优先股制度。优先股是指依照公司法相关规定，在一般规定的普通种类股份之外，另行规定的其他种类股份，其股份持有人优先于普通股股东分配公司利润和剩余财产，但参与公司决策管理等权利受到限制。

（2）投票权委托。投票权委托是一种非常有效的外部治理制度，通过投票权委托，可以将小股东的投票权集中起来，从而有效地影响公司决策。以阿里为例，马云在上市前持股比例为8.8%，管理层总计14.6%；软银34%；雅虎22%。马云等创始股东与软银和雅虎通过投票权委托，取得软银和雅虎的投票权，从而实现了对阿里的控制权。但这种委托投票制度也有其不稳定性，因为我国《民法典》第933条第1句规定，委托人或者受托人可以随时解除委托合同。

（3）一致行动协议。一致行动是指投资者通过协议的安排，与其他投资者共同扩大其所能够支配的一个公司表决权数量的行为或者事实。在公司的收购及相关股份权益变动活动中有一致行动情形的投资者，互为一致行动人。通过与部分股东达成一致行动协议的方式，控股股东可以得到该部分股东表决权的让渡，从而扩大控股股东可支配的表决权，以达到实际掌握对公司的控制权。

【参考案例】　在张某庆、周某康公司决议撤销纠纷再审审查与审判监督案中，针对一致行动协议的裁判要旨就是：一方在某事项上的投票行为与对方保持一致，但在股东大会表决时，对方投同意票，一方违反自身作出的承诺而投出反对票的，对此，股东大会根据协议将反对票统计为同意票将得到法院的支持。②

（4）双层股权结构（表决权差异安排）。双层股权结构又称同股不同权或

---

① 载 https://casetext.com/case/manson-v-curtis，最后访问日期：2024年2月17日。

② 参见江西省高级人民法院民事裁定书，（2017）赣民申367号。

AB股模式,是一种股票分类设置制度,指公司在市场上发行两种级别的股票,同股不同权,表现为其中A类股为一股一票表决权的普通股,由公众投资者持有;B类股为超级表决权股,由公司创始人(包括高管和公司早期员工)、原始股东等人持有。这种架构设计确保部分股东(创始人和高管)通过拥有更高的投票权对股东大会的决策产生决定性影响,从而保证其对公司的控制权。中国赴美上市的中概股公司有41家实现控制权强化的具体方式就是利用非比例表决权型,即采用典型的双重或多重股权结构,通过直接赋予特定类别股份与其现金流不相匹配的超额表决权来强化控制。在高投票权设置方面,最常见的是"一股十权"。①

2019年4月30日发布的《上海证券交易所科创板股票上市规则》(现已失效)第2.1.4条规定了表决权差异安排,发行人可以依照《公司法》(2018年修正)第131条的规定,在规定的普通股份之外,发行拥有特别表决权的股份。每一特别表决权股份拥有的表决权数量大于每一普通股份拥有的表决权数量,其他股东权利与普通股份相同。规则发布后,优刻得科技股份有限公司就采用了"特别表决权股份"的安排后在科创板挂牌上市,成为我国资本市场第一家采用双层股权结构上市的公司。一年后,全国中小企业股份转让系统(俗称新三板)于2020年4月9日发布了挂牌公司治理指引第3号——表决权差异安排,②在我国科创板之后,又增加了表决权差异安排的另一个资本市场。科创板表决权差异设计与新三板出台表决权差异安排指引反映了市场的需求,监管层对股东控制的"同股不同权"给予了制度支持。《公司法》(2023年修订)第144条规定,公司可以按照公司章程的规定发行表决权数与普通股权利不同的类别股。从法律的发展可以看出,国家在经过表决权差异安排的制度试水之后,将拥有不同表决权数的类别股直接规定进入了法律,就是鼓励股东表决权的自我设计,从而满足不同股东的需求,实现公司的个性化控制与发展。

---

① 参见汪青松:《公司控制权强化机制下的外部投资者利益保护——以美国制度环境与中概股样本为例》,载《环球法律评论》2019年第5期。

② 参见《关于发布〈全国中小企业股份转让系统挂牌公司治理指引第3号——表决权差异安排〉的公告》,载全国中小企业股份转让系统官网2020年4月9日,http://www.neeq.com.cn/important_news/200007951.html。

在公司控制实践中，无论有限责任公司还是股份有限公司，股东们均可以采用以上办法或设计表决权差异的类别股进而更好地管控公司。

（二）董事表决权

董事的表决权是指董事基于董事身份，为履行董事职责而依法享有的在董事会上依据法律规定和公司章程规定的事项独立作出自己的意思表示、参与依据法律和公司章程由董事会决策的事项的权利。股东会虽然是法定的公司权力机构，但“县官不如现管”，董事会才是公司的常设决策执行机构。依据《公司法》（2023 年修订）规定，董事会兼具公司的决策、监督和执行职能，并行使法律赋予的职权；但《公司法》（2023 年修订）删除了董事会对股东会负责的规定，赋予董事会法定的独立性和决策自主性，这一重要变化使股东对董事会职权的行使产生了前所未有的关注和重视。董事会是否还会如以前一样来维护股东的利益，保证股东对公司的控制？董事表决权的设计在这一背景下变得更加重要。

依据《公司法》（2023 年修订）第 73 条和第 124 条的规定，有限责任公司董事会的议事方式和表决程序，除本法有规定的外，由公司章程规定。董事会会议应当有过半数的董事出席方可举行。董事会作出决议，应当经全体董事的过半数通过。董事会决议的表决，应当一人一票；股份有限公司的董事会会议应有过半数的董事出席方可举行。董事会作出决议，应当经全体董事的过半数通过。董事会决议的表决，应当一人一票。依据公司法规定，有限责任公司的董事会的议事方式和表决程序，可以由公司章程补充及个性化规定，而股份有限公司的董事会的议事方式和表决程序，公司章程也可以补充及进行个性化规定，例如通过区分事项类别进行表决权设计。

【参考案例】 在北京金冠汽车服务有限公司（以下简称金冠公司）与东联科技有限公司董事会决议撤销纠纷上诉案中，北京市高级人民法院认为：本案属董事会决议撤销纠纷，其审查内容是争议的董事会决议的召开及表决方式是否符合公司章程的规定。金冠公司董事会决议的表决通过方式采用的并非通常意义上的资本多数决方式，而是董事人数的 2/3 多数且应包含各方至少 1 名董事。此举意味着对于金冠公司重大事项的表决方式,金冠公司的三方股东派驻的董事必须做到每方股东派驻的董事至少有1名董事参加并同意才具备通过的可能,此为金冠公司的股东在金冠公司设立时的自愿约定并已通过我国商务部的批准而生效。因此,此为衡量本案争议的董事会决议通过方式是否合法的唯一依据。由于本案争议的董事会决议缺乏股东一方东联公司董事的参与及事后同意,根据公司章程第25条的规定,该董事会决议在法律上属于可撤销的范畴。毋庸置疑,金冠公司章程的此种规定,导致只要有一方股东不同意公司的经营决策时,公司的决议决策机制易陷入僵局,但是此为金冠公司各方股东的自愿约定,本院无权干预。①

【参考案例】 在孔某振与威海市振荣房地产有限公司董事会决议撤销纠纷案中,威海市振荣房地产有限公司公司治理和公司管理章节中对公司重大决策约定:合营公司重大决策,包括但不限于公司管理制度设立、投融资决策、规划设计方案决策、高级管理人员的任命及薪金、财务预决算和利润分配、重大资产购买和处置、对外担保、增减注册资本、修改章程和工商登记变更等均由董事会讨论决定。董事会决议须由全体董事一致表决(100%)通过方为有效。2012年12月24日的董事会决议所表决事项未能做到全体董事100%通过,该决议内容违反了公司章程的约定,原告有权请求法院予以撤销。②

从法律规定和以上判例的裁判要旨来看,公司董事会的议事方式和表决规则的章程个性化规定得到了司法的尊重。在《公司法》(2023年修订)的背景下,公司可以针对董事会的议事方式和表决程序及规则进行章程的个性化设计。

二、公司表决权的章程设计

(一)股东表决权的章程设计

公司决策是通过公司决议形式反映出来的集体决策,任何公司决策遵循的

① 参见北京市高级人民法院民事判决书,(2009)高民终字第1147号。
② 参见山东省荣成市人民法院民事判决书,(2013)荣商初字第107号。

是法定或章程规定的决策规则。依据公司法，股东可以根据自己的实际需要，利用表决权的行使，实现自己的利益诉求。有限责任公司的股东除按照出资比例行使表决权外，可以由公司章程另行规定表决权的行使方式或规则，股份有限公司的股东表决权也可以通过股东间的协议进行表决协同。依据法律规定并通过章程安排，不同利益诉求的股东可以通过让渡表决权以换取其他方面的利益，这为公司表决权的章程设计提供了空间。

1. 股东会表决比例的章程设计

根据《公司法》(2023 年修订)第 65 条和第 66 条的规定，股东会会议由股东按照出资比例行使表决权；但是，公司章程另有规定的除外。股东会会议作出决议应当经代表过半数表决权的股东通过。对有限责任公司来说，《公司法》(2023 年修订)一改以前对股东会会议通过普通事项的表决比例缺乏规定的作法，明确规定了股东会会议作出决议应当经代表过半数表决权的股东通过，因此章程对普通事项的表决通过比例的设计不能低于“过半数表决权”，但高于最低通过比例，公司章程可以自主规定。

【参考案例】 在余某与朱某江与公司有关的纠纷案中，争议公司的公司章程第 25 条第 1 款规定：股东会会议由股东按照出资比例行使表决权，股东会会议应对所议事项作出决议，决议由代表 4/5 以上表决权的股东表决通过，但股东会会议作出修改公司章程、增加或减少注册资本的决议、利润分配方案及亏损弥补方案、公司总经理聘任及解聘、公司对外投资计划、对外提供担保以及公司合并、分立、解散或者变更公司形式的决议，必须经全体股东一致通过。股东向股东以外的人转让股权，应当经其他股东一致同意。公司股东会的决议内容违反法律、行政法规的无效。一审法院认为系争公司章程第 25 条第 1 款的规定，其内容实质上与公司法立法精神相悖，是对公司法“多数资本决”的否定，并在该公司实际经营中造成了少数股东的意见左右股东会甚至决定了股东会的决议，致使公司形成无法正常运行的局面，该公司章程中的上述条款应予变更。但二审法院认为，对于修改公司章程等公司重大事项，公司法规定必须经代表 2/3 以上表决权的股东通过，系对该类事项赞成票的最低限制，公司章程规定高于这一规定的，属当事人意思自治的范畴，应当具有法律效力。涉案广汇公司公司章程第25条第1款规定,股东会会议作出修改公司章程、增加或减少注册资本的决议,利润分配方案及亏损弥补方案、公司总经理聘任及解聘、公司对外投资计划、对外提供担保以及公司合并、分立、解散或者变更公司形式的决议,必须经全体股东一致通过。该规定由全体股东商议通过,是全体股东的真实意思表示,内容亦未违反法律法规的禁止性规定,故该规定符合法律规定,应为有效。①

【参考案例】 在巴彦淖尔市福泰工贸有限责任公司(以下简称福泰工贸有限公司)、张某山与贺某玉公司决议纠纷案中,福泰工贸有限公司章程第15条规定,股东会会议由股东的人数额行使表决权,每位股东一票;第16条规定,股东会会议作出修改公司章程、增加或者减少注册资本的决议,以及公司合并、分立、解散或者变更公司形式的决议,必须经代表2/3以上股东人数表决通过。法院针对福泰工贸有限公司章程规定的表决方法释明如下:从《公司法》有关规定来看,股东会的议事方式和表决程序充分尊重公司章程约定,有限责任公司股东行使表决权的方法可由公司章程自行约定;公司章程未约定的,股东按照出资比例行使表决权。《公司法》第43条第2款规定,与第42条规定互相衔接,因此该款中“代表三分之二以上表决权的股东”中的“表决权”,既包括比例决,还包括章程约定的人数决,而非仅指比例决。综上,2014年7月9日《福泰公司章程》第16条“股东会会议作出修改公司章程……的决议,必须经代表三分之二以上股东人数表决通过”的约定并不违法。②

依据法律和判例可以知道,只要公司章程对股东会决议通过比例不低于法定标准,哪怕造成公司僵局也应有效。如果因公司自治失灵而导致公司僵局的事项发生,股东可以通过申请公司解散的方式予以解决,司法也不宜直接干涉公司自治的约定。同属普通法系国家的美国,许多州允许章程提高股东会法定出席比例和表决要求。③

依据《公司法》(2023年修订),有限责任公司股东会对作出修改公司章

① 参见广东省深圳市中级人民法院民事判决书,(2018)粤03民终8608号。

② 参见内蒙古自治区巴彦淖尔盟中级人民法院民事判决书,(2016)内08民终586号。

③ 参见沈四宝编译:《最新美国标准公司法》,法律出版社2006年版,第78页。

程、增加或者减少注册资本的决议，以及公司合并、分立、解散或者变更公司形式的决议，必须经代表2/3以上表决权的股东通过，但对股东会会议的一般事项的表决通过比例，应当经代表过半数表决权的股东通过。类似上述两案例中，有的公司股东约定对公司股东会决议事项通过公司章程约定代表3/4以上或100%表决权的股东通过或全体股东人数一致通过。这样的约定可能给予了小股东一票否决权或否定了"资本多数决"的表决逻辑，还有可能容易形成表决僵局，从公司控制和股东权利保护的角度来说并不合适。因此设计股东会决议通过的表决比例应以适合本公司的特点为必要，而不应简单地认为提高了表决比例就是加强了公司控制和股东权利保护。

有限责任公司股东会表决比例章程条款的参考示例

第×××条 股东会会议由股东按照（实缴的/认缴的）出资比例行使表决权，股东会会议应对所议事项作出决议，应当经代表过半数表决权的股东通过。

股东会会议作出修改公司章程、增加或减少注册资本的决议、利润分配方案及亏损弥补方案、公司对外投资计划、对外提供担保以及公司合并、分立、解散或者变更公司形式的决议，应当经代表2/3以上（或3/4，或全体股东一致）表决权的股东通过。

股东向股东以外的人转让股权，应当经其他股东一致同意（选择性条款：应当经甲股东同意）。

第×××条 （选择性条款）股东会进行表决时，除依据法律规定的比例表决通过外，还应取得甲股东的同意，决议方为有效。

第×××条 同股不同权的表决设计：

（一）本公司的表决依据以下表达比例进行表决。股东A所持有的股权份额具有完全的表决权；股东B所持有的股权具有50%的表决权；但对股东会会议作出修改公司章程、增加或者减少注册资本的决议，以及公司合并、分立、解散或者变更公司形式的决议，股东A和股东B的表决权是平等的。

（二）股东B所持有的股权具有优先分配利润的权利。公司应当以现金的形式向股东B支付利润，在完成支付股东B依本章程规定的利润之前，不得向股东A分配利润。在满足章程规定的股东B利润分配之后,公司的利润应按股东A和股东B的持股比例分配。

(三)股东B优先分配剩余财产。公司因解散、破产等原因进行清算时,公司财产在按照公司法和破产法有关规定进行清偿后的剩余财产,应当优先向股东B支付未分配的利润和公司章程约定的清算金额。

(四)股东B的表决权可以恢复,当股东B的表决权恢复时,股东B的优先利润分配权及股东A的补偿义务同时取消。公司章程可规定优先股表决权恢复的其他情形。

第×××条 下述事项的决定需经代表2/3(或3/4)以上表决权的股东通过方为有效:

(一)选举和更换非由职工代表担任的董事、监事;决定有关董事、监事的报酬事项;

(二)审议批准董事会的报告;

(三)审议批准监事会的报告;

(四)审议批准公司的利润分配方案和弥补亏损方案;

(五)对公司增加或者减少注册资本作出决议;

(六)对发行公司债券作出决议;

(七)对公司或下属公司合并、分立、变更公司形式、解散和清算等事项作出决议;

(八)修改公司章程;

(九)公司或下属公司对外投资;

(十)从事主营业务以外的业务;

(十一)公司向其他企业投资或者为他人提供担保;

(十二)知识产权、商标、土地使用权等无形资产的处置。

第×××条 各方股东承认甲股东、乙股东作为公司创始人的地位,当股东会会议表决以下事项时,根据甲乙双方协商一致,甲乙双方联合享有多数表决权:

(一)在股东会行使的职权或者按照章程董事会须报股东会批准的事项时;

（二）选举公司董事或成立董事会时任命公司董事长。

第×××条　本章程的修改除须经代表3/4以上表决权的股东通过。

2. 股东会决议事项类别的章程设计

根据决议事项，股东会决议分为普通决议和特别决议。普通决议是指股东会作出决议时，应当由股东会的股东（包括股东代理人）所持表决权的过半数通过的决议；特别决议是指股东会作出决议时，应当由股东会的股东（包括股东代理人）所持表决权的2/3以上通过的决议。根据《公司法》（2023年修订）第59条和第112条规定，股东会可对8项事项进行决议，且在该条第1款第9项中，赋权公司章程可以规定股东会的其他职权。

根据《公司法》（2023年修订）第65条的规定，股东会会议由股东按照出资比例行使表决权；但是，公司章程另有规定的除外。因此，针对有限责任公司，可通过章程针对特定事项进行差异表决权的个性化设计；根据《公司法》（2023年修订）第116条的规定，股份有限公司股东会会议的表决规则并没有赋权公司章程可以另有规定，但结合《上市公司章程指引》（2023年修正）第78条[①]的规定，针对股份有限公司，可以将表决事项通过章程分类规定为普通事项和特别事项从而设定表决比例进行个性化设计。《上市公司章程指引》（2023年修正）第78条规定，公司在一年内购买、出售重大资产或者担保金额超过公司最近一期经审计总资产30%以及股权激励计划列为由股东大会以特别决议通过的事项。《上市公司章程指引》（2023年修正）第78条还规定，股东大会以普通决议认定会对公司产生重大影响的、需要以特别决议通过的其他事项列为特别

---

① 《上市公司章程指引》（2023年修正）第78条规定，下列事项由股东大会以特别决议通过：（1）公司增加或者减少注册资本；（2）公司的分立、分拆、合并、解散和清算；（3）本章程的修改；（4）公司在一年内购买、出售重大资产或者担保金额超过公司最近一期经审计总资产30%的；（5）股权激励计划；（6）法律、行政法规或本章程规定的，以及股东大会以普通决议认定会对公司产生重大影响的、需要以特别决议通过的其他事项。

注释：股东大会就以下事项作出特别决议，除须经出席会议的普通股股东（含表决权恢复的优先股股东，包括股东代理人）所持表决权的2/3以上通过之外，还须经出席会议的优先股股东（不含表决权恢复的优先股股东，包括股东代理人）所持表决权的2/3以上通过：（1）修改公司章程中与优先股相关的内容；（2）一次或累计减少公司注册资本超过10%；（3）公司合并、分立、解散或变更公司形式；（4）发行优先股；（5）公司章程规定的其他情形。

事项,并在表决时按照特别决议的表决规则进行表决。《上市公司章程指引》(2023年修正)第78条第1款第6项的兜底性规定将公司目前不能预测,但当发生时对公司有重大影响的、股东会以普通决议认定需要以特别决议表决的事项,通过章程规定为特别事项有利于公司章程灵活设计一些特殊事项,该条的指引性规定可供股份有限公司及其控股股东或中小股东借鉴,在制定公司章程时根据公司控制与股东权利保护的需要对决议事项类别化处理从而对表决权进行个性化设计。

股东会决议类别事项章程条款参考示例

第×××条　股东会决议事项分为普通事项和特别事项,凡在本章程中规定为股东会特别事项的,应当经代表2/3以上表决权的股东通过(或应当经出席会议的股东所持表决权的2/3以上通过)。

第×××条　下列事项由股东会以特别决议通过:

(一)公司增加或者减少注册资本和发行任何种类股票、认股证和其他类似证券;

(二)回购公司普通股股份;

(三)发行公司债券;

(四)审议批准或授权董事会批准本公司设立重要的法人机构、重大收购兼并、重大投资、重大资产处置和重大对外担保等事项;

(五)根据法律、法规、规章、规范性文件或本章程的规定调整公司利润分配政策;

(六)决定或授权董事会决定与公司已发行优先股相关的事项,包括但不限于回购、转换、派息等;

(七)法律、法规、规章、规范性文件或者本章程规定的,以及股东会以普通决议认定会对本公司产生重大影响的,需要以特别决议通过的其他事项。

第×××条　下列事项由股东会以特别决议通过:

(一)投资额在公司最近一期经审计的归属于公司股东权益50%以上的主业项目;

(二)金额占公司最近一期经审计的归属于公司股东权益20%以上的贷款

事项；

（三）金额占公司最近一期经审计的归属于公司股东权益15%以上的资产抵押事项；

（四）公司长效激励约束机制、公司的管理层和核心骨干持股的总体方案；

（五）公司增、减股本和发行任何种类股票、认股证和其他类似证券；发行公司债券；

第×××条　以下事项为股东会特别决议事项：

（一）不论交易目标是否相关，按照连续12个月累计计算原则，公司及控股子公司发生的资产总额或者成交金额超过公司最近一期经审计总资产30%以后的任何除日常经营行为以外的资产处置行为（公司与控股子公司之间、公司控股子公司相互之间发生的资产处置行为除外）；

（二）按照担保金额连续12个月累计计算原则，公司及控股子公司发生的对外担保总额，超过公司最近一期经审计总资产30%以后提供的任何担保；

（三）股权激励计划；

（四）利润分配政策调整。

第×××条　股东会以下事项为特别事项，当对之作出决议时，除须经出席会议的普通股股东（含表决权恢复的优先股股东，包括股东代理人）所持表决权的2/3以上通过之外，还须经出席会议的优先股股东（不含表决权恢复的优先股股东，包括股东代理人）所持表决权的2/3以上通过：(1)修改公司章程中与优先股相关的内容；(2)一次或累计减少公司注册资本超过10%；(3)公司合并、分立、解散或变更公司形式；(4)发行优先股；(5)公司章程规定的其他情形。

第×××条　法律、法规、规章、规范性文件或者本章程规定的，以及股东会以普通决议认定会对本公司产生重大影响的，需要以特别决议通过的其他事项。

3. 股东表决权特别安排的章程设计

在本章公司表决权概述部分，我们提及了股东表决权协同的一些特殊安排设计，包括优先股制度、表决权委托、一致行动协议以及表决权的差异安排。针对表决权委托及一致行动协议来说,这是股东之间的约定,而不是公司基本制度,鲜见写入公司章程中。按照《公司法》(2023 年修订)第 65 条、第 144 条和第 145 条的规定,有限责任公司的股东会会议由股东按照出资比例行使表决权;但是,公司章程另有规定的除外;股份有限公司可以按照公司章程的规定发行与普通股权利不同的类别股,类别股包括优先/劣后股、表决权差异股、转让受限权以及国务院规定的其他类别股。根据前述法律规定,针对表决权的差异安排及优先股制度,则可以安排到公司章程中,成为公司运营中所应遵守的章程规则。《公司法》(2023 年修订)的以上规定以及《上海证券交易所科创板股票上市规则》《全国中小企业股份转让系统挂牌公司治理指引第 3 号——表决权差异安排》《国务院关于开展优先股试点的指导意见》这些文件的指导意见不仅适用于股份有限公司,对有限责任公司的类似设计也具有指导意义。

股东表决权差异安排(表决权类别股)的章程设计条款参考示例

第×××条　本公司股本由具有普通表决权的股份(以下简称 A 类股份)及特别股份(以下简称 B 类股份)组成。其中,有权持有 B 类股份的股东应当是对公司发展或者业务增长等作出重大贡献,并且是在公司上市前及上市后持续担任公司董事的人员或者该等人员实际控制的持股主体。持有 B 类股份的股东在公司中拥有权益的股份合计应当达到公司全部已发行有表决权股份 10%以上。公司全体股东同意公司仅有甲股东、乙股东为 B 类股份持有者,其所持公司股份为 B 类股份,公司其他股东所持公司股份为 A 类股份。

第×××条　甲股东和乙股东是本公司的董事,分别持有的 B 类股份为××××××股和××××××股,占公司总股份的×%(大于等于 10%)。

第×××条　特别表决权仅适用于公司章程约定的股东会特别决议事项。除前述事项外,特别表决权股东与持有普通股份的股东享有的表决权利完全相同。

第×××条　本章程下列用语具有如下含义:

(一)特别表决权股份,是指本公司依照《公司法》第 144 条的规定,在一般规定的 A 类普通股份之外,发行拥有特别表决权的 B 类股份;每一 B 类股份拥有的表决权数量是每一 A 类普通股份拥有的表决权数量的 10 倍，B 类股份其他股东权利与 A 类普通股份相同。

（二）特别表决权股东，是指持有特别表决权 B 类股份的甲股东和乙股东。

（三）特别表决权比例，是指全部 B 类股份的表决权数量占公司全部已发行股份表决权数量的比例。

（四）普通表决权比例，是指全部 A 类股份的表决权数量占公司全部已发行股份表决权数量的比例。

第×××条　本公司股票上市交易后，除同比例配送股、转增股本方式外，不得在境内外新发行特别表决权股份，不得提高 B 类股份比例。公司因股份回购、减少注册资本等原因，可能导致 B 类股份比例提高的，公司应当同时采取将相应数量 B 类股份转换为 A 类普通股份等措施，保证 B 类股份比例不高于原有水平。

第×××条　B 类股份不得进行交易，除法律、监管机构或交易所规则另有规定除外。

第×××条　对 B 类股份的表决行为持有异议的其他股东，可以依据法律法规、交易所规则或本章程规定要求公司回购其股份。

第×××条　出现下列情形之一的，B 类股份应当按照 1∶1 的比例转换为 A 类股份：

（一）持有 B 类股份的股东不再符合本章程规定的资格和最低持股要求，或者丧失相应履职能力、离任或死亡；

（二）持有 B 类股份的股东向他人转让所持有的相应 B 类股份，或者将相应 B 类股份的表决权委托他人行使；

（三）公司的控制权发生变更；

（四）法律法规和相关规范性文件要求的其他情形。

发生前款第 3 项情形的，公司已发行的全部 B 类股份均应当转换为 A 类股份。发生本条第 1 款情形的，B 类股份自相关情形发生时即转换为 A 类股份，相关股东应当立即通知公司，公司应当及时披露具体情形、发生时间、转换为 A 类股份的 B 类股份数量、剩余 B 类股份数量等情况。

第×××条　除本章程规定的表决权差异外，A 类股份与 B 类股份具有的其他股东权利应当完全相同。持有B类股份的股东应当按照所适用的法律法规以及本章程行使权利,不得滥用特别表决权,不得利用特别表决权损害其他股东的合法权益。

第×××条　A类股份及B类股份持有人就所有提交公司股东会表决的决议案进行表决时,B类股份持有人每股可投10票,而A类股份持有人每股可投一票,但是股东会就下述事宜的议案进行表决时,每一B类股份享有的表决权数量应当与每一A类股份的表决权数量相同,即均应一股一票:

(一)修改公司章程中与表决权差异安排相关的内容;

(二)合并、分立、解散或者变更公司形式;

(三)选举和更换非由职工代表担任的监事;

(四)决定非由职工代表担任的董事、监事的报酬事项;

(五)选举或罢免独立董事;

(六)聘请或解聘为公司定期报告出具审计意见的会计师事务所;

(七)终止股票挂牌;

(八)公司章程规定的其他事项。

股东会对上述第1项作出决议,应当经过不低于出席会议的股东所持表决权的2/3以上通过,但出现持有B类股份的股东不再符合本章程规定的资格和最低持股要求,或者丧失相应履职能力、离任、死亡;持有B类股份的股东向他人转让所持有的相应B类股份,或者将相应B类股份的表决权委托他人行使;公司的控制权发生变更以及法律法规和相关规范性文件要求的以上其他情形时,将相应数量B类股份转换为A类股份的不受前述需要2/3表决权以上通过的约束。

第×××条　在公司存在B类股份的情况下,公司具有表决权差异安排的,监事会应当在年度报告中,应当就下列事项出具专项意见:

(一)持有B类股份的股东是否持续符合本章程的要求;

(二)B类股份是否出现本章程规定的情形并及时转换为B类股份;

(三)公司B类股份的表决权比例是否持续符合本章程、法律法规和相关规范性文件的规定;

(四)持有B类股份的股东是否存在滥用特别表决权或者其他损害投资者

合法权益的情形;

(五)公司及持有B类股份的股东遵守本章程、法律法规和相关规范性文件有关特别表决权其他规定的情况。

优先股股东事项的章程设计条款参考示例

第×××条 本公司已发行的优先股不得超过普通股股份总数的50%,且筹资金额不得超过发行前净资产的50%,已回购、转换的优先股不纳入计算。

第×××条 本公司可根据监管规定非公开发行触发事件发生时强制转换为普通股的优先股,并遵守有关规定。

第×××条 本公司发行的优先股不附有回售条款,优先股股东无权要求本公司赎回优先股。本公司可根据监管规定赎回优先股。

第×××条 本公司优先股股东享有以下特别权利:

(一)优先于普通股股东分配股息;

(二)本公司清算时,优先于普通股股东分配本公司剩余财产;

(三)依据本章程规定,优先股股东可以出席本公司股东会并享有表决权;

(四)出现本章程规定的公司累计3个会计年度或连续两个会计年度未按约定支付优先股股息的,自股东会批准当年不按约定分配利润的方案次日起,优先股股东按照规定的方式恢复表决权;

(五)法律、行政法规、规章和本章程规定的优先股股东应享有的其他权利。

第×××条 除以下情况外,公司优先股股东无权出席任何股东会,所持股份没有表决权:

(一)修改本章程中与优先股相关的内容;

(二)一次或累计减少本公司注册资本超过10%;

(三)公司合并、分立、解散或变更公司形式;

(四)发行优先股;

(五)本章程规定的其他变更或者废除优先股股东权利的情形。

出现上述情况之一的,公司召开股东会会议应通知优先股股东,并遵循本章程通知普通股股东的规定程序。优先股股东(包括股东代理人)就上述事项与普通股股东分类表决,按照监管规定及优先股发行时约定的比例行使表决权,但本公司持有的公司优先股没有表决权。

上述事项的决议,除须经出席会议的普通股股东(含表决权恢复的优先股股东)所持表决权的2/3以上通过之外,还须经出席会议的优先股股东(不含表决权恢复的优先股股东)所持表决权的2/3以上通过。

第×××条　本公司累计3个会计年度或连续2个会计年度未按约定支付优先股股息的,自股东会批准当年不按约定分配利润的方案次日起,优先股股东有权出席股东会与普通股股东共同表决。

本公司优先股股东恢复行使表决权时,每股优先股享有的表决权的计算方式,按照该优先股发行时约定的比例折算。

第×××条　以下事项计算股东持股比例、持股数额时,仅计算普通股和表决权恢复的优先股:

(一)有权请求召开临时股东会的股东;

(二)有权召集和主持股东会的股东;

(三)有权提交股东会临时提案的股东;

(四)根据公司法及本章程规定认定控股股东;

(五)根据证券法认定持有本公司股份最多的前10名股东及其持股数额;

(六)根据证券法认定持有本公司5%以上股份的股东;

(七)有权提名本公司董事、独立董事、股东代表监事及外部监事的股东;

(八)法律、行政法规、部门规章及本章程规定的其他情形。

除前述事项外,计算股东人数和持股比例时应分别计算普通股和优先股。

第×××条　优先股股东按照约定的票面股息率及利润分配条款,优于普通股股东分配公司利润。公司以现金的形式向优先股股东支付股息,在宣派约定的股息之前,不得按本章程规定向普通股股东分配利润。

本公司发行的优先股采用固定股息率或浮动股息率,具体股息率水平或计算方式根据优先股相关发行方案依法确定。

本公司有权取消或部分取消优先股股息的派发且不构成违约事件,本公司可以自由支配取消的收益用于偿付其他到期债务。本公司决定取消或部分取消优先股股息派发的，将在付息日前至少10个工作日通知投资者。

除非发行时另有约定，本公司的优先股采用非累积股息支付方式，即未向优先股股东足额派发的股息不累积到下一计息年度。

本公司的优先股股东按照约定的票面股息率获得分配后，不再同普通股股东一起参加剩余利润分配。

第×××条　本公司因解散、破产等原因进行清算时，公司财产在按照法律、法规、规章及本章程规定进行清偿后的剩余财产，应当优先向优先股股东支付届时已发行且存续的优先股票面总金额与当期已宣告且尚未支付的股息之和。不足以支付的，优先股股东按照持股比例获得清偿。

4. 股东表决权限制的章程设计

表决权限制又称表决权排除，是指当某一股东与股东会决议的事项有利害关系时，该等股东不应就其持有的股权行使表决权，也不应当作为其他股东的代理人或者委托其他代理人行使表决权。设立表决权限制制度的意义在于防止有利害关系的股东利用表决权制度或滥用资本多数决损害公司、其他股东或公司债权人等利益相关方的利益。

（1）瑕疵出资股东的表决权限制。

表决权是股东掌控公司，参与公司管理与决策的手段与杠杆，其重要性在股东权利体系中非常高，如瑕疵出资股东享有与守约股东同等的表决权，就会严重损害守约股东的合法权益，更会影响公司的健康发展。[①] 现行的认缴资本制存在的最大问题是，其使支撑公司人格的公司资本处于一种不确定状态，进而导致作为第三人的债权人期待具有不确定性。更重要的是，认缴资本制由股东个人而非股东会，更非公司决定资本的缴纳，使公司无法确定自己应当在何时获得出资。[②]《公司法》（2023年修订）针对公司资本充实增加了很多条款进行规制及保护，如果让未尽出资义务的股东通过行使表决权控制公司，不仅不符合权利与义务对等、利益与风险一致的原则，也不利于公司的长远发展。

---

① 参见宝迪：《瑕疵出资股东表决权行使的限制》，吉林大学2016年硕士学位论文，第1页。

② 参见徐强胜：《我国公司人格的基本制度再造——以公司资本制度与董事会地位为核心》，载《环球法律评论》2020年第3期。

《公司法司法解释(三)》第16条规定,股东未履行或者未全面履行出资义务或者抽逃出资,公司根据公司章程或者股东会决议对其利润分配请求权、新股优先认购权、剩余财产分配请求权等股东权利作出相应的合理限制,该股东请求认定该限制无效的,人民法院不予支持。司法解释该条文虽然明确规定公司可对瑕疵出资股东的利润分配请求权、新股优先认购权、剩余财产分配请求权等股东权利进行限制,但并没有明确指出公司可否对这些权利进行表决时相应限制该等股东的表决权。

《全国法院民商事审判工作会议纪要》(法〔2019〕254号)第7条明确规定,股东认缴的出资未届履行期限,对未缴纳部分的出资是否享有以及如何行使表决权等问题,应当根据公司章程来确定。公司章程没有规定的,应当按照认缴出资的比例确定。如果股东(大)会作出不按认缴出资比例而按实际出资比例或者其他标准确定表决权的决议,股东请求确认决议无效的,人民法院应当审查该决议是否符合修改公司章程所要求的表决程序,即必须经代表2/3以上表决权的股东通过。符合的,人民法院不予支持;反之,则依法予以支持。

《公司法》(2023年修订)第52条明确规定了有限责任公司股东的失权制度,同时于第107条规定失权制度同样适用于股份有限公司。依据《公司法》(2023年修订)规定,股东失权制度是指股东未按照章程规定的日期履行出资义务,经公司催缴且经过宽限期仍未履行的,公司经董事会决议向该股东发出失权通知,该股东即丧失其未缴纳出资部分的股权。依据"举重以明轻"的体系解释方法,当股东出资瑕疵可以适用失权制度或除名规则的情况下,限制股东的表决权也是应有之义。

【参考案例】 在冼某华、卢某儿、曾某和与张某纬股东权纠纷上诉案中,广东省广州市中级人民法院已作出过判定,法院释明:由于曾某和、卢某儿没有按约定缴纳资本金,违反了《公司法》第28条的规定,在未履行增资决议约定的出资义务前,其不应享有行使股东表决权、利润分配请求权及新股认购权的权利。冼某华作为穗安公司的原股东,其对穗安公司增资前的30万元出资义务已履行。张某纬作为穗安公司原股东之一也没有缴纳增资资金,其与冼某华对穗安公司的实缴出资比例因增资决议各方均未能履行而不变,故张某纬要求限制冼某华的相应股东权利依据不足。[①]

依据以上案例，可以看出，通过公司章程对瑕疵出资的股东表决权进行合理限制符合立法的价值取向。公司通过公司章程或股东会决议对瑕疵出资股东的表决权进行合理限制，更能体现法律的公平公正，亦符合公司法和司法解释有关规定之立法精神，可以得到支持。[②] 但进行章程设计时，对瑕疵股东表决的限制应秉持合法及对等原则，如果股东皆为瑕疵出资股东，则一方不应限制另一方。

瑕疵出资股东表决权行使的章程条款参考示例

第×××条　当股东未能依据公司章程的规定按时足额交付认缴资本时，股东的表决权应相应进行折扣表决，示例为：股东表决权＝实缴出资÷认缴出资×100%，例如当股东的认缴出资为100时，其按照公司章程的规定仅实缴出资为50时，其表决权此时为正常情况下的1/2。如果在表决之前，股东依规定补足认缴资本时，股东的表决权应相应恢复。

第×××条　本公司股东全部按实缴出资的比例进行表决，全部的表决权也以实缴出资比例为基数进行计算。

第×××条　本公司的股东未履行出资义务或者抽逃全部出资，经公司催告缴纳或者返还，其在公司催告后60日的期间内仍未缴纳或考返还出资，公司经董事会决议可以向该股东发出失权通知；在该股东未履行补足缴纳出资前，该股东不应有表决权或仅有实缴出资所占比例的表决权。

第×××条　股东未按照本章程规定缴纳出资的，公司董事会应当及时催缴，并有权要求该股东支付同期银行贷款利率2倍的逾期利息；经公司或公司董事会催缴后该股东仍未在规定期间内足额缴纳的，公司董事会有权依据《公司法》(2023年修订)第52条的规定向该股东发出失权通知。

第×××条　怠于履行出资义务(包括但不限于未按约定或章程规定出资、延迟出资、出资不实等)及抽逃出资的股东，公司应及时追缴出资，公司董事会有责任通知该等股东履行出资义务。

---

① 参见广东省广州市中级人民法院民事判决书，(2009)穗中法民二终字第1345号。

② 参见江苏省南京市中级人民法院民事判决书，(2012)宁商终字第991号。

该等股东经公司通知后60日内未补缴出资或返还出资的,在60日届满之日后,公司应及时召开董事会,如有该等股东推荐或委派的董事,该等董事在董事会会议表决中应回避,董事会形成决议后,公司董事会有权依据《公司法》的规定向该股东发出失权通知。失权通知发出后,该股东即丧失未补缴或未返还出资部分所代表的股权比例,该部分股权由股东会决议同意的股东认缴;无人认缴者由公司减资。给公司造成损失的,由该股东承担。

在股东未实际缴足全部出资前,该股东应按照实缴出资比例行使表决权利(包括但不限于利润分配请求权、新股优先认购权、剩余财产分配请求权等股东权利)。

未按期出资的股东应向其他已按期出资的股东承担违约责任,违约金为未缴足部分的30%。公司及其他股东因股东未缴足或抽逃出资而承担了其他责任的,有权向该等股东追偿。

(2)公司利润分配股东表决的章程设计。

依据《公司法》(2023年修订)第210条第4款的规定,有限责任公司按照股东实缴的出资比例分配利润,全体股东约定不按照出资比例分配利润的除外;股份有限公司按照股东所持有的股份比例分配利润,公司章程另有规定的除外。

如果按照认缴出资的比例进行利润分配,则对诚实履行出资义务的股东不公平。如果按照实缴出资的比例分配利润,则公司分配税后利润之前,应先由股东会作出分配决议。如果公司章程对利润分配的表决没有规定,未实缴出资的股东投票表决利润分配议案时当然也没有动力投赞成票。如果未实缴出资的股东超过全部表决权的1/2或更多,则针对利润分配的股东会决议通过的可能性不大,这对已实缴出资的股东有失公平。因此有必要对公司利润分配议案的表决进行相应的设计,以保护已实缴出资的股东的利益。这种设计有利于鼓励股东实缴出资,以充实公司资本,增强企业信用,充实公司经营发展的资本实力。

公司分红股东表决的章程条款参考示例

第×××条　股东按照实缴出资的比例分取红利。

第×××条　已实缴出资的股东有权提议公司分配税后利润。当已实缴出资的股东对利润分配进行提案时，股东会应对利润分配事项进行表决。针对公司利润分配的决议进行表决时，已实缴全部出资的股东有对应比例的100%的表决权，部分实缴股东的表决权相应进行折扣，完全没有实缴的股东表决权为零。此时表决权的总和=全部已实缴的股东（100%的表决权）股权比例+部分已实缴的股东比例表决权（表决权计算为：实缴比例÷认缴比例×股东持有股权的比例）+完全没有实缴的股东表决权为零（或不应参与表决）。当赞成分配的表决权达到以上有效表决权总和过半数时，公司应分配利润。

（3）公司担保的股东表决章程设计。

《公司法》（2023年修订）第15条规定，公司向其他企业投资或者为他人提供担保，按照公司章程的规定，由董事会或者股东会决议；公司章程对投资或者担保的总额及单项投资或者担保的数额有限额规定的，不得超过规定的限额。公司为公司股东或者实际控制人提供担保的，应当经股东会决议。前款规定的股东或者受前款规定的实际控制人支配的股东，不得参加前款规定事项的表决。该项表决由出席会议的其他股东所持表决权的过半数通过。

由以上规定可以看出，针对担保事项的审议，如果由股东会审批，则适用"资本多数决"，这时大股东占优势；如果由董事会审批，则适用"成员多数决"，这时对控股股东未必有利，但对占有董事席位多数的投资人或股东（联合股东）有利。因此，控股股东针对公司担保事项表决进行章程设计时，首先要选定是通过股东会表决，还是通过董事会表决，因为股东会和董事会的表决规则不一样。其次才是规定担保的限额，要量力而行，不能让担保的数额过大而给公司增加了大的风险和负担。最后，担保对一个公司来说基本是有百害而无一利。担保事项顺利结束，对公司没有任何利益；担保事项不能顺利结束，公司会承担担保责任；且担保多发生在有利益关联的主体之间，稳赚不赔的买卖不用担保，而只有潜在风险或风险比较大的事项，债权人才要求担保，因此担保最有可能损害公司利益。如果公司的股东认为公司担保事项的风险太大或有输送利益的嫌疑，则可以在公司章程中直接规定，公司不得为股东及其关联方或实际控制人提供担保。

公司担保表决的章程条款参考示例

第×××条　公司向其他企业投资或者为他人提供担保,由股东会决议;公司章程对投资或者担保的总额及单项投资或者担保的数额有限额规定的,不得超过规定的限额。

第×××条　公司向其他企业投资或者为他人提供担保,由董事会决议;公司章程对投资或者担保的总额及单项投资或者担保的数额有限额规定的,不得超过规定的限额。

第×××条　公司为公司股东或者实际控制人提供担保的,必须经股东会决议。有利害关系的股东或者受其支配控制的股东,不得参加前款规定事项的表决。该项表决由出席会议的其他股东所持表决权的过半数通过。

公司应将担保事项充分向股东进行信息披露,信息必须真实、准确、完整,不得有虚假记载、误导性陈述或者重大遗漏。

第×××条　公司为他人提供担保时,公司的董事长或总经理必须将表决事项告知担保权人。

第×××条　公司不得为股东及其关联方或实际控制人提供担保。

(4)关联交易的股东表决章程设计。

关联交易及关联方是一个中性的概念,我国法律法规没有禁止关联交易。关联交易有降低交易成本、关联企业间的经营战略协同及实现利益最大化等优势。但关联交易因关联关系容易产生不当利益输送或损害公司利益的事项发生,因此关联交易才为法律法规所特别关注。针对公司股东来说,公司既要利用关联交易实现利益最大化,又要限制非公允及不当关联交易损害公司利益,则有必要在公司章程中依法对关联交易进行限定,建立因关联交易而导致利益输送的防范表决机制。

关联交易表决限制章程条款参考示例

第×××条　本章程所规定的"关联关系"有如下定义:公司控股股东、实际控制人、董事、监事、高级管理人员与其直接或者间接控制的企业之间的关系,以及可能导致公司利益转移的其他关系。

董事、监事、高级管理人员的近亲属,董事、监事、高级管理人员或者其近亲属直接或者间接控制的企业，以及与董事、监事、高级管理人员有其他关联关系的关联人，亦是本章程所规定的“关联关系”。

本章程所规定的“关联企业”有如下定义，有下列关系之一的公司、企业和其他经济组织：

（一）在资金、经营、购销等方面，存在直接或者间接的拥有或者控制关系；

（二）直接或者间接地同为第三者所拥有或者控制；

（三）在利益上具有相关联的其他关系。

本章程所规定的“关联方”是指在企业财务和经营决策中，如果一方有能力直接或间接控制、共同控制另一方或对另一方施加重大影响，本章程将其视为关联方；如果两方或多方同受一方控制，本章程也将其视为关联方。

第×××条 股东会审议有关关联交易事项时，关联股东不应当参与投票表决，其所代表的有表决权的股份数不计入有效表决总数。股东会决议应当充分披露非关联股东的表决情况。出席股东会的关联股东持有的本公司股份应计入该次股东会出席股东所代表的股份总数，但不参加关联交易事项的表决。关联股东的回避和表决程序，由董事会或召集人视具体情况提请该次股东会同意后实施。

第×××条 关联股东的回避和表决程序为：拟提交股东会审议的事项如构成关联交易，召集人应以书面形式事先通知该关联股东。在股东会召开时，关联股东应主动提出回避申请，其他股东也有权向召集人提出该股东回避。召集人应依据有关规定审查该股东是否属关联股东，并有权决定该股东是否回避。相关股东对召集人的决定有异议时，有权向股东会提出异议，并由股东会决议决定。应予回避的关联股东可以参加审议涉及自己的关联交易，并可就该关联交易是否公平、合法及产生的原因等向股东会作出解释和说明，但该股东无权就该事项参与表决。

第×××条 关联股东回避和表决程序如下：

（一）关联股东不参加投票和清点表决票。

（二）关联股东应在表决前退场，在表决结果形成之后返回会场。

（三）关联股东对表决结果有异议的，有权在宣布表决结果后立即要求点票复核，会议主持人应当立即组织点票复核；无异议的，应记入股东会会议记录。

第×××条 主持会议的董事长应当要求关联股东回避;如董事长需要回避的,其他董事可以要求董事长及其他关联股东回避。股东会决议的公告应当充分披露非关联股东的表决情况。如因关联股东回避无法形成决议,该关联交易视为无效或不得进行。如有特殊情况关联股东无法回避时,公司在征得有关部门的同意后,可以按照正常程序进行表决,并在股东会决议中作出详细说明。股东会在审议关联交易事项时,主持人应宣布有关关联股东的名单,并对关联事项作简要介绍,再说明关联股东是否参与表决。如关联股东参与表决,该关联股东应说明理由及有关部门的批准情况。如关联股东回避而不参与表决,主持人应宣布出席会议的非关联方股东持有或代表表决权股份的总数和占公司总股份的比例之后再进行审议并表决。

股东会对关联交易事项作出的决议必须经出席股东会的非关联股东所持表决权的过半数通过方为有效。但是,该关联交易事项涉及本章程所规定特别表决事项时,股东会决议必须经出席股东会的非关联股东所持表决权的2/3以上通过方为有效。

关联交易是指在关联方之间发生转移资源或义务的事项,而不论是否收取价款。

下列情形不视为关联交易:

(一)关联人依据股东会决议领取股息和红利;

(二)关联人购买公司公开发行的企业债券;

(三)关联人按照招股说明书或配股说明书交纳认股款项;

(四)按照有关法律法规不视为关联交易的其他情形。

第×××条 股东会审议有关关联交易事项时,关联股东不应当参与投票表决,其所代表的有表决权的股份数不计入有效表决总数。是否回避发生争议时,应当由出席股东会的其他无关联股东(包括股东代理人)所持表决权的过半数通过。

(二)董事会表决及章程设计

董事会处于公司法人治理结构的核心地位,是保护公司合法权益、体现公司意志的制度依托。有限责任公司的股东一般会注重在股东会中的表决权，而在股份有限公司中，尤其是公众型股份有限公司，衡量控制权的标志之一是对董事会的影响力。一般来说，谁控制了股份有限公司的董事会，谁在股份有限公司董事会的表决中占据优势，谁就会争取到控制公司的主动权。在公司法的修订讨论中，就有专家指出2000年世界银行对中国公司进行问卷调查并且做出报告，当时指出公司法的规定是股东会中心但实际运行过程中是董事会中心，因此如今也存在直接提出董事会中心的可能性。《中共中央、国务院关于深化国有企业改革的指导意见》就明确指出健全公司法人治理结构，重点是推进董事会建设。要切实落实和维护董事会依法行使重大决策、选人用人、薪酬分配等权利，保障经理层经营自主权，法无授权任何政府部门和机构不得干预。

1. 董事会表决的章程设计

《公司法》（2018年修正）规定，有限责任公司董事会的议事方式和表决程序，除本法有规定的外，由公司章程规定。董事会决议的表决，实行一人一票。股份有限公司董事会会议应有过半数的董事出席方可举行。董事会作出决议，必须经全体董事的过半数通过。董事会决议的表决，实行一人一票。依据《公司法》（2018年修正）的规定，公司法的赋权性规定给予了有限责任公司通过公司章程对董事会表决事项进行设计的权利和空间，但对股份有限公司的表决规则没有给予赋权性规定。《公司法》（2023年修订）对通过公司章程设计有限责任公司董事会议事方式和表决规则的自治空间大大压缩。虽然《公司法》（2023年修订）第73条规定，有限责任公司董事会的议事方式和表决程序，除本法有规定的外，由公司章程规定。但针对有限责任公司董事会的表决，其明确规定了"董事会会议应当有过半数的董事出席方可举行。董事会作出决议，应当经全体董事的过半数通过。董事会决议的表决，应当一人一票"；针对股份有限公司的董事会会议表决，《公司法》（2023年修订）相比《公司法》（2018年修正）没有变化，也没有赋权股份有限公司的公司章程可以对董事会会议的表决规则有除外规定。《公司法》（2023年修订）由此统一了有限责任公司和股份有限公司董事会议事和表决规则。可见，在董事会的议事方式和表决规则方面,《公司法》(2023年修订)压缩了公司章程针对董事会议事方式和表决规则的自治空间。

董事会表决章程条款设计参考示例

第×××条　董事会的组成

本公司董事会由3人组成,其中2人由股东甲乙委派,1人由股东丙委派。股东丙有权撤换其委派的董事,股东丙委派或撤换董事的通知应自送达公司后生效,但法律另有规定的除外,股东丙委派的董事的薪酬由股东丙承担。

第×××条　董事会表决

(一)在任何董事会会议上,每名董事均有一票表决权。任何董事可经通知公司而授权一名其他董事作为代表代其出席任何董事会会议并在会上表决。除了有关法律规定的以外,任何董事会决议应在正式召开的董事会会议上经公司全体董事过半数表决通过。

(二)对于下列事项的决议,应经2/3以上的董事同意方可通过:

1. 公司的对外投资行为;

2. 设立任何合伙或者合资企业,或进行任何将导致公司承担总额超过人民币50万元债务的有法律约束力的商业活动(为联合开发产品、开展业务以及联合营销而达成的技术研究方面的常规合作协议除外);

3. 与公司关联方进行交易;

4. 批准向公司任何一位管理人员或任何一位员工支付薪酬或者补偿(包括相当于此金额的实物或者津贴),每年总计人民币30万元以上;

5. 选任及变更财务负责人;

6. 指定或者撤换公司审计机构,修改财务制度,或者通过财务报告;

7. 通过或者修改公司年度预算、年度决算、年度商业计划和年度财务计划;

8. 向任何第三方承担债务或者提供财政援助,但向公司的全资附属机构或在日常经营中向客户或银行提供信贷除外;

9. 直接或者间接向第三方借款,但经公司年度预算、年度商业计划和年度财务计划事先批准的除外;

10. 决定公司的经营计划和投资方案;

11. 公司的高管、员工激励方案。

第×××条 公司治理的董事会事项

(一)各方股东同意,公司董事会成员应不超过×人,股东丙有权提名1人担任公司董事,各方同意在相关股东会上投票赞成上述股东丙提名的人士出任公司董事。公司应及时办理董事登记或变更手续。公司董事会至少每半年召开一次董事会会议。

(二)各方股东同意,公司董事、监事和高级管理人员的任职资格均应当符合有关法律法规的规定,不应具有对公司后续上市构成障碍的情形。当上述任何一方提名的董事、监事辞任或者被解除职务时,由提名该名董事、监事的一方继续提名继任人选,各方应保证在相关股东会上投票赞成该等人士担任公司董事、监事。

(三)在公司首次公开发行股票并上市前,以下主要事项应当按照修订后的公司章程所规定的决策机制由公司董事会审议通过:

1. 公司业务范围、本质和/或业务活动的重大改变;

2. 并购和处置(包括购买及处置)超过×××万元的主要资产;

3. 商标、专利、专有技术等知识产权的购买、出售、租赁及其他处置;

4. 公司向银行单笔贷款超过×××(原则上500万元)万元或累计超过×××(原则上1000万元)万元的额外债务;

5. 对外担保;

6. 对外提供贷款;

7. 对公司及其子公司的股东协议、备忘录及章程条款的增补、修改或删除;

8. 应对将改变或变更任何股东的权利、义务或责任,或稀释任何股东的所有权比例的任何诉讼;

9. 股息方案或其他分配的宣告和派发及公司股息政策的任何改变;

10. 订立任何投资性的互换、期货或期权交易;

11. 提起或和解金额超过××(原则上20万元)万元的任何重大法律诉讼、仲裁;

12. 聘请或更换公司为审计事项服务的会计师事务所;

13. 设立超过×××(原则上100万元)万元的参、控股子公司、合资企业、

合伙企业或对外投资,或以转让、增资或其他形式处置上述单位的投资;

14. 超过经批准的年度预算10%的资本性支出(经批准的年度预算额度外);

15. 公司上市计划;

16. 公司新的融资计划;

17. 聘任或解聘公司总经理、副总经理、董事会秘书或财务总监等公司高级管理人员;

18. 采纳或修改标准雇佣合同或高管薪酬和福利计划;

19. 制订或修订任何雇员期权计划、高管期权激励计划或方案;

20. 制订利润分配方案和弥补亏损方案;

21. 其他可能对公司生产经营、业绩、资产等产生重大影响的事宜。

(四)公司原则上不得进行任何类型的关联交易。如存在无法避免的关联交易,该等关联事项所涉关联股东或董事应回避表决,由非关联方股东或董事一致同意通过。

第×××条　董事会保障性条款及公司治理

各方同意,以下事项在公司董事会决议过程中均需由董事会全体董事(亲自出席或委托代表出席)过半数通过作出决议:

(一)审议批准总经理提交的组织机构和人事计划;

(二)任免总经理、财务总监和其他高级管理人员;

(三)制订公司的总方针、发展规划、生产经营方案和筹建实施计划,审批总经理或管理部门提出的重要报告;

(四)决定提取储备基金、职工奖励及福利基金;

(五)通过公司劳动合同及各项重要规章制度;

(六)审批公司日常经营活动以外的其他重大合同和协议(须董事会一致通过的除外);

(七)其他应当由董事会决定的或者董事会以过半数通过决议认为应由其决定的重大事宜。

2. 董事会会议法定人数及表决比例的章程设计

董事是由股东会选举产生或依其他法定方式产生,出席董事会会议、行使管理和监督公司事务权利的董事会之必要成员。董事会会议出席人数不足，不能反映大多数董事或特定董事的意见建议，既不利于公司的经营管理，也不利董事权利行使和责任承担。因此，《公司法》（2018 年修正）针对股份有限公司的董事会会议设定了法定出席人数，即在其第 111 条规定，董事会会议应有过半数的董事出席方可举行。有限责任公司的董事会并没有类似规定。但《公司法》（2023 年修订）统一了有限责任公司和股份有限公司董事会议事的法定人数，一体规定“董事会会议应当有过半数的董事出席方可举行”，由此，《公司法》（2023 年修订）施行后，董事会会议的法定人数应按照法律的规定执行。

董事会会议法定人数和表决比例的章程条款参考示例

第×××条　董事会会议应有过半数的董事出席方可举行。董事会作出决议，必须经全体董事的过半数通过。

第×××条　董事会决议的表决，实行一人一票。董事会作出决议，应当经全体董事过半数通过。

3. 董事会表决事项的类别设计

依据《公司法》（2023 年修订）的规定，公司董事会表决规则的章程设计空间有限，但公司章程可以设计公司董事会决议事项的类别。《公司法》（2023 年修订）第 153 条规定，公司章程或者股东会授权董事会决定发行新股的，董事会决议应当经全体董事 2/3 以上通过。公司章程可以将事关公司经营管理中的重大事项设定为特别事项，并在董事会议事方式中规定，董事会决议的特别事项应当由全体董事 2/3 以上表决通过，从而提高公司董事会对重大事项决策的审慎性。当然，有限责任公司的章程条款亦可以依法进行类似设计。

董事会表决事项的类别章程条款参考示例

第×××条[①]　董事会行使下列职权：

（一）负责召集股东会，并向股东会报告工作。

---

① 参见《中国石油化工股份有限公司章程》，载巨潮资讯网，http://www.cninfo.com.cn/new/disclosure/detail?stockCode=600028&announcementId=1205932977&orgId=gssh0600028&announcementTime=2019-03-25。

(二)执行股东会的决议。

(三)决定公司的经营计划和投资方案。

(四)制订公司的年度财务预算方案、决算方案。

(五)制订公司的利润分配方案和弥补亏损方案。

(六)制订公司的债务和财务政策、公司增加或者减少注册资本的方案以及发行任何种类证券(包括但不限于公司债券)及其上市或回购公司股票的方案。

(七)拟订公司的重大收购或出售方案以及公司合并、分立、变更公司形式、解散的方案。

(八)在股东会授权范围内,决定公司对外投资、收购出售资产、资产抵押、委托理财、关联交易等事项。

(九)依据法律法规和本章程及其附件的规定,审议公司对外担保事项。

(十)决定公司内部管理机构的设置。

(十一)聘任或者解聘公司总裁,根据总裁的提名,聘任或者解聘公司高级副总裁、财务总监、副总裁;聘任或者解聘董事会秘书;决定其报酬事项。

(十二)委派或更换公司的全资子公司董事会和监事会成员,委派、更换或推荐公司的控股子公司、参股公司股东代表、董事(候选人)、监事(候选人)。

(十三)决定公司分支机构的设置。

(十四)制订本章程及其附件的修改方案。

(十五)制定公司的基本管理制度。

(十六)管理公司信息披露事项。

(十七)向股东会提请聘请或更换为公司审计的会计师事务所。

(十八)听取公司总裁的工作汇报并检查总裁的工作。

(十九)决定除法律、行政法规、有权的部门规章和本章程及其附件规定应由公司股东大会决议的事项外的其他重大事务和行政事务,以及签署其他的重要协议。

(二十)法律、行政法规、有权的部门规章或本章程及其附件规定,以及股东会授予的其他职权。

董事会作出前款决议事项,除第 6、7、14 项须由全体董事 2/3 以上表决同意外，其余可由全体董事的过半数表决同意（其中第 9 项还须由到会董事的 2/3 以上表决同意）。

第×××条　本公司董事会行使以下职权；针对本章程规定董事会决议的普通事项，董事会应以全体董事过半数董事表决通过；而针对本章程规定董事会决议的特别事项，董事会应以全体董事 2/3 以上表决通过。

第×××条　下列事项需经参加董事会的董事表决一致通过。

（一）制订公司增加或者减少注册资本的方案；

（二）制订公司合并、分立、解散或者变更公司形式的方案；

（三）制订公司的重大资产（任何大小的土地资产的转让、单项原值在 50 万元以上的固定资产的转让）处置计划、银行借款计划、对外担保方案和对外投资方案；

（四）制订公司的固定资产购置计划（单项购置金额在 50 万元以上的）；

（五）制订公司的年度财务决算方案；

（六）决定公司的项目建设工程概算。

除以上规定外，董事会决议其他事项应由全体董事过半数表决通过。

4. 董事表决权排除的章程设计

表决权排除又称表决权回避，是指当某一董事与董事会决议的事项有利害关系时，该等董事不应行使表决权，也不应当作为其他董事的代理人或者委托其他董事行使表决权。设立董事表决回避制度的意义在于防止利害关系董事利用表决权制度损害公司、股东及相关利害关系人的利益。《公司法》（2023 年修订）第 22 条第 1 款规定，董事不得利用关联关系损害公司利益；第 139 条规定，上市公司董事与董事会会议决议事项所涉及的企业或者个人有关联关系的，该董事应当及时向董事会书面报告。有关联关系的董事不得对该项决议行使表决权，也不得代理其他董事行使表决权。该董事会会议由过半数的无关联关系董事出席即可举行，董事会会议所作决议须经无关联关系董事过半数通过。出席董事会会议的无关联关系董事人数不足 3 人的，应当将该事项提交上市公司股东会审议。上市公司章程指引（2023 年修订）第 119 条也规定，董事与董事会会议决议事项所涉及的企业有关联关系的，不得对该项决议行使表决权,也不得代理其他董事行使表决权。《公司法》(2023 年修订)第 182 条又对董事的关联交易进一步规定了限制规则,当董事直接或者间接与本公司订立合同或者进行交易,应当就与订立合同或者进行交易有关的事项向董事会或者股东会报告,并按照公司章程的规定经董事会或者股东会决议通过。董事的近亲属,董事、监事、高管或者其近亲属直接或者间接控制的企业,以及与董事有其他关联关系的关联人,与公司订立合同或者进行交易,适用对董事的规定。

资本市场上著名的"宝万之争"就因为董事的回避事项开启了争夺战。收购方与被收购方开始争夺时,股东各方在董事表决权的排除事项上就产生了很大的争议。2016 年 6 月 17 日,万科企业股份有限公司(以下简称万科公司)召开第十七届董事会第一次会议,讨论"拟发行股份购买深圳市地铁集团有限公司资产之重组预案"。万科公司董事会共计 11 名董事,在投票过程中,董事张某平称存在利益冲突后,被万科公司认定为存在"关联关系"而适用《万科企业股份有限公司章程 A + H》第 152 条之规定,即应回避表决的情形。张某平在董事会会议结束后,提交了回避的声明。2016 年 6 月 17 日、18 日,万科公司在 H 股及 A 股分别作出公告,董事会决议以 7 名董事投赞成票,3 名董事投反对票,0 票弃权,通过了发行股份购买资产的预案。深交所公司管理部于 2016 年 6 月 22 日发出的《关于对万科企业股份有限公司的重组问询函》(许可类重组问询函[2016]第 39 号),要求万科公司就独立董事回避表决是否合法合规以及本次董事会作出的决议是否合法和有效进行说明。北京君合律师事务所出具关于《关于对万科企业股份有限公司的重组问询函》之专项法律意见书认为:(1)张某平独立董事回避表决符合《规范运作指引》第 3.5.1 条及《独立董事制度》第 3 条的规定;(2)在张某平独立董事实行回避的情形下,本次会议审议的 12 项议案所获赞成票均超过无关联关系董事半数,亦达到无关联关系董事的 2/3 以上,根据《公司法》《公司章程》的前述规定,本次会议所形成的决议合法、有效。但是,北京大学企业与公司法研究中心邀请的国内 13 名法学专家研讨后认定:独立董事张某平提出回避表决的理由不符合法律及万科公司章程规定,董事会决议实际上并未有效形成,按照相关法律的规定股东可请求人民法院撤销该决议。双方意见完全不同,由此引起很大的争议。[①] 两种观点的正确与否暂且不论,如果万科公司在其章程中对此类事项规定更加详细一些,或许就不会产生这样的争议。

法谚有云:任何人不得做自己的裁判者。当某个董事就直接或间接牵涉其中的决议进行表决时,可能会利用自己掌握的权力作出对自己有利的表决,难免甚至必定会致使公司及其利害相关人的权益受到损害,公平与正义受到损害。因此,有必要在公司章程中依据法律授权对董事表决权排除进行相应的个性化设计。

董事表决权排除的章程条款参考示例

第×××条　董事个人或者其所任职的其他企业直接或者间接与公司已有的或者计划中的合同、交易、安排有关联关系时(聘任合同除外),不论有关事项在一般情况下是否需要董事会同意,均应当尽快向董事会披露其关联关系的性质和程序。除非有关联关系的董事按照要求向董事会作了披露,并且董事会不将其计入法定人数。如该董事参加表决的会议上批准了该事项,公司有权撤销该合同、交易或者安排,但在对方是善意相对人的情况下除外,由此产生的任何损害赔偿责任由该董事承担。

第×××条　有关联关系的董事,在董事会审议有关关联交易时应当自动回避并放弃表决权:

(一)不参与投票表决,其所代表的有表决权的票数不计入有效表决票总数;

(二)不对投票表决结果施加影响;

(三)如有关联关系的董事为会议主持人,不得利用主持人的有利条件,对表决结果施加影响(或自动辞去会议主持人职位,依法确定补位的会议主持人)。

第×××条　主持会议的董事长应当要求关联董事回避;如董事长需要回避时,副董事长或其他董事可以要求董事长及其他关联董事回避。无须回避的

① 以上资料来源于网络搜索及上市公司信息披露。

任何董事均有权要求关联董事回避。

如果公司董事在公司首次考虑订立有关合同、交易或安排前以书面形式通知董事会,声明由于通知所列的内容,公司日后达成的合同、交易或安排与其有利益关系的,则在通知阐明的范围内,视为有关董事作了合法、合理的披露和报告。

第×××条　公司董事与董事会会议决议事项所涉及的企业有关联关系的,不得对该项决议行使表决权,也不得代理其他董事行使表决权。该董事会会议由过半数的无关联关系董事出席即可举行,董事会会议所作决议应当经无关联关系董事过半数通过。出席董事会的无关联关系董事人数不足3人的,应将该事项提交公司股东会审议。

第×××条　董事会决议事项与某位董事有利害关系(该等利害关系包括但不限于与原工作的股东单位或拟辞职后供职的股东单位或其控制人的利害关系)时,该董事应予主动回避,不得参与该事项的表决。如果应回避的董事超过全体董事的半数而无法按照相关法律规定作出决议时,应将该事项提交公司股东会审议。

第×××条　依据本章程规定,当董事会成员所涉表决事项利害关系人数多于决议通过规定人数时,则该事项应由董事会提交股东会进行表决。

第×××条　董事的近亲属,董事或者其近亲属直接或者间接控制的企业,以及与董事有其他关联关系的关联人,与公司订立合同或者进行交易时,适用《公司法》和公司章程对董事回避的规定。

5. 董事会审计委员会

依据《公司法》(2023年修订)第69条和第121条的规定,公司监事会不再是法定必设机构,公司可以按照公司章程的规定在董事会中设置由董事组成的审计委员会,行使本法规定的监事会的职权,不设监事会或者监事。《公司法》(2023年修订)对有限责任公司董事会审计委员会的组成、议事规则和表决程序都没有进一步的规定;但对股份有限公司董事会审计委员会,《公司法》(2023年修订)有明确规定,审计委员会成员为3名以上,过半数成员不得在公司担任除董事以外的其他职务,且不得与公司存在任何可能影响其独立客观判断的关系。公司董事会成员中的职工代表可以成为审计委员会成员。审计委员会作出决议,应当经审计委员会成员的过半数通过。审计委员会决议的表决,应当一人一票。审计委员会的议事方式和表决程序,除本法有规定的外,由公司章程规定。鉴于如果在公司董事会中设置审计委员会,则审计委员会应行使监事会的职权,同时审计委员会的表决规则、议事程序依法也应规定在公司章程中,故有必要进行相应的章程设计,以使董事会审计委员会这一机构在公司治理、公司控制与股东权利保护中发挥应有的作用。

董事会审计委员会的章程条款设计参考示例

第×××条　公司审计委员会的主要职责为:①

(一)提出公司审计监督体系设置建议,指导制定企业内部审计制度,审议年度审计计划并提出建议;

(二)审核公司的财务报告、会计政策及其变动情况,并向董事会提出建议;

(三)根据市国资委相关规定,提出聘请或者更换外部审计中介机构及其报酬的建议;

(四)听取、评价中介机构年度财务报表审计工作,并向董事会提交工作报告,同时抄送监事会;

(五)审查公司内部控制制度设计的健全性和执行的有效性,接受有关方面的投诉,并向董事会报告;

(六)协同风险管理委员会工作,指导内部审计部门开展风险管理评价审计;

(七)对其他影响公司发展的重大事项进行专项调查,并向董事会报告;

(八)监督内部审计质量与财务信息披露;

(九)负责内部审计与社会中介机构、国家审计机关之间的沟通;

(十)董事会授权的其他事宜。

第×××条　公司在董事会中设置由董事组成的审计委员会,行使本章程

---

① 参见《北京市人民政府国有资产监督管理委员会关于印发〈关于加强北京市国有独资公司董事会专门委员会建设的指导意见〉的通知》(京国资发〔2009〕17号)。

规定的监事会的职权,不设监事会或者监事。

第×××条　公司在董事会中设置由董事组成的审计委员会,行使本章程规定的监事会的职权,不设监事会或者监事。审计委员会成员为3名,过半数成员不得在公司担任除董事以外的其他职务,且不得与公司存在任何可能影响其独立客观判断的关系,至少有1名成员是会计专业人士。公司董事会成员中的职工代表可以成为审计委员会成员。审计委员会的成员不得担任公司经理或者财务负责人。

第×××条　公司董事会审计委员会由3名成员组成,设主任委员1名,主任委员应为会计专业人士,由董事会过半数成员选举产生;审计委员会过半数成员不得在公司担任除董事以外的其他职务,且不得与公司存在任何可能影响其独立客观判断的关系。

董事会审计委员会应建立定期会议制度,遇到特殊情况可以召开临时会议。专门委员会会议由主任委员负责召集和主持。

审计委员会作出决议,应当经审计委员会成员的过半数通过。审计委员会决议的表决,应当一人一票。

审计委员会会议可以邀请公司其他董事、公司高级经营管理人员、相关部门负责人及中介机构专业人员列席会议。中介机构的服务费用由公司支付。

审计委员会履行职责时,各成员应充分发表意见。提交议案应尽量达成一致意见,难以达成一致意见时,应向董事会提交各项不同意见并作出说明。

当审计委员会的成员需要回避表决时,当回避的成员人数超过审计委员会半数时,审计委员会应向董事会提交涉及回避事项的意见并作出说明。

审计委员会会议应当有会议记录,出席会议的委员应当在会议记录上签名。

审计委员会提交的方案及意见,应以书面形式报董事会。审计委员会对审议事项具有保密义务,不得擅自披露相关信息。

第×××条　审计委员会设主任委员一名,行使以下职权:

(一)召集、主持审计委员会会议,决定是否召开临时审计委员会会议;

(二)检查审计委员会决议的实施情况,并向审计委员会报告决议的执行结果;

(三)代表审计委员会向股东会报告工作;

（四）审定、签署审计委员会的决议、报告和其他重要文件；

（五）本章程其他条款规定的职权。

第×××条　公司决定召开职工代表大会或者职工大会，应当在会议召开5日前以书面形式通知审计委员会成员参加。总裁（总经理）办公会及其他会议议题涉及股东会要求报告的重大事项时，应当事先通知审计委员会成员参加。

总裁（总经理）召开投资决策会议的，审计委员会主任委员或其指定代表、内部监督机构负责人应当列席。董事会召开投资决策会议的，该次会议出席的董事中应包含审计委员会成员。

第×××条　本公司董事会审计委员会行使以下职权：

（一）检查公司财务；

（二）对董事、高级管理人员执行职务的行为进行监督，对违反法律、行政法规、公司章程或者股东会决议的董事、高级管理人员提出罢免的建议；

（三）当董事、高级管理人员的行为损害公司的利益时，要求董事、高级管理人员予以纠正；

（四）提议召开临时股东会会议，在董事会不履行本法规定的召集和主持股东会会议职责时召集和主持股东会会议；

（五）向股东会会议提出提案；

（六）依照《公司法》的规定，对董事、高级管理人员提起诉讼；

（七）公司章程规定的其他职权。

审计委员会可以要求执行职务的董事、高级管理人员提交执行职务的报告，报告应当具体详实。相关董事、高级管理人员应当如实向审计委员会提供有关情况和资料，不得妨碍审计委员会行使职权。

第×××条　公司为审计委员会提供必要的办公条件，协助审计委员会履行职责。审计委员会在行使职权时，可以进行必要的调查工作，除有权向财政、工商、税务、审计、海关等有关部门和银行、重要客户调查了解公司的情况外，有权要求董事会、高级管理人员、公司业务部门向提交执行职务的报告及提供必要的资料，董事会、高级管理人员、公司业务部门应当配合审计委员会工作，按照审计委员会的要求及时提供真实、充分的资料。除总裁（总经理）外的其他高级管理人员或公司业务部门不予以配合的，审计委员会有权要求总裁(总经理)责令其配合;总裁(总经理)不予以配合的,审计委员会有权要求董事会责令其配合;董事会不予以配合的,审计委员会有权将有关情况提交股东会。

第×××条 审计委员会就其行使职权情况向股东会以书面方式汇报。汇报包括:

(一)审计委员会需每年向股东会提交审计委员会工作报告,该报告应详细说明审计委员会在当年度的工作情况以及公司各方面运作的合法性;

(二)对公司重大事项形成的董事会决议,审计委员会应依据股东会或董事会要求及时进行审核;

(三)审计委员会在监督检查或行使职权过程中发现公司经营行为有可能危及公司资产安全或者侵害股东所有者权益以及审计委员会认为应当立即报告的其他紧急情况,应及时向股东会提出专项报告,实行一事一报制度。

第×××条 审计委员会可以根据本章程制定具体的审计委员会议事规则。

(三)股东会、董事会、经理职权博弈的章程设计

《公司法》(2023年修订)第59条、第112条对股东会的9项职权进行了列举式规定,且公司章程可以规定股东会的其他职权。相比《公司法》(2018年修正),《公司法》(2023年修订)删除了股东会的两项权利:决定公司的经营方针和投资计划,审议批准公司的年度财务预算方案、决算方案,同时增加了股东会可以授权董事会对发行公司债券作出决议的规定。通过公司法修订对股东会职权的调整,可以看出,股东会职权中所审议和决定的内容不再包括公司的具体经营管理事项,即使是公司债券的发行也可以授权董事会决议,今后股东对公司具体经营活动的控制主要通过对董事会、监事会的人事安排来实现。

《公司法》(2023年修订)第67条、第120条对董事会的10项职权进行了列举式规定,并且删除了原董事会对股东会负责的规定,改变了原来股东会与董事会的职权层级关系,由董事会对股东会的从属性变成了平行性,同时明确规定董事会可以拥有公司章程规定或者股东会授予的其他职权,结合董事会审计委员会可取代监事会的法律规定以及《公司法》(2023年修订)第152条对授

权资本制的规定，明显可以看出《公司法》(2023 年修订)对董事会的职权进行了多角度的强化与扩张。《公司法》(2023 年修订)对股东会和董事会的定位以及职权的调整都可以看出立法者意在提高公司治理和控制的灵活性和效率，使公司决策更高效更有自主性，同时将股东更多地定位在投资人的角色上。如果股东需要亲自管控公司或对其股东权利进行直接的保护，股东进入公司董事会是一个更优的选择。

针对具体执行层面上的经理，《公司法》(2023 年修订)在第 74 条、第 126 条将《公司法》(2018 年修正)第 49 条、第 113 条规定的经理的 8 项职权全部删除，仅规定经理对董事会负责，根据公司章程的规定或者董事会的授权行使职权。公司法修订对经理职权的调整一方面强化了公司董事会在经营管理中的核心地位，包括对经理的选聘与监督；另一方面，如果公司章程直接规定了经理的职权，又会使经理超脱出董事会的监管，特别是经理任法定代表人的情况下。如果公司章程对经理职权没有清晰规定或董事会对经理职权没有授权性规定，则经理的职权成为公司治理架构和实际运营中的一个盲区或秘境。经理到底是公司的业务执行机构，还是公司的委托代理人呢？在经理仍然是法定的公司法定代表人人选之一的情况下，经理的身份及职权应是今后公司实际管控和运营中关注重点。从公司控制与股东权利保护的角度出发，公司应注意建立健全经理的选聘、考核和激励机制，明确经理在公司内外部的职责和权利，注意对经理职权的监督及制约。

依据《公司法》(2023 年修订)规定，法律对股东会、董事会、经理的赋权性规定都允许公司章程对三者的职权范围进行自主规定，但针对股东会权限，法条的表述为“公司章程规定的其他职权”；针对董事会权限，法条的表述为“公司章程规定或者股东会授予的其他职权”；针对经理的权限，法条的表述为“根据公司章程的规定或者董事会的授权行使职权”。依据法条的用语，可以看出针对股东会、董事会和经理的职权，三者都可以在公司章程的范围内进行调整。如果没有章程的规定或董事会的授权，经理的职权范围并不清晰，因此，通过公司章程对经理职权进行个性化规定是《公司法》(2023 年修订)施行后的当务之急。

依据公司法规定，股东会是公司的权力机构，决定公司的重大事项；依据一般的理解,董事会是执行机构,是公司经营管理的决策机关,《公司法》(2023 年修订)通过设置审计委员会的规定赋予了董事会监督职权。董事会通过召集股东会会议等方式,向股东会报告工作,有权独立行使公司法赋予的、公司章程规定的和股东会授予的职权,其不再是向股东会负责的附属机构,而成为公司治理中的独立机构。与股东会职权相比,为了公司经营管理的需要,董事会职权应更加具体并有操作性。经理层是公司的具体执行机构,依法由董事会聘任或解聘,接受董事会管理和监事会监督,经理对董事会负责,依法行使管理生产经营、组织实施董事会决议等职权。与股东会、董事会相比,经理层的职权应是落实到公司生产经营方面的具体权力。董事会可将董事会的部分经营管理权授权公司经理行使,这样的授权符合公司经营管理的需要,董事会扩充权利也可将属于经理的权利上提给董事会行使,从而提升公司经营管理的审慎性。

基于股东会、董事会和经理的职权性质,公司章程设计股东会、董事会或经理其中之一的职权时不可避免地会对其他两者的职权产生抽吸或挤压效应,引起职权的配置和协调问题。

【参考案例】 在徐某霞与安顺绿洲报业宾馆有限公司、第三人贵州黔中报业发展有限公司公司决议效力确认纠纷上诉案中,贵州省高级人民法院释明,《公司法》第 38 条、第 47 条分别以列举的形式规定了股东会和董事会的职权,从两条法律规定来看,董事会、股东会均有法定职权和章程规定职权两类。无论是法定职权还是章程规定职权,强调的都是权利,在没有法律明确禁止的情况下,权利可以行使、可以放弃,也可以委托他人行使。但《公司法》第 44 条第 2 款规定中的法律表述用语“必须”可以看出,修改公司章程、增加或者减少注册资本的决议,以及公司合并、分立、解散的决议有且只有公司股东会才有决定权,这是股东会的法定权利。报业宾馆章程第 7 条第 8、10、11 项,第 32 条第 2 项将股东会的法定权利规定由董事会行使,违反了上述强制性法律规定,应属无效。[1]

---

[1] 参见贵州省高级人民法院民事判决书,(2015)黔高民商终字第 61 号。

依据以上案例，如果公司章程将股东会的非法定权利授予董事会行使，则可以得到法律的支持。《上市公司章程指引》（2023 年修正）第 107 条中规定，公司股东大会可以授权公司董事会按照公司章程的约定向优先股股东支付股息。华塑控股股份有限公司在其公司章程（2022 年 12 月）第 113 条第 1 款第 8 项规定，董事会在股东大会授权范围内，决定公司对外投资、收购出售资产、资产抵押、对外担保事项、委托理财、关联交易、对外捐赠等事项；在其第 2 款规定，超过股东大会授权范围的事项，应当提交股东大会审议。[①]

鉴于公司股东会为公司的非常设机构，股东会的召开要经过一系列法定程序，股东会将部分权利授权董事会行使是可行的，这将充实董事会的职权并有助于董事会更好地履行其决策、执行和监督职能。《公司法》（2023 年修订）也在第 172 条明确规定，国有独资公司不设股东会，由履行出资人职责的机构行使股东会职权。履行出资人职责的机构可以授权公司董事会行使股东会的部分职权，但公司章程的制定和修改，公司的合并、分立、解散、申请破产，增加或者减少注册资本，分配利润，应当由履行出资人职责的机构决定。当股东会将权利授予董事会行使时，应注意不能将应由股东行使的法定权利授予董事会行使，例如利润分配、修改公司章程、增资、减资及变更公司形式这样的权利授予董事会行使。

【参考案例】 在上诉人袁某因与被上诉人 B 公司（以下简称 B 公司）公司决议效力确认纠纷一案中那样，上海市闵行区人民法院认为，关于股东会作出的将利润分配的决定权授权给董事会的决议。公司法关于股东会职权之规定正是主要规范公司权力在不同机关之分配，以及各机关行使这些权力之要件，以形成运作有序之公司治理架构，而这类规则因为只涉及公司内部之权利分配，应为任意性规范，且这类规则并不涉及第三人利益。公司通过股东会议决议将股东会权力下放给董事会，是其自由意志发挥作用之法律空间，也是行使其自身权利之一种方式，法律无权也没有必要加以干涉。况且，《公司法》第 38

---

① 参见《华塑控股股份有限公司公司章程》，载巨潮资讯网，http://www.cninfo.com.cn/new/disclosure/detail? stockCode = 000509&announcementId = 1215294392&orgId = gssz0000509&announcementTime = 2022 - 12 - 08。

条第1款第11项和第47条规定的“公司章程规定的其他职权”作为兜底条款，也为公司通过股东会决议赋予董事会其他权利保留了必要之法律空间。故本案中B公司股东会限缩自身之部分职权而将其授权董事会行使，并不实质违背股东会职权之性质。B公司股东会职权的限缩也不构成对股东表决权及股东知情权等股东权利的侵害，且该决议是以绝对多数决之形式通过，在程序上亦不违反公司法之规定，因此应认定B公司作出的上述两份系争股东会决议均合法有效。但上海市第一中级人民法院认为，资产收益是公司股东享有的根本权利之一，应由公司全体股东决定公司未分配利润的分配方案，即使存在不按照出资比例分取红利的情况，也应建立在公司全体股东对分配方案认可的基础上。现案涉股东会决议中概括性授权董事会决定上岗股东奖的分配方案问题，并约定“以前及今后由董事会决定的上岗股东奖金分配方案，股东会均表示认可”，该决议内容未考虑到今后公司是否有利润、利润多少、上岗股东具体奖金利润分配方案如何，即股东在无法预见自己利益损失的情况下且未经全体股东充分讨论，也未告知议事事项供股东分析该决议对自己的股东利益是否有损，故该决议内容限制了股东对未知奖金利润分配方案行使否决的行为，一旦实施完全有可能终止或者限制股东的资产收益权，因此股东会决议的该条内容违反了法律的规定应确认为无效。①

【参考案例】 在袁某、潘某损害公司利益责任纠纷再审审查与审判监督案中，最高人民法院认为，《公司法》第37条、第46条分别是有关股东会和董事会职权的相关规定，并不属于效力性强制性规定。而且根据《公司法》第4条规定，公司股东依法享有选择管理者的权利，相应地该管理者的权限也可以由公司股东会自由决定，《公司法》并未禁止有限责任公司股东会自主地将一部分决定公司经营方针和投资计划的权力赋予董事会。故珠峰商贸公司《公司章程》第27条有关应由股东大会作出决议的重大事项中“公司自主对公司资产开发，由董事会决定并向股东大会报告，不受上述金额(300万元)限制”的例外规定，并不存在因违反法律、行政法规的强制性规定而无效的情形。②

---

① 参见上海市第一中级人民法院民事判决书，(2013)沪一中民四(商)终字第822号。

② 参见最高人民法院民事裁定书，(2017)最高法民申1794号。

结合案例和法律规定可以看出，股东会是权力机构；董事会是公司的业务决策、监督与执行机构，经理层对董事会负责，是公司生产经营的具体执行机构，三个组织机构组成了职权有效配合的公司治理结构。扩充或限缩股东会、董事会或经理的其他职权时，这些被扩充和限缩的权力/利应和公司经营管理有关，应更方便公司的经营管理的具体进行。公司股东会可以将部分权利授权委托董事会行使，但这些权利的授予更多的是因为公司经营管理的便利，而不应是股东会的法定权利。但股东会通过公司章程可以将公司业务执行和业务决策机关应当享有的权责授予董事会，例如公司章程可规定由董事会决定聘任或解聘担任公司法律审查事务的律师事务所等。①

股东会、董事会、经理权力/利的配置和授权应在章程的设计中依法进行，从而满足控制公司、管理公司的个性化需要。在对股东会、董事会、经理的职权设计时，以下观点可以借鉴。构建我国公众公司股东大会与董事会的权力分配方案应当坚持以下3项标准：其一，经营判断标准。也就是说，凡是涉及公司经营判断的事项，包括但不限于聘任管理层并授权其经营、公司资本结构、利润分配、对外投资及敌意收购的防御措施等，均属于董事会的权力范围，由董事会享有最终决定权，股东大会无权干涉。基于专业与效率因素的考虑，对于公司经营决策方面的事项，如果由股东大会享有决定权，则可能会导致专业知识不足、反应不够迅捷，甚至决策循环及牟取私益等弊端，而由董事会决定则更具优势。因此，应当赋予董事会对此的独立经营决策权，不受股东大会的干预。其二，公司重大变更。关于公司章程修改、重大资产重组及解散等重大事项，则不属于公司正常经营范围内的事项，并且对于股东利益会产生重大影响，甚至改变了股东加入公司时的合理期待。所以，对于这些事项各国立法普遍赋予股东大会以专有决定权，同时股东对此的利益分歧较小，因而也能够降低相关的决策成本。诚如英国第二巡回法院所指出："我们最重要的任务是保护公司治理的基本结构，虽然公司的日常事务由公司高级管理人员在董事会的监督下管理，但那些影响公司最终命运的决定要由股东大会经过民主程序做出。"其三，利益

① 参见宋燕妮、赵旭东主编：《中华人民共和国公司法释义》，法律出版社2019年版，第100页。

冲突。对于特定的公司决策事项而言,决策者的个人利益与公司利益或者与其他利益相关者的利益之间若存在冲突,其就不再适合作为决策主体,以确保决策结果的公平合理。例如,对于董事的任免、高管薪酬方案以及外部审计师的聘任,与董事会全体成员均存在利益冲突,同时亦不涉及商业经营判断,故而这部分事项的决定权更应归属于股东大会行使。仅与个别董事存在利益冲突的事项,如董事的自我交易或关联交易,利用公司的商业机会、与公司进行同业竞争等,由于并非必然损害公司利益,对于某些公司来说可能属于经营必要且经常发生,更为关键的是涉及复杂的专业经营判断,因此不宜由股东大会进行决定,而应诉诸由独立董事组成的专门委员会来负责审批。对于上市公司公开要约收购,尤其是敌意收购,涉及公司关系各参与主体,如股东、董事、管理层、职工、债权人等的利益,而这些主体在面临要约收购时,又往往发生相互之间的利益冲突,例如股东极有可能为了追求短期的股份转让溢价收益,损害其他利益相关者的正当利益,甚至牺牲公司的长期利益,因此将敌意收购的防御措施的决定权赋予董事会行使可能更为符合公司自身的最佳利益。[①]

公司表决事项权限范围伸缩的章程条款参考示例

第×××条 【股东会对董事会的授权和责任承担】

股东会可依法将其部分职权以书面方式授予董事会行使,但股东会在作出上述授权时应根据法律、公司章程及相关规范性文件的规定,不得将仅能由股东会行使的法定职权授予董事会行使。

股东会对上述授权及授权范围内发生的具体事项承担责任。

第×××条 【董事会对总裁(总经理)的授权和责任承担】

董事会可依法将其部分职权以书面方式授予总裁(总经理)行使,但董事会在作出上述授权时应根据法律、公司章程及相关规范性文件的规定,不得超越自身的权限,严格控制风险。

董事会应将授权情况向股东会报告或备案,并对上述授权及授权范围内发生的具体事项承担责任。

---

① 参见张建东:《公众公司股东大会与董事会权力分配研究》,吉林大学2020年博士学位论文,第84~85页。

第×××条　【股东会对董事会的授权、授权的撤回和修改及补救措施】

股东会根据公司法人治理结构的完善程度、董事会及其专门委员会的制度健全、规范运作程度及公司的经营管理等情况可以书面方式授予董事会行使股东会的部分职权。但公司的合并、分立、解散、申请破产，增加或者减少注册资本，分配利润，股权激励，必须由股东会决定。

对于已经作出的授权，股东会可以根据董事会执行情况、社会经济情况、企业发展状况随时决定撤回或修改授权内容。

对于董事会在授权范围内进行的具体行为，董事会应及时向股东会作出报告及说明，股东会可根据情况主动或要求监事/监事会核查，如认为该等具体行为不适当，股东会有权要求董事会停止实施、变更或撤销该等行为及采取相应的补救措施。

第×××条　股东会根据公司法人治理结构的完善程度、董事会及其专门委员会的制度健全、规范运作程度及公司的经营管理等情况可以书面方式授予董事会行使股东会的部分职权。授权包括：

（一）制订公司的主业投资计划，并在正式实施前报股东会备案；

（二）制订公司的年度财务预算方案，并在正式实施前报股东会备案；

（三）决定公司内部改革重组事项；

（四）决定公司重要子公司的重大事项。

股东会还可以授予董事会行使股东会的其他职权，决定公司的重大事项，但公司章程的制定和修改，公司的合并、分立、解散、申请破产，增加或者减少注册资本，分配利润，应当由股东会决议进行。

对于已经作出的授权，股东会可以根据董事会执行情况、社会经济情况、企业发展状况决定撤回或修改授权内容。

对于董事会在授权范围内进行的具体行为，董事会应及时向股东会作出报告及说明，股东会可根据情况主动核查，如认为该等具体行为不适当，股东会有权要求董事会停止实施、变更或撤销该等行为及采取相应的补救措施。

第×××条　董事会职权由公司章程根据法律法规、监管规定和公司情况明确规定。

除公司法规定的职权外，本公司董事会职权包括：

（一）制订公司增加或者减少注册资本、发行债券或者其他证券及上市的

方案;

(二)制订公司重大收购、收购本公司股份或者合并、分立、解散及变更公司形式的方案;

(三)按照监管规定,聘任或者解聘高级管理人员,并决定其报酬、奖惩事项,监督高级管理层履行职责;

(四)依照法律法规、监管规定及公司章程,审议批准公司对外投资、资产购置、资产处置与核销、资产抵押、关联交易、数据治理等事项;

(五)制定公司发展战略并监督战略实施;

(六)制定公司资本规划,承担资本或偿付能力管理最终责任;

(七)制定公司风险容忍度、风险管理和内部控制政策,承担全面风险管理的最终责任;

(八)负责公司信息披露,并对会计和财务报告的真实性、准确性、完整性和及时性承担最终责任;

(九)定期评估并完善公司治理;

(十)制订章程修改方案,制定股东会议事规则、董事会议事规则,审议批准董事会专门委员会工作规则;

(十一)提请股东会聘用或者解聘为公司财务报告进行定期法定审计的会计师事务所;

(十二)维护消费者和其他利益相关者合法权益;

(十三)建立公司与股东特别是主要股东之间利益冲突的识别、审查和管理机制;

(十四)承担股东事务的管理责任;

(十五)公司章程规定的其他职权。

董事会职权由董事会集体行使。公司法规定的董事会职权原则上不得授予董事长、董事、其他机构或个人行使。某些具体决策事项确有必要授权的,应当通过董事会决议的方式依法进行。授权应当一事一授,不得将董事会职权笼统或永久授予其他机构或个人行使。

第×××条　本公司设总经理一名,总经理对董事会负责,由董事会决定聘任或者解聘,总经理具有如下职权:

（一）主持公司的生产经营管理工作，组织实施董事会决议，并向董事会报告工作；

（二）组织实施公司年度经营计划和投资方案；

（三）拟订公司内部管理机构设置方案；

（四）拟订公司的基本管理制度；

（五）制定公司的具体规章；

（六）提请董事会聘任或者解聘公司副经理、财务负责人；

（七）决定聘任或者解聘除应由董事会决定聘任或者解聘以外的负责管理人员；

（八）拟定公司职工的工资、福利、奖惩方案或制度；

（九）公司章程或董事会授予的其他职权。

总经理列席董事会会议。

三、公司表决权经典案例解析

股东约定的会议表决方式优先适用公司决议撤销纠纷案①

（一）案情简介

2006年8月，上海联合汽车（集团）有限公司（以下简称联合集团）与中国第五冶金建设公司（以下简称五冶建设）共同投资设立上海联合汽车大道开发建设有限公司（以下简称联合大道公司）。后五冶建设变更为中冶成工建设有限公司（以下简称中冶成工），中冶成工被中国五冶集团有限公司（以下简称中国五冶）吸收合并，经历次股东变更，现联合大道公司的股东为联合集团和中国五冶。

2012年4月16日，联合大道公司召开第四次股东会及一届六次董事会，联合集团和中国五冶委托的股东代表和推荐董事出席此次会议。该会议拟讨

---

① 参见上海市第二中级人民法院民事判决书，(2013)沪二中民四(商)终字第733号。

论联合大道公司2011年费用预算、2012年费用预算及补充意见两项内容;董事会拟讨论联合大道公司2011年度工作总结、2012年度工作计划等11项内容。经过会议及表决后,联合大道公司形成了第四次股东会决议及一届六次董事会决议。会后,联合集团收到第四次股东会暨第一届六次董事会决议(均为夹杂个别手写字样的打印件)。股东会决议的表决为:股东中国五冶意见:同意以上决议内容(手写字样);股东联合集团意见:空白;董事会决议的表决为:同意的董事为三票,不同意的董事为零票,弃权的董事为两票。其中,周某董事意见:同意该决议(手写字样)、签名“周某”(手写字样);王某某董事意见:空白、签名为空白;黄某某董事意见:同意该决议(手写字样)、签名“黄某某”(手写字样);甘某某董事意见:同意该决议(手写字样)、签名“甘某某”(手写字样);王某某董事意见:空白、签名为空白。

联合集团认为,联合集团在联合大道公司召开第四次股东会及一届六次董事会会议上明确表达反对决议方式、内容,但联合大道公司和中国五冶不顾联合集团的意见,罔顾事实,自行拟定了股东会决议和董事会决议,认定联合集团投了弃权票,通过了所谓的股东会决议一和决议二,以及董事会决议一至十一。联合大道公司股东会及董事会上述表决方式违反了两股东的约定,应予撤销。故而联合集团在法定期限内,诉至法院,请求撤销涉案股东会决议和董事会决议。

诉讼关系如图4所示。

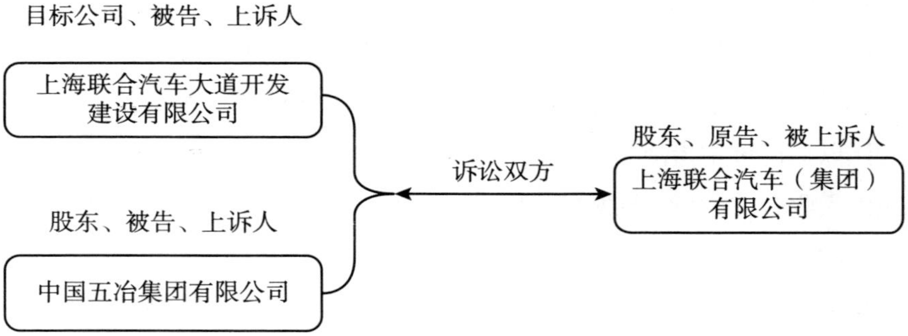

图4 诉讼关系

（二）争议焦点

本案焦点为系争决议表决方式的确定。

（三）法院判决和裁判理由

一审法院判决：

（1）撤销联合大道公司于2012年4月16日作出的第四次股东会决议一；

（2）撤销联合大道公司于2012年4月16日作出的第一届六次董事会决议一、决议二、决议三、决议五、决议六、决议七、决议八、决议十、决议十一。

二审法院维持一审判决。

裁判理由：

一审法院认为，本案系公司决议撤销纠纷，联合集团系因对涉案决议的表决方式持有异议而主张予以撤销，故本案的裁判焦点应为对系争决议表决方式的审查。

所谓表决，是通过一定的意思表示方式按一定决议形成的规则而作出的决定。因此，对于表决方式审查应从决议形成的规则和对表决事项的意思表示两方面进行。

第一，关于决议形成的规则的认定。

公司章程对外是债权人以及其他社会公众赖以了解公司的基本依据，但对股东之间来说，公司章程仅是股东之间的一种契约，股东可以通过其他合意在不违反强制性规定的情况下进一步明确各自的权利义务，甚至否定公司章程的约定，故在股东之间应以股东的真实意思合意为准。

首先，从本案证据可以看出，联合大道公司章程中有关股东会行使表决权的比例和董事会推荐董事比例的约定与股东之间真实意思表示并不一致，股东之间确定决议形成的规则是按照出资比例确定的。

其次，双方曾就行使表决权的方式进行新的商议但未达成合意。鉴于联合大道公司股东之间不按公司章程行使表决权，且现有证据无法证明各方对股东会、董事会形成决议的规则达成其他合意的情况下，本案决议形成的规则可按照《公司法》规定予以确定，即股东会会议由股东按照出资比例行使表决权。

联合集团对联合大道公司的出资比例为60%,中国五冶的出资比例则为40%,故股东会会议由联合集团占60%、中国五冶占40%的比例行使表决权。董事会决议的表决则实行一人一票。

第二,对表决事项意思表示的认定。

对表决事项的意思表示应该在特定的表决程序中通过一定的形式予以表现,如举手、投票。根据我国《公司法》第42条即"股东会应当对所议事项的决定作成会议记录,出席会议的股东应当在会议记录上签名"以及第49条"董事会应当对所议事项的决定作成会议记录,出席会议的董事应当在会议记录上签名"的规定,对于股东会或董事会决议事项的意思表示应该在股东会记录及董事会记录予以记载。本案中,联合大道公司并未出示合法有效的会议记录予以证明,不能证明联合集团及联合集团推荐董事对表决事项既不赞成、也不反对,以及表示弃权。联合大道公司认为联合集团收到股东会、董事会决议后并未提出书面异议即应视为弃权与联合集团起诉维权的事实不符。

二审法院再次认定:本案一审认定事实清楚,所作判决并无不当,应予维持。

(四)案件评析

本案为股东会决议和董事会决议撤销之案,依据《公司法》第22条第2款的规定,股东会或者股东会、董事会的会议召集程序、表决方式违反法律、行政法规或者公司章程,或者决议内容违反公司章程的,股东可以自决议作出之日起60日内,请求人民法院撤销。鉴于联合大道公司为有限公司,依据《公司法》第42条和第48条之规定,有限责任的股东会会议由股东按照出资比例行使表决权;但是,公司章程另有规定的除外。有限责任公司董事会的议事方式和表决程序,除《公司法》有规定的外,由公司章程规定。

依据以上公司法条款规定,本案应首先明确联合大道公司的公司章程规定的股东会和董事会的表决规则。

首先,联合大道公司的第一份公司章程有如下规定:第7条,股东的姓名或名称、认缴出资和出资方式如下:联合集团认缴出资人民币245万元,持股比例为49%;五冶建设认缴出资255万元,持股比例51%。第18条,股东会会议由股东按照投资比例行使表决权。第21条，公司设董事会，成员为5名。其中联合集团推荐3名，五冶建设推荐2名；董事会设董事长1名，由五冶建设推荐，董事会产生；董事任期3年，任期届满，可连选连任。第22条，董事会决议的表决实行一人一票；董事会决议应当由3名以上董事通过。该份章程在工商行政管理部门备案落款的时间为2006年8月22日。在同年8月21日，联合集团作为甲方与作为乙方的五冶建设签订了联合大道公司章程附件一份，该份附件载明：公司成立之后，在对灵石路×××号地块开发项目中，甲乙双方对该开发项目的实际投资比例为甲方以部分土地价款投资，占实际投资比例的60%，乙方以现金投资，占实际投资比例的40%；在灵石路×××号地块的项目开发中，股东会会议由股东按照实际投资比例行使表决权。

从以上事实可以看出，在章程中规定的出资比例与章程附件中两股东的另外约定有明显不同，即依据章程，两股东的表决比例为49∶51，而依据章程附件，两股东明确约定的表决规则为按照双方实际投资比例60∶40行使表决权。

其次，2007年12月25日，联合集团作为甲方与作为乙方的五冶建设作出股东会决议：为配合乙方上级单位中冶集团上市工作，经甲方和乙方友好协商并表决通过，同意修改联合大道公司章程部分条款，具体内容如下：(1)联合大道公司利润按照甲乙投资比例分配；投资比例不作为股东会表决方式；(2)联合大道公司董事会由原甲方推荐3名董事，改为甲方推荐2名董事；余下3名董事由乙方推荐；(3)同意乙方由五冶建设变更为中冶成工。同日，五冶建设向联合集团出具承诺函一份："我公司与贵公司在2007年12月25日形成的联合大道公司股东会决议，仅作为我公司配合上级单位中冶集团上市工作需要所用，有关双方的权利义务关系按之前签订的合作协议执行。我们将依然本着诚信原则，按照贵我双方在谈判成立联合大道公司时所达成的一致意见，共同努力促成灵石路×××号地块的房地产开发。"

以上为联合大道公司的章程第一次的变更，但该变更已由五冶建设出具的承诺函明确了适用的方面，即仅为五冶建设的上级单位上市所用，就两股东的权利义务仍按以前的协议执行。这里"以前的协议"应指结合2006年8月21日的章程附件明确的表决规则，即联合集团占有股东会多数表决权及董事会多数董事推荐权。因为,除了章程有不一致的规定外,在案件中并无其他证据证明已对2006年8月21日的章程附件中双方的约定进行了改变,何况作为股东一方,五冶建设还在承诺函中进一步确定了该章程附件的效力。

2008年8月联合大道公司两股东联合集团作为甲方与中冶成工作为乙方再次签署联合大道公司章程,该章程载明有如下内容:第7条,股东的姓名或名称、认缴出资和出资方式如下:联合集团认缴出资15,480万元,持股比例为60%;五冶建设认缴出资10,320万元,持股比例40%。第9条,公司成立后,在对灵石路×××号地块进行开发的项目中,甲乙双方对联合大道公司的投资比例定为:甲方占投资比例的60%、乙方占投资比例的40%。第18条,股东会会议由股东按照甲方占49%,乙方占51%的比例行使表决权。第21条,公司设董事会,成员为5名,其中甲方推荐2名,乙方推荐3名;董事会设董事长1人,由乙方推荐,董事会产生;董事任期3年,任期届满,可连选连任。第22条,董事会对所议事项作出的决定由全体董事人数3/5以上的董事表决通过方为有效,并应作为会议记录,出席会议的董事应当在会议记录上签名,董事会决议的表决实行一人一票。上述章程在工商行政管理部门备案落款的时间为2008年8月9日。

2009年4月至11月,联合大道公司两股东曾就股东会和董事会表决方式进行过多次协商,但没有达成一致意见。

联合大道公司两股东也因增加出资额又多次修订了公司章程,但联合集团出资比例为60%,中国五冶出资比例为40%的局面一直未变。

依据以上案件事实可以看出,本案股东双方争议焦点的实质是对股东表决比例的争议。

公司章程规定的表决比例为49:51,但依据双方签订的章程附件及五冶成工出具的承诺函足以说明,双方按照实际出资比例行使股东会决议表决权的方式并未改变。虽然双方曾就表决比例进行过协商,但并未达成一致意见,可以证明双方按实际出资比例60:40的比例行使表决权并没有被变更。因为本案纠纷发生在联合大道公司的两个股东之间,是公司内部的纠纷,而不涉及外部第三人,故两股东对表决规则的真实约定应优先于公司章程规定。

仅从本案的事实分析,结合一审法院的公司章程为股东之间的契约理论,如果两股东就契约事项约定不明的，可以参考《民法典》第510条和第511条之规定，能重新达成补充协议的，依补充协议；不能达成的，则可依据法律规定。本案双方对出资比例为60∶40没有异议，故表决权按照法律规定行使于法不悖。

本案仅涉及股东之间的内部，并没有涉及案外第三人，因此股东约定的真实意思表示应优先于公司章程的纸面规定。通过对本案的司法裁判，我们可以清楚看到，股东可以通过协议方式来确定股东的表决权。如果本案两股东将自己的真实意思及时修订在公司章程中，通过章程来确定双方的表决规则及意思表示，也许就不会存在本案的纠纷了。

第五章　法定代表人、董监高的章程设计

管控公司，人是关键因素！

公司是拟制的法律实体，虽然具有独立的意思，能够凭借意思表示实施法律行为但行为能力并不完全等同于自然人。公司的意思形成与表达只能通过自然人组成的公司机构进行，公司的经营决策、管理执行、制度制定、具体实施都由具体人员落实。公司管控其实质是对人的管控，尤其是对公司决策、经营和执行中关键人员的管控。

依据法律规定，法定代表人是代表法人从事民事活动的负责人，董事是公司决策机构的成员，监事是公司监督机构的成员，高级管理人员是行使经营公司、制度制定、行政账务等各方面的核心人员。依据法律规定和岗位性质，公司的法定代表人、董事、监事和高级管理人员的人员选任、职责履行与公司控制和治理休戚相关，是公司治理控制中关键人的因素，这些主体一般称为公司管控中的“关键少数”。《国务院关于进一步提高上市公司质量的意见》（国发〔2020〕14 号）就明确指出，完善违法违规行为认定规则，办理上市公司违法违规案件时注意区分上市公司责任、股东责任与董事、监事、高级管理人员等个人责任。

《公司法》（2023 年修订）则在强化公司董监高个人责任方面大幅增加了条款。即便如此，在公司管控与治理的层面，我国法律包括《公司法》没有也不宜对这些关键人员制订个性化的具体规定，只能由公司章程进行有针对性的细化和补充。《公司法》（2023 年修订）第 5 条规定，设立公司应当依法制定公司章程。公司章程对公司、股东、董事、监事、高级管理人员具有约束力。公司章程是具体管理公司关键人员的规则渊源，也是公司管控的制度总抓手。因此，通过公司章程对公司关键人员包括法定代表人、董事长及副董事长、董事、监事

和高级管理人员的权责划分及约束成为现实。因此股东应充分利用好公司章程，通过章程的个性化设计管控好公司的关键人员和关键岗位，从而达到维护公司和股东利益，实现管控、运营和发展公司的目的。

一、法定代表人

公司作为企业法人，其权利能力和行为能力自公司成立后随着法人资格一并产生，受到法律的约束。但公司只能作为法律上的“人”，虽然被法律赋予了独立的人格，但实质上是一个组织，其行为仍需要自然人去实施。出于市场交易安全与效率的考量，法定代表人应运而生。[①] 依据我国《民法典》第61条的规定，法定代表人是指依照法律或者法人章程的规定，代表法人从事民事活动的负责人。法定代表人以法人名义从事的民事活动，其法律后果由法人承受。

【典型案例】 在中建材集团进出口公司诉北京大地恒通经贸有限公司、北京天元盛唐投资有限公司、天宝盛世科技发展（北京）有限公司、江苏银大科技有限公司、四川宜宾俄欧工程发展有限公司进出口代理合同纠纷案中，最高人民法院释明：由于担保的函件得到上诉人的法定代表人的签字确认，故上诉人出具的《承诺书》有效成立。公司的行为能力及意思表示通过法定代表人以公司的名义所为的行为，是公司法人的法律行为，由此产生的权利义务对公司法人具有约束力。[②]

依据法律规定，公司的法定代表人在公司的治理与控制中处于核心地位。法定代表人对外天然代表公司，以公司的名义对外实施行为是公司的行为，该行为的法律后果由公司承担。作为规制公司行为的主要法律，《公司法》对法定代表人的定位、职责、权利等事项缺乏规定或规定过于抽象。

---

① 参见徐晓妤：《浅谈法定代表人行为的性质认定》，载《法制博览》（中旬刊）2013年第5期。

② 参见中建材集团进出口公司诉北京大地恒通经贸有限公司、北京天元盛唐投资有限公司、天宝盛世科技发展（北京）有限公司、江苏银大科技有限公司、四川宜宾俄欧工程发展有限公司进出口代理合同纠纷案，载《最高人民法院公报》2011年第2期。

法律的规定概括抽象,看上去似乎没有什么实质内容,对于公司控制看似没有太大影响,但《公司法》(2023 年修订)明确规定,当董事或经理担任法定代表人时,其执行事务时都是代表公司的,法定代表人通过公司印章使用、文件签署,对内影响公司治理与管控,对外代表公司开展业务经营活动,法定代表人的位置非常重要和关键。公司法上法定代表人的制度重点不在于其对外代表表征及后果归属,而在于法定代表人的地位、选任、内部权力分配、监督制衡与责任等。[①] 法定代表人制度使法定代表人的担纲者集法人的意思决定与意思表达于一身,权力过于集中。[②] 公司代表人制度的构建,对内涉及公司的权利配置、运行效率和股东利益的保护,对外涉及市场交易安全、第三人的利益的保护,在各种利益群体发生冲突时,应两害相权取其轻,找到一个最佳平衡点。[③] 这里的平衡就在于通过公司章程的个性化设计,从管控公司的角度,将法定代表人的选任、权限和企业的运营结合在一起,实现公司稳健高效运行,从而达到公司发展与管控的目的。

(一)法定代表人的章程设计

法定代表人章程制度的设计首先是法定代表人的选任。

《公司法》(2023 年修订)第 10 条规定,公司的法定代表人按照公司章程的规定,由代表公司执行公司事务的董事或者经理担任。担任法定代表人的董事或者经理辞任的,视为同时辞去法定代表人。法定代表人辞任的,公司应当在法定代表人辞任之日起 30 日内确定新的法定代表人。依据以上规定,我国公司的法定代表人只能在董事或经理[④]中产生。公司法定代表人的选任,其实质就是在董事与公司经理之间的选任问题。我们知道一个公司可能只有一个董事,如有董事会,则会有多个董事,那么公司法定代表人可能在多个董事中择一产生,不像以前只是公司的董事长或执行董事有资格担任法定代表人。依据

---

① 参见徐强胜:《公司治理结构中的法定代表人》,载《国家检察官学院学报》2023 年第 6 期。

② 参见王利明:《民法总则研究》,中国人民大学出版社 2012 年版,第 305 页。

③ 参见于晶:《我国公司代表人制度探究》,载《贵州大学学报(社会科学版)》2015 年第 6 期。

④ 这里的经理是指公司的总经理或董事会直接选聘下的公司总经理,不是一般意义上的经理。

《公司法》(2023 年修订)的规定,公司章程要明确规定公司法定代表人的产生和变更办法。依据《公司法》(2023 年修订)第 10 条第 3 款的规定,允许公司法定代表人在原法定代表人辞任后有 30 日的空缺时间,从公司业务正常运营和公司治理的角度,公司章程有必要规定该 30 日空缺时间的公司法定代表人职权的替代行使事项。

从公司管控的角度,选任公司法定代表人应权衡以下因素:依据公司治理架构,董事会是公司经营管理的决策、执行和监督机构,经理是董事会聘任并对董事会负责的机关,是公司经营的具体组织实施机关。由于董事人选的决定权最终是股东会,且大多由股东或股东代表担任,是公司决策集体的代表。经理可由职业经理人担任,是具体经营管理的执行人。法定代表人是依法代表公司的机构,依据《公司法》(2023 年修订)规定,法定代表人的职务行为皆视为代表公司。公司的治理结构中,董事的位阶高于经理,因为公司经理由董事会聘任或解聘,向董事会负责。如果由董事担任法定代表人,则董事会的实际权力将大幅增加,股东的意志能够贯彻到公司的具体运营层面;如果由公司经理来担任法定代表人,则辅之以公司章程对经理的职权界定,那么经理在公司运营中的实际执行权力会大大增加,公司的经营决策及具体执行都会提高效率,强化了公司行动力,符合商业行为的效率原则,这是优势,但也存在可能架空董事会职权的可能,或者股东的意志不能得到贯彻,出现"内部人"控制的局面。另外,在日常的公司运营中,法定代表人一般保管和掌握公司的公章、法人章及公司的重要资料,这些印章是公司处理内外事务的印鉴,是公司控制权的重要体现,对公司的管控具有实质意义,因此具体是由董事还是经理担任法定代表人,公司股东在确定公司法定代表人时应当从管控公司的角度,根据公司具体的实际情况具体考量,慎重选任。

法定代表人选任章程条款参考示例

第×××条　公司法定代表人依据公司章程由代表公司执行公司事务的公司董事/总经理担任,公司法定代表人的变更应根据担任公司法定代表人的职权进行相应的任免。

第×××条　公司的法定代表人由甲股东委派的代表公司执行公司事务

的董事担任。当甲股东收回委派或甲股东委派的董事辞职时,甲股东应根据本章程的规定在30日内另行委派一名代表公司执行公司事务的董事接任公司法定代表人。

第×××条 当公司法定代表人辞任时,公司应当在法定代表人辞任之日起30日内依据本章程的规定确定新的法定代表人。自收到公司法定代有人辞任之日起,公司法定代表人的对外职责暂时由董事会决议指定的代表公司执行公司事务的公司董事暂时代理,并在代理履行职务时对外部说明情况,同时停止原法定代表人职权的行使。

第×××条 当本公司法定代表人同时也担任其他公司法定代表人时,法定代表人在行使签字权利时,应明确写明所代表的公司,否则本公司不承担相应责任;若公司因此承担责任后,公司有权向负有责任的法定代表人追偿。

(二)法定代表人的职权范围

我国《民法典》第61条规定,依照法律或者法人章程的规定,代表法人从事民事活动的负责人,为法人的法定代表人。但法定代表人的其他具体职权,我国法律法规并没有明确确定。我国法律就法定代表人职权的规定在《民法典》第61条、第504条[①],《民事诉讼法》第51条第2款[②]等法律条文中。这些法条对法定代表人的行为后果进行了规定,但对法定代表人的职权范围几乎没有涉及。法定代表人与法人之间并非代理关系,而是代表关系,且其代表地位来自法律的明确授权,故不需要公司另外授权。法定代表人是企业组织架构的一部分,是法人对外交易行为的纽带。法定代表人依规定所从事的职务行为即视为公司行为,并由公司承担相关法律责任。有学者对此明确指出:2017年10月1日施行的《民法总则》(现已失效)关于法定代表人法律地位的规定应为缺

---

① 《民法典》第61条规定,依照法律或者法人章程的规定,代表法人从事民事活动的负责人,为法人的法定代表人。法定代表人以法人名义从事的民事活动,其法律后果由法人承受。法人章程或者法人权力机构对法定代表人代表权的限制,不得对抗善意相对人。第504条规定,法人的法定代表人或者非法人组织的负责人超越权限订立的合同,除相对人知道或者应当知道其超越权限外,该代表行为有效,订立的合同对法人或者非法人组织发生效力。

② 《民事诉讼法》第51条第2款规定,法人由其法定代表人进行诉讼。其他组织由其主要负责人进行诉讼。

省性规则和授权性规则，允许法人权力机关依自由意志选出，即通过章程或其他形式对法定代表人的代表权予以限制。①

《公司法》（2023 年修订）第 10 条第 1 款规定，公司的法定代表人按照公司章程的规定，由代表公司执行公司事务的董事或者经理担任。依据前述法律规定，法定代表人的范围扩展至任一个代表公司执行公司事务的董事会成员，不再局限于董事长。这一立法变化强调了法定代表人应实质参与公司治理，代表公司执行公司事务，而非仅仅“挂名”的法定代表人。董事通过集体行权，行使董事会的法定职权；经理的职权由公司章程或者董事会授权产生。公司法并没有规定法定代表人特别的职权，但依据《公司法》（2023 年修订）第 10 条的规定，法定代表人的这种实质性参与公司治理的职权与法定代表人的独立代表权相结合，使法定代表人的职权大大增加。因此，为管控公司，公司章程有必要将法定代表人的法定参与权与董事或经理的职权绑定在一起，从而大大增强对公司的管控能力。

法定代表人职权范围的章程条款参考示例

第×××条　公司法定代表人签署重大文件或重要合同时，应依据股东会或董事会决议进行签署，或提前向董事会报请审核；如未能及时报请审核的，也应事后向董事会报告。

公司法定代表人签字业务合同超过 30 万元（或更多）以上的合同，要有董事会决议方可签署（或要有董事长签字方可签署）；如董事长为法定代表人的，需要董事会决议方可签署；业务合同超过 500 万元（或更多）的，要由股东会决议批准。（注意在章程中实际约定法定代表人的权限，以便公之于众。使更多人知道公司法定代表人的权限，保护公司利益。）

第×××条　公司法定代表人签署文件出于个人谋利目的，或有重大过失，或主观故意使公司利益招致损失的，法定代表人应就公司损失承担个人赔偿责任；如公司已事先赔偿的，公司有权依据股东会决议或董事会决议及本章程规定向法定代表人追偿。

---

①　参见蔡立东：《论法定代表人的法律地位》，载《法学论坛》2017 年第 4 期。

第×××条　公司董事长是公司法定代表人,代表公司行使签字权;法定代表人(董事长)行使下列职权:

(一)检查股东决议的落实情况,并向股东报告;

(二)保管及管理公司印章的使用、代表公司签署有关文件;

(三)在发生战争、特大自然灾害等紧急情况下,对公司事实行使特别裁决权和处置权,但这类裁决权和处置权的行使须符合公司利益,并在事后向股东会报告。

第×××条　公司总经理是公司法定代表人,代表公司行使签字权。

公司法定代表人保管及管理公司印章的使用、代表公司签署有关文件。

在发生战争、特大自然灾害等紧急情况下,对公司事实行使特别裁决权和处置权,但这类裁决权和处置权的行使须符合公司利益,并在事后向董事会报告。

第×××条　公司法定代表人应按照本章程及公司规章制度规定行使职权,否则视为职权行使不当或越权行使。

第×××条　如法定代表人拒不配合签字时,由董事会通过决议指定或委派成员代表公司签字;如董事会不指定或不委派时,由公司股东会通过决议指定或委派特定人员代表公司行使签字权。

第×××条　公司董事长为公司的法定代表人。结合法定代表人的签字权,董事长行使下列职权:

(一)主持股东会和召集、主持董事会会议;

(二)督促、检查董事会决议的执行;

(三)签署公司股票、公司债券及其他有价证券;

(四)签署董事会重要文件和其他应由公司法定代表人签署的其他文件;

(五)行使法定代表人的职权及授权他人签署商业合同;

(六)在发生不可抗力的紧急情况下,对公司事务行使符合法律规定和公司利益的特别处置权,并在事后向公司董事会和股东会报告;

(七)董事会授予的其他职权。

第×××条　公司法定代表人伪造或者变造相关文件、签章(名)不实等违法违规行为或超越公司法定代表人权限为或不为,并因此使公司承担责任的,公司有权向法定代表人追偿。

二、董事、监事和高级管理人员

(一)董事

董事会是依照法律法规,按公司章程设立并由全体董事组成的对内掌管公司事务、对外代表公司的公司经营决策机构,是公司治理的核心机构。在既定的法律框架下,公司董事会的权力来自法律的直接规定以及股东会的授权,董事会的地位具有法定性。董事会的法定地位及核心作用决定了董事会的组成结构直接左右着公司的控制和经营管理,而董事是指由股东会选举产生或依其他法定方式产生,出席董事会会议,管理和监督公司事务的董事会之必要成员。[①] 在现代公司制度发展中,随着公司所有权与经营权的两权分离,作为公司权力机构的股东会职权逐渐宏观化,而作为公司的常设业务决策机关和经营意思决定机关的董事会职权日益强化,公司的治理管控最终会落地到董事会,《公司法》(2023 年修订)就对董事会职权进行了极大的扩充和强化,包括新增董事会的监督职权。因此,作为董事会成员的董事对公司控制和股东权利保护来说极具重要意义。

1. 董事的职权

公司为了实现有效运行,必须在权力机构股东会之下设置董事会等权利决策、监督和执行机构,形成公司治理管控权力的第一次配置。在多数情况下,董事会还将聘任经理等高级管理人员,负责公司日常经营管理职责,形成公司治理管控权力的第二次配置。董事会占据公司治理承上启下的权力结构中枢,其核心地位可见一斑。

良好的公司治理源于董事会职权的正确行使,董事会职权的正确行使取决于董事个人职权的正确行使。在公司内部关系中,董事与公司、股东及各种利益相关者之间形成了错综复杂的关系,有的董事本身就是公司股东或兼任公司

---

① 参见陈运雄:《论公司董事权的法律特征》,载《湖南社会科学》2004 年第 6 期。

高管。依据我国法律,董事通过董事会会议形式履行职责,除董事长对董事会会议有召集权与主持权,并检查董事会决议的实施情况外,离开董事会,董事个人原则上没有相应的职权。必须指出的是,如果承认董事会对经理的聘任和解聘权,经理通过公司章程和董事会授权享有日常经营的管理权,则逻辑上相当于间接承认了董事的经营权,落实了董事参与公司经营与管控的权利。

董事会职权的行使实际为董事个人履行职责的集体决策表现。董事会职权的行使要求董事个人积极作为,依据《公司法》(2023 年修订)第 125 条之规定,董事应当对董事会的决议承担责任。董事会的决议违反法律、行政法规或者公司章程、股东会决议,给公司造成严重损失的,参与决议的董事对公司负赔偿责任;免责的条件仍在于积极作为,即“经证明在表决时曾表明异议并记载于会议记录的”。鉴于董事会在公司治理与管控中的重要地位与作用,公司章程应对董事履行职权进行妥善规划与设计。建议在章程中规定董事行使职权时不应弃权,只能表明赞成或反对,不能对公司治理中的重大事项不发表意见或有意规避,怠于履职。

董事职权的章程条款参考示例

第×××条 董事享有如下权利:

(一)出席董事会会议,在董事会会议上独立发表意见,并就表决事项行使表决权;

(二)根据履行职责需要,有权采用实地调研、查阅公司有关资料、找公司有关人员谈话等必要的工作方式,了解和掌握公司的各类工作情况;

(三)对可能出现的投资失控、关联交易等经营活动进行审查,必要时提请董事会审议;

(四)就可能损害公司权益的情况,直接向董事会报告;

(五)董事在履行职务时的办公、出差等有关待遇,按公司规定标准报销;

(六)按照有关规定领取薪酬、津贴;

(七)公司法和公司章程规定的其他权利。

第×××条 董事行使下列职权:

(一)根据公司的章程规定或董事会委托行使一定职权;

（二）根据股东会授权对限额以内的投资有表决权；

（三）从维护公司整体利益的角度，在董事会上发表对董事会议案的意见和建议；

（四）针对公司经营管理等方面存在的问题或缺陷向董事会提出提案。

第×××条 董事履行以下义务：

（一）董事要认真了解公司的经营活动，特别是财务及投资使用状况，敦促执行股东会、董事会决议，发现问题及时处理；

（二）按时参加公司的董事会，并准确表达和反映意见；

（三）关注公司经营、财务事项和资产管理状况，对重大问题要及时报告；

（四）贯彻落实公司的发展战略方针、经营目标；

（五）参与公司的战略决策和运行监控，防范企业经营风险，认真贯彻执行公司的管理制度；

（六）关注公司长期发展目标与核心竞争力培育，避免或纠正决策经营上的短期行为；

（七）督促公司建立权责明确、运转顺畅、制衡有效的公司法人治理结构；

（八）公司法和公司章程规定的其他职责。

第×××条 董事履行以下义务：

（一）出席董事会议，对会议议题提前进行调研论证并征求、听取公司有关方面意见；因故不能出席董事会会议的，应当书面委托其他董事代为出席并载明授权范围。

（二）忠实履行职责，维护出资人和公司的合法权益。

（三）关注公司事务，及时了解和掌握信息，深入研究、分析，独立、慎重行使职权。

（四）定期或不定期向公司董事会报告工作。

（五）诚实守信，遵守国家法律法规及公司章程，承担保守商业秘密和竞业禁止义务。

（六）接受公司对其履行职责的监督和合理建议。

（七）贯彻实施公司股东会及董事会决议和公司相关的发展战略。

（八）以公司利益最大化为行为准则，忠实、勤勉、尽职尽责，切实维护公司的利益。

(九)认真了解公司的各项商务、财务报告,及时了解公司业务经营管理状况。

(十)不得利用内幕信息为自己或他人谋取利益;不得自营或为他人经营与公司相同业务或类似业务,不得从事损害公司利益的行为。

(十一)提出辞职或任期届满,其对公司商业秘密的保守义务仍然有效,直至该秘密成为公开信息。

(十二)承担董事会交办的其他工作。

第×××条　董事承担以下责任:

(一)董事因违反国家法律法规给公司造成资产流失的要承担相应责任;

(二)对董事会违反国家法律法规进行决策,给公司造成损失,而董事未提出异议并记录在案的,董事对董事会的决策失误应承担责任;

(三)董事违反公司章程及其规章制度等规定,给公司造成经济损失的,应承担相应的经济赔偿责任;

(四)国家法律法规、行政规章等规定的其他责任。

第×××条　未经公司章程规定或者董事会的合法授权,任何董事不得以个人名义代表公司或者董事会行事。董事以其个人名义行事时,在第三方会合理地认为该董事在代表公司或者董事会行事的情况下,该董事应当事先声明其立场和身份。

第×××条　董事会会议应当由董事本人出席。董事因故不能出席的,可以书面委托其他董事代为出席并行使表决权,委托书上应当载明对于各项列入表决程序议案的明确意见;但外部董事不得委托非外部董事代为出席。委托人应当事先认真审阅议案材料,形成明确意见,并在委托书中载明授权范围、代为表决的意见、授权的期限等。

除不可抗力等特殊情况外,董事每年出席董事会会议的次数不得少于会议总数的四分之三。

第×××条　董事连续两次未能亲自出席,也不委托其他董事出席董事会会议的,视为不能履行职责,董事会应当建议股东会予以解任。

第×××条　本公司董事在董事会审议事项时,要明确对所审议的事项发表意见，投票时只能投赞成或反对票，不得投弃权票。

第×××条　公司董事履行如下职责或义务：

（一）持续关注公司经营管理状况，有权要求高级管理层全面、及时、准确地提供反映公司经营管理情况的相关资料或就有关问题作出说明；

（二）按时参加董事会会议，对董事会审议事项进行充分审查，独立、专业、客观地发表意见，在审慎判断的基础上独立作出表决；

（三）对董事会决议承担责任；

（四）对高级管理层执行股东会、董事会决议情况进行监督；

（五）积极参加公司和监管机构等组织的培训，了解董事的权利和义务，熟悉有关法律法规及监管规定，持续具备履行职责所需的专业知识和能力；

（六）在履行职责时，对公司负责，公平对待所有股东；

（七）执行高标准的职业道德准则，并考虑利益相关者的合法权益；

（八）对公司负有忠实、勤勉义务，尽职、审慎履行职责，并保证有足够的时间和精力履职；

（九）遵守法律法规、监管规定和公司章程。

2. 董事的任职资格

董事任职资格，是指在法律法规或公司章程中规定公司董事的任职条件，非具备某些特定条件以及具备某些特定情节者不得担任公司董事。公司董事处于公司治理结构之核心环节，董事的任职资格必将影响公司之经营与股东权益。明确董事任职资格也是为防止无才无德或不具备条件的人混入董事会、滥用董事职权损害公司及相关者利益而确立的预防性措施。各国公司法大多对董事资格做了积极资格和消极资格两个方面的限定。[①]

《公司法》（2023 年修订）第 178 条对董事、监事、高级管理人员的消极资格做了规定，规定以下五类人员：（1）无民事行为能力或者限制民事行为能力；（2）因贪污、贿赂、侵占财产、挪用财产或者破坏社会主义市场经济秩序，被判处刑罚，或者因犯罪被剥夺政治权利，执行期满未逾 5 年，被宣告缓刑的，自缓

---

① 参见王建文、范健：《论我国反收购条款的规制限度》，载《河北法学》2007 年第 7 期。

刑考验期满之日起未逾2年;(3)担任破产清算的公司、企业的董事或者厂长、经理,对该公司、企业的破产负有个人责任的,自该公司、企业破产清算完结之日起未逾3年;(4)担任因违法被吊销营业执照、责令关闭的公司、企业的法定代表人,并负有个人责任的,自该公司、企业被吊销营业执照、责令关闭之日起未逾3年;(5)个人因所负数额较大债务到期未清偿被人民法院列为失信被执行人,不得担任公司的董事、监事、高级管理人员。公司违反规定选举、委派董事、监事或者聘任高级管理人员的,该选举、委派或者聘任无效。董事、监事、高级管理人员在任职期间出现法定情形的,公司应当解除其职务。我国《保险法》《证券法》《上市公司收购管理办法》《非上市公众公司收购管理办法》《保险代理人监管规定》等法律法规也对公司董事的消极资格进行了具体规定。

从公司治理管控的角度出发,仅规定公司董事的消极资格远远不够。依照《公司法》(2023年修订)弘扬企业家精神的立法价值取向,董事是企业家群体中的重要部分,公司章程及内部文件应对公司董事的积极资格也应作出规定,鼓励公司在不违背法律法规强制性规定、商业惯例与公序良俗的情况下,通过公司章程对董事任职的积极资格做进一步的规定,选择那些既有知识修养、又有专业能力,既具丰富经验,又有职业操守的人成为公司的董事。

《上市公司章程指引》(2023年修订)在第57条将董事、监事人选的条件进行了列举式规定,包括:(1)教育背景、工作经历、兼职等个人情况;(2)与本公司或本公司的控股股东及实际控制人是否存在关联关系;(3)披露持有本公司股份数量;(4)是否受过中国证监会及其他有关部门的处罚和证券交易所惩戒。《企业国有资产法》第23条①从董事、监事和高级管理人员的品行、专业知识、工作能力及身体条件等方面进行了规定。根据这些法条的指引,从公司管

① 《企业国有资产法》第23条规定,履行出资人职责的机构任命或者建议任命的董事、监事、高级管理人员,应当具备下列条件:(1)有良好的品行;(2)有符合职位要求的专业知识和工作能力;(3)有能够正常履行职责的身体条件;(4)法律、行政法规规定的其他条件。

董事、监事、高级管理人员在任职期间出现不符合前款规定情形或者出现《公司法》规定的不得担任公司董事、监事、高级管理人员情形的,履行出资人职责的机构应当依法予以免职或者提出免职建议。

控的角度,公司可以通过公司章程制定个性化规定,比如设定特定的条件以阻止竞争对手对董事的提名或任命,以实现公司治理管控的特定目的。

一般来说董事的任职资格主要包括以下 4 个方面。

(1)身份条件。

《公司法》(2023 年修订)已将董事会对股东会负责的规定删除。董事虽然是由股东会选举和更换,但董事进入公司后,应维护的是公司利益而不是某个推荐他的股东的利益。为了更好地维护公司的利益,公司章程可以规定公司董事必须具备一定的身份条件才可以担任公司的董事。比如,董事的职位必须由持有本公司股权、股份的主体才可以担任,这样就避免了与公司无关的人员担任公司的董事,能更好地保护公司利益。为了保护公司在本国的利益,公司章程可以规定具有本国国籍的人才可以担任公司的董事,或规定有本国国籍人的担任比例。公司章程还可以规定在本公司任职的股东方可担任本公司董事,或全职担任董事多少年的董事才具有担任董事长的资格。法律规定无民事行为能力人和限制民事行为能力者不得担任公司董事,但有民事行为能力人就一定能胜任公司董事职位吗?年龄过大会不会跟不上时代的发展?年龄大、对公司做出过贡献的是不是可以规定担任公司的名誉董事?章程可以规定过了法定退休年龄的人只在公司战略上做出指导,而不再负责公司的具体事务,让经验有余而活力不足的企业元老退居二线,这也有利于公司的经营权向新一代进行交接,并给公司带来活力。

(2)职位资格条件。

董事职位的重要性再怎样强调也不为过。董事会的决策、决议有赖于董事个人判断,如果资历平平的人占据了董事的位置,这对公司管控、公司发展、公司竞争优势可能带来不利影响。因此公司章程中应相应规定担任公司董事需要的个人品德、专业能力、工作能力、管理经验等条件,以使董事会的决策有利于公司的治理和发展。

(3)兼职约束。

《公司法》(2023 年修订)第 175 条规定,国有独资公司的董事、高级管理人员,未经履行出资人职责的机构同意,不得在其他有限责任公司、股份有限公司或者其他经济组织兼职。国有公司、企业的董事、经理利用职务便利,自己经营或者为他人经营与其所任职公司、企业同类的营业，获取非法利益且数额巨大的还会依据《刑法》第165条被判为非法经营同类营业罪。2023年12月29日颁布的《刑法修正案(十二)》明确规定“其他公司、企业的董事、监事、高级管理人员违反法律、行政法规规定，实施前款行为，致使公司、企业利益遭受重大损失的，依照前款的规定(非法经营同类营业罪)处罚”。同时，《公司法》(2023年修订)第183条规定，董事、监事、高级管理人员，不得利用职务便利为自己或者他人谋取属于公司的商业机会。但是，有下列情形之一的除外：①向董事会或者股东会报告，并按照公司章程的规定经董事会或者股东会决议通过；②根据法律、行政法规或者公司章程的规定，公司不能利用该商业机会。公司章程应将这些规定进行细化并具有可操作性，以指导董事、监事和高级管理人员合规履职，防止董事利用其特殊地位，损害公司利益，避免董事、监事和高级管理人员承担了相应的民事责任或者刑事责任，并促使董事有充足的时间集中精力处理公司事务。

(4)职业道德条件。

广义的职业道德是指从业人员在职业活动中应该遵循的行为准则。狭义的职业道德是指在一定职业活动中应遵循的、体现一定职业特征的、调整一定职业关系的职业行为准则和规范。《公司法》(2023年修订)第178条明确规定，因贪污、贿赂、侵占财产、挪用财产或者破坏社会主义市场经济秩序，被判处刑罚，执行期满未逾5年，或者因犯罪被剥夺政治权利，执行期满未逾5年的不得担任公司的董事、监事、高级管理人员。公司应该对董事有更高的要求，建议公司将董事的职业道德落实到公司章程中。

董事资格章程条款参考示例

第×××条　有下列情形之一的，不得担任公司的董事、监事、高级管理人员：

(一)无民事行为能力或者限制民事行为能力；

(二)因贪污、贿赂、侵占财产、挪用财产或者破坏社会主义市场经济秩序，被判处刑罚，或者因犯罪被剥夺政治权利，执行期满未逾5年，被宣告缓刑的，自缓刑考验期满之日起未逾2年；

（三）担任破产清算的公司、企业的董事或者厂长、经理，对该公司、企业的破产负有个人责任的，自该公司、企业破产清算完结之日起未逾3年；

（四）担任因违法被吊销营业执照、责令关闭的公司、企业的法定代表人，并负有个人责任的，自该公司、企业被吊销营业执照、责令关闭之日起未逾3年；

（五）个人因所负数额较大债务到期未清偿被人民法院列为失信被执行人。

公司违反前款规定选举、委派董事、监事或者聘任高级管理人员的，该选举、委派或者聘任无效。

董事、监事、高级管理人员在任职期间出现本条第1款所列情形的，公司应当解除其职务。

第×××条　股东会讨论董事选举事项的，股东会通知中应充分披露董事候选人的详细资料，至少包括以下内容：

（一）教育背景、工作经历、兼职等个人情况；

（二）与本公司或本公司的控股股东及实际控制人是否存在关联关系；

（三）披露持有本公司股份数量；

（四）是否受过中国证监会及其他有关部门的处罚和证券交易所惩戒。

第×××条　董事的任职条件

（一）符合公司法、公司章程关于董事任职资格的规定，对公司忠实、尽责，能够切实维护公司利益，按照公司决策履行职责，具有高度的责任感和敬业精神；

（二）具有坚定正确的理想和信念、强烈的事业心和责任感，廉洁奉公，品行端正，诚信勤勉，个人信誉好；

（三）熟悉社会主义市场经济知识和公司的经营管理业务，能较好地掌握国家的有关政策、法律、法规以及公司的经营发展战略和方针，具有与其职务相适应的工作能力；

（四）坚持原则、严格依法按章办事；

（五）忠实代表公司的意志，自觉遵守公司的规章制度，坚决维护公司的合法权益；

(六)具有重点大学本科以上学历和中级以上专业技术资格、具有本公司所处行业5年以上工作经验;

(七)身体健康,有足够的精力履行任职岗位的职责;

(八)具有能够胜任拟任职务要求的专业技术资格和能力,在相同或相似职位工作5年以上;

(九)股东会认为应当具备的其他条件。

第×××条　有下列情形之一的人员不得担任董事、监事或高级管理人员:

(一)无民事行为能力或者限制民事行为能力;

(二)曾担任严重亏损的公司的董事、经理,并对该公司产生严重亏损负有个人责任;

(三)受到党纪、行政处分,执行期满未逾3年。

3. 董事的选任与解除

除职工董事外,实践中,董事的举选一般由股东提名或指定。董事会对股东的董事提名或指定形成决议,然后以董事会的名义提交股东会决议通过。通常在董事会将董事候选人名单提交股东会表决之前,股东之间一般会协商董事名额的分配情况,但这种内部协商,是公司股东之间权力和利益的博弈,有其私密性。我国公司的类型为有限责任公司和股份有限公司,《公司法》(2023年修订)对两类公司的治理机构设置要求相对宽松,针对规模较小或者股东人数较少的有限责任公司或股份有限公司,公司可以不设董事会,设一名董事,行使法律规定的董事会的职权。该董事可以兼任公司经理。

对于规模较小或者股东人数较少的有限责任公司或股份有限公司,控股股东可以直接控制股东会进行决议,董事提名权的行使一般不会存在争议;而针对规模大、股东多、股东构成较为复杂的有限责任公司或股份有限公司,如何提名董事及安排董事会结构并使其有效运行是公司控制必须面对的课题。

资本市场上常提及阿里合伙人制度,其实,阿里合伙人制度的核心在于公司章程中设置有关董事提名权的特殊条款,从而保证创始人对公司的控制。要成为阿里的董事必须经过这些“合伙人”的提名前置程序:(1)阿里合伙人对董事会半数以上席位拥有排他提名权。如果阿里合伙人提名的候选人没有获得股东大会批准,或现任董事离职,阿里合伙人有权指定其他人选担任临时董事直至来年股东大会。(2)上市后阿里董事会有9个席位,合伙人有权提名其中的5席。[①] 阿里合伙人实际上通过董事提名权控制董事会成员产生的方式来控制整个公司。

在"宝万之争"后,我国不少上市公司在修改公司章程时,对股东提名董事候选人的权力进行了限制,其条款主要表现为对有权提出提案(包括改选、增补董事提案)的股东的持股比例和/或持股期间作出高于公司法规定的下限要求。有的公司章程还对股东可以提名的董事候选人数量、董事人选产生的程序等方面进行限制。还有的公司章程间接取消了股东对董事候选人的提案资格。《岳阳兴长公司章程》(2016年4月)第59条就规定如下:董事会、监事会、连续90日以上单独或者合计持有公司10%以上股份的股东可以以提案的方式提名董事候选人;董事会、监事会、连续90日以上单独或者合计持有公司3%以上股份的股东可以以提案的方式提名监事候选人;董事会、监事会、连续90日以上单独或者合计持有公司1%以上股份的股东可以以提案的方式提名独立董事候选人。[②] 兴长公司章程就是以规定时间的方式增加了新进入股东提名董事、监事的难度从而相对控制公司。

我国公司法对董事选任的规定比较纲领化,现行立法中规定了董事由公司股东会选任这种主导方式。《公司法》(2023年修订)第59条和第112条都规定了公司董事的产生方式。国有独资公司的非职工董事由国家授权投资的机构或者国家授权的部门按照董事会的任期委派。股份有限公司在公司设立阶段,采取发起方式设立的,董事由发起人选举产生;采取募集方式设立的,由创立大会选举产生,董事会中的职工代表由公司职工民主选举产生。除此之外,有限责任公司和股份有限公司的董事,一般由股东会选举产生。股东会决议的规则是"资本多数决",对有限责任公司来说,如果一个股东占有公司过半数的

---

① 参见邱威棋:《阿里巴巴集团"湖畔合伙人制"的案例分析》,载《北京市经济管理干部学院学报》2015年第1期。

② 参见巨潮资讯网,http://www.cninfo.com.cn/new/disclosure/detail? stockCode=000819&announcementId=1202671687&orgId=gssz0000819&announcementTime=2016-09-03。

股权,在选任公司董事的时候,该股东所推选的董事候选人总能被选定为公司董事。这样一来,不用经过特别的设计,占有多数股权的股东利用手中的表决权就足以决定董事的人选。对于有限责任公司的中小股东来说,如果没有在公司章程中规定董事的产生方式,仅根据资本多数决的股东会表决规则,则自己推举的董事人选没有任何当选的希望。对股份有限公司来说,利用股份多数决的表决规则,占有大多数股东表决权比例的股东可以让自己推举的董事全部当选。

从公司控制的角度出发,有限责任公司的小股东在公司设立之初就应该约定好董事的推选方式,至少自己推举的人有机会当上董事,并进而参与公司的治理和经营。同理,作为股份有限公司的中小股东,也应积极建议或推动在董事、监事人选的选举中实行累积投票制度,以便让自己推荐的候选人有机会当选。倡导性的累积投票制度使股份有限公司可以完全抛弃这一制度的适用,因而实际达到的限制控股股东表决权的效果大打折扣。在此基础上建议公司法对累积投票制采取强制主义的态度,同时赋予公司章程对累积投票表决权进行细致化的规定和划分,在确定董事、监事候选人时,必须保证给代表中小股东利益的董事预留一定的席位,同时在董事会选举时采取差额选举的方式,而且要保证最终确定的董事会名单中有代表中小股东利益的董事和监事,只有这样才能保证累积投票制度达到预期的效果。①

与董事选任相对的是董事职务的解除。董事职务的解除包括董事被动解除和主动离职两个方面。1993 年发布的《公司法》第 47 条第 2 款规定,董事在任期届满前,股东会不得无故解除其职务。但《公司法》(2018 年修正)没有类似规定,且在《公司法司法解释(五)》出台以后,董事职位已可被随时无因解除。《公司法》(2023 年修订)第 71 条再次确认了对董事职位的无因解任,明确规定,股东会可以决议解任董事,决议作出之日解任生效;第 120 条也明确规定,董事职位的无因解任适用于股份有限公司。董事职位的无理由解任将使董事的职业保障性降低,稳定和有效管控董事会也成为《公司法》(2023 年修订)

① 参见汪兰:《股份公司股东表决权限制制度研究》,安徽财经大学 2017 年硕士学位论文,第 26 页。

施行后公司控制的新课题。针对董事主动离职的事项,《公司法》(2023年修订)仍然规定,董事任期届满未及时改选,或者董事在任期内辞任导致董事会成员低于法定人数的,在改选出的董事就任前,原董事仍应当依照法律、行政法规和公司章程的规定,履行董事职务。

因此,依据公司法规定,如果董事离职而公司没有及时改选新的董事,原有的董事仍应当继续履行董事职务;如果公司恶意不召开股东会改选董事,而此时董事的救济途径并不多,在董事穷尽了公司内部的救济之后再无其他救济和解决纷争的途径,这时的继续履行对离职董事并不公平。另外,一直不更新董事职位的状态对公司治理也构成不稳定因素,公司章程应填补这一空白,明确规定董事离职后公司应及时改选董事,以稳定公司治理架构、保护公司、股东和离职董事的各方利益。

董事选任和解除的章程条款参考示例

第×××条 单独或者合计持有公司1%以上股份的股东可以通过提出临时提案的方式向股东会建议选举和更换董事。

第×××条 董事会选举采取差额无记名投票选举的办法,候选人由股东推荐。单独或合计持有1%以上表决权的股东可以推荐候选人,表决权每达到或超过1%可以推选一名候选人。

第×××条 董事候选人名单以提案的方式提请股东会表决。

第×××条 股东拥有提名董事的权利;甲股东提名的董事人数应占董事会人数一半以上,因任何原因董事会成员中由甲股东提名或任命的董事不足半数时,甲股东有权委派临时董事以确保其半数以上董事席位;如果股东会未通过甲股东提名或委派的董事的,甲股东可以提名或委派新的临时董事,直至下一次股东会选举通过;如果甲股东提名或委派的董事因任何原因离职,甲股东有权委派临时董事以填补空缺,直至下一次股东会选举通过。

修改本章程以上条款必须获得股东会全体股东所持表决权2/3(或更多的比例)以上同意方可通过。(修改本章程以上条款必须获得出席股东会的股东所持表决权数2/3以上同意方可通过。)

第×××条 非独立董事候选人名单由上届董事会或连续180个交易日

单独或合计持有公司发行在外有表决权股份总数1%以上的股东提出。

第×××条　除职工代表董事以外的非独立董事候选人由上届董事会、单独或合并连续365日以上持有公司发行在外有表决权股份总数1%以上的股东提出。而且,在董事会任期届满前和董事会换届时,新的董事人数不超过董事会组成人数的1/3。

第×××条　非由职工代表担任的董事人选由各股东提出,其中股东甲委派×名董事人选,股东乙委派×名董事人选,股东丙委派×名董事人选。职工代表担任的董事,由工会或职工代表大会联席会议提名,由公司职工通过职工代表大会、职工大会或者其他形式民主以无记名投票方式选举产生。

第×××条　公司董事候选人提案的方式和程序为:

(一)公司董事会、单独或合并持有公司1%股份的股东有权提名公司非独立董事候选人,有权提名人提名的候选人数不得超过拟选举或变更的非独立董事人数;

(二)董事会、监事会、单独或合并持有公司已发行股份1%以上的股东,有权依据法律法规和本章程的规定向股东会提出独立董事候选人,提名人提名的候选人人数不得超过拟选举或变更的独立董事人数;

(三)董事(包括独立董事)提名人应将董事候选人名单提交给董事会,经董事会决议通过后,由董事会提交股东会选举;

董事候选人及非职工代表董事候选人应在股东会召开之前作出书面承诺,同意接受提名,并承诺公开披露的候选人的资料真实、完整并保证当选后切实履行职责。

第×××条　董事候选人在股东会或职工代表大会等有权机构审议其受聘议案时,应当亲自出席会议,就其任职资格、专业能力、从业经历、违法违规情况、与公司是否存在利益冲突,与公司控股股东、实际控制人以及其他董事、监事和高级管理人员的关系等情况进行说明。

第×××条　董事任期届满未及时改选的,原董事仍应当依照法律、行政法规和公司章程的规定,履行董事职务,享有董事权利;董事在任期内辞职应提前3个月通知公司,因此而导致董事会成员低于法定人数的,在改选出的董事就任前,原董事仍应当依照法律、行政法规和公司章程的规定,履行董事职务,享有董事权利，但公司应在董事离职前改选出新的董事。如公司怠于改选出新的董事而导致离职董事承担责任的或给离职董事造成损失的，公司应负责补偿离职董事。

选举董事的累积投票制章程条款参考示例

第×××条 股东会选举两名或两名以上董事时，实行累积投票制，具体方法如下：股东在选举非独立董事投票时，可投票数等于该股东所持有的股份数额乘以待选非独立董事人数，股东可以将其总票数集中投给一个或几个非独立董事候选人，按得票多少依次决定非独立董事的当选。股东在选举独立董事投票时，可投票数等于该股东所持有的股份数额乘以待选独立董事人数，股东可以将其票数集中投给一个或几个独立董事候选人，按得票多少依次决定独立董事的当选。

第×××条 除职工代表外，公司董事（含独立董事）的选举实行累积投票制。

每一有表决权的股份享有与拟选出的董事人数相同的表决权，股东可以自由地在董事候选人之间分配其表决权，既可分散投于多人，也可集中投于一人，按照董事候选人得票多少的顺序，从前往后根据拟选出的董事人数，由得票多者当选。

（一）通过累积投票制选举董事时实行差额选举，董事候选人的人数应当多于拟选出的董事人数；

（二）公司在确定董事候选人之前，董事会应当以书面形式征求公司前十大股东的意见；

（三）公司在发出关于选举董事的股东会会议通知后，持有或者合计持有公司有表决权股份1%以上的股东可以在股东会召开之前提出董事候选人，由董事会按照修改股东会提案的程序审核后提交股东会审议；

（四）在累积投票制下，独立董事应当与董事会其他成员分别选举。

第×××条 董事在任期届满前提出辞职的，应当向董事会提交书面辞职报告。

因董事辞职导致董事会人数低于公司法规定的最低人数时，在新的董事就任前,提出辞职的董事应当继续履行职责。正在进行重大风险处置的董事,未经公司或相关机关批准不得辞职。

除前款所列情形外,董事辞职自辞职报告送达董事会时生效。

因董事被股东大会罢免、死亡、独立董事丧失独立性辞职,或者存在其他不能履行董事职责的情况,导致董事会人数低于公司法规定的最低人数或董事会表决所需最低人数时,董事会职权暂由兼任董事的总经理行使,直至董事会人数符合要求。

4. 董事长(董事会主席)

在我国公司治理实践中,董事会是公司经营管理及监督的核心机关,《公司法》(2023 年修订)取消了公司董事会的人数上限,作为董事会领头人的董事长在公司的地位可谓举足轻重,所以公司法专门就董事长的选任事项做了规定。依据《公司法》(2023 年修订)规定,除股东人数较少或者规模较小的有限责任公司或股份有限公司设 1 名董事外,有限责任公司或股份有限公司设董事会的,其成员为 3 人以上,董事会设董事长 1 人,可以设副董事长。有限责任公司的董事长、副董事长的产生办法由公司章程规定;股份有限公司的董事长和副董事长由董事会以全体董事的过半数选举产生。国有独资公司董事会的董事长、副董事长由履行出资人职责的机构从董事会成员中指定。

关于董事长的职权事项,由于董事会依据成员多数决进行集体决策,所以公司法并没有赋予董事长太多的个人权力。董事长的法定权力除了主持股东会会议、召集及主持董事会会议,股份有限公司的董事长有检查董事会决议实施情况的权力外,董事长并不比其他董事有更多的法定权力。董事长对公司治理管控的权力是内化于董事会的职权之中。即使是董事会决议事项的投票,董事长也只有一票的权力,董事长似乎没有更多的额外权力。但董事长仍是各方股东看重的职位,因为董事长是公司决策机关董事会的成员,是全体董事的代表及核心人物,是主要股东的代表。董事长职位所显现出来的不同角色足以说明董事长在公司管控中所起的重要作用及所处的关键地位。

在著名的"宝万之争"案中,当深圳市钜盛华股份有限公司及前海人寿保险股份有限公司作为合计持有公司 10% 以上股份的股东,于 2016 年 6 月 24 日依据法律规定提请万科企业股份有限公司董事会召开2016年第二次临时股东大会时，[①]在以董事长王石为首的万科企业股份有限公司董事会于2016年7月4日以万科企业股份有限公司第十七届董事会第十二次会议以11票赞成，0票反对，0票弃权否决了宝能的提议，[②]导致大股东提议失败，由此可以看出董事长职位之重要性。

从公司管控的角度出发，有限责任公司的章程可以直接规定董事长、副董事长的产生方式，比如董事长由某位股东直接指定，这样大股东就可以通过公司章程直接决定了董事长的选任，以便在公司管控上占得先机。针对股份有限公司来说，因为公司法规定股份有限公司的董事长是由全体董事过半数选举产生，因此控股股东要想成功让自己人当上董事长，则最重要的是要让半数以上的其他股东选任的董事支持自己的人选，这会涉及股东之间的博弈及董事之间的争取，更加复杂。股份有限公司的管控股东应对此早做打算，从股东构成、董事资格与选任上未雨绸缪，以达到成功让自己人当上董事长并进而实现公司管控的目的。其他中小股东在不能够取得董事长席位的情况下，可以通过与大股东捆绑或通过协议尽可能取得副董事长的席位，以便通过安排自己的董事从而达到影响公司治理、维护自己权益的目的。

2020年3月4日，皖通科技爆发的内讧在A股市场引发巨大关注。作为皖通科技实际控制人的周某某，遭遇多名董事突然发难，被罢免了董事长职务。发难的董事中甚至还有原本支持周某某的董事。在9人的董事会被以5∶4表决罢免，一时在资本市场引起波澜[③]。抛开公司控制权争夺的真正原因，从法律的角度上来说，本次争议的事件就涉及董事会会议议案的提前通知问题、己方董事的投票方向如何保持一致问题，而最核心的问题其实是公司控制下的权利争夺问题。

---

① 参见巨潮资讯网，http://www.cninfo.com.cn/new/disclosure/detail?orgId=gssz0000002&announcementId=1202409885&announcementTime=2016-06-26%2018:27。

② 参见深圳证券交易所官网，http://www.szse.cn/disclosure/listed/bulletinDetail/index.html?ff301496-6812-44d0-a9e0-05e5d9a5ba67，最后访问日期：2024年2月20日。

③ 参见《皖通科技前董事长被免 控股股东内部人士：周发展很意外，正商讨处理意见》，载每经网，http://www.nbd.com.cn/articles/2020-03-13/1416535.html。

针对董事长的职权来说,虽然公司法赋予公司董事长召开及主持会议的权利,这些权利看似为程序性权利,但这些程序性权利与公司股东会、董事会的实体权力紧密联系在一起,将极大影响公司管控。诚如宝能提请开会并提出会议议案,而万科企业股份有限公司董事会连开会的机会都不给宝能,导致其会议议案根本不可能拿到股东会会议上审议,更谈不上实施。除董事长所具有的程序性权利外,公司有必要赋予董事长一定的实体权利,以便在董事会不便开会议事时保证公司治理的效率与安全。

《上市公司治理准则》第33条规定,董事会可以授权董事长在董事会闭会期间行使董事会部分职权,上市公司应当在公司章程中明确规定授权的原则和具体内容。上市公司重大事项应当由董事会集体决策,不得将法定由董事会行使的职权授予董事长、总经理等行使。依据以上规定,公司章程可以设定类似条款以增加董事长部分职权。

董事长章程条款参考示例

第×××条　公司设董事会,成员为3人,其中董事长由甲股东委派。

董事长应当积极推动公司内部各项制度的制定和完善,加强董事会建设,确保董事会工作依法正常开展,依法召集、主持董事会会议并督促董事亲自出席董事会会议。

第×××条　公司董事会闭会时,董事会授权董事长在董事会闭会期间行使董事会部分职权,包括以下内容:

(一)督促、检查董事会决议的执行;

(二)草拟公司的经营计划和投资方案;

(三)草拟公司的年度财务预算方案、决算方案;

(四)草拟公司的利润分配方案和弥补亏损方案;

(五)对公司内部管理机构的设置提出议案;

(六)对聘任或者解聘公司经理及其报酬事项,并根据经理的提名决定聘任或者解聘公司副经理、财务负责人及其报酬事项提出议案;

(七)董事长可在下述权限范围内,决定公司的对外投资与项目投资事项:

1. 一次性对外投资或项目投资不超过公司最近经审计的净资产的5%范

围内的决定权;连续12个月内对外投资或项目投资不超过公司最近经审计的净资产的10%范围内的决定权;

2. 累计不超过公司最近经审计的净资产的5%范围内的股票、期货投资决定权。

除本条规定董事长可决定的事项外,其他事项应由董事长报请董事会表决决定。

第×××条 董事长行使下列职权:

(一)主持股东会和召集、主持董事会会议;

(二)督促、检查董事会决议的执行;

(三)董事长可在下述权限范围内,决定公司的对外投资与项目投资事项:

1. 一次性对外投资或项目投资不超过公司最近经审计的净资产的5%范围内的决定权;连续12个月内对外投资或项目投资不超过公司最近经审计的净资产的10%范围内的决定权;

2. 累计不超过公司最近经审计的净资产的5%范围内的股票、期货投资决定权。

(四)董事会授予的其他职权。

5. 设一名董事的章程条款

依据《公司法》(2023年修订)第75条和第128条,规模较小或者股东人数较少的有限责任公司和股份有限公司,可以不设董事会,设一名董事,行使法律规定的董事会的职权。该董事可以兼任公司经理。当公司的大股东为公司董事时,其当然希望公司章程将董事的权利规定为类似董事会及经理的职权之和,但因为董事为个人,其决策没有董事会的议事程序不具有董事会决策的公议性。故而从保护公司及中小股东的权利角度出发,公司章程将董事的职权限定为类似经理的职权更有利于保护公司和中小股东的利益,并应明确规定公司经营管理中的重大事项应由股东会决定。

一名董事的章程参考条款示例

第×××条 本公司不设董事会,设董事一名,董事为公司法定代表人,行使公司法定代表人职权。董事行使《公司法》规定的董事会职权,其职权如下:

(一)召集股东会会议,并向股东会报告工作;

(二)执行股东会的决议;

(三)决定公司的经营计划和投资方案;

(四)制订公司的利润分配方案和弥补亏损方案;

(五)制订公司增加或者减少注册资本以及发行公司债券的方案;

(六)制订公司合并、分立、解散或者变更公司形式的方案;

(七)决定公司内部管理机构的设置;

(八)决定聘任或者解聘公司经理及其报酬事项,并根据经理的提名决定聘任或者解聘公司副经理、财务负责人及其报酬事项;

(九)制定公司的基本管理制度;

(十)公司章程规定或者股东会授予的其他职权。

董事行使以上职权时,应及时向股东会报告。

(二)监事

为保障我国现代企业制度的健康运行,监事会在现代企业制度中的制衡作用举足轻重,但监事会在现代公司企业的运行实践中并没有很好地发挥作用。公司监事在实践中的尴尬局面与公司法赋予监事的地位和作用并不相符。究其主要原因,首先,监事是由股东举选产生,其身份的获得具有依附性。即使由职工大会选举的监事,也因担心工作的职位不稳固等因素,不具有完全的独立性。其次,监事并没有独立的经济支持,其行使权利的财务支持并不充分,在财产使用上仍受被监督对象例如公司董事、高管的制约。再次,公司及股东对监事的地位并不重视,本身可能也不想受太多的监督,导致在选任监事时比较随性。最后,针对监事本身的监督激励机制并不完备,致使监事无动力履行监督职能。

《公司法》(2023 年修订)对监事会制度进行了很大的调整。依据《公司法》(2023 年修订)规定,监事会是公司常设的负责监督检查职能的机构,其成员为监事;公司设监事会的,成员为 3 人以上。股东人数较少或者规模较小的公司,可以设一名监事,不设监事会。有限责任公司的全体股东一致同意的,可以不设监事。公司在董事会中设置审计委员会,行使公司法规定的监事会的职权，不设监事会或者监事。依据《公司法》（2023 年修订）规定，监事会或监事不再是法定的公司监督机构，虽然监事会的法定地位被调整，但《公司法》（2023 年修订）又增加监事会的另外职权，即在其第 80 条中规定，监事会可以要求董事、高级管理人员提交执行职务的报告。董事、高级管理人员应当如实向监事会提供有关情况和资料，不得妨碍监事会或者监事行使职权。第 80 条的规定同样适用于股份有限公司。《公司法》（2023 年修订）第 80 条所增加的监事会的职权对公司控制与股东权利保护是一个有力的武器，因此，并不能因为监事会不再是法定机构就忽视监事会及监事的建设。为保证公司构建协调运转、有效制衡的公司法人治理结构，有必要通过公司章程从监事选任、任职资格、职能履行、财务支持等方面自主设计从而赋予公司监事更多的权利，以实现公司内部良性监督与健康发展的目的。

1. 监事的任职资格

监事的任职资格，是指法律或公司章程中规定公司监事的任职条件，非具备某些特定条件以及具备某些特定情节者均不得担任公司监事。监事的任职资格与董事类似，其消极资格规定在《公司法》（2023 年修订）第 178 条第 1 款中。

鉴于公司监事的重要职能，从公司治理管控的角度出发，仅规定公司监事的消极资格远远不够。监事的监督职能应是一项主动的职能而不是被动的职能。监督职能的履行必然要求监事具有与其职责履行相匹配的资历、能力、知识与经验。一个不具备财务知识的监事如何监督检查公司的财务活动？一个不具备法律知识的监事如何去判断被监督对象的履职行为是否合法？公司的监事应是具备财务、法律及懂得公司经营的人员，至少应从专业化、资历资质、经验与技能、品质与职业操守方面符合监事的监督职能。如果这些要求不具备，则监事会就不具备监督能力，不能实现公司治理的有效制衡。

依照公司法加强公司自治的立法精神，公司章程及内部文件应对公司监事的积极资格作出规定。我国鼓励公司通过章程对监事任职资格做进一步适合公司要求的规定。

从公司管控的角度来说，控制公司的股东要重视监事的人选资格，避免

“灯下黑”,要支持监事履行职务。监事维护了公司的利益也就是维护了股东的利益。中小股东也应重视监事的资格。只有选定合格的监事,才能更好地保护中小股东、公司等相关主体的权益。

监事任职资格章程参考条款示例

第×××条　股东会讨论监事选举事项的,股东会通知中应充分披露监事候选人的详细资料,至少包括以下内容:

(一)教育背景、工作经历、兼职等个人情况;

(二)与本公司或本公司的控股股东及实际控制人是否存在关联关系;

(三)披露持有本公司股份数量;

(四)是否受过中国证监会及其他有关部门的处罚和证券交易所惩戒。

第×××条　监事的任职条件。

(一)符合公司法、公司章程关于监事任职资格的规定,对公司忠实、尽责,能够切实维护公司利益,勤勉履行职责,具有高度的责任感和敬业精神;

(二)具有坚定正确的理想和信念、强烈的事业心和责任感,廉洁奉公,品行端正,诚信勤勉,个人信誉好;

(三)坚持原则,严格依法按章办事;

(四)自觉遵守公司的规章制度、坚决维护公司的合法权益;

(五)具有本科以上学历和中级以上专业技术资格、具有本公司所处行业5年以上工作经验;

(六)身体健康,有足够的精力履行任职岗位的职责;

(七)股东会认为应当具备的其他条件。

第×××条　监事应当具备下列条件:

(一)熟悉并能够贯彻执行国家有关法律、行政法规和规章制度;

(二)具有法律、财会、审计或者宏观经济等方面的专业知识,比较熟悉企业经营管理工作;

(三)坚持原则,廉洁自持,忠于职守;

(四)具有较强的综合分析、判断和文字撰写能力,并具备独立工作能力。

第×××条　公司监事应当具备下列基本条件:

（一）根据法律、行政法规及其他有关规定，具备担任监事的资格；

（二）具有履行监事职责的独立性；

（三）具备公司运作的基本知识，熟悉相关法律、行政法规、规章及规则；

（四）具有5年以上法律、经济、财会或者其他履行监事职责所必需的工作经验；

（五）公司章程规定的其他条件。

2. 监事的选任

《公司法》（2023年修订）第59条和第112条规定了公司监事的产生，即公司非职工监事由股东会选举产生。《公司法》（2023年修订）第76条和第130条分别针对有限责任公司和股份有限公司监事会成员的构成做出了相同的规定，即监事会应当包括股东代表和适当比例的职工代表，其中职工代表的比例不得低于1/3，具体比例由公司章程规定。依据相关法律规定，监事会中的股东代表由股东会选举产生，监事会的职工代表由职工代表大会、职工大会或者其他形式民主选举产生。因此，我国公司监事会的监事由两类人担任：一是股东选派的代表；二是职工选派的代表。

股东选派的监事应依资本多数决的原则确定，而职工监事也由职工大会、职工代表大会或其他民主形式决定，这对于占据公司股权比例小的中小股东来说，争取监事职位并不容易。如果中小股东不能在董事会争得一席之地，作为一般人认为是作用不大的监事职位，中小股东也应努力争取，毕竟控制了监事会或占据了监事职位，就有法定的权利对董事、高级管理人员的经营行为进行监督，还可以检查公司财务状况，及代为公司提起诉讼等权利，尤其是《公司法》（2023年修订）在第80条和第131条中明确规定，监事会可以要求董事、高级管理人员提交执行职务的报告。董事、高级管理人员应当如实向监事会提供有关情况和资料，不得妨碍监事会或者监事行使职权。这一扩充公司监事权利之规定大大提高了监事在公司控制与股东权利保护中的作用和地位。

股东选派监事一般有两种方式：一是依据公司章程和股东之间的约定，由股东直接指派监事；二是股东会选举监事。直接指派监事一般是由股东事先商定，由某个或某几个股东指派自己的代表担任监事。股东选举监事又有直接选举、按章程规定的方式选举或依据累积投票制进行选举。当然,股东也可以聘任外部监事,负责检查企业财务,监督企业重大决策和关键环节以及董事会、经理层履职情况,不参与、不干预企业经营管理活动,以便更有利于公司内部监督。

股东直接指定取决于股东之间的事先商定,公司章程一般只是记录股东商定后的结果。股东会选举监事如果采用直接选举的方式,则持股比例小的股东推荐的人选可能没有机会当选,因此建议股东在公司章程进行个性化设计,而不是直接依据“资本多数决”的原则确定监事的选任。为确保中小股东的利益,保障监事会/监事的中立性,可考虑适当限制大股东监事提名权利。建议公司采纳的方式包括但不限于第一大股东提名的监事不能超过监事总数的一定比例;同一股东不得同时提名董事、监事人选等规定。

本章第二部分董事的选任和解除的分析及示例适用公司监事的选任,如同选任公司董事一样,有限责任公司的中小股东可以考虑提前在章程中进行个性化的规定,而股份有限公司的股东建议通过公司章程规定强制采用累积投票制。

监事选任的章程参考条款示例

第×××条　公司设立监事会。监事会由3名成员组成,其中甲股东委派1名,乙股东委派1名,另1名监事由公司职工民主选举产生的代表担任。监事会主席由甲股东委派的监事担任。

第×××条　监事会成员任期为3年,经委派(或选举)方继续委派(或选举)、股东会选举通过,可以连任。公司董事、总经理及财务负责人不能兼任监事。监事列席公司董事会会议。

第×××条　单独或者合计持有公司1%以上股份的股东可以通过提出临时提案的方式建议选举和更换监事。

第×××条　监事候选人名单以提案的方式提请股东会表决。公司可以通过本章程规定的程序选任外部监事。

第×××条　非由职工代表担任的监事人选由各股东委派,其中股东甲委派×名监事人选,股东乙委派×名监事人选,股东丙委派×名监事人选。职工代表担任的监事，由工会或职工代表大会联席会议提名，由公司职工通过职工代表大会，或者职工大会或者其他民主形式以无记名投票方式选举产生。

第×××条、监事候选人提案方式和程序为：

（一）单独或合并持有公司1%以上股份的股东有权提名公司监事候选人，提名人提名的候选人数不得超过拟选举或变更的监事人数。

（二）职工代表担任的监事由公司职工大会民主选举产生。

（三）监事提名人应将监事候选人名单提交给董事会，经董事会形式审核后，由董事会提交股东会选举。董事会应当向股东会提供候选监事的简历和基本情况。监事候选人提名人数达到公司章程规定的人数时，方可进行表决。

监事候选人应在股东会召开之前作出书面承诺，同意接受提名，并承诺公开披露的候选人的资料真实、完整并保证当选后切实履行职责。

第×××条　股东会选举两名或两名以上监事时，实行累积投票制，具体法如下：股东在选举非职工代表监事投票时，可投票数等于该股东所持有的股份数额乘以待选非职工代表监事人数，股东可以将其总票数集中投给一个或几个非职工代表监事候选人，按得票多少依次决定非职工代表监事的当选。

第×××条　监事候选人在股东会或职工代表大会等有权机构审议其受聘议案时，应当亲自出席会议，就其任职资格、专业能力、从业经历、违法违规情况、与公司是否存在利益冲突，与公司控股股东、实际控制人以及与其他董事、监事和高级管理人员的关系等情况进行说明。

第×××条：公司监事（非由职工代表担任的监事）的选举实行累积投票制。

每一有表决权的股份享有与拟选出的监事人数相同的表决权，股东可以自由地在监事候选人之间分配其表决权，既可分散投于多人，也可集中投于一人，按照监事候选人得票多少的顺序，从前往后根据拟选出的监事人数，由得票较多者当选。

（一）通过累积投票制选举监事时实行差额选举，监事候选人的人数应当多于拟选出的监事人数。

（二）公司在确定监事候选人之前，董事会应当以书面形式征求公司前十大股东的意见。

(三)公司在发出关于选举监事的股东会会议通知后,持有或者合计持有公司有表决权股份1%以上的股东可以在股东会召开之前提出监事候选人,由董事会按照修改股东会提案的程序审核后提交股东会审议。

第×××条　监事会是公司的监督机构,对董事会、经理层成员的职务行为进行监督。公司应考虑提高专职监事比例,增强监事会的独立性和权威性。公司也考虑实行外派监事会制度。外派监事会由股东会聘任,负责检查企业财务,监督企业重大决策和关键环节以及董事会、经理层履职情况,不参与、不干预企业经营管理活动。

3. 监事的职权

监事的职权体现在法律对监事会的赋权规定中。《公司法》(2023年修订)第78条规定了监事会的职权:(1)检查公司财务;(2)对董事、高级管理人员执行职务的行为进行监督,对违反法律、行政法规、公司章程或者股东会决议的董事、高级管理人员提出解任的建议;(3)当董事、高级管理人员的行为损害公司的利益时,要求董事、高级管理人员予以纠正;(4)提议召开临时股东会会议,在董事会不履行规定的召集和主持股东会会议职责时召集和主持股东会会议;(5)向股东会会议提出提案;(6)依照《公司法》(2023年修订)第189条的规定,对董事、高级管理人员提起诉讼;(7)公司章程规定的其他职权。《公司法》(2023年修订)第79条还规定了监事会可以列席董事会会议,对董事会决议事项提出质询或者建议;监事会认为公司经营异常时,可以进行调查等职权。尤其在《公司法》(2023年修订)第80条明确规定,监事会可以要求董事、高级管理人员提交执行职务的报告董事、高级管理人员应当如实向监事会提供有关情况和资料,不得妨碍监事会或者监事行使职权。

从公司法以上规定可以看出,监事会的监督职能覆盖了对公司的人、财、事3个主要方面的监督权,具体可归类划分为:经营及财务监督检查权、董事和高管履职监督权、董事和高管罢免建议权、会议召集主持权、提案权、诉权、质询建议权。这7项权利体现了监事会对公司的经营行为及结果、董事及高管人员履职过程中的主动、全面的监督。依据法律,公司章程完全可以将监事的积极职权扩充到监督股东会决议、董事会决议的执行情况,并在股东会会议上向股东汇报。如果公司章程中有这样的规定，可以大大扩充监事的权利，提高监事的监督效能。

法律赋予了监事很大的监督权，但对监事履行监督职能的经济、财务支持不够，没有进行具体的规定，仅在《公司法》（2023 年修订）第 79 条、第 82 条和第 131 条笼统规定监事履行职责所产生的费用由公司承担，但如何承担并没有具体规定。为更好地支持监事履行职责，公司章程应进行个性化规定，从经济上支持监事主动履行监督职能。

监事职权的章程参考条款示例

第×××条　监事会、不设监事会的公司的监事行使下列职权：

（一）检查公司财务；

（二）对董事、高级管理人员执行公司职务的行为进行监督，对违反法律、行政法规、公司章程或者股东会决议的董事、高级管理人员提出罢免的建议；

（三）当董事、高级管理人员的行为损害公司的利益时，要求董事、高级管理人员予以纠正；

（四）提议召开临时股东会会议，在董事会不履行本章程规定的召集和主持股东会会议职责时召集和主持股东会会议；

（五）向股东会会议提出提案；

（六）依照《公司法》的规定，对董事、高级管理人员提起诉讼；

（七）公司章程规定的其他职权。

第×××条　监事会、不设监事会的公司的监事行使下列职权：

（一）检查公司财务；

（二）对董事、总经理及高级管理人员执行公司职务时违反法律法规或者公司章程的行为进行监督；

（三）当董事、总经理及高级管理人员的行为损害公司利益时，要求董事和总经理予以纠正；

（四）提议召开董事会及临时股东会；

（五）监督公司股东会决议或董事会决议的执行情况，并汇报股东会；

（六）本章程和法律赋予的其他职权。

第×××条　监事会、不设监事会的公司的监事履行下列职责：

(一)检查公司贯彻执行有关法律、行政法规和规章制度的情况；

(二)检查公司财务，查阅公司的财务会计资料及与公司经营管理活动有关的其他资料，验证公司财务会计报告的真实性、合法性；

(三)检查公司的经营效益、利润分配、资产保值增值、资产运营等情况；

(四)对董事、总经理及高级管理人员执行公司职务时违反法律法规或者公司章程的行为进行监督；

(五)检查公司负责人的经营行为，并对其经营管理业绩进行评价，提出奖惩、任免建议；

(六)本章程和法律赋予的其他职权。

第×××条　监事会、不设监事会的公司的监事开展监督检查，可以采取下列方式：

(一)听取公司负责人有关财务、资产状况和经营管理情况的汇报，在公司召开与监督检查事项有关的会议；

(二)查阅公司的财务会计报告、会计凭证、会计账簿等财务会计资料以及与经营管理活动有关的其他资料；

(三)核查公司的财务、资产状况，向职工了解情况、听取意见，必要时要求公司负责人作出说明；

(四)向财政、工商、税务、审计、海关等有关部门和银行调查了解公司的财务状况和经营管理情况。

监事会主席根据监督检查的需要，可以列席或者委派监事会其他成员列席公司有关会议。

第×××条　监事会、不设监事会的公司的监事每次对公司进行检查结束后，应当及时作出检查报告。

检查报告的内容包括：公司财务以及经营管理情况评价；公司负责人的经营管理业绩评价以及奖惩、任免建议；公司存在问题的处理建议；认为需要报告的其他事项。

第×××条　监事会由主席1人、监事若干人组成。监事会成员为3人。

监事分为专职监事和兼职监事；监事会可以聘请必要的工作人员。

第×××条 监事会主席应当具有较高的政策水平，坚持原则，廉洁自律，熟悉经济工作。监事会主席履行下列职责：

（一）召集、主持监事会会议；

（二）负责监事会的日常工作；

（三）审定、签署监事会的报告和其他重要文件；

（四）应当由监事会主席履行的其他职责。

第×××条 公司设立专项监督基金，监事会/监事为履行监督工作所需要和使用的经费应由监事会/监事制作财务预算和财务决算方案，在每年股东年会时上报股东会会议审议审批。监事会/监事对专项监督基金享有独立自主的支配权，基于监事会/监事和监督职能工作发生的费用均可直接报销。

公司监事会成员为专职，公司专项发放监事报酬，监事报酬比公司高管的平均薪酬高出5%；职工监事不因履行监事职责而受到公司的辞退或解除劳动合同。

第×××条 监事履行如下职责或义务：

（一）可以列席董事会会议，并对董事会决议事项提出质询或者建议；

（二）按时参加监事会会议，对监事会决议事项进行充分审查，独立、专业、客观发表意见，在审慎判断的基础上独立作出表决；

（三）对监事会决议承担责任；

（四）积极参加公司和监管机构等组织的培训，了解监事的权利和义务，熟悉有关法律法规，持续具备履行职责所需的专业知识和能力；

（五）对公司负有忠实、勤勉义务，尽职、审慎履行职责，并保证有足够的时间和精力履职；

（六）监事应当积极参加监事会组织的监督检查活动，有权依法进行独立调查、取证，实事求是提出问题和监督意见。

（七）遵守法律法规、监管规定和公司章程。

4. 监事责任

我国公司法赋予监事会相当广泛的职权，包括财务监督、业务监督和管理者监督等7项权利。监事在行使监督职权时，不可避免地会接触到公司核心经营信息,所以有必要对公司监事履行职责后的责任问题进行规制,比如违反公司保密义务的规定,监事是否可以进行同业竞争事项。公司章程应该填补这一责任承担的缺位,制定相应制度来规制监事违法违规事项的发生,以保护公司和股东的利益。

《公司法》(2018 年修正)虽然规定了监事对公司有忠实勤勉的义务,但没有规定监事违反忠实义务的具体情形,使实践中出现监事违反了对公司的忠实义务,但因法律没有具体规定而不能受到相应处罚的案例。

【参考案例】 在上海晶人玻璃机械有限公司(以下简称晶人公司)与姚某某公司控股股东、实际控制人、董事、监事、高级管理人员损害公司利益赔偿纠纷上诉案中,原告晶人公司主张,作为公司监事的姚某某自营或者为他人经营与所任职公司同类的业务,故晶人公司向姚某某主张收入归入权及损害赔偿请求权。一审法院认为:《公司法》并未对监事篡夺公司商业机会行为及竞业行为做禁止性规定。二审法院也指出:根据《公司法》相关规定,未经股东会或者股东大会同意,利用职务便利为自己或者他人谋取属于公司的商业机会,自营或者为他人经营与所任职公司同类的业务的主体人员为董事、高级管理人员。因此,被上诉人姚某某尚不具备竞业禁止的主体资格,最终驳回公司的诉求。①

《公司法》(2023 年修订)第 181 条将监事加入了忠实义务的义务主体中,补上了《公司法》(2018 年修正)的漏洞。本书第一版中,笔者已注意到了这一法律漏洞,并设计了相应条款以帮助公司填补这一立法漏洞,相信以上案例在《公司法》(2023 年修订)施行后不会再出现了。

监事责任章程参考条款示例

第×××条 监事承担以下责任:

(一)监事因违反国家法律法规给公司造成资产流失的要承担相应赔偿责任;

(二)监事违反公司章程及其规章制度等规定,给公司造成经济损失的,应承担相应的经济赔偿责任;

① 参见上海市第二中级人民法院民事判决书,(2009)沪二中民三(商)终字第510号。

（三）对监事会违反国家法律法规进行决策，给公司造成损失，而监事未提出异议并记录在案的，监事对监事会的决策失误应承担责任；

（四）监事怠于或疏于履行监事职责并导致公司损失发生的，监事应承担相应责任；

（五）监事对公司机密负有保密责任；

（六）国家法律法规、行政规章等规定的其他责任。

第×××条　监事不得有以下行为：

（一）违反公司章程的规定或者未经股东会同意，与本公司订立合同或者进行交易；

（二）未经股东会同意，利用职务便利为自己或者他人谋取属于公司的商业机会，自营或者为他人经营与所任职公司同类的业务或相似的业务；

（三）擅自泄露履行职责过程中所获知的公司资料，擅自泄露公司商业秘密；

（四）违反对公司勤勉义务和忠实义务的其他行为。

监事违反前款规定所得的收入应当归公司所有；给公司造成损失的，应承担赔偿责任。

第×××条　监事或监事会成员有下列行为之一的，依法给予处分或者纪律处分，直至撤销监事职务；构成犯罪的，依法追究刑事责任：

（一）对公司重大违法违纪问题隐匿不报或者严重失职的；

（二）与公司串通编造虚假检查报告的；

（三）有本章程所列监事职责条款所列禁止行为的；

（四）其他违反法律法规或公司章程的规定的。

第×××条　公司相关主体有支持监事会/监事履行职责的义务。公司有下列行为之一的，对直接负责的主管人员和其他直接责任人员，依法给予纪律处分，直至撤销职务；构成犯罪的，依法追究刑事责任：

（一）拒绝、阻碍监事会依法履行职责的；

（二）拒绝、无故拖延向监事会提供财务状况和经营管理情况等有关资料的；

（三）隐匿、篡改、伪报重要情况和有关资料的；

（四）有阻碍监事会监督检查的其他行为的。

第×××条　监事会职权由公司章程根据法律法规、监管规定和公司情况明确规定。

监事会除依据《公司法》等法律法规和公司章程履行职责外，还应当重点关注以下事项：

（一）监督董事会确立稳健的经营理念、价值准则和制定符合公司情况的发展战略；

（二）对公司发展战略的科学性、合理性和稳健性进行评估，形成评估报告；

（三）对公司经营决策、风险管理和内部控制等进行监督检查并督促整改；

（四）对董事的选聘程序进行监督；

（五）对公司薪酬管理制度实施情况及高级管理人员薪酬方案的科学性、合理性进行监督；

（六）法律法规、监管规定和公司章程规定的其他事项。

（三）公司高级管理人员

依据《公司法》（2023年修订）第265条第1项的规定，公司高级管理人员是指公司的经理、副经理、财务负责人，上市公司董事会秘书和公司章程规定的其他人员。公司高级管理人员在公司中既负责公司经营管理，又与公司有劳动关系，不仅主导制定公司日常运营的具体规章制度，同时也受公司规章制度的管理与约束，兼具公司领导与员工身份，在公司的管控与治理中发挥着重要的作用。公司控制不仅是对股东会、董事会的控制，公司控制延伸到公司生产经营行为的控制或主导即对高级管理人员的管控，包括明确选任资格、划定职权范围、构建权责匹配、强化监督制约等。

1. 高级管理人员的范围

《公司法》（2023年修订）第265条已规定了高级管理人员的范围，但在商务实践中，公司高级管理人员是一个较为宽泛的概念。如果事先没有在公司章程中明确规定公司高级管理人员及其范围，则实践中的公司高级管理人员并非法定的高级管理人员，亦不受公司法和公司章程中高管义务的约束和规制。

【参考案例】 在云联（北京）信息技术有限公司（以下简称云联公司）与解某损害公司利益责任纠纷上诉案中，云联公司在一审中起诉称：解某与云联公司签订《劳动合同》，担任云联公司战略发展部副总监。云联公司发现，解某与张某翔共同设立贵阳动视云科技有限公司（以下简称动视云公司），该公司的经营范围与云联公司的经营范围为同类业务。云联公司认为，解某作为云联公司的高级管理人员，未经股东会的同意，自营与所任职公司同类的业务，违反了《公司法》的规定，损害了云联公司的合法权益。但两级法院经审理后认为：损害公司利益责任纠纷，是指公司股东滥用股东权利或董事、监事、高级管理人员违反法定义务，损害公司利益而引发的纠纷。公司高级管理人员是指公司的经理、副经理、财务负责人，上市公司董事会秘书和公司章程规定的其他人员。云联公司提交的证据不足以证明解某所担任的职务属于《公司法》中对于高级管理人员职务的限定范围，故解某不属于《公司法》规定的高级管理人员。云联公司以损害公司利益责任纠纷为由，要求解某承担对公司的赔偿责任，因解某的主体不适格，故两审法院均裁定驳回云联公司起诉。①

结合以上案例，暂且不论解某是否因同业竞争实质侵害公司利益，但因解某不是公司章程规定的高级管理人员，云联公司的诉求就因主体不适格而被裁定驳回。云联公司在程序上失去了对解某是否侵犯公司利益的追责机会，在实体上相应使公司利益不能得到正当合法的保护，这一局面皆因云联公司章程对高级管理人员的规定缺位所致。

为避免以上案例中的情况出现，在公司法对公司高级管理人员的列举式规定之外，公司章程应根据自身运营实际情况，细化规定公司高级管理人员的范围，将包括类似副总裁、总工程师、总审计师、总法律顾问、合规总监、首席风险官、区域发展总监、驻外代表处首席代表等列入“高级管理人员”范畴，从而将公司实际运营重要岗位上的人员纳入公司章程规制的范畴。

---

① 参见北京市朝阳区人民法院民事裁定书，(2014)朝民初字第18735号；北京市第三中级人民法院民事裁定书，(2015)三中民终字第01840号。

如珠海格力电器股份有限公司在其公司章程(2022 年 7 月)第 6.1 条中将“经董事会聘任的总裁助理”列入了高级管理人员范围。[①] 国元证券股份有限公司在其公司章程(2024 年 1 月)第 165 条中将“公司执行委员会委员、总裁、副总裁、财务负责人(总会计师)、董事会秘书、合规总监、首席风险官、首席信息官以及实际履行上述职务的人员”规定为高级管理人员。[②] 江苏沙钢股份有限公司在其公司章程(2023 年 8 月修订)的第 138 条中,将“营销总监和总工程师”规定为公司高级管理人员。[③] 如担心章程列举后不容易修改变更,也可以在章程中加入“以及经董事会决议聘任及指定的其他高级管理人员”作为兜底规定,以方便公司根据经营管理需要进行调整。

之所以强调将高级管理人员的职位明确写入公司章程,是因为司法实践中判断聘任人员是否属于公司的高管的标准,主要依据公司章程来判断,看该聘任人员是否在公司章程规定的高级管理人员范围之中。如果公司章程对公司高级管理人员的范围不能与公司法规定相适应,则公司对高级管理人员的管控存在制度漏洞。另外要注意的是,鉴于公司高级管理人员为公司员工,也受到劳动法的规制,因此在对公司高级管理人员范围界定时要注意和劳动法的配合。国元证券股份有限公司也在公司章程(2024 年 1 月)中对总裁辞职的事项从劳动法的角度进行了规定,其章程第 172 条规定,“总裁可以在任期届满以前提出辞职。有关总裁辞职的具体程序和办法由总裁与公司之间的劳务合同规定”[④]。

---

① 参见《珠海格力电器股份有限公司章程》(2022 年 7 月),载 http://www.cninfo.com.cn/new/disclosure/detail?plate=szse&orgId=gssz0000651&stockCode=000651&announcementId=1214174547&announcementTime=2022-07-30。

② 参见《国元证券股份有限公司章程》(2024 年 1 月),载 http://www.cninfo.com.cn/new/disclosure/detail?plate=szse&orgId=gssz0000728&stockCode=000728&announcementId=1218802540&announcementTime=2024-01-04。

③ 参见《江苏沙钢股份有限公司章程》(2023 年 8 月修订),载 https://www.szse.cn/disclosure/listed/bulletinDetail/index.html?fe981069-ccaa-4e56-a60e-68b7a7fb4993,最后访问日期:2024 年 2 月 20 日。

④ 参见《国元证券股份有限公司章程》(2024 年 1 月),载 http://www.cninfo.com.cn/new/disclosure/detail?plate=szse&orgId=gssz0000728&stockCode=000728&announcementId=1218802540&announcementTime=2024-01-04。

公司高级管理人员章程条款参考示例

第×××条　公司总裁（总经理）、副总裁（副总经理）、财务负责人、董事会秘书、合规总监、首席风险官、首席信息官以及实际履行上述职务的人员为高级管理人员。

第×××条　公司高级管理人员，是指公司的总经理、副总经理、财务负责人，公司董事会秘书和公司章程规定的其他人员。依据公司运营发展及岗位需要，经公司董事会决议聘任或指定为高级管理人员的，属于本章程所规定的公司高级管理人员。

第×××条　公司董事会可以依据公司经营发展的需要聘任或解聘公司高级管理人员。当公司董事会决议聘任高级管理人员时，该高级管理人员可以享有依据该职位所享有的岗位报酬；当公司董事会解聘高级管理人员时，该高级管理人员不再享有依据该职位所享有的岗位报酬。依法作出的董事会决议即调整该高级管理人员岗位依据，该等聘任或解聘依据董事会决议作出即有效，不以该高级管理人员本人的同意为前提。如有其他劳动合同变更事项，以公司规章制度以及与该高级管理人员劳动合同为依据依法处理。

2. 高级管理人员的任职资格条款

高级管理人员任职资格，是指在法律或公司章程中规定公司高级管理人员的任职条件，非具备某些特定条件以及具备某些特定情节者均不得担任公司高级管理人员。任职资格是高级管理人员任职的前提条件。《公司法》（2023 年修订）第 178 条第 1 款对高级管理人员的消极资格做了规定，明确有该款规定情形之一的人员，不得担任公司的高级管理人员。公司违反规定选举、委派高级管理人员的，该选举、委派或者聘任无效。高级管理人员在任职期间出现以上所列情形的，公司应当解除其职务。

从公司治理管控的角度出发，仅规定公司高级管理人员的消极资格远远不够。依照《公司法》（2023 年修订）确定的弘扬企业家精神的价值取向，公司章程及内部文件应对公司高级管理人员的积极资格作出规定。管控公司高级管理人员应首先设计好公司高级管理人员的任职资格，比如设定一定的条件以阻却公司内部的竞争者对高级管理人员的任命。一般来说，高级管理人员的任职资格主要从身份条件、职位资格条件、兼职约束、职业道德条件等方面进行设定。

高级管理人员的任职资格章程条款示例

第×××条 有下列情形之一的,不得担任公司的高级管理人员:

(一)无民事行为能力或者限制民事行为能力;

(二)因贪污、贿赂、侵占财产、挪用财产或者破坏社会主义市场经济秩序,被判处刑罚,或者因犯罪被剥夺政治权利,执行期满未逾5年,被宣告缓刑的,自缓刑考验期满之日起未逾2年;

(三)担任破产清算的公司、企业的董事或者厂长、经理,对该公司、企业的破产负有个人责任的,自该公司、企业破产清算完结之日起未逾3年;

(四)担任因违法被吊销营业执照、责令关闭的公司、企业的法定代表人,并负有个人责任的,自该公司、企业被吊销营业执照、责令关闭之日起未逾3年;

(五)个人因所负数额较大债务到期未清偿被人民法院列为失信被执行人。

违反前款规定选举、委派高级管理人员的,该选举、委派或者聘任无效。高级管理人员在任职期间出现以上所列情形的,公司应当解除其职务。

第×××条 公司总经理和其他高级管理人员任职应当具备以下基本条件:

(一)大学本科以上学历;

(二)具有良好的职业道德和个人品德;

(三)熟悉公司所涉行业的法律、法规、政策,掌握行业的基本知识、准确把握行业发展动态;

(四)具备很强的分析判断能力、组织控制能力和解决实际问题的能力,良好的语言表达和交流沟通能力;

(五)对所主管的业务具有8年以上的相关工作经历和任职经历;

(六)董事会认为担任职务需要的其他条件。

第×××条 总经理对董事会负责,在董事会授权下开展工作,执行董事会决策,实现经营目标:

（一）主持公司的生产经营管理工作，组织实施董事会决议，并向董事会报告工作；

（二）组织实施公司年度经营计划和投资方案；

（三）拟订公司内部管理机构设置方案；

（四）拟订公司的基本管理制度；

（五）制定公司的具体规章；

（六）提请董事会聘任或者解聘公司副总经理、财务总监；

（七）决定聘任或者解聘除应由董事会决定聘任或者解聘以外的负责管理人员；

（八）拟订公司职工的工资、福利、奖惩，决定公司职工的聘用和解聘；

（九）决定占公司最近经审计的净资产总额3%以下比例的固定资产投资（买卖）以及其他生产经营合同的签署等；

（十）董事会授予的其他职权。

第×××条　公司总经理和其他高级管理人员任职应当具备以下基本条件：

（一）基本条件

1. 自觉增强“四个意识”、坚定“四个自信”、做到“两个维护”，坚持国有企业的社会主义方向，坚持全心全意依靠工人阶级的方针，坚定建设具有全球竞争力的世界一流企业的职业追求。

2. 具有强烈的创新意识和创新自信，敢闯敢试、敢为人先，勇于变革、开拓进取，市场感觉敏锐，善于捕捉商机、防控风险。

3. 具有较强的治企能力，善于把握市场经济规律和企业发展规律，有国际视野、战略思维、法治理念，有专业思维、专业素养、专业方法，懂经营、会管理、善决策。

4. 具有正确的业绩观，坚决贯彻创新、协调、绿色、开放、共享的新发展理念，能够立足企业高质量发展，正确处理当期效益与长远发展的关系，勇担当，善作为，勤奋敬业，真抓实干。

5. 具有良好的职业操守和个人品行，谨慎用权，公私分明，诚实守信，依法经营，严守底线，廉洁从业。

(二)任职条件

1. 高度认同公司的战略追求、核心价值、企业文化和员工从业守则。

2. 具有良好的心理素质,身体健康,能承担较大工作压力。

3. 年龄不超过 55 周岁。特别优秀的,年龄可适当放宽。

4. 没有不良从业记录。

5. 具有中华人民共和国国籍。

3. 高级管理人员的权责条款

(1)高级管理人员的义务条款。

《公司法》(2023 年修订)第 179 条和第 180 条规定,高级管理人员应当遵守法律、行政法规和公司章程,对公司负有忠实义务和勤勉义务。

高级管理人员的忠实义务着重于高级管理人员不得因自身利益而损害公司利益,不得利用职权牟取不正当利益,属于基本的、底线性规定,它是不得损害公司利益的不作为义务,同时高级管理人员应采取措施避免自身利益与公司利益相冲突。《公司法》(2023 年修订)第 181 条对高级管理人员的忠实义务进行了详细的列举,包括不得侵占公司财产、挪用公司资金;不得将公司资金以其个人名义或者以其他个人名义开立账户存储;不得利用职权贿赂或者收受其他非法收入;不得接受他人与公司交易的佣金归为己有;不得擅自披露公司秘密;以及违反对公司忠实义务的其他行为。

高级管理人员的勤勉义务是一种积极的作为义务,是指高级管理人员在处理公司事务时,其采取的措施是在当时的具体情况下最有利于公司的选择,《公司法》(2023 年修订)对高级管理人员的勤勉义务增加了规定,要求高级管理人员执行职务应当为公司的最大利益尽到管理者通常应有的合理注意。《公司法》(2023 年修订)对高级管理人员义务可以划出"红线",要求高级管理人员不得僭越,但对高级管理人员勤勉尽责义务的新增规定仍概括抽象。因为每个公司对勤勉含义的理解不尽相同,法律无法对公司治理涉足太深或规定过宽,在实践中如何判定高级管理人员的勤勉尽责也是见仁见智。

为避免争议的产生,公司自身应通过公司章程依据本公司的具体特点对高级管理人员的忠实义务和勤勉尽责进行相应细化规定,以督促高级管理人员适当履职,实现公司利益。

【参考案例】 在民生证券股份有限公司与方某劳动争议案中,民生证券股份有限公司主张根据《董事会奖励基金管理办法》第3条第1款第3项明确规定,在奖金延期支付期间,高级管理人员未能勤勉尽责,导致分管业务亏损或存在重大违法违规行为或重大风险,公司停止支付全部或者部分未支付的奖金。因方某存在"未能勤勉尽责"等情况,公司不同意支付方某董事会奖励基金延期支付部分。但两级法院认为民生证券公司提交的证据不足以证明方某"未能勤勉尽责,导致分管业务亏损或存在重大违法违规行为或重大风险",故公司依据此决定,理由不充分,法院不予采纳。[①]

依据以上分析及案例,公司应在公司章程中根据公司自身经营发展及岗位情况对高级管理人员的忠实义务和勤勉尽责义务进行具体化规定。

高级管理人员的义务章程条款参考示例

第×××条 高级管理人员在履行职责时,必须遵守诚信原则,不应当置自己于自身的利益与承担的义务可能发生冲突的处境,包括但不限于在下列情形时遵守:

(一)真诚地以公司最大利益为出发点行事;

(二)在其职权范围内行使权力,不得越权;

(三)亲自行使所赋予的酌量处理权,不得受他人操纵;非经法律、行政法规允许或者得到股东会在知情的情况下的同意,不得将其酌量处理权转让他人行使;

(四)对同类别的股东应当平等,对不同类别的股东应当公平;

(五)除公司章程另有规定或者由股东会在知情的情况下另有批准外,不得与公司订立合同、交易或者安排;

(六)未经股东会在知情的情况下同意,不得以任何形式利用公司财产为自己谋取利益;

---

① 参见北京市东城区人民法院民事判决书,(2019)京0101民初1692号;北京市第二中级人民法院民事判决书,(2019)京02民终15223号。

（七）不得利用职权收受贿赂或者其他非法收入，不得以任何形式侵占公司的财产，包括但不限于利用对公司有利的商业机会实现个人利益；

（八）未经股东会同意，不得接受与公司交易有关的佣金；

（九）遵守公司章程，忠实履行职责，维护公司利益，主动采取措施避免自身利益与公司利益相冲突，不得利用其在公司的地位和职权为自己谋取不正当利益；

（十）未经股东会在知情的情况下同意，不得以任何形式与公司竞争；

（十一）不得挪用公司资金或者将公司资金借贷给他人，不得将公司资产以其个人名义或者以其他名义开立账户存储，不得以公司资产为本公司的股东或者其他个人债务提供担保；

（十二）未经股东会在知情的情况下同意，不得泄露其在任职期间所获得的涉及本公司的机密信息；除非以公司利益为目的，亦不得利用该信息；但是，在下列情况下，可以向法院或者其他政府主管机构披露该信息，但该等披露仍应以保守公司商业秘密为前提：

1. 法律有规定；

2. 因公众利益而被司法或行政机关要求。

第×××条　高级管理人员在履行职责时，应勤勉尽责，诚信履职，秉持以下原则履行职务：

（一）公司高级管理人员应熟知公司的经营及业务情况，对公司经营管理中的重要措施及时评判、及时跟进、及时监督；

（二）公司高级管理人员应当亲自参加各种公司的会议，了解公司的经营活动，定期检查公司的相关业务情况等；执行职务时应当为公司的最大利益尽到管理者通常应有的合理注意；

（三）公司高级管理人员决策时必须出于合理适当的注意、与决策事项无利害关系、决策基于善意、无滥用裁量权情形、未涉及欺诈、违法、越权等行为；

（四）公司高级管理人员在从事公司经营管理活动时应当恪尽职守，敬业爱岗，深思熟虑，尽到普通谨慎的同行在同类公司、同类义务、同类相关情形中所应具有的经营管理水平；

（五）公司高级管理人员应遵守公司制定的各项规章制度以及岗位职责，

积极亲自履职。因故意或过失违反岗位职责，致使公司错失重大商业机会、致使泄露公司商业秘密的，执行股东会、董事会决议出现故意或重大过失的，视为高级管理人员违反了勤勉义务。

第×××条　公司高级管理人员所负的诚信义务不因其任期结束而终止，其对公司商业秘密保密的义务在其任期结束后仍有效。其他义务的持续期应当根据公平的原则决定，取决于事件发生时与离任之间时间的长短，以及与公司的关系在何种情况和条件下结束。

（2）高级管理人员的权利条款。

依据《公司法》（2023 年修订）规定，公司高级管理人员的权利主要是指公司经理和其他高级管理人员的权利。公司经理由董事会决定聘任或者解聘，属于公司高级管理人员。虽然《公司法》（2023 年修订）删除了经理的法定职权，且在有限责任公司中，公司经理也不是法定的必设机构，但依据一般理解和商业实践，经理是公司的具体执行机构，由个人担任，属于执行层面的领导，由董事会聘任或解聘，负责具体事务的执行和日常经营管理，经理可以外聘职业经理人担任，也可由董事或股东兼任。作为董事会的聘任机关，经理向董事会负责，听从于董事会的指挥和监督。经理的职权范围来自董事会的授权，在董事会或董事长授权的范围内行使职权，但《公司法》（2023 年修订）也明确规定，“经理对董事会负责，根据公司章程的规定或者董事会的授权行使职权”。因此，依据法律规定，公司经理的职权来自董事会授予的职权和公司章程的规定职权，且公司章程完全可以根据本公司的特点规定经理的职权。法律已赋权在管控公司的治理架构中，利用章程的个性化规定可以授予公司经理特别的权利。我国公司制度发展时间并不长，经理制度也是刚刚起步，立法上对经理的代理权、聘任和解聘具体化、职权和责任的细化的规定制度不多。鉴于公司经理地位的重要性，公司章程完全可以就这一内容进行完善，以充实法律的不足。

其他高级管理人员包括公司副经理、财务负责人，上市公司董事会秘书和公司章程规定的其他人员，公司法没有规定他们的具体职权，但却针对性的规定了公司高管管理人员的忠实勤勉义务，《公司法》（2023 年修订）从第 178 条到第 188 条都有明确的规定。但这些规定限于公司章程明确的高级管理人员，而不是一般意义上的高级管理人员。

公司高级管理人员的权利章程条款参考示例

第×××条　公司总经理对董事会负责，行使下列职权：

（一）主持公司的生产经营管理工作，组织实施董事会决议，并向董事会报告工作；

（二）组织实施公司年度经营计划和投资方案；

（三）拟订公司内部管理机构设置方案；

（四）拟订公司的基本管理制度；

（五）制定公司的具体规章；

（六）提请董事会聘任或者解聘公司副总裁、财务负责人；

（七）决定聘任或者解聘除应由董事会决定聘任或者解聘以外的负责管理人员；

（八）本章程或董事会授予的其他职权。

总经理列席董事会会议，在董事会闭会时向董事长汇报工作。

第×××条　总经理应制定总经理工作细则，报董事会批准后实施。

第×××条　总经理工作细则包括下列内容：

（一）总经理会议召开的条件、程序和参加的人员；

（二）总经理及其他高级管理人员各自具体的职责及其分工；

（三）公司资金、资产运用，签订重大合同的权限，以及向董事会、监事会的报告制度；

（四）董事会认为必要的其他事项。

第×××条　公司副总经理由董事会聘任或解除，副总经理协助总经理工作，分管公司业务。

第×××条　上市公司设董事会秘书，负责公司股东会和董事会会议的筹备、文件保管以及公司股东资料管理，办理信息披露事务等事宜。董事会秘书应遵守法律、行政法规、部门规章及本章程的有关规定。

第×××条　高级管理人员执行公司职务时违反法律、行政法规、部门规章或本章程的规定，给公司造成损失的，应当承担赔偿责任。

第×××条　除非存在构成严重的玩忽职守、以权谋私、勾结串通或故意或者重大过失等情况，公司高级管理人员不需对在公司章程规定的职责范围内的任何为或不为承担个人法律责任。

第×××条　公司和总裁签订聘任合同，明确双方的权利义务、总裁的任期、总裁违反法律、法规和公司章程的责任，公司违反法律、法规、公司章程和聘任合同的责任等。总裁连聘可以连任。公司与总裁及公司其他高级管理人员签订的聘任合同不因公司章程的修改而无效、终止或变更等，除非公司与总裁及公司其他高级管理人员自愿协商一致，才能对合同修改、终止和变更。公司无任何正当理由在聘任合同期内终止或变更合同，公司应依照聘任合同规定对总裁或其他高级管理人员进行经济补偿。

第×××条　总裁对董事会负责，行使下列职权：

（一）主持公司的生产经营管理工作，组织实施董事会决议，并向董事会报告工作；

（二）组织实施公司年度经营计划和投资方案；

（三）拟订公司内部管理机构设置方案；

（四）拟订公司的基本管理制度；

（五）制定公司的具体规章；

（六）提请董事会聘任或者解聘公司副总裁、财务负责人；

（七）决定聘任或者解聘除应由董事会决定聘任或者解聘以外的管理人员；

（八）签署公司股票、公司债券及其他有价证券；

（九）签署公司一切对外文件，包括但不限于：合同、协议，上报政府机构文件等。总裁可以依其判断将本项职权授予某个人行使；

（十）制定公司职工的工资、福利、奖惩；

（十一）提议召开董事会临时会议；

（十二）负责编制公司的发展计划、年度经营计划，提出年度财务预、决算方案以及利润分配方案和弥补亏损方案；

（十三）董事会闭会期间，总裁等高级管理人员直接对董事长负责；

（十四）设立总裁奖励基金，奖励基金以税后利润为基数按10%提取。总裁根据年度经营情况掌握使用；

（十五）本章程或董事会授予的其他职权。

总裁列席董事会会议。

三、法定代表人、董监高公司控制经典案例解析

(一)董事长兼法定代表人违反章程规定应担责侵害企业出资人权益纠纷案[①]

1. 案情简介

安泰公司于2000年9月20日注册登记,2013年3月16日以前其法定代表人为王某雄,职务为董事长。2006年6月26日安泰公司经公司第四次股东会议讨论通过,制定了公司新的章程。该《章程》第三章第14条规定,"公司股东会由全体股东组成,股东会是公司的权力机构……"第21条规定,公司设立董事会作为决策机构,经股东选举,董事会由王某雄等7人组成,董事长由王某雄同志担任,董事长是公司的法定代表人,董事长行使以下职权:(1)主持召开股东会和董事会会议;(2)检查股东会和董事会会议决定的情况,并向董事会报告工作……(4)对公司事务行使裁决权和处理权。但这种裁决和处理必须符合公司的利益,并在事后及时向董事会和股东会提出报告。第37条规定,董事、总经理、副总经理不得挪用公司或将公司资金借贷给他人。董事、总经理不得将公司资产以个人名义或以其他个人名义开立账户储存,董事、总经理、副总经理未经董事会准许不得以公司资产为本公司的股东或者他人债务提供担保。第40条规定,董事、监事、总经理、副总经理、专业公司经理及公司其他高层管理人员执行公司职务时,违反法律、行政法规或者公司章程的规定,给公司造成损害的,应当个人承担一切责任。

被告王某雄在担任上述公司法定代表人期间,2011年4月26日,原告安泰公司中标承建北川富尔诺生态农业有限公司发包的培训、研发、加工及销售中心工程。同日,被告王某雄未经公司董事会及股东会讨论决定,擅自以公司的名义将此工程项目转包给自然人刘某刚承建。王某雄以公司名义与刘某刚

---

① 参见四川省绵阳市中级人民法院民事判决书,(2013)绵民终字第371号。

签订书面的《项目工程施工经营管理承包责任书》并亲笔签名，加盖公司法人印章，刘某刚在项目责任人处签名，被告王某雄又在此合同项目担保人处亲笔签名。事后，王某雄未将上述工程已转包刘某刚承建及其提供担保事宜向公司董事会或公司其他股东汇报。

刘某刚承建上述项目中，被告王某雄未安排公司工作人员按合同或相关规定掌控业主拨付的工程款，或未监管控制业主拨付工程资金的使用，收取按合同约定的管理费，导致业主拨付的工程款直接被刘某刚领取使用。刘某刚在负责承建上述工程项目建设期间，对外买卖租赁、借贷等行为引发多个诉讼，导致安泰公司共计代刘某刚承建工程期间对外租赁买卖等民事责任承担责任偿付计人民币3,394,683.93元。

原告安泰公司认为被告王某雄给公司造成的损失发生在被告王某雄与刘某琼夫妻关系存续期间，应由被告王某雄及其妻子刘某琼共同承担赔偿责任，故将王某雄、刘某琼一起作为被告诉到法院。

诉讼关系如图5所示。

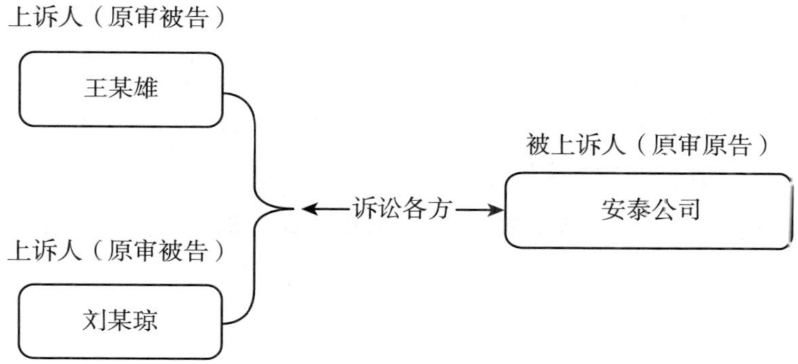

图5　诉讼关系

2. 争议焦点

王某雄应否承担责任？

3. 法院判决和裁判理由

一审判决：由被告王某雄应在判决生效后10日内赔偿给原告安泰公司的各项损失费用。

二审判决:维持原审判决,驳回上诉人王某雄的上诉请求。

裁判理由:

一审法院认为,安泰公司是各个出资人出资组建成立并依法登记的由自然人投资或控股的有限责任公司。王某雄经公司股东会、董事会民主选举担任公司董事长,作为公司的法定代表人依照公司章程所赋予的职权对内行使公司行政事务管理、重大事务的组织商讨的谋划和决策,对外按照公司章程所规定的议事程序和职责依法按章程所规定的民事权利和义务履行应尽职责。

王某雄在担任公司法定代表人期间,未经公司董事会集体讨论决定,擅自违法将公司承建的工程转包给无建筑资质的案外自然人,并擅自违反公司章程的规定以公司法定代表人的身份为其提供担保,事后也未向公司出资人或董事会讨论追认其行为。王某雄作为公司的法定代表人在发生上述转包事宜后,也未切实履行对该工程质量、账务的掌控和监管,致使工程资金被案外自然人控制和使用而引发诉讼。安泰公司因王某雄违法转包、提供担保,而在诉讼中对案外自然人在承担工程期间对外产生的租赁、借贷等民事行为的法律后果承担民事赔偿责任,且案外自然人因下落不明而无法实现追偿。王某雄的个人行为严重损害了安泰公司及公司出资人的合法利益,应由王某雄对其行为后果承担赔偿责任。安泰公司请求王某雄赔偿在担任法定代表人期间违法转包、担保造成损失的诉讼请求符合法律规定,一审法院予以支持。

二审法院认定:原判认定事实清楚,适用法律正确,上诉人的上诉理由不能成立。

4. 案件评析

《公司法》(2018 年修正)第 149 条规定,董事、监事、高级管理人员执行公司职务时违反法律、行政法规或者公司章程的规定,给公司造成损失的,应当承担赔偿责任。

安泰公司章程明确规定:董事长是公司的法定代表人,董事长行使以下职权:(1)主持召开股东会和董事会会议;(2)检查股东会和董事会会议决定的情况,并向董事会报告工作……(4)对公司事务行使裁决权和处理权。但这种裁决和处理必须符合公司的利益,并在事后及时向董事会和股东会提出报告。第

37 条规定，董事、总经理、副总经理不得挪用公司或将公司资金借贷给他人。董事、总经理不得将公司资产以个人名义或以其他个人名义开立账户储存，董事、总经理、副总经理未经董事会准许不得以公司资产为本公司的股东或者他人债务提供担保。第 40 条规定，董事、监事、总经理、副总经理、专业公司经理及公司其他高层管理人员执行公司职务时，违反法律、行政法规或者公司章程的规定，给公司造成损害的，应当个人承担一切责任。

本案的事实是比较确定的，王某雄擅自决定将安泰公司承建的工程转包给没有建筑资质的个人承包是违反有关法律规定的行为。王某雄作为安泰公司的法定代表人和董事长，在没有经过公司董事会集体讨论作出的决定，违反了公司章程的规定。王某雄擅自的行为最终给公司造成了损失。

最终，法院认为，王某雄在担任安泰公司法定代表人期间违法转包工程，导致公司对外承担债务，违反了公司高管的忠诚、勤勉义务，应当承担赔偿责任。

结合本案事实并从公司风险的预防角度分析，公司章程有必要对法定代表人的职权进行细分，并结合董事长或总经理的权力进行明确，以避免法定代表人职责不清而出现任意损害公司利益、危及公司管控。

（二）高级管理人员违反忠实义务的，所得收入归公司所有

损害公司利益责任纠纷案[①]

1. 案情简介

2011 年 4 月 2 日，鑫波公司经上海市工商行政管理局批准设立，注册资本为 55 万美元，系由两名波兰籍居民在中国境内投资设立的外商合资企业。根据公司章程规定，鑫波公司的经营范围为：生产、加工肉制品（香肠、火腿），销售本公司自产产品并提供售后服务（设计行政许可，凭许可证经营）。公司章程另规定，公司高级职员不得参与其他经济组织对本公司的商业竞争行为。公司设立后，即聘请宋某涛担任公司的总经理，负责公司的经营管理。2013 年 10 月 23 日，鑫波公司委托律师向宋某涛发函，免除宋某涛的总经理职务，并终止

① 参见上海市第二中级人民法院民事判决书，（2015）沪二中民四（商）终字第 793 号。

所有有关公司事务的授权。

2012 年 6 月 7 日,申根贸易(上海)有限公司(以下简称申根公司)经上海市工商行政管理局宝山分局核准设立,注册资本为人民币 50 万元(以下币种均为人民币),股东为三人,即樊某波、宋某根、宋某涛,并由樊某波担任法定代表人。申根公司经营范围为:批发非实物方式;预包装食品(不含熟食卤味、冷冻冷藏);从事货物进出口业务;电子商务(不得从事增值电信、金融业务);商务咨询;企业管理咨询;钢材、建材、日用百货销售(企业经营涉及行政许可的,凭许可证件经营)。

鑫波公司认为,2011 年年初,鑫波公司聘请宋某涛担任总经理,负责鑫波公司的经营管理。根据鑫波公司章程规定,公司高级管理人员不得参与其他经济组织对本公司的商业竞争行为。2012 年 6 月 7 日,宋某涛与案外人宋某根、樊某波共同投资设立了申根公司。而宋某根系宋某涛的父亲,樊某波系漫趣公司的董事长。申根公司的经营范围包括了食品行业(香肠、火腿等肉产品),与鑫波公司经营范围相同。2013 年 10 月 23 日,因宋某涛严重违反我国《公司法》等规定,鑫波公司依法解除其总经理职务,并通过律师函及报刊公告的方式予以告知。但宋某涛拒不配合办理交接手续。2014 年 3 月 31 日,鑫波公司为防止损失扩大,单方为宋某涛办理了退工手续。宋某涛作为鑫波公司高级管理人员,违背法律规定的忠实和勤勉义务,在任职期间设立与鑫波公司经营范围相同的公司,严重侵害了鑫波公司的合法权益。故鑫波公司诉至原审法院,请求判令:宋某涛在职期间(2012 年 6 月 7 日至 2014 年 3 月 31 日)从申根公司取得的收入 20 万元(暂估)归鑫波公司所有。

诉讼关系如图 6 所示。

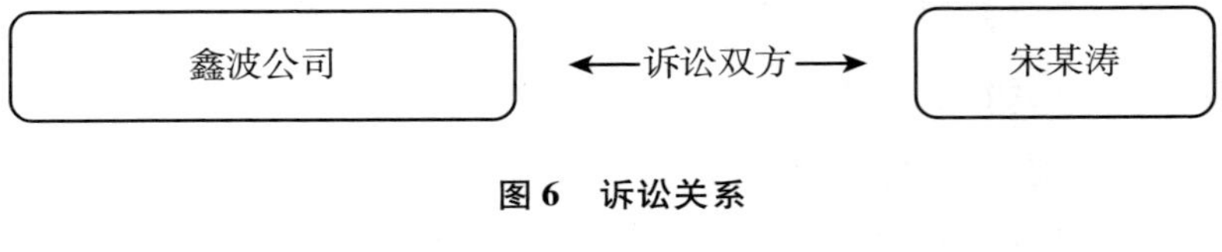

图 6 诉讼关系

2. 争议焦点

(1)宋某涛作为鑫波公司原高级管理人员是否因违反我国《公司法》及公

司章程中有关高管忠实、勤勉义务的规定而获利或给公司造成损失,从而应当承担相应的赔偿责任。

(2)鑫波公司主张的赔偿金额是否具有相应依据。

3. 法院判决和裁判理由

一审法院:驳回鑫波公司的全部诉讼请求。

二审法院:

(1)撤销上海市嘉定区人民法院(2014)嘉民二(商)初字第2450号民事判决;

(2)被上诉人宋某涛应于判决生效之日起10日内赔偿上诉人鑫波公司人民币80,000元。

裁判理由:

针对焦点一。

一审法院认为:宋某涛难脱损害公司利益之嫌,但鑫波公司提供的证据尚不足以证实宋某涛直接参与申根公司的经营管理或者虽不直接参与,但对申根公司经营决策具有影响力,或者利用在鑫波公司处任职的便利为申根公司谋取了本属于鑫波公司的商业机会。

但二审法院有不同的观点:宋某涛受聘担任鑫波公司总经理,全权负责加工、销售香肠肉制品等公司业务。然而其在任职期间,另行与其父亲宋某根及案外人樊某波共同设立了申根公司。申根公司的经营范围包括销售香肠、火腿等肉制品,且实际在1号店网店中大量销售了鑫波公司生产的香肠类制品,存在获利。另需说明的是,宋某涛与其父亲宋某根合计持有申根公司80%的股权,故宋某涛称其并不参与申根公司的经营决策,亦从未获利,有悖常理。二审法院结合一般商事规律、普通大众认知及公序良俗,推定宋某涛利用职务便利为自己及申根公司谋取了本属于鑫波公司的商业机会,并为申根公司经营了与鑫波公司同类的业务,违反了我国《公司法》中高级管理人员的忠实、勤勉义务,损害了鑫波公司的利益,并使自身获利,故而应当承担相应法律责任。

针对焦点二。

一审法院认为:鑫波公司在一审过程中没有提供证据证明宋某涛在申根公

司有收入。在申根公司拒绝提供证据的情况下,一审法院虽有鑫波公司的法院调查取证申请书,但认为其为鑫波公司的举证范围,故认为鑫波公司举证不能。

二审法院认为:首先,在宋某涛本人拒绝提供其在申根公司的收入证明的情况下,鑫波公司确无法通过合理途径进行取证。其次,经法院要求,宋某涛仍拒绝提供申根公司的资产负债表及其销售香肠类制品的统计数据,导致二审法院无从核实申根公司的具体经营项目、销售盈亏状况以及职员工资收入等情况。再次,宋某涛亦未提供证据证实申根公司于网店中销售的香肠类制品系通过正常的商业途径从鑫波公司处取得,并有权进行转售。最后,宋某涛对于鑫波公司提供的有关申根公司20余万元的网店销售记录,仅以截图未经公证、真实性无法确认、时间不明等为由粗略质证,而未提供其自行统计的销售记录、销售成本、盈利数据等加以反证,应承担不利后果。基于上述分析,二审法院结合查明的事实及现有证据,并参考香肠类制品的一般盈利情况以及宋某涛在申根公司30%的持股比例,酌情判令宋某涛赔偿鑫波公司80,000元。

4. 案件评析

《公司法》(2013年修正)第148条第1款第5项规定,未经股东(大)会同意,利用职务便利为自己或者他人谋取属于公司的商业机会,自营或者为他人经营与所任职公司同类的业务;在其第2款还规定,董事、高级管理人员违反前款规定所得的收入应当归公司所有。

本案宋某涛为公司的总经理,依照《公司法》(2013年修正)第216条的规定属于公司的高级管理人员,对公司负有忠实勤勉义务。依据公司法规定,公司高级管理人员作出违反对公司忠实勤勉义务的行为的,其所得收入应当归入公司所有。

本案的事实是,宋某涛与其父亲宋某根与案外人一起成立申根公司,申根公司的经营范围与宋某涛所任职的鑫波公司经营范围一致,且实际在1号店网店中大量销售了鑫波公司生产的香肠类制品,存在获利。

从两审法院对焦点一的释明可以看出,一审法院论述逻辑存在问题,一方面认为宋某涛有损害公司利益之嫌疑,另一方面认为鑫波公司的证据不足以证明宋某涛谋取了本属于鑫波公司的商业机会。从《公司法》的规定来看,高级管理人员的忠实义务已非常明确，即公司高级管理人员不得自营或者为他人经营与所任职公司同类的业务。本案中宋某涛与其父亲两人已占有申根公司80%的股权，80%的股权即具有公司的绝对控制权，申根公司有实际经营，无论是否有盈利，都已明确侵犯了公司的利益。本案为侵权之诉，理论上，归入权是法律赋予公司的特别救济权，不以公司对公司内部人违反法定义务所获得的利益拥有所有权为前提条件，宋某涛利用公司的职位侵犯鑫波公司的利益已明确无误，在宋某涛拒不提交证据的情况下，一审法院为查明事实依申请调查相应证据也是一审法院的职责所在，但一审法院并没有依法正确行使审判权，案件被二审法院改判亦不足为奇。

从本案鑫波公司的章程来说，其章程应增加规定：类似本案中宋某涛占有股权并同业经营的情况下即为侵权。在公司不能证明侵权实际数额的情况下，公司有权依据公司损失或销售额酌定赔偿数额。如有类似规定，则一审法院不应再驳回本案公司的诉求，二审法院在确定赔偿额度的时候也有明确的参考标准，以最大限度地保护公司利益。

（三）已辞职的监事对股东会决议是否有诉权？

公司决议纠纷案[①]

1. 案情简介

彭某文担任国民村镇银行的监事。彭某文主张：2016年4月29日，国民村镇银行召开临时股东会会议。当天出席会议的股东只有3名，合计持有国民村镇银行55%的股权份额。在国民村镇银行控股股东乌海银行的操纵下，在没有任何事实依据的情况下，擅自限制未参会的两名股东的表决权，并强行作出增加注册资本的决议。彭某文诉请：（1）判决确认被告国民村镇银行于2016年4月29日形成的《国民村镇银行第一次临时股东会决议》及有关配股增资事项未形成有效决议；（2）判令立即停止执行《国民村镇银行第一次临时股东会决议》，终止实施配股增资行为；（3）判令诉讼费由国民村镇银行承担。

---

① 参见海南省第一中级人民法院民事裁定书，（2017）琼96民终1654号。

诉讼关系如图7所示。

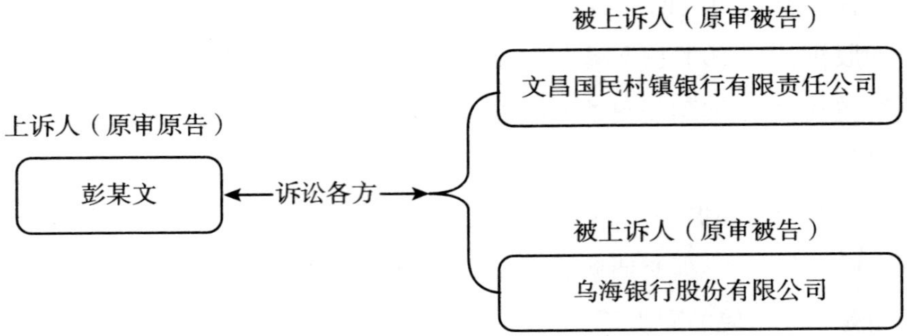

图7　诉讼关系

2. 争议焦点

彭某文是否有权作为原告提起本案诉讼是本案争议的焦点。

3. 法院判决和裁判理由

一审法院观点及裁决:根据《公司法》(2013年修正)及国民村镇银行公司章程和监事议事规则的规定,监事没有对公司股东会决议提起诉讼的权利,其提起诉讼不符合法律规定,驳回起诉。

二审法院观点及裁决:彭某文是否有权作为原告提起本案诉讼是本案争议的焦点。2017年9月1日起施行的《公司法司法解释(四)》第27条规定:"本规定自2017年9月1日起施行。本规定施行后尚未终审的案件,适用本规定;本规定施行前已经终审的案件,或者适用审判监督程序再审的案件,不适用本规定。"《公司法司法解释(四)》施行时,本案尚未终审,故本案应适用该司法解释的相关规定。彭某文目前虽然已经不再担任国民银行的监事,但是在一审起诉时其具有国民银行监事身份,依照《公司法司法解释(四)》第1条之规定,"公司股东、董事、监事等请求确认股东会或者股东大会、董事会决议无效或者不成立的,人民法院应当依法予以受理",彭某文在起诉时系国民银行的监事,且起诉针对的公司决议也是在其担任监事期间作出的,故二审法院认为其有权作为原告提起诉讼。

4. 案件评析

本案是一个跨越2017年《公司法司法解释(四)》生效时间点的案例,很有代表性并可说明问题。在2017年《公司法司法解释(四)》正式实施之前,《公司法》(2013年修正)第46条、第53条、第108条、第118条分别对有限责任公司、股份有限公司的董事、监事权利进行了规定,但其中并没有明确董事、监事对公司决议有诉权。

依据《公司法》(2013年修正)第22条之规定,公司董事会、股东大会、股东会决议内容违反法律、行政法规的无效。董事会、股东大会、股东会召集程序和表决方式违反法律、行政法规或者公司章程,或者决议内容违反公司章程的,股东可以自决议作出之日起60日内,请求人民法院撤销。公司法赋予股东对两会决议的无效、可撤销的当然诉权之外,没有赋予其他任何个体(包括董事、监事在内)对两会决议有诉权。2017年《公司法司法解释(四)》生效以后,其第1条明确规定:公司股东、董事、监事等请求确认股东(大)会、董事会决议无效或者不成立的,人民法院应当依法予以受理。这条规定赋予了董事、监事对决议无效或不成立的诉权,且没有期间限制。这里的公司没有区别是有限责任公司或是股份有限公司,也没有区分上市公司或非上市公司,应该包括全部的公司形态。虽然这里没有说明"等"包括什么(期待有最新司法判例出来作参考),但仅就赋予公司董事、监事对两会决议的无效和不成立之诉的诉权来说,就足以增加公司实践中的公司治理、公司控制和股东权益保护的复杂度。因为在日常公司实践中,当公司股东目标不一致、意见不统一时,也常会导致代表公司不同股东、不同投资主体利益的董事或监事产生矛盾。如果代表一方股东或投资主体的董事或监事可以对股东会、董事会两会决议提起无效或不成立之诉,这无疑会导致两会决议的不稳定性,从而大大增加了公司治理、公司控制的难度。从另一角度来说,也给维护股东权益增加了一个抓手。

本案的诉讼即一个明显的例子。彭某文涉及争议在2017年《公司法司法解释(四)》出台之前,一审法院明确彭某文作为监事无权对公司股东会决议提起诉讼,其提起诉讼不符合法律规定;但2017年《公司法司法解释(四)》出台之后,二审法院明确了彭某文系案涉决议作出之时的监事,有权提起本案诉讼。

在笔者提出要重视"董事、监事对两会决议的无效、不成立之诉的诉权对公司治理、公司控制和股东权益保护所带来的新变化"这一观点之前,暂时还没有看到或搜索到从此角度进行深度挖掘分析的文章。结合对公司治理、公司控制和股东权益保护的研究及法律实践经验来看,《公司法司法解释(四)》第1条所赋予的董事、监事对两会决议的无效、不成立之诉的诉权必将导致股东、发起人在公司成立之初,在公司治理、公司控制之中更加重视董事、监事人选的选择,这将对公司治理构架的设计及维护产生长远的影响。公司董事地位的重要性,在公司治理中毋庸多说,毕竟公司治理多依法以董事会为中心进行的,但在日常公司治理实践中,监事地位尚未给予足够的重视,挂名的多,起实质作用的少。有的公司多年没有变更监事,甚至在职工监事已经离职多年后,监事职位仍然没有变更,监事的职权和作用仅停留在纸面上。依据《公司法司法解释(四)》第1条之赋权规定,未来监事地位应有很大的提高或引起更多的关注。因为如果监事认为两会决议有无效或不成立之嫌疑,除依据公司法的规定履行监督职责外,监事还有依据《公司法司法解释(四)》的规定提起诉讼的权利。股东、发起人、投资人、私募股权投资(PE)、风险投资(VC)等投资主体如果能很好地利用《公司法司法解释(四)》第1条的赋权规定,则可在公司治理、公司控制及股东权益保护上占得先机。

(四)高级管理人员应从“职位”和“职权”两方面确定

损害公司利益责任纠纷案[①]

1. 案情简介

2007年7月18日,新月公司与马某辉签订一份《合作协议》,内容涉及:为搞好新月公司与伊朗石油部及国家钻井公司等部门开展的项目合作,经新月公司股东会研究同意马某辉为北京新月公司驻伊朗代表处总代表、经理;马某辉代表新月公司协调与伊朗各部门的友谊和业务事宜,促使合作项目顺利进行,并在开展业务过程中及时向北京总部汇报工作;如果新月公司与国内合作的公司同伊朗国家钻井公司等其他伊朗某公司签订海洋钻井平台和陆地钻机合同,新月公司同意按项目不同向马某辉支付金额不等的项目效益佣金和业务提成,

---

① 参见上海市浦东新区人民法院民事判决书,(2017)沪0115民初15566号;上海市第一中级人民法院民事判决书,(2017)沪01民终12579号。

合同期限自2007年7月1日至2017年7月31日止。

2008年1月28日，新月公司向马某辉发出《终止、解除劳动合同通知书》，并出具了《解除劳动合同证明》，证明新月公司与马某辉之间自2007年7月1日至2017年7月31日的十年劳动合同现已解除。双方均认可自此马某辉不再担任北京新月公司驻伊朗代表处的总代表。

新月公司于2005年10月成立至今，公司的股东和章程等曾多次进行过变更。现章程规定，公司不设董事会，仅设执行董事一人，由股东会选举产生，执行董事为公司的法定代表人；公司设经理一名，由股东会聘任，对股东会负责，行使的职权包括主持公司的生产经营管理工作，组织实施股东会决议、组织实施公司年度经营计划和投资方案，拟订公司内部管理机构设置方案，拟订公司的基本管理制度，制定公司的具体规章，聘任或者解聘公司副经理、财务负责人，聘任或者解聘应由股东会聘任或者解聘以外的负责管理人员；公司设监事一人，由股东会选举产生；公司登记事项以公司登记机关核准的为准等。根据北京新月公司的工商登记档案记载，新月公司当时的法定代表人为张某忠，监事和经理未进行登记。

依据另案查明的事实：

2007年9月29日，伊朗石油勘探作业公司（以下简称伊朗OEOC公司）向新月公司伊朗代表处的马某辉先生发出主题为“访问中国”的函，内容涉及：在3个月卓有成效的合作及辛勤工作之后，现一支伊朗OEOC公司代表团将前往中国进行访问，对近3个月的项目继续进行整体评估；查看钻机制造工厂，就有关钻机购买进行研讨，谈判将包括费用、技术及生产时间计划安排；钻井服务整体项目以及参观制造厂与采购谈判等。2007年11月15日，上海三高公司与伊朗OEOC公司签订《石油钻机销售合同》和《谅解备忘录》，并举行了合作签字仪式。同日，上海三高公司与新月公司签订《协议书》，内容涉及：新月公司利用自身与伊朗政府及其他中东国家的关系优势为上海三高公司协调与外方公司签订成套石油钻机设备和部件合同，上海三高公司同意向新月公司支付合同金额6%的佣金，上海三高公司需保守因履行该协议所获知的新月公司的商业秘密等。2007年12月18日，上海三高公司与伊朗OEOC公司签订《石油钻机销售合同》；2008年4月5日，双方又签订了《解除石油钻机销售合同的协议》,约定解除 2007 年 11 月 15 日和 12 月 18 日签订的两份《石油钻机销售合同》。

2008 年 5 月 11 日,伊朗 OEOC 公司与中曼公司签订《石油钻机销售合同》,合同总金额 6720 万欧元,合同的格式、条款设置、设备型号、数量、价格等内容与伊朗 OEOC 公司与上海三高公司签订的 2007 年 12 月 18 日《石油钻机销售合同》基本相同。

新月公司以中曼公司等侵害其商业秘密为由,向北京市第二中级人民法院(以下简称北京市二中院)提起诉讼,案号为(2014)二中民(知)初字第 07791 号。北京市二中院认为,中曼公司等均侵害了新月公司的商业秘密,判决中曼公司等立即停止侵害新月公司涉案商业秘密,并共同赔偿新月公司损失 43,554,470.40 元及诉讼支出 40 万元等。

该案判决后,中曼公司等提起上诉,北京市高级人民法院(以下简称北京市高院)立案受理,案号为(2015)高民(知)终字第 22 号,北京市高院经审理后改判中曼公司等赔偿新月公司经济损失 2256 万元及诉讼合理支出 10 万元等。中曼公司、陈某云、新月公司均不服,向最高人民法院申请再审。最高人民法院作出(2015)民申字第 1518 号民事裁定,驳回中曼公司、陈某云、新月公司的再审申请。

但在最高人民法院再审审查期间,案涉一方提供了由马某辉出具的书面声明书作为证据,内容涉及:马某辉根据有关协议,自 2008 年 5 月 10 日为中曼公司与伊朗 OEOC 公司的合作提供服务,并收取了中曼公司支付的佣金。在中曼公司与伊朗 OEOC 公司签订《石油钻机销售合同》后,中曼公司共向马某辉的一人公司支付了 1450 万元,部分付款审批单中注明"支付 OEOC 项目代理费用"。

新月公司认为,马某辉作为其聘任的公司驻伊朗高管,其明知负有对公司的忠实义务和保密义务,却与公司的客户私下联络,导致公司重大业务落空,严重损害了原告的利益。根据《公司法》第 148 条和第 149 条之规定,马某辉将公司的商业机会和商业秘密透露给中曼公司,致使两份合同解除,并由中曼公司以新的合同取代,直接违反了忠实义务,损害了公司利益,应当依法将所得的 1450 万元收入归公司所有。

诉讼关系如图 8 所示。

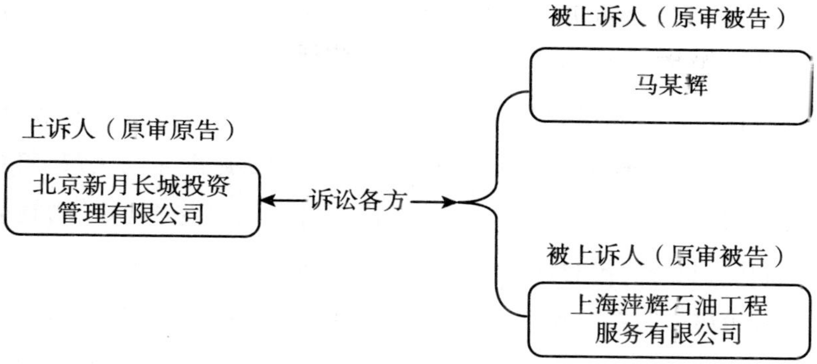

图8　诉讼关系

2. 争议焦点

马某辉是否属于新月公司的高级管理人员？

3. 法院判决和裁判理由

一审判决：驳回新月公司的诉讼请求。

二审维持一审判决。

裁判理由：

关于马某辉是否属于新月公司的高级管理人员。二审法院认为：我国《公司法》第147条第1款规定“董事、监事、高级管理人员应当遵守法律、行政法规和公司章程，对公司负有忠实义务和勤勉义务”。《公司法》第148条第1款第5项规定，董事、高级管理人员未经股东会或者股东大会同意，利用职务便利为自己或者他人谋取属于公司的商业机会，自营或者为他人经营与所任职公司同类的业务，所得的收入应当归公司所有等。《公司法》第216条规定，“高级管理人员”的含义是指公司的经理、副经理、财务负责人，上市公司董事会秘书和公司章程规定的其他人员。可见，公司法主要是通过“职位”或者“职务”来界定公司高管的范围。根据本案查明的事实，马某辉并非新月公司股东、董事、监事，新月公司与马某辉也均确认马某辉并不具有公司法或新月公司章程规定的高级管理人员职位或职务。因此，从公司法或公司章程规定的职务角度来看，马某辉并非新月公司的高级管理人员。但是，由于商事主体在市场经营过程中，可能会出现“高级管理人员职权”与“高级管理人员职务”错位的情况，因此,还需审查马某辉是否实际行使了新月公司高级管理人员的职权。新月公司主张马某辉实际是公司经理,并行使了高级管理人员职权,对此新月公司应当承担举证责任。新月公司的章程规定“经理由股东会聘任,对股东会负责,行使的职权包括主持公司的生产经营管理工作,组织实施股东会决议,组织实施公司年度经营计划和投资方案,拟订公司内部管理机构设置方案,拟订公司的基本管理制度,制定公司的具体规章,聘任或者解聘公司副经理、财务负责人,聘任或者解聘应由股东会聘任或者解聘以外的负责管理人员”,而从现有证据来看,马某辉仅仅是“驻伊朗代表处”的总代表、经理,无任何证据证明马某辉曾经行使过上述新月公司经理的职权。根据双方《合作协议》的约定,马某辉应履行本职工作,尽职尽责认真完成新月公司交办的工作,协调与伊朗各部门的友谊和业务事宜,促使合作项目顺利进行,并在开展业务过程中及时向北京总部汇报工作。从上述协议来看,马某辉只是负责伊朗代表处具体工作事务的执行,对公司事务没有管理职权或决定权,且其负责的伊朗代表处的有关工作还需向北京总部汇报。按照约定,马某辉只是新月公司一个派出机构的负责人,享有按约定收取提成款的权利。因此,马某辉既不具有新月公司高级管理人员的职位,也未行使过新月公司高级管理人员的职权,不属于法律和章程规定的公司高级管理人员,也不属于法律规定的“归入权”义务主体。新月公司以归入权为请求权基础提起的诉讼请求,难以支持。

二审法院有同样的观点:马某辉既非新月公司章程确定的股东、董事、监事,同时也不具有公司法或新月公司章程规定的高级管理人员职位或职权,依法不能界定其为新月公司的高级管理人员。因此,依据《公司法》第 148 条之规定,马某辉不是公司归入权的义务人,新月公司以归入权向马某辉提起的诉讼请求,二审法院不予支持。一审判决认定事实清楚,适用法律基本正确,应予维持。

4. 案件评析

依据请求权基础理论,法院归纳的争议焦点一“马某辉是否属于新月公司的高级管理人员”即“马某辉与新月公司的关系性质界定”是正确审理及判断本案的关键。

《公司法》第148条第1款第5项规定，未经股东会或者股东大会同意，利用职务便利为自己或者他人谋取属于公司的商业机会，自营或者为他人经营与所任职公司同类的业务；第2款规定，董事、高级管理人员违反前款规定所得的收入应当归公司所有。《公司法》第216条第1款第1项规定，高级管理人员，是指公司的经理、副经理、财务负责人，上市公司董事会秘书和公司章程规定的其他人员。

依据案件查明的事实，新月公司章程并未将马某辉列明为公司高级管理人员。但如果仅仅从公司章程的规定判断一位公司职员是否为高级管理人员过于草率，且也不符合现实的多样性。本案的价值也正是在于这一点。首先，依据公司法的规定，法院从职务和职位两个方面来界定公司高级管理人员的范围，而依据本案的事实，马某辉不具有法律所规定的高级管理人员的"职务"和"职位"；其次，马某辉仅"代表新月公司协调与伊朗各部门的友谊和业务事宜，促使合作项目顺利进行，并在开展业务过程中及时向北京总部汇报工作"，并没有实际履行公司高级管理人员的职权。既然马某辉既不具有新月公司高级管理人员的职位，也未行使过新月公司高级管理人员的职权，不属于法律和章程规定的公司高级管理人员，因此，马某辉就不属于法律规定的"归入权"义务主体。两审法院没有支持新月公司的诉求也在情理之中。

本案对新月公司的影响不可谓不大。如果新月公司章程对马某辉类似重要的岗位或职务规定为公司的高级管理人员，则本案的结果肯定会有不同。从公司治理的角度来说，通过公司章程的个性化设计将重要职位和职务列明为"高级管理人员"有助于完善公司治理与控制并保护公司利益。

第六章　股东分红的章程设计

股东投资公司的根本目的是分取公司的红利和资本增值。

一、股东分红权概述

股东分红权，也称为盈余分配请求权，是指具备公司股东资格的人请求公司向自己分配公司盈余利润的一种权利。股东分红权是股东基于股东身份所获得的一种财产权。[①] 股东决定出资设立商业性公司的主要目的是获取收益，因此股东分红权是股东的核心权利。依据性质不同，股东分红权分为抽象股东分红权与具体股东分红权。抽象股东分红权即股东基于公司股东的资格和地位享有的一项股东权能，其是股东享有的一种固有权利，公司章程或者公司股东会决议难以剥夺或者限制；具体股东分红权则是当公司存有可分配利润时，股东所享有的根据股东会分配的股利请求公司按其持股类别及比例向其支付特定股利金额的权利。[②] 股东的盈余分配请求权是股东自益权的一种，公司分配利润必须符合公司法和公司章程规定的实质要件和形式要件。

（一）股东分红权实现的实质性条件

公司利润是公司的经营成果，享有资产收益、分取公司利润是股东投资的主要目的。《公司法》（2023 年修订）第 210 条第 4 款规定，公司弥补亏损和提

---

① 参见程显波：《股东分红权保护研究》，吉林大学 2015 年博士学位论文，第 16 页。

② 参见陈蓉：《论有限责任公司中小股东分红权保护的法律保护》，浙江大学 2018 年硕士学位论文。

取公积金后所余税后利润，有限责任公司按照股东实缴的出资比例分配利润，全体股东约定不按照出资比例分配利润的除外；股份有限公司按照股东所持有的股份比例分配利润，公司章程另有规定的除外。由此法律规定可以看出，股东分红权的实现首先取决于公司是否有利润，这是股东分红权实现的实质性条件。

公积金是公司为了巩固自身的财产基础，提高公司的信用和预防意外亏损，依据法律和公司章程的规定，在公司资本以外积存的资金。[①] 依据《公司法》(2023 年修订)第 210 条的规定，公司分配当年税后利润时，应当提取利润的 10% 列入公司法定公积金。公司法定公积金累计额为公司注册资本的 50% 以上的，可以不再提取。公司的法定公积金不足以弥补以前年度亏损的，在依照前款规定提取法定公积金之前，应当先用当年利润弥补亏损。公司弥补亏损和提取公积金后所余税后利润，股东可依章程规定、股东约定或公司法规定进行分配。《公司法》(2023 年修订)第 211 条规定，公司违反本法规定向股东分配利润的，股东应当将违反规定分配的利润退还公司；给公司造成损失的，股东及负有责任的董事、监事、高级管理人员应当承担赔偿责任。

【参考案例】 在李某容与乐山市天下红煤业有限公司、第三人王某权公司盈余分配纠纷案中，原告股东主张公司有盈余后应当按照约定的比例进行分红，但法院认为，当事人对自己提出的诉讼请求所依据的事实或者反驳对方诉讼请求所依据的事实有责任提供证据加以证明。没有证据或者证据不足以证明当事人的事实主张的，由负有举证责任的当事人承担不利后果。本案中，原告股东并无证据证明公司有盈余和盈余数额这一事实，故不能支持其诉讼请求。[②]

(二)股东分红权实现的程序性条件

公司利润并非随意分配，股东分红权的实现不仅取决于公司是否存在盈余利润，而且还受制于公司内部机关是否有向股东分配盈余利润的意愿，且该等意愿的表达还需满足一定的程序。[③] 公司是否分配利润以及分配多少利润属

---

① 参见宋燕妮、赵旭东主编：《中华人民共和国公司法释义》，法律出版社 2019 年版，第 323 页。
② 参见四川省乐山市五通桥区人民法院民事判决书，(2016)川 1112 民初 390 号。
③ 参见程显波：《股东分红权保护研究》吉林大学 2015 年博士学位论文，第 33 页。

公司股东会决策权范畴。股东虽基于投资关系取得利润分配的期待权,但能否转化为具体的利润分配请求权,还取决于董事会是否制订了公司的利润分配方案和股东会是否依法作出批准分配利润的决议等前提条件。

依据《公司法》(2023 年修订)第 59 条、第 67 条、第 112 条和第 120 条对有限责任公司和股份有限公司股东会、董事会职权规定,公司董事会制订公司的利润分配方案和弥补亏损方案,股东会审议批准公司的利润分配方案和弥补亏损方案。如果董事会没有提出公司的利润分配方案,股东会则无法审议批准公司利润分配。即使董事会向股东会提交了公司利润分配方案,股东会也可能否决公司利润分配方案。因此,公司盈余利润能否分配,除了取决于公司是否有可资分配的利润外,还取决于公司治理机构的意思表示。只有当公司治理机构宣布分配股利时,股东的分红权(具体股利分配请求权)才得以产生。① 这是股东取得分红的程序性条件。《公司法》(2023 年修订)第 212 条还明确要求,分配利润的股东会决议作出后,董事会应当在股东会决议作出之日起 6 个月内进行分配。

【参考案例】 在长益资源路桥有限公司、武汉华益路桥管理有限公司公司盈余分配纠纷再审审查与审判监督案中,最高人民法院指出:在股东会作出决议之前,股东并不享有利润分配请求权,故亦不具有相应的诉权。华益公司虽未设立股东会,但该公司章程明确规定董事会是该公司的最高权力机构,有权对公司利润分配方案作出决定。因长益资源路桥有限公司在原审中未能提交武汉华益路桥管理有限公司董事会关于相关年度利润分配的决议,故其不享有利润分配请求权。②

通过法律规定及以上案例可以看出,公司是否进行利润分配属于公司内部自治事项,司法机关原则上不予干涉。如果公司没有依据法定前提条件制定利润分配方案,股东起诉请求进行利润分配往往不能得到法院的支持。

(三)阻碍股东分红权实现的常见问题

分红权是股东的核心权利,公司股东向公司出资的主要目的就是享有资本

---

① 参见刘俊海:《股份有限公司股东权的保护》,法律出版社 2004 年版,第 203 页。
② 参见最高人民法院民事裁定书,(2018)最高法民申 6218 号。

收益,获得公司分红。商业经济实践中,公司利润分配问题,无论是有限责任公司还是股份有限公司,均是公司发展经营的核心问题,但现实中股东的利润分配权常常得不到应有的保护。

首先,不同类型的股东对公司利润的分配需求不同,不同股东对公司的投资偏好不同,存在追求长期利益与短期利益的分歧。控制公司的股东大多从长期利益出发,倾向于将公司利润用于公司的长期发展,在公司发展的阶段倾向于不分红或少分红,而没有控制公司或不参与公司管理仅向公司投资的股东当然以获取投资获益为最大目标,倾向于将公司利润用来分配,最大程度地满足自己投资获利的需求。因此,即使公司利润分配是一件给予股东利益的事情,公司股东之间因对利益追求的不同也可能难以达成一致意见。

其次,控制公司的股东有公司利益转移渠道。理念上,大股东因占股比例多理应欢迎分红。但公司中的大股东常常不赞成分红,原因是公司的大股东可通过其他形式获取投资回报,例如,通过大股东的表决优势,成为公司的董监高,获得的高额的薪资报酬,或通过优势地位进行关联交易转移公司利润。另外,依据我国税法,公司分红双重征税,重复征税增加了股东税负,这也导致大股东不愿意分红或分红的动力不足。

再次,公司董事会有时也不赞成分红。主要的原因是董事会从公司的发展角度出发,要扩大经营规模,考虑资金需求大,从公司长远战略出发不愿意分红。另外,对公司的董事而言,公司利润留在公司里面就是在自己的控制之下,直接使用更便利。且从董事私人的角度出发,董事希望有更好的公司业绩支撑来增加自己的薪酬而不是将公司的利润分配出去,削弱公司的经营实力。

最后,除了公司有税后利润这一实质要件,公司利润分配还要以有效决议为前提。依据《公司法》(2023 年修订)第 4 条第 2 款的规定,股东依法享有资产收益的权利,但并没有建立一种强制分红的制度。公司董事会是负责制定公司利润分配方案的机构,股东会是负责审批公司利润分配方案的机构。如果董事会没有提出公司利润分配方案,股东会则无法审批公司利润分配。即使董事会向股东会提交了公司利润分配方案,股东会也可能否决公司利润分配方案。股东最终能否得到公司利润的分配,要取决于公司董事会与股东会会议共同行为以及公司议事的有效进行,任何的会议瑕疵都可能导致股东分红权利无法实现。

虽有诸多因素限制了股东分红权的实现,但法律的发展向着强制公司分红的趋向明显。《证券法》(2019 年修订)第 91 条明确规定,上市公司应当在章程中明确分配现金股利的具体安排和决策程序,依法保障股东的资产收益权。上市公司当年税后利润,在弥补亏损及提取法定公积金后有盈余的,应当按照公司章程的规定分配现金股利。《上市公司章程指引》(2023 年修订)第 156 条也明确要求上市公司在章程中规定公司利润分配政策。这些利润分配的强制性规定代表了监管机关的倾向性观点,将促使更多公司在其章程中制定个性化的利润分配条款。《公司法》(2023 年修订)吸收并完善了这《公司法司法解释(四)》和《公司法司法解释(五)》的规定,将分配利润决议执行期限进一步缩短为 6 个月,这一新的立法也代表了鼓励公司分红的趋向。如果公司章程就分配利润决议执行的期限设定短于 6 个月的,应以公司章程规定为准。

二、股东分红权的章程设计

中小股东面对利润分配请求权实现困境时并非无所作为。针对公司利润分配的时间、数量和比例等,股东可以通过公司章程进行个性化规定,通过公司章程制定个性化的分红方案和保护措施以保证股东分红权的实现,也可以为股东提供相应救济。在立法和司法对股东分红权保护不足或保护抽象化的背景下,切实利用章程个性化设计对股东分红权进行保护不仅必要而且可行。

依据《公司法》(2023 年修订)第 210 条的规定,有限责任公司按照股东实缴的出资比例分配利润,全体股东约定不按照出资比例分配利润的除外;股份有限公司按照股东所持有的股份比例分配利润,公司章程另有规定的除外。从前述规定来看,有限责任公司的全体股东及股份有限公司的章程皆可对股东利润分配作出个性化规定。

【参考案例】 在四川正银投资股份有限公司、中盛万吉文化投资集团有限公司(以下简称中盛正银公司)与公司有关的纠纷案中,最高人民法院释明如下:根据《公司法》第 34 条,全体股东可以对不按照出资比例分取红利作出特别约定。因此，所谓股东同权同利原则并非强制性规定，全体股东之间可以通过约定进行变更。如前所述，《投资协议》为中盛正银公司的全体股东所签，公司章程第13条第4项再次明确，股东可以不按出资比例分取红利，按股东各方及公司于2012年2月2日签署的《投资协议》约定执行。该约定不违反法律规定，对全体股东具有约束力。①

【参考案例】 在绿地能源集团有限公司与陆国伟股权转让合同纠纷上诉案中，法院认定，股东间约定不按照出资比例分红，一方股东给予另一方股东固定收益，法院判决认为该约定不违反法律的强制性规定，合法有效。②

结合法律规定和司法裁判的要旨来看，如果公司章程对股东的利润分配有特殊规定的，司法机关应尊重并考虑优先适用公司章程的规定。

（一）股东分红比例的章程设计

根据《公司法》（2023年修订）第65条，有限责任公司的公司章程可以规定股东不按照出资比例行使表决权，第210条规定有限责任公司全体股东可以约定不按照出资比例分配利润，也规定股份有限公司按照股东持有的股份比例分配，但股份有限公司章程规定不按持股比例分配的除外。现代的公司组合要素已多样化，有的投资者有资本，有的投资者缺少资金却有经营能力，有的投资者愿意多出资而并不关注表决权，以此换来有能力之人为其经营公司，从而使其有限的资本获得更大的收益，也有投资者愿意拥有无表决权的优先股，还有的投资者愿意拥有表决权差异的种类股。总之，以往《公司法》下只能按出资比例表决或分配利润的做法，难以适应时代发展下的投资者多样化需求，《公司法》（2023年修订）新增的优先股、种类股以及关于公司章程可以不按出资比例分红的规定，为投资者提供了丰富的意思自治法律空间，更加适配现代不同投资者的法律需求。

股东分红比例设计的章程条款示例

第×××条　当公司分配利润时，股东不按出资比例分取红利，红利分取

---

① 参见最高人民法院民事判决书，（2018）最高法民终765号。

② 参见上海市高级人民法院民事判决书，（2016）沪民终497号。

方式由全体股东另行约定。

第×××条　股东乙不参与公司经营管理活动。不论公司是否盈利或亏损,股东均不按出资比例分取红利,股东乙分配的比例是股东甲方的1.5倍。

第×××条　股东甲出资×××元,股东乙出资×××元,公司所得税后利润双方均分,不按出资比例分配。

第×××条　公司注册资本为×××万元,其中股东甲出资×××万元(出资比例××%)、股东乙出资×××万元(出资比例××%)、股东丙出资×××万元(出资比例××%)、股东丁出资×××万元(出资比例××%);股东不按出资比例分取红利,按股东各方及公司之间签署的《投资协议》执行。

(二)瑕疵出资股东分红权的章程设计

2013年,我国对公司资本制度进行了改革,将公司注册资本实缴制改为注册资本认缴制,这是一次具有重要意义的制度创新。注册资本认缴制激发了人们创业的热情,但同时也带来了很多的问题。社会上出现了大量认缴注册资本巨大而实缴能力不足的公司,出现这一现象很重要的原因就是很多投资主体认为,在注册资本认缴制下"认缴不实缴"等于"认而不缴""可以不缴",从而也给股东权利的实现带来一定的负面影响。在成立公司的过程中大量存在虚假承诺、非货币出资评估不实以及没有按照约定期限出资的现象。

《公司法》(2023年修订)第47条规定,有限责任公司的注册资本为在公司登记机关登记的全体股东认缴的出资额。全体股东认缴的出资额由股东按照公司章程的规定自公司成立之日起5年内缴足。法律、行政法规以及国务院决定对有限责任公司注册资本实缴、注册资本最低限额、股东出资期限另有规定的,从其规定。依据《公司法》(2023年修订)第98条第1款规定,"发起人应当在公司成立前按照其认购的股份全额缴纳股款",股份有限公司的资本制度已实质上变为了实缴制。因此,在《公司法》(2023年修订)施行后,类似"认缴不实缴"的现象应会得到很大的改观,但仍不能排除股东在规定的5年内存在瑕疵出资的情形。

有限责任公司的股东按照实缴的出资比例分取红利,但公司利润的分配应首先由董事会制定分配方案,再由股东会审议通过后,才进入正式的分配事项。

如果部分股东尤其是大股东没有实缴出资或仅小部分实缴出资，而其他股东实缴了出资的情况下，代表大股东或控股股东的董事制定分配利润预案的动力不大。导致实缴出资的股东即使有提议分红的权利，但在董事会层面基本上不能通过。股东要求分红如同"望梅止渴"，分红权真正成了理论上的期待权。

【参考案例】 在曾某明与徐州咪兰房地产开发有限公司（以下简称咪兰公司）、徐某超合资、合作开发房地产合同纠纷申诉案中，最高人民法院认为：双方合作期间，徐某超并未提出曾某明未出资不应享受利润分配。咪兰公司、徐某超主张曾某明没有投资不应享有利润分成，与双方的约定不符，法院对其主张不予支持。[①]

【参考案例】 在张某货、王某文诉巩某荣公司盈余分配纠纷案中，山西省高级人民法院有类似观点：股东是否全额出资与股东资格的取得没有必然联系，不能仅以股东出资瑕疵否认其股东身份，法律并没有禁止未全额出资的出资人取得股东权，故巩某荣认为王某文出资不足而不享有股权，不能参与分配补偿款的主张缺乏事实与法律依据，法院不予支持。[②]

综合以上判例可以看出，如果公司章程没有另外规定或股东没有另外约定，出资不实的股东并不必然丧失股东分红权。如果类似股东与已实缴出资的股东享有无差别的分红权，则对已实缴出资的股东不公平，也不利于公司的发展。从公平正义及股东诚信合作的角度上来说，股东应通过公司章程就出资瑕疵的股东分红权进行个性化规制，以充实公司资本、保护公司和诚信出资的股东的正当权益。

瑕疵出资股东分红权章程条款参考示例

第×××条　只要有可分配的公司利润，公司董事会每年应制定公司利润分配方案并提交股东会审议；公司股东会在审议董事会提交的利润分配方案时，股东按实缴出资的比例行使表决权，未出资或未完全出资的股东表决权以相应比例缩减，股东已完全抽逃出资或完全没有出资的股东对公司利润分配没

① 参见最高人民法院民事裁定书，(2016)最高法民申363号。

② 参见山西省高级人民法院民事判决书，(2016)晋民终1号。

有表决权,但经已实缴出资的股东一致同意的除外。

当利润分配方案经股东会投票通过后,董事会应予以尊重,并在决议作出之日起6个月内执行公司利润分配方案,将股东会决议事项落到实处。

(三)隐名股东分红权的章程设计

依据相关司法解释的规定,有限责任公司的实际出资人与名义出资人订立合同,约定由实际出资人出资并享有投资权益,以名义出资人为名义股东,实际出资人与名义股东对该合同效力发生争议的,如无法律规定的无效情形,人民法院应当认定该合同有效。实际出资人与名义股东因投资权益的归属发生争议,实际出资人以其实际履行了出资义务为由向名义股东主张权利的,人民法院应予支持。名义股东以公司股东名册记载、公司登记机关登记为由否认实际出资人权利的,人民法院不予支持。实际出资人未经公司其他股东半数以上同意,请求公司变更股东、签发出资证明书、记载于股东名册、记载于公司章程并办理公司登记机关登记的,人民法院不予支持。

隐名股东是公司的实际投资人,但隐名股东出资之后不能直接享有公司经营所产生的投资利益,在实践中隐名股东虽然可能控制公司或对公司有很大的影响,但隐名股东不能直接行使股东权利显然会给隐名股东带来很大的风险。如果在投资之前,隐名股东利用资本优势预先在公司章程中设计向自己直接分配公司利润的条款,并固定好自己的股东表决权利,这对隐名股东管控公司及控制投资风险都有很大的助益。

【参考案例】 在华夏银行股份有限公司与联大集团有限公司股权确权纠纷上诉案中,法院认为:虽然润华集团并非华夏银行股份有限公司章程中记载的股东,也未登记于工商登记材料中,但工商登记材料并没有创设股东资格的效果,工商登记并非设权程序,而是一个证权程序,工商登记材料是证明股东资格的表面证据。故而在出现出资纠纷时,股东的确定不能仅以工商登记为准。名义股东与隐名投资人之间发生股权确认纠纷,应当根据当事人之间的约定探究其真实意思表示。本案三方当事人签订的协议及合同是当事人真实的意思表示,形式及内容不违反法律强制性规定,具有法律效力,各方均应恪守。名义股东、实际出资人与公司共同约定“实际出资人在成为正式股东之前按照其出资比例分得股息、红利”系各方真实意思表示的，合法有效。[①]

隐名股东（实际出资人）分红权章程条款参考示例

第×××条　未登记在公司股东名册上的主体对本公司利润无请求权，公司亦不向类似主体发放利润；当公司全体股东认可某类主体为实际投资人地位时，公司依法通过该实际投资人指定的公司登记在册的股东的指定进行利润汇转。

第×××条　公司在利润发放时，如公司全体股东、公司及相关主体签订了利润发放的其他约定，当约定形式及内容不违反法律法规强制性规定时，各方均应恪守。

（四）股东利润分配的实体性条件的章程设计

公司的利润分配应重视对股东及投资者的合理投资回报，并兼顾公司的长远及可持续发展。公司利润分配不得超过累计可分配利润的范围，不得损害公司持续经营能力。公司分配利润的实体性事项是公司首先有可分配利润，因此公司章程可以就公司利润分配的具体前提进行规定，包括公司利润分配的前提条件，比如说公司经审计后有依法可以分配的利润。

【参考案例】　在陆某某与上海虹口日杂花席总店公司（以下简称虹口花席店）盈余分配纠纷上诉案中，上海市第二中级人民法院认为：比照我国《公司法》的相关规定，公司股东有权依据其持有的股权获得利润，股东行使公司盈余分配请求权必须具备两个条件：(1)公司必须有实际可供分配的利润；(2)公司的利润分配方案得到股东会通过。本案中，股东陆某某无法提供有效证据证明虹口花席店具备可供分配的企业盈余，也无证据显示该店召开过合法的股东会会议并对于分配方案及每股分红红利作出过有效的审议和批准。股东陆某某的诉求缺乏事实和法律依据，依法不能成立。[②]

---

① 参见最高人民法院民事判决书，(2006)民二终字第6号。

② 参见上海市第二中级人民法院民事判决书，(2013)沪二中民四(商)终字第1286号。

何时可以分配利润,分配利润的比例及频率,这些是分配利润的积极方面。《公司法》(2023 年修订)第 212 条已明确规定,股东会作出分配利润的决议的,董事会应当在股东会决议作出之日起 6 个月内进行分配。但在实践中,大股东可以从关联交易、任职薪酬、职工福利等方面获得“事实股利”,①其并不关心利润分配。小股东由于所持股权比例较小,无法形成有效决议,其投资收益往往难以得到保障。因此,督促大股东在合理时间内形成有效的利润分配方案是保护小股东分红权的重要途径。相应地,为了公司的长远及可持续发展也可以规定分配利润的消极事项,例如,在公司的初创期或成长期可以少分或不分利润,或公司有重大投资时不分配利润,在公司的成熟或稳定期方可强制分配或多分利润。

从公司利润的分配前提和《公司法》(2023 年修订)第 210 条的规定来看,就公司分配利润的程序性事项,法律并没有赋予股东或公司更多的自由设计空间,但从公司分配利润的前提性条件、任意性公积金的提取等方面,股东或公司可以结合公司管控、公司发展的个性化需要进行相应的章程设计。

股东利润分配的实体性条件的章程条款参考示例

第×××条　公司分配当年税后利润时,应当提取利润的 10% 列入公司法定公积金。公司法定公积金累计额为公司注册资本的 50% 以上的,可以不再提取。

公司的法定公积金不足以弥补以前年度亏损的,在依照前款规定提取法定公积金之前,应当先用当年利润弥补亏损。

公司从税后利润中提取法定公积金后,经股东会决议,还可以从税后利润中提取任意公积金(可以规定任意公积金的提取比例)。

公司弥补亏损和提取公积金后所余税后利润,公司依照实缴出资比例(或,经全体股东约定后的章程规定比例或全体股东约定)分配。

股东会或者董事会违反前款规定,在公司弥补亏损和提取法定公积金之前向股东分配利润的,股东应当将违反规定分配的利润退还公司。

---

① 参见周仕:《有限责任公司股东分红权保护问题研究》,中南财经政法大学 2017 年硕士学位论文,第 1 页。

公司持有的本公司股份不得分配利润。

第×××条　公司利润分配的原则

公司的利润分配应重视对投资者的合理投资回报，并兼顾公司的长远及可持续发展，利润分配政策应保持连续性和稳定性，并符合法律、法规的相关规定。

公司利润分配不得超过累计可供分配利润的范围，不得损害公司持续经营能力。公司制定利润分配政策尤其是现金分红政策时，应当履行本章程规定的决策程序。

公司董事会和股东会对利润分配政策的决策和论证过程中，应当通过多种渠道充分听取并考虑股东（中小股东/控股股东/实缴出资股东）的意见。公司应当采用现金分红的利润分配方式。

第×××条　公司分配利润应满足如下条件：

（一）审计机构对公司的该年度财务报告出具标准无保留意见的审计报告；

（二）公司该年度或半年度实现的可分配利润为正值且现金流充裕，实施利润分配不会影响公司后续持续经营；

（三）公司累计可供分配利润为正值；

（四）法律法规、规范性文件规定的其他条件。

第×××条　利润分配的形式和期间间隔

公司采取现金和/或实物相结合等方式分配公司利润，具备现金分红条件的，应当采用现金方式进行利润分配。原则上每年度进行一次利润分配，在有条件的情况下，公司可以年中现金分红或发放实物替代。

第×××条　利润分配的条件和比例

（一）满足以下条件时，公司应进行现金分红：

1. 公司当年实现盈利，且弥补以前年度亏损和依法提取公积金后，累计未分配利润为正值；

2. 审计机构对公司该年度财务报告出具无保留意见的审计报告；

3. 满足公司正常生产经营的资金需求，且无重大资金支出安排等事项发生（募集资金项目除外）。重大资金支出安排是指公司未来12个月内拟购买重大资产以及投资项目(包括但不限于股权投资、项目投资、风险投资、收购兼并)的累计支出达到或者超过公司最近一期经审计净资产的××%,或者超过×××万元人民币。

(二)在上述条件同时满足时,公司应采取现金方式分配利润。公司每年以现金方式分配的利润不少于当年实现的可分配利润的××%。未分配的可分配利润可留待以后年度进行分配,并用于保证公司的正常生产经营和支持公司的可持续发展。

(三)在公司经营情况良好,公司可以在依据上述现金分红条件提出现金分红预案的同时,和/或提出实物利润分配预案。

第×××条 非本公司登记在公司登记机关的股东,没有权利请求分配本公司利润。

第×××条 当股东会决议分配利润时,公司应在决议作出之日起6个月内将利润派发到公司股东所提供的账户内。

第×××条 公司如遇自然灾害、战争等不可抗力,或者因公司自身生产经营情况发生重大变化、投资规划和长期发展的需要等原因需调整或变更利润分配政策的,应经中小股东(或××股东)批准。

第×××条 符合以下情况之一者,为违反法律规定滥用股东权利导致公司不分配利润的情况,公司应分配利润:

(一)控股股东滥用股东权利,在符合章程公司利润分配的情况下,坚持不分配利润,并使中小股东受到压制或利益受到损害;

(二)公司利润情况符合法律规定或本章程规定,但公司未分配利润;

(三)中小股东就利润分配问题已穷尽公司内部救济,而仍不能达成利润分配预案,中小股东已寻求司法救济;

(四)有证据证明公司有盈余且存在部分股东变相分配利润、隐瞒或转移公司利润、关联交易等滥用股东权利情形的,公司应被强制分配利润;

(五)控股股东或经营性股东故意给中小股东行使知情权设置障碍,且没有合理理由的,控股股东或经营性股东有义务促使公司分配利润;

(六)其他符合法律法规规定的情形。

第×××条 如在符合法律规定或公司章程的分配利润的情况下,而公司董事会没有提出分配利润的提议或方案，或公司股东会没有通过公司利润分配议案的，或公司连续3年没有分配利润的，大股东（控股股东/实际控制人）应回购中小股东的股权，购买价格最小为股东出资的本金和每年最低不低于×%的年化利息之和，当评估价格更高时，该评估价格应优先适用。

（五）公司利润分配的决策程序事项的章程设计

依据《公司法》（2023年修订）规定，公司利润分配应首先由董事会制订分配方案，再由股东会审议通过。虽然法律规定公司利润分配的事项是由股东会决议，但实际上对公司利润分配有实质影响的是公司董事会、控股股东及实控人。因此，为平衡公司利益和股东权益，可以通过公司章程规定公司利润分配的决策性程序事项，将公司利润分配个性化设计的操作机制落到实处。

【参考案例】 在刘某强诉上海齐爱进出口汽车修理有限公司公司盈余分配纠纷案中，法院认为，公司股东依法享有资产收益、参与重大决策和选择管理者等权利。股东盈余分配请求权分为抽象的请求权和具体的请求权，两者之间的界限在于公司是否作出分配利润的决议。公司未作出决议之前，股东享有的盈余分配请求权包括提请股东会决议分配利润，按投资比例分取利润，是一种概括的、抽象的权利，尚未确定是否给付、更未确定给付金额。公司作出决议之后，股东就享有要求公司支付一定金额红利的权利。涉案股东并未提交类似决议作为证据，故其请求不被支持。①

公司利润分配的决策程序事项包括利润分配的意思主体、审批和决议规则等方面。因为董事会应先制订利润分配方案并提交股东会审议表决，从公司管控和股东分红的角度，可以就董事会制订利润分配方案相应限缩或扩张董事会的权利。同样，也可以相应增加或减少股东会的权利。

公司利润分配的决策性程序事项的章程条款参考示例

第×××条　公司董事会必须每年第一个季度制订完成上一年的利润分配方案报经股东会审议批准，股东会必须在董事会报送利润分配方案之日起

---

① 参见上海市第一中级人民法院民事判决书，（2016）沪01民终9374号。

30 日内审议完成。如最终有利润分配的议案,董事会应当在股东会决议作出之日起 6 个月内进行分配。

第×××条 公司董事会必须在每个会计年度审计报告出具后,如公司有可分配利润的,董事会应就公司利润的分配事项向公司股东会作出特别的说明,并制订具体的利润分配方案;董事会不得无故决定不分红或不制订利润分配方案,但全体股东一致同意的除外。

第×××条 股东对公司利润分配事项表决由股东按照实缴出资的比例进行表决,总的实缴出资作为基数,股东实缴出资占实缴出资总数的比例作为拥有表决权的比例,过半数通过即为公司利润分配方案的通过。

(六)公司利润分配时滥用股东权利的章程设计

《公司法司法解释(四)》第 15 条规定,股东未提交载明具体分配方案的股东会或者股东会决议,请求公司分配利润的,人民法院应当驳回其诉讼请求,但违反法律规定滥用股东权利导致公司不分配利润,给其他股东造成损失的除外。虽然司法解释有类似的规定,但什么是滥用股东权利导致公司不分配利润的情况,司法解释并没有给出进一步的说明或规定。当公司在经营中存在可分配的税后利润时,部分股东可能希望将利润留作公司经营,部分股东则希望及时分配利润实现投资收益。一般而言,即使股东会未形成盈余分配的决议,对希望分配利润的股东利益也不会发生损害。是否进行公司利润分配及分配多少,应当由董事会作出公司分配的具体方案再由股东决议通过,这些事项属于公司自治范畴。如果存在部分股东变相分配利润、隐瞒或转移公司利润时,则会损害其他股东的利益,已非公司自治所能解决。为避免股东权利滥用的现象出现,这就需要股东在公司章程或股东约定中提前进行明确,以便制止股东权利的滥用,保护股东分红权。

司法实践中,以下案例中的情况被法院判定为滥用股东权利。

【参考案例】 在黄某勇、山东格瑞特工程机械有限公司公司盈余分配纠纷再审审查与审判监督案中,审理法院认为,有限责任公司的控股股东利用管控公司的权利,如果存在给自己或他人发放过高的薪酬、操纵公司购买与经营无关的财物或服务、隐瞒或转移公司利润、变相给自己或他人使用公司财物或消费等损害公司和其他股东利益的情形，可以认定属于滥用股东权利损害其他股东利益的行为。[①]

【参考案例】 在深圳昂兴供应链股份有限公司（以下简称昂兴公司）与陈某梅公司盈余分配纠纷案中，审理法院认定，《公司法司法解释（四）》第15条规定："股东未提交载明具体分配方案的股东会或者股东大会决议，请求公司分配利润的，人民法院应当驳回其诉讼请求，但违反法律规定滥用股东权利导致公司不分配利润，给其他股东造成损失的除外。"本案中，由于昂兴公司明确否认其于2014年度、2015年度存在可分配利润，与本案查明的事实相悖，且昂兴公司在陈某梅行使股东知情权时设置障碍，故昂兴公司的股东违反法律规定、滥用股东权利，导致公司不分配利润，陈某梅有权请求公司分配利润。[②]

依据以上司法解释及实际判例，可以看出，当控股股东不当处置公司资产以及存在其他滥用股东权利的行为时，其行为可能会被司法认定为滥用股东权利导致公司不分配利润，并给其他股东造成损失的情形，在这种情况下，公司可能会被判决强制分配利润。

公司利润分配时滥用股东权利的章程条款参考示例

第×××条　本公司禁止股东变相分配利润、隐瞒或转移公司利润；禁止股东利用管控公司的权利，在未经股东会或董事会的同意下给自己或他人发放过高的薪酬、操纵公司购买与经营无关的财物或服务、变相给自己或他人使用公司财物或消费等损害公司和其他股东利益的其他情形；禁止股东利用管控公司的权利虚假披露公司的财务信息；禁止股东滥用股东权利，导致公司不分配利润的其他行为。

本公司或股东存在以上行为的，在公司有可供分配的利润时，该等股东在分配利润时的表决权被排除，由其他股东表决决定分配公司利润的决议，且该等股东应对公司或其他股东造成的损失承担赔偿责任，或依法向公司承担赔偿

① 参见山东省高级人民法院民事裁定书，(2019)鲁民申2879号。

② 参见广东省深圳市中级人民法院民事判决书，(2018)粤03民终18665号。

责任。

第×××条　当公司利润达到公司注册资本的1倍时,公司应当进行利润分配。此时,当股东滥用对公司的控制地位导致公司不分配利润的,属于不当阻止公司利润分配,公司应当分配利润。

三、股东分红权经典案例解析

滥用股东权利被司法强制分配利润
公司盈余分配纠纷案[①]

(一)案情简介

太一热力公司由李某军和张某龙二人于2006年6月经庆阳市工商行政管理局登记注册成立,经营范围为热能供给、管道安装维修。公司注册资本1000万元,李某军出资650万元,占注册资本65%;张某龙出资350万元,占注册资本35%。2007年4月,张某龙与居立门业公司签订股权转让协议,将其在太一热力公司的350万元股权转让给居立门业公司。2007年5月,李某军与甘肃太一工贸有限公司(以下简称太一工贸公司)、居立门业公司签订股权转让协议,将其在太一热力公司的股权600万元转让给太一工贸公司,50万元转让给居立门业公司。太一热力公司修改公司章程并变更工商登记,公司股东变更为太一工贸公司和居立门业公司,太一工贸公司持股比例60%,居立门业公司持股比例40%。李某军是太一热力公司执行董事并任法定代表人。

2009年9月29日,庆阳市人民政府召开市长办公会决定对太一热力公司进行整体收购,收购价款除政府已拨付的支持资金和太一热力公司已收取的城市供热配套费外,政府再支付7000万元。

股东居立门业公司以公司实际控制人李某军长期霸占太一热力公司资金,拒不分配利润为由,起诉判令太一热力公司对盈余的7000余万元现金和盈余的32.7亩土地依法依章程进行分配;诉请李某军承担连带责任。

---

① 参见最高人民法院民事判决书,(2016)最高法民终528号。

诉讼关系如图 9 所示。

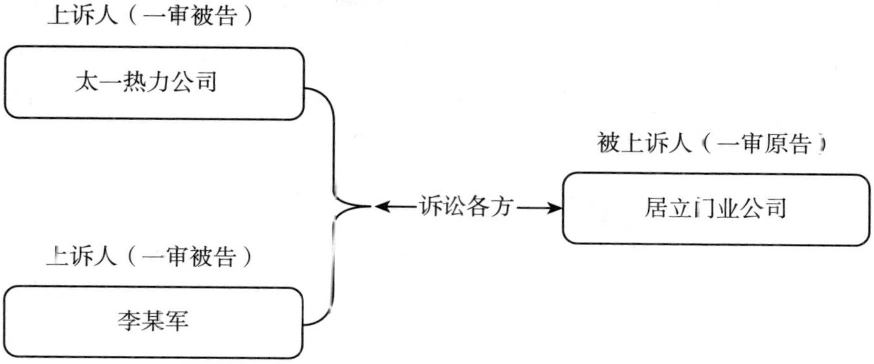

图 9　诉讼关系

（二）争议焦点

（1）太一热力公司是否应向居立门业公司进行盈余分配？

（2）李某军是否应对太一热力公司的盈余分配给付不能承担赔偿责任？

（三）法院判决和裁判理由

最高人民法院判决：

（1）撤销甘肃省高级人民法院（2013）甘民二初字第 8 号民事判决；

（2）庆阳市太一热力公司于本判决生效后 10 日内给付甘肃居立门业公司盈余分配款 16,313,436.72 元；

（3）庆阳市太一热力有限公司到期不能履行上述给付义务，由李某军承担赔偿责任。

裁判理由：

（1）关于太一热力公司是否应向居立门业公司进行盈余分配的问题。

太一热力公司、李某军上诉主张，因没有股东会决议故不应进行公司盈余分配。居立门业公司答辩认为，太一热力公司有巨额盈余，法定代表人恶意不召开股东会、转移公司资产，严重损害居立门业公司的股东利益，法院应强制判令进行盈余分配。

法院认为，公司在经营中存在可分配的税后利润时，有的股东希望将盈余留作公司经营以期待获取更多收益，有的股东则希望及时分配利润实现投资利益。一般而言，即使股东会或股东大会未形成盈余分配的决议，对希望分配利润股东的利益不会发生根本损害，因此，原则上这种冲突的解决属于公司自治范畴，是否进行公司盈余分配及分配多少，应当由股东会作出公司盈余分配的具体方案。但是，当部分股东变相分配利润、隐瞒或转移公司利润时，则会损害其他股东的实体利益，已非公司自治所能解决，此时若司法不加以适度干预则不能制止权利滥用，亦有违司法正义。虽目前有股权回购、公司解散、代位诉讼等法定救济路径，但不同的救济路径对股东的权利保护有实质区别，故需司法解释对股东的盈余分配请求权进一步予以明确。为此，2017 年《公司法司法解释（四）》第 15 条规定，股东未提交载明具体分配方案的股东会或者股东大会决议，请求公司分配利润的，人民法院应当驳回其诉讼请求，但违反法律规定滥用股东权利导致公司不分配利润，给其他股东造成损失的除外。在本案中，首先，太一热力公司的全部资产被整体收购后没有其他经营活动，一审法院委托司法审计的结论显示，太一热力公司清算净收益为 75,973,413.08 元，即使扣除双方有争议的款项，太一热力公司也有巨额的可分配利润，具备公司进行盈余分配的前提条件。其次，李某军同为太一热力公司及其控股股东太一工贸公司法定代表人，未经公司另一股东居立门业公司同意，没有合理事由将 5600 万余元公司资产转让款转入兴盛建安公司账户，转移公司利润，给居立门业公司造成损失，属于太一工贸公司滥用股东权利，符合《公司法司法解释（四）》第 15 条但书条款规定应进行强制盈余分配的实质要件。最后，前述司法解释规定的股东盈余分配的救济权利，并未规定需以采取股权回购、公司解散、代位诉讼等其他救济措施为前置程序，居立门业公司对不同的救济路径有自由选择的权利。因此，一审判决关于太一热力公司应当进行盈余分配的认定有事实和法律依据，太一热力公司、李某军关于没有股东会决议不应进行公司盈余分配的上诉主张不能成立。

（2）关于李某军是否应对太一热力公司的盈余分配给付不能承担赔偿责任的问题。

李某军上诉主张其没有损害公司利益，一审判令其承担连带责任没有法律依据。居立门业公司答辩认为,李某军滥用法定代表人权利损害居立门业公司股东利益,应承担赔偿责任。法院认为,《公司法》第 20 条第 2 款规定"公司股东滥用股东权利给公司或者其他股东造成损失的,应当依法承担赔偿责任",第 21 条规定"公司的控股股东、实际控制人、董事、监事、高级管理人员不得利用其关联关系损害公司利益。违反前款规定,给公司造成损失的,应当承担赔偿责任",第 149 条规定"董事、监事、高级管理人员执行公司职务时违反法律、行政法规或者公司章程的规定,给公司造成损失的,应当承担赔偿责任",第 152 条规定"董事、高级管理人员违反法律、行政法规或者公司章程的规定,损害股东利益的,股东可以向人民法院提起诉讼"。盈余分配是用公司的利润进行给付,公司本身是给付义务的主体,若公司的应分配资金因被部分股东变相分配利润、隐瞒或转移公司利润而不足以现实支付时,不仅直接损害了公司的利益,也损害到其他股东的利益,利益受损的股东可直接依据《公司法》第 20 条第 2 款的规定向滥用股东权利的公司股东主张赔偿责任,或依据《公司法》第 21 条的规定向利用其关联关系损害公司利益的控股股东、实际控制人、董事、监事、高级管理人员主张赔偿责任,或依据《公司法》第 149 条的规定向违反法律、行政法规或者公司章程的规定给公司造成损失的董事、监事、高级管理人员主张赔偿责任。本案中,首先,李某军既是太一热力公司法定代表人,又是兴盛建安公司法定代表人,其利用关联关系将太一热力公司 5600 万余元资产转让款转入关联公司,若李某军不能将相关资金及利息及时返还太一热力公司,则李某军应当按照《公司法》第 21 条、第 149 条的规定对该损失向公司承担赔偿责任。其次,居立门业公司应得的盈余分配先是用太一热力公司的盈余资金进行给付,在给付不能时,则李某军转移太一热力公司财产的行为损及该公司股东居立门业公司利益,居立门业公司可要求李某军在太一热力公司给付不能的范围内承担赔偿责任。最后,《公司法》第 152 条规定的股东诉讼系指其直接利益受到损害的情形,本案中李某军利用关联关系转移公司资金直接损害的是公司利益,应对公司就不能收回的资金承担赔偿责任,并非因直接损害居立门业公司的股东利益而对其承担赔偿责任,一审判决对该条规定法律适用不当,二审法院予以纠正。因此,一审判决判令太一热力公司到期不能履行本案盈余分配款的给付义务则由李某军承担赔偿责任并无不当,李某军不承担责任的上诉主张,法院不予支持。

(四)案件评析

股东投资公司的根本目的是分取公司的红利和资本增值。公司分配利润必须符合公司法和公司章程规定的实质要件和形式要件,公司利润分配无盈不分。

首先,本案中太一热力公司有公司利润分配的实质要件。

依据案件事实,太一热力公司的全部资产被整体收购后没有其他经营活动,一审法院委托司法审计的结论显示,太一热力公司清算净收益为75,973,413.08元,太一热力公司有巨额的可分配利润,具备公司进行盈余分配的实质条件。

依据公司法的规定,股东分配利润的程序性条件为董事会是否制订了公司的利润分配方案和股东会是否依法作出分配利润的决议。本案太一热力公司未设董事会,仅有一名执行董事为李某军,其又是公司大股东太一工贸公司的法定代表人。依据太一热力公司章程第14条规定"公司股东会由全体股东组成,股东会是公司的权力机构";第15条规定"公司股东会行使下列职权……7.审议批准公司的利润分配方案和弥补亏损方案";第27条第4款规定"公司从当年税后利润中弥补上一年度亏损、提取公积金和公益金后所余利润,按照股东的出资比例分配"。如果占股比60%的大股东太一工贸公司不赞成分配公司利润,则本案小股东居立门业公司的股东分红权只能是抽象的法定权利。没有股东会决议,则不能实现股东具体分红权。

本案诉讼开始于2016年,但案件的裁判时间是2017年12月28日。如果没有2017年《公司法司法解释(四)》的生效,则本案裁判的依据只能是公司法和公司章程。在太一热力公司章程没有相应规定的情况下,公司法中也没有类似2017年《公司法司法解释(四)》第15条的但书规定,故本案的判决只能像一审法院那样,依据《公司法》第4条"公司股东依法享有资产收益、参与重大决策和选择管理者等权利"来抽象地裁判本案。在本案上诉的审理过程中,《公司法司法解释(四)》于2017年9月1日生效,其中15条规定"股东未提交载明具体分配方案的股东会或者股东大会决议,请求公司分配利润的,人民法院应当驳回其诉讼请求,但违反法律规定滥用股东权利导致公司不分配利润,给其他股东造成损失的除外”。本案居立门业公司并未提交载明具体分配方案的股东会或者股东大会决议,分红不分红,主要看是否符合《公司法司法解释(四)》中但书规定的情况。

依据本案查明的事实,太一热力公司有大额清算净收益且资产已被收购,并无其他经营活动。本案大股东代表兼公司执行董事和法定代表人的李某军拒不分红,且将公司大额资金在未有任何理由的情况下转账给自己的关联公司,这种转账行为本身就损害了太一热力公司的利益,间接损害了小股东居立门业公司的利益。2017 年《公司法司法解释(四)》生效之后,依据其第 15 条规定,二审法院认为大股东太一工贸公司滥用股东权利,给小股东居立门业公司造成损失,故对太一热力公司判决强制分红。

本案的判决依据可以说是“巧了”,“巧”在正好有了 2017 年《公司法司法解释(四)》的生效。《公司法》第 20 条第 1 款规定“公司股东应当遵守法律、行政法规和公司章程,依法行使股东权利,不得滥用股东权利损害公司或者其他股东的利益;不得滥用公司法人独立地位和股东有限责任损害公司债权人的利益”;第 2 款规定“公司股东滥用股东权利给公司或者其他股东造成损失的,应当依法承担赔偿责任”。本案的太一热力公司的大股东滥用了股东权利并给小股东居立门业公司造成了损失,如果太一热力公司的章程中规定了此种情形,如本章给出的一些章程设计建议,则小股东居立门业公司的维权就相对简单直接,而司法也能更有力地支持小股东权利诉求。

其次,李某军作为公司法明确规定的特定主体,应负特定法律责任。

李某军为太一热力公司的执行董事及法定代表人,也是太一热力公司大股东太一工贸公司的控股股东和法定代表人。作为法定主体,李某军应受公司法的约束。我国《公司法》第 20 条、第 21 条、第 149 条和第 152 条对股东滥用权利及董事、高级管理人员违反法律、行政法规或者公司章程的规定,损害股东利益的情况有明确规定。本案事实已经查明,太一热力公司有大额资金趴在账上却拒不分红,李某军作为公司执行董事及法定代表人却将公司的大额资金无理由汇给其关联公司,违反法律规定也是必然的,其应当在法律规定的范围内承担责任。

结合本案的事实和裁判理由来看,本案涉及的公司之所以长期不进行利润分配,还是因为公司章程中没有明确的约定,如果在公司章程中约定,公司在停止经营活动且有可分配利润的情况下,应进行强制分配利润。如果有这样的规定的话,本案居立门业公司的起诉则不会这么困难,双方可能也不会有这样的诉讼发生。

第七章　股权转让的章程设计①

股权兼具财产权和身份权双重属性，股权转让不仅是财产流转行为，也是身份的让渡行为。股权的财产权性质决定了股东对其持有的股权享有自由处分的权利。公司股东享有依法自由转让自己所持有的股权的权利，它是股东不可剥夺的权利之一，是股权的私权性质决定的。② 股权身份属性的改变会冲击公司原有股东之间的信任关系，进而影响公司的管控。因此，公司股东尤其是控股股东，为应对股权转让所带来的该种冲击，有必要进行提前预防，以便增加公司稳定性，维护公司的正常运营，以调和不同股东的投资预期从而控制公司并保护股东各方的合法利益。

一、股权转让概述

股权转让是指股东依照法律或公司章程的规定将自己的股权让与受让人，使受让人取得股权成为公司股东的民事法律行为。股权转让后，转让股东基于股东地位而对公司所发生的权利义务关系移转于受让人，受让人因此成为公司的股东，取得股东身份、享有股东权利。《公司法》（2023 年修订）分别在第四章有限责任公司的股权转让和第六章第二节股份转让中确立了有限责任公司和股份有限公司的股权转让制度。

---

① 施天涛所著《公司法论》（法律出版社 2018 年第 4 版，第 275 页）中指出，"股份转让是股权转让的一种形式，它针对的是股份有限公司的股权转让"。因此，本章中"股权转让"的概念涵盖了有限责任公司的股权转让和股份有限公司的股份转让，请在阅读时依据具体场景结合公司法规定作相应理解，为行文简洁，本章不对有限责任公司的股权转让和股份有限公司的股份转让做严格区分使用。

② 参见刘涛：《股份有限公司股权转让之研究》，武汉大学 2012 年博士学位论文，第 7 页。

《公司法》(2023 年修订)对有限公司和股份有限公司的股权转让规则进行了实质性调整,使公司股权转让更加自由、高效,同时也对股权、股份的转让规定了"公司章程另有规定的"优先适用。《公司法》(2023 年修订)第 84 条规定,有限责任公司的股东之间可以相互转让其全部或者部分股权。股东向股东以外的人转让股权的,应当将股权转让的数量、价格、支付方式和期限等事项书面通知其他股东,其他股东在同等条件下有优先购买权。股东自接到书面通知之日起 30 日内未答复的,视为放弃优先购买权。两个以上股东行使优先购买权的,协商确定各自的购买比例;协商不成的,按照转让时各自的出资比例行使优先购买权。公司章程对股权转让另有规定的,从其规定。第 157 条规定,股份有限公司的股东持有的股份可以向其他股东转让,也可以向股东以外的人转让;公司章程对股份转让有限制的,其转让按照公司章程的规定进行。

针对有限责任公司,《公司法》(2023 年修订)规定有限责任公司的股权转让制度发生了以下几方面的变化:一是删除了《公司法》(2018 年修正)关于对外转让股权须经其他股东过半数同意的限制,股东向股东以外的人转让股权,不再需要其他股东过半数同意。二是明确了书面通知内容的必备要素,主要包括股权转让的数量、价格、支付方式和期限等事项;将《公司法》(2018 年修正)规定的两次通知义务简化为一次通知,提高了股权转让的效率,保障了股权的变现能力。三是取消了异议股东的购买义务,《公司法》(2018 年修正)第 71 条第 2 款规定,"不同意的股东应当购买该转让的股权;不购买的,视为同意转让"。《公司法》(2023 年修订)明确规定,股东自接到书面通知之日起 30 日内未答复的,视为放弃优先购买权。四是新增公司变更股东名册、变更登记信息的义务,明确了受让人取得股东资格行使股东权利的时点,即受让人自记载于股东名册时起可以向公司主张行使股东权利。五是压实了股权转让中的资本充实责任,新增第 88 条规定,明确了出资期限未届满与已届满及有出资瑕疵情况下股权转让时转让方和受让方的责任。六是在第 89 条第 3 款新增了"控股股东滥用股东权利,严重损害公司或者其他股东利益的"回购情形,从而使控制公司在实践中变得复杂起来;针对股份有限公司的股份转让,最大变化是在第 157 条明确提出"公司章程对股份转让有限制的,其转让按照公司章程的规定进行",这赋予了股份有限公司股东资格变更时公司控制的章程工具。依据

《公司法》(2023 年修订)的规定,无论是有限责任公司的股权转让还是股份有限公司的股份转让,公司章程都可以对转让作出特别的规定,而且优先适用。股权、股份转让自由度的加大和效率的提高以及章程规定的优先适用都对改变公司股权架构、完善内部治理、强化公司管控、促进对外投资等方面造成一定影响,因此,在新公司法环境下,如何稳定公司管控与保护股东权利更应引起足够的重视。

(一)有限责任公司股权转让

1.《公司法》(2018 年修正)中有限责任公司股权转让存在的问题

从《公司法》(2018 年修正)第 71 条第 2 款、第 3 款的规定和《公司法司法解释(四)》第 17 条的规定来看,股权转让的程序与股权转让的意思表达衔接存在问题。股权转让首先要征求同意,同意转让的股东享有优先购买权。不同意转让的股东要购买,如何购买?是按照优先购买权购买,还是协商购买?进一步的操作无指引。更令人困惑的是,不同意转让又不购买的,法律规定视为同意转让,而此时不同意转让的股东反而又有了优先购买权。按照公司法和司法解释的规定,其实全体非转让股东无论何时、无论是否同意都有优先购买权,征求同意第一阶段的意思表示并不重要。因为依据公司法和司法解释的规定,在后的优先购买权并不丧失,除非明示放弃。由此可以看出在征求同意阶段无论同意还是不同意都被视为同意的股东皆有优先购买的权利,这也给一些股东改变主意打乱股权转让的正常进程提供了可能。

【参考案例】 在于某章、卜某涛股权转让纠纷案中,一审法院在其判决书中释明,根据《公司法》第 71 条第 2 款和《公司法司法解释(四)》第 19 条的规定,从条文的一般理解看,股权对外转让程序可以分为两个阶段,即征求其他股东同意阶段和优先购买权行使阶段。[①] 转让股东应当两次通知其他股东是否已决定行使"同意权"或"优先购买权"。

依据该案的裁判要旨来看,《公司法》(2018 年修正)及《公司法司法解释

① 参见四川省成都市中级人民法院民事判决书,(2019)川 01 民终 5419 号。

(四)》(2017年)对股权转让规定使整个股权转让程序复杂化,且容易产生纠纷。

2.《公司法》(2023年修订)有限责任公司股权转让法律规定的解析

有限责任公司的股权转让主要规定在《公司法》(2023年修订)第四章第84条中。《公司法》(2023年修订)第84条第1款规定,有限责任公司的股东之间可以相互转让其全部或者部分股权。依据这一规定,我国公司法在股东内部的股权转让方面采取了自由转让原则,但从公司控制与权利保护的角度,这一自由转让的规定也失之于简单。《公司法》(2023年修订)第84条第2款规定的是股东向股东以外的人转让股权规则,即"股东向股东以外的人转让股权的,应当将股权转让的数量、价格、支付方式和期限等事项书面通知其他股东,其他股东在同等条件下有优先购买权。股东自接到书面通知之日起三十日内未答复的,视为放弃优先购买权。两个以上股东行使优先购买权的,协商确定各自的购买比例;协商不成的,按照转让时各自的出资比例行使优先购买权"。

依据以上规定,可以看出公司法针对有限责任公司的股东向股东以外的人转让股权规定了其他股东的优先购买权,不再需要其他股东过半数同意,且仅有一次通知,包括通知所包含的股权转让内容。从这款规定的内容可以看出,立法者鼓励公司股权的自由流动,保障股权变现的便利性,而不再着重关注公司组织的人合性与稳定性,这对公司控制与股东权利的稳定保护必将造成冲击。

《公司法》(2023年修订)第84条第3款又规定,公司章程对股权转让另有规定的,从其规定。针对有限责任公司,公司章程对股权的内部转让、外部转让及优先购买权等制度可以作出不同于公司法规定的其他规定,这符合有限责任公司的人合性及公司自治的法律理念,通过公司章程设计有限责任公司的股权转让对公司组织的稳定性、对公司控制的保持及对股东权利的保护都有重要意义。

【参考案例】 正如在奇虎三六零软件(北京)有限公司与蒋某文、上海老友计网络科技有限公司、胡某请求变更公司登记纠纷上诉案中,上海市第二中级人民法院释明:为维护股东之间的关系及公司自身的稳定性,章程可以对有限公司的股权转让作出相应的限制和要求，这是公司自治及人合性的重要体现，同时也是诚实信用原则和当事人意思自治原则的体现。①

3. 有限责任公司股权转让的章程解决

从股权转让本身来看，股权转让在契约法上是一个要约和承诺的过程，股东转让在公司法上是财富的流转与股东资格的变更过程。《公司法》(2023 年修订)大大简化了有限责任公司股权转让的流程，必将对公司股权架构的稳定性造成冲击。股权的自由转让是各国公司法所普遍遵循的基本原则。有限责任公司的股东在资合的基础上更具有人合性，《公司法》(2023 年修订)第 84 条第 3 款规定，“公司章程对股权转让另有规定的，从其规定”，股东应利用法律的赋权，从稳定公司发展、有利于股东合作和公司控制的角度利用公司章程进行合理规划，以便维持公司良好的股权结构，保护公司管控的稳定性并使股东权益不受损害。

(二)股份有限公司的股份转让

《公司法》(2023 年修订)使有限责任公司和股份有限公司两类公司的区别变小，股份有限公司的股份转让也可以通过章程进行限制。《公司法》(2023 年修订)对股份有限公司章程给予类似有限责任公司章程的赋权性规定。

1. 股份有限公司股份转让法律规定的解析

《公司法》(2023 年修订)第 157 条明确规定，“股份有限公司的股东持有的股份可以向其他股东转让，也可以向股东以外的人转让；公司章程对股份转让有限制的，其转让按照公司章程的规定进行”。第 160 条针对特定主体——公司发起人及董事、监事、高级管理人员——所持本公司股份的转让作了法定限制，规定“公司章程可以对公司董事、监事、高级管理人员转让其所持有的本公司股份作出其他限制性规定”。第 144 条第 1 款第 3 项规定，公司可以按照公司章程的规定发行下列与普通股权利不同的类别股：转让须经公司同意等转让受限的股份。

① 参见上海市第二中级人民法院民事判决书，(2014)沪二中民四(商)终字第 330 号。

在《公司法》(2023 年修订)之前,公司法没有明确赋权股份有限公司的章程可以对股份转让进行限制的情况下,以前的司法案例及学者观点大多持“股份有限公司的章程不能限制股份自由转让”的立场。

【参考案例】 在“常州百货大楼股份有限公司诉常州市信和信息咨询有限公司等股权转让纠纷案”中,“江苏省常州市中级人民法院(2004)常民二初字第 101 号民事判决”以及维持原判的“江苏省高级人民法院(2005)苏民二终字第 198 号民事判决”,旗帜鲜明地确认股份有限公司股份转让基本原则不容公司章程予以改变的立场。常州百货大楼股份有限公司的公司章程第 17 条载明:“一个法人股股东持有本公司的股份,原则上不得超过本公司股份总额的 5%,对于突破本条界限的法人股东,在获得公司股份总额 5% 以上时,必须经本公司同意。”自 2003 年 7 月起,常州市信和信息咨询有限公司等 4 被告分别与原告的 18 家法人股东单位即该案的第三人签订股份转让协议共计 22 份,受让该公司法人股合计超过总股本 7%,并办理了相应的股份转让过户登记手续。原告以被告作为一致行动人,未经其同意收购法人股超过章程规定的上限为由,诉请确认股份转让协议无效。一审法院经审理认为,股份有限公司股权的依法自由转让是其基本要求。常州百货大楼股份有限公司章程规定的对股权转让的限制规定,违反股份转让的基本原则,应认定无效。二审法院判决理由较为详尽,择其要点为:是否允许股份公司以章程限制股份转让属于立法政策问题,除非立法有明文规定,否则司法不宜肯定。常州百货大楼股份有限公司章程仅对股份转让作了限制,且无正当理由,更无相应的救济措施,不符合股份公司的资合性特征及相关立法精神,故常州百货大楼股份有限公司章程就股份转让所作的限制性规定应为无效。①

---

① 参见常州百货大楼股份有限公司诉常州市信和信息咨询有限公司等股权转让纠纷案[(2005)苏民二终字第 198 号],载北大法宝,http://shlx. pkulaw. cn/case/pfnl_a25051f3312b07f394dcfee990cec5ba4661f2f680c5068ebdfb. html? keywords = % E5% B8% B8% E5% B7% 9E% E7% 99% BE% E8% B4% A7% E5% A4% A7% E6% A5% BC% E8% 82% A1% E4% BB% BD% E6% 9C% 89% E9% 99% 90% E5% 85% AC% E5% 8F% B8% E8% AF% 89% E5% B8% B8% E5% B7% 9E% E5% B8% 82% E4% BF% A1% E5% 92% 8C% E4% BF% A1% E6% 81% AF&match = Exact,最后访问时间:2020 年 10 月 7 日。

2. 股份有限公司股份转让的章程限制

最高人民法院法官曾在《公司诉讼的理论与实务问题研究》一书中明确表示：有限责任公司和非上市的股份有限公司的章程限制股权转让的，从章程的约定。而在上市公司的章程中限制股权转让的无效，即股东可以自由转让其股份。公司章程虽然是发起人或者原始股东的意思自治表示，但是对公司的所有股东均具有约束力。股份有限公司章程对股东转让股权的限制或者禁止必须在公司法明确规定的范围内进行，否则，其所作的限制性或者禁止性规定对当事人不具有法律效力。对股份有限公司的股东股权转让不得禁止，只能限制，而这种限制必须依法进行，否则对相关股东以及第三人不具有法律效力。[①] 日本公司法就将股份有限公司（株式会社）分为股权转让限制公司和股权转让自由公司，允许公司章程对股权转让作出限制。[②]

我国股份有限公司可以分为上市公司、非上市公众公司和非公众股份有限公司三种。上市公司的股东可以依据公开市场的规则进行转让，非上市公众公司的股份转让应依据《非上市公众公司监督管理办法》（2023 年修订）进行转让，非公众股份有限公司只能依据公司法的规定进行转让。在现实实践中，多数股份有限公司采取发起设立方式而非募集设立方式设立，股票没有公开发行，股东也没有多少人，这样的股份有限公司我们称为“非公众股份有限公司”。非公众股份有限公司的人合性强于资合性，如果认为有限责任公司因其具有人合性而可以限制其股权转让，那么在人合性较强的非公众股份有限公司中，也应该允许公司章程限制股份转让，特别在目前我国混合所有制改革的大背景下，公司通过“股权激励”“全员持股”等方式实现公司聚合发展。这些方式的主要措施是管控股东通过有条件出让部分股权，留住和激励核心人才以便实现企业发展，此时无论是有限责任公司还是股份有限公司的股东，接受股权激励的条件而成为股东的往往是公司的内部核心员工，此时股东之间的人合性

① 参见金剑锋等：《公司诉讼的理论与实务问题研究》，人民法院出版社 2008 年版，第 356 ~ 357 页。

② 参见蔡元庆：《股份有限公司章程对股权转让的限制》，载《暨南学报（哲学社会科学版）》2013 年第 3 期。

更强,而股权/股份的授予无论是依据公司章程,还是股份授予合同,都是有条件限制的。

【参考案例】 在广州市中庸房地产有限公司与广州金城房地产股份有限公司、广州市敏捷投资有限公司公司决议效力确认纠纷再审复查与审判监督案中,广东省高级人民法院释明:首先,根据现行的《公司法》及相关的法律法规和司法解释的规定,并无明确的条文禁止股份有限公司章程对股份转让作出一定条件的限制。其次,公司章程是股东意思自治的体现,经过合法的股东大会召集程序和表决程序形成或修改的公司章程对所有股东有约束力。在2010年股东大会决议修改章程之前,广州金城房地产股份有限公司的章程对股权转让作出了类似的限制,历经多次股权转让均依照章程规定的程序进行。最后,广州金城房地产股份有限公司虽登记名称为股份有限公司,但并未上市且股东人数较少仅4位,其股东股权的转让不能比照上市公司的股东股权转让程序、方式、要求等。① 司法支持了广州金城房地产股份有限公司章程就股份转让所作的限制性规定有效。

【参考案例】 在曹某与深圳市富安娜家居用品股份有限公司合同纠纷上诉案中,深圳市中级人民法院释明:《深圳市富安娜家居用品股份有限公司限制性股票激励计划(草案)》规定的面向激励对象发行的限制性股份是由激励对象(高级管理人员及主要业务骨干)自愿认购的、转让受到公司内部一定限制的普通股。此种激励计划有利于增强深圳市富安娜家居用品股份有限公司经营团队的稳定性及工作积极性,增进深圳市富安娜家居用品股份有限公司与股东的利益,不违反法律强制性规定,是合法有效的。激励计划中的回购条款体现了激励与约束相结合原则,公平合理,当激励对象在约定期限内辞职这一条件成就时,激励对象从所持限制性股份中获得的利益应受该回购条款的限制。股权激励计划终止后,深圳市富安娜家居用品股份有限公司采用职工股东出具承诺书的方式对激励计划的回购条款进行变通和延续,亦体现了激励与约束相结合原则。承诺书继续对提前辞职的激励对象所能获得的股份投资收益

---

① 参见广东省高级人民法院民事裁定书,(2015)粤高法民二申字第1052号。

予以限制，并不违反公平原则，是合法有效的。[1] 广东省高级人民法院最后也裁定驳回了原审被告曹某的申诉[2]，其理由与深圳市中级人民法院的终审判决几乎完全相同。

从常州百货大楼股份有限公司诉常州市信和信息咨询有限公司等股权转让纠纷案，到广州市中庸房地产有限公司与广州金城房地产股份有限公司、广州市敏捷投资有限公司公司决议效力确认纠纷再审复查与审判监督案，再到曹某与深圳市富安娜家居用品股份有限公司合同纠纷上诉案，这三个案件所反映出的司法观点都说明股份有限公司章程针对股份有限公司的股份转让并非无所作为，股份有限公司可以通过章程等自治规则限制股份转让。《公司法》(2023 年修订)第 157 条明确规定："……公司章程对股份转让有限制的，其转让按照公司章程的规定进行。"依据新法的此条规定，对股份有限公司的公司控制、股东权利保护进行章程设计终于有了法律的支持。

(三)公司控制权角度的股权转让

1. 公司股权转让对股东间信任的冲击

公司的设立和经营起始于公司股东间的信任基础，股东信任关系的稳定是公司持续运营的关键要素。股东间人合性的稳定可以保持公司权力结构和控制权的稳定，进而有利于公司的治理与发展。如果没有股东间的信任基础，则公司成立与发展的基础就会动摇，股东有可能选择"用脚投票"转让股权而离开公司。如果股东擅自转让股权给公司以外的第三人，股东间的信任就会受到损害，显然也会破坏股东的合作基础，进而影响公司的管控与股东权利的保护。

在公司治理与控制结构上，公司的所有者与管理者多数时候是重合的，所有权与管理权融为一体。从股东控制的角度来说，股权转让直接对公司人合性产生冲击，间接对公司控制权产生冲击，人合性的基础不存在也就意味着控制的变化和公司治理管控架构的重新配置。从公司稳定发展来说，控股股东当然希望控制公司的局面一直持续并让公司按照自己的意愿经营和发展。从非控

---

① 参见广东省深圳市中级人民法院民事裁定书，(2013)深中法商终字第 2088 号。

② 参见广东省高级人民法院民事裁定书，(2014)粤高法民二申字第 946 号。

股股东的角度出发,如果控股股东一直依法经营,保障了其股东权益并无不可,但如果控股股东利用自己的控股地位仅保护自己的利益或损害公司的权益或损害小股东的权益,中小股东当然希望“用脚投票”,转让自己的股权/股份结束合作以保证自己的利益。

2. 股权/股份转让章程设计在公司控制角度上的必要性

从《公司法》(2023 年修订)规定可以知道,股权转让可以被限制,但不能实质被禁止。转让股权是股东的固有权利,这是股权为私权利的本质属性所决定的。无论是控制股东也好,还是中小股东也好,同意不同意都不能禁止股权转让。司法机关也在“常州百货大楼股份有限公司诉常州市信和信息咨询有限公司等股权转让纠纷案”中表达了同样的观点。① 既然不能禁止股权转让,且股权转让对公司控制权产生直接的冲击,那么控制公司的股东应该利用章程提前设计好股权转让的制度。

股权转让有时具有隐蔽性,有的公司通过关联公司作为外部第三人受让股权,从而使控股股东失去控制地位,达到曲线控制公司的情况。在著名的“外滩地王案”中,小股东利用自己的控股子公司进行收购股东转让的股权被一审法院判决无效,一审法院对该案的判决观点为:有限责任公司的稳定性决定了公司的发展,也决定了公司股东权益和社会公众利益的实现。为了确保有限公司的人合性和封闭性。依据公司法规定,股东优先购买权具有法定性、专属性,是一种附条件的形成权和期待权。本案股权转让的方式完全规避了法律赋予原告享有股东优先购买权的设定要件,通过实施间接出让的交易模式,达到了与直接出让相同的交易目的,对标的公司极易形成经营管理和内部自治的僵局,不利于标的公司以及项目公司的实际经营和运作,也难以保障外滩 8－1 地块项目的正常开发。②

---

① 参见常州百货大楼股份有限公司诉常州市信和信息咨询有限公司等股权转让纠纷案[(2005)苏民二终字第 198 号],载北大法宝,http://shlx.pkulaw.cn/case/pfnl_a25051f3312b07f394dcfee990cec5ba4661f2f680c5068ebdfb.html?keywords=%E5%B8%B8%E5%B7%9E%E7%99%BE%E8%B4%A7%E5%A4%A7%E6%A5%BC%E8%82%A1%E4%BB%BD%E6%9C%89%E9%99%90%E5%85%AC%E5%8F%B8%E8%AF%89%E5%B8%B8%E5%B7%9E%E5%B8%82%E4%BF%A1%E5%92%8C%E4%BF%A1%E6%81%AF&match=Exact,最后访问时间:2020 年 10 月 7 日。

② 参见上海市第一中级人民法院民事判决书,(2012)沪一中民四(商)初字第 23 号。

从控制公司的角度出发，章程可以设计股权转让的对象，将股权受让方限制为股东信任的主体；章程可以设计股权转让的比例，避免股权出现大比例转让从而降低股权转让带来的冲击；章程可以设计股权转让的程序，从而让公司的其他股东早做准备，以避免后续的纷争；章程还可以设计股权转让的限制救济措施，避免限制后变成了实质禁止，从而导致章程条款的无效。公司章程对股权转让进行合理的设计，可以保护控制股东与新进股东的人合性，促进公司的进一步发展。

二、股权转让的章程设计

（一）对股权转让对象进行限制

公司股东的合作多建立在人合性的基础之上，而股东的人合性应是针对特定对象的人合，股东合作对象的改变可能导致合作基础的丧失。依据法律规定，股东之间为了保护这种人合性，可以通过公司章程约定当股东在进行股权转让时，股权仅能转让给某个特定的股东或某几个股东，而不能转让给公司股东之外的人，以维持公司股东之间相互信任的关系。类似条款对于家族式公司更有现实价值。一般情况下，对于家族式有限责任公司，为防止外部人员的加入，可以在章程中明确规定股权转让必须转让于特定股东或家族成员，而不得转让于外人。

【参考案例】 在周某红与上海东会工程造价咨询有限公司（以下简称东会公司）公司盈余分配纠纷案中，上海市高级人民法院指出：东会公司公司章程和《股东协议》均约定了股东应具备的条件，现周某红不符合东会公司公司章程和《股东协议》约定之股东资格条件，东会公司股东会据此作出对周某红的除名决议符合公司章程之约定。[①]

以上案例充分说明只要公司章程及股东约定了公司股东应具备的资格条件，司法机关就会给予尊重和支持。

---

① 参见上海市高级人民法院民事裁定书，(2017)沪民申502号。

股权转让对象章程条款示例

第×××条　本公司股东进行股权转让时,不能将股权转让给本公司现有股东之外的股东;当股东转让本公司股权时,只能转让给本公司的现有股东(或某个特定的股东,例如股东甲)。

第×××条　本公司股东对外进行股权转让时,股权受让方应符合公司章程所规定的股东条件,且不能将股权转让给本公司的竞争对手或与本公司经营具有同业竞争或类似营业竞争关系的主体。

第×××条　本公司在实施股权激励计划后,当已被实施股权激励的员工因包括但不限于辞职、被辞退、退休等任何原因与公司解除劳动或终止劳动关系时,其所持有的股权仅能转让给公司董事会指定的股东或其他主体。

第×××条　被激励员工转让其股权时,公司发起人股东具有优先购买权。发起人股东放弃优先购买权的,公司其他股东有权购买;其他股东亦不愿意购买的,被激励员工有权向股东以外的人转让。

第×××条　公司的股权可以依法转让。对于将所持有的股权转让给与本公司有同业竞争关系的主体的,或股权转让后将会对公司的经营造成重大影响的股权转让事项,必须经其他股东所持表决权的2/3以上同意;不同意转让的股东应当购买该转让的股权,如果不购买该转让的股权,视为同意转让。经股东同意转让的股权,在同等条件下,股东对该股权有优先购买权。

第×××条　在公司任一股东为非自然人的情况下,该股东的权益持有者计划直接或间接向其他主体转让其在该股东的任何权益,受让主体也为本公司另一股东的关联公司的,那么上述出售、发行、赎回、回购或者转让行为应被视为该股东转让公司股权的行为,并应受限于本章程项下针对股东转让其所持公司股权的规定的所有要求及限制。

第×××条　在公司任一股东为非自然人的情况下,其将所持股权转让给关联公司的,其他股东无优先购买权。

第×××条　在公司任一股东为非自然人的情况下,其将所持股权转让给关联公司的,其他股东有优先购买权。

（二）对股权转让比例进行限制

股东持股的数量决定着股东所拥有的表决权。为保持股东表决权的稳定性，公司章程可以规定股东股权转让的比例。正如《公司法》（2023 年修订）第 160 条第 2 款规定，公司董事、监事、高级管理人员应当向公司申报所持有的本公司的股份及其变动情况，在就任时确定的任职期间每年转让的股份不得超过其所持有本公司股份总数的 25%；所持本公司股份自公司股票上市交易之日起 1 年内不得转让。上述人员离职后半年内，不得转让其所持有的本公司股份。公司章程可以对公司董事、监事、高级管理人员转让其所持有的本公司股份作出其他限制性规定。

类似的股权转让限制多见于股权激励项目中，股权激励项目参与人员多为公司的核心人员包括公司的董事、监事和高级管理人员，且法律也规定此类人员对公司负有忠实和勤勉义务。公司的董事、监事和高级管理人员熟知公司的经营状况及其商业秘密，具有掌握不对称信息的优势，这类人员转让股权时有可能利用优势地位谋取不当利益或提前逃避责任，进而侵犯了公司和其他股东的合法权益。如果不作出任何限制，允许董事、监事和高级管理人员随意对外转让，显然会对公司的正常经营造成冲击和影响。这样的限制不是对股权转让的变相禁止或是完全禁止，本质是对特殊主体在特定条件和特定阶段的处分限制，但条件和阶段的设定不应过分苛刻，在章程设定下股东最终可以对其所拥有的股份实现自由转让，因此应当有效且不应被视为违反法律法规强制性规定。

参考公司法规定，无论是有限责任公司还是股份有限公司，公司章程都可对股东的股权转让比例进行一定的限制，以保证公司经营管理的稳定性，保证公司的利益不因股权的大幅度转让而受到损害。

股权转让比例章程条款参考示例

第×××条　担任公司董事、监事及高级管理人员的股东在对外转让公司股权时，在任职期间每年转让的股权份额不得超过其所持有本公司股权总数的 25%；上述人员在未经离职审计的情况下，不得转让其最终持有的公司股权，公司对上述人员的离职审计应在该等人员离职后的半年内完成；上述人员离职后半年内，不得向本公司现有股东之外的人转让其所最终持有的本公司股权。

第×××条　股东对外转让股权，为保持股东合作的稳定性，应至少分两次转让，每次不超过最初总持有股权数额的50%。

（三）对股权转让的价格进行限制

股权转让是由市场决定的自由转让，通过公司章程限制股权转让的价格有失公平合理。针对股权转让价格进行限制的情形多发生在股权激励中，因为股权激励作为一种现代公司治理制度，主要是通过附条件给予员工部分股权性权益或股票，使员工有条件地成为股东，使其能够以股东的身份参与企业决策、分享利润、承担风险，促使公司、员工之间建立以拥有业绩收益分享权为基础的激励机制，将被激励对象的利益与公司的效益相挂钩，从而与公司形成利益共同体。股权激励会促使员工具有主人翁的意识，充分有效发挥他们的工作积极性和创造性，勤勉尽责地为公司的长期发展服务，帮助企业实现稳定发展的长期目标，促进企业与员工共同成长，实现公司与员工发展的双赢。被激励员工所得到的股权一般是有条件的赠与或低价获得。当被激励的员工违反了股权激励的规定时，从契约公平信用的角度，应将被激励的股权转回公司指定的某个股东或某个特定主体，此时发生的股权转让是在特定条件下发生的股权转让，如果按照市价进行转让肯定对公司和出让股权的控股股东不公平，因此，有必要通过公司章程规定此种情况下公司股权转让的价格。

‖ 限制股权转让价格的章程条款参考示例 ‖

第×××条　任何股东仅能在股东内部转让股权，股权的转让价格为公司上一年度经审计后的净资产值的对应价值。

第×××条　因股权激励而获得股权后的股东负有如下义务：

（一）自接受股权之日起，全职、连续地在公司或公司确定的关联公司工作至少3年；

（二）严格保护公司各项知识产权和商业秘密；

（三）不得以任何方式向他人转让因股权激励所获得的股权；

（四）不得在因股权激励所获得的股权上设定质押或任何其他形式的担保措施；

（五）不得有违法犯罪行为并被追究刑事责任；

（六）不得自营或为他人经营与公司或公司的关联公司业务同类或相竞争的业务；

（七）不得因故意或重大过失，导致公司遭受重大的实际或可得利益损失；

（八）不得有严重违反法律法规、公司规章制度、本协议规定或严重违反诚实信用原则的行为。

因股权激励而获得股权后的股东如未履行以上义务的，或违反以上规定的，公司有权要求该股东将其股权转让给公司指定的主体；如其股权为赠与所得，则转让价格为零；如其股权为购买所得，则转让价格为该股东购买时的价格或公司上一年度经审计的公司净资产所对应的价格，以孰低者为准。

（四）对股权转让的程序进行限制

股权转让对公司架构来说是一个重大变化，甚至决定了公司的命运。因此，对股权转让，除公司法所规定的程序外，为保护公司的控制权，可以设计相应的程序来保证公司控制的稳定性。

基于有限责任公司的人合性，公司法规定了股东的优先购买权。公司章程可以适当约定比公司法更加严格的标准。例如，章程中可以约定如果是可能对公司的日常经营造成重大影响的股权转让份额，需要经过代表全体股东表决权的 2/3 以上通过。

既然公司章程可以对股权转让作出其他的规定，章程就应为股权转让设计简洁明了的程序，以便让股权转让更有效率，保证股权转让交易安全，并提前预防纠纷的发生。

股权转让程序的章程条款示例

第×××条　（公司法类似条款）有限责任公司的股东之间可以相互转让其全部或者部分股权。

股东向股东以外的人转让股权的，应当将股权转让的数量、价格、支付方式和期限等事项书面通知其他股东,其他股东在同等条件下有优先购买权。股东自接到书面通知之日起30日内未答复的,视为放弃优先购买权。两个以上股东行使优先购买权的,协商确定各自的购买比例;协商不成的,按照转让时各自的出资比例行使优先购买权。

第×××条　股东对内对外转让股权,首先应通知公司,并由公司通知其他股东;因公司怠于通知或其他原因没有通知的,受损失的股东可以要求负有通知责任的董事或本章程规定的执行人员赔偿损失。

第×××条　(股东内部转让的参考条款)本公司股东之间可以相互转让其全部或者部分股权。(从公司控制的角度也可以约定:除控股股东外,其他股东欲转让股权时应事先通知控股股东,控股股东可以购买;或只能转让给控股股东,或规定同等条件下,控股股东有第一优先购买权。)

第×××条　(公司治理强化的参考条款)股东向股东以外的人转让股权时,应事先通知公司董事会,由董事会提请股东会召开会议审议并作出决议。

第×××条　(股东转让的通知内容参考条款)股东向股东以外的人转让股权时,转让股东应当将股权转让合同的主要内容,包括但不限于受让人名称或姓名、背景、转让数量、股权价格、支付方式、履行期限和方式等内容,附有征求意见及优先购买权行使的内容及期限(期限要大于等于30日)通知其他股东;其他股东的回复应以明确的书面文件回复,未以明确书面文件回复者,视为同意转让并不行使优先购买权。

第×××条　股东应当就股权的数量、价格、支付方式和期限等事项书面通知其他股东,其他股东在收到通知后在30日内未予答复的,视为放弃优先购买权。两个以上股东行使优先购买权的,协商确定各自的购买比例;协商不成的,按照转让时各自的出资比例行使优先购买权。

第×××条　(股东转让的送达参考条款)股东向股东以外的人转让股权时,按照以下股东的联系方式发出通知,具体联系方式:以股东名册记载的联系方式为准,发出即视为送达。

第×××条　(权利冲突的解决条款)权利相同序位的两个或多个股东主张行使优先购买权的,同意购买的股东在同等条件下有优先购买权。当对同等条件有争议时,以公司股东会或董事会决议为准,但转让股东和受让股东皆不得参与投票。

第×××条　当其他股东明确行使优先购买权后，转让股权的股东反悔的，应向已明确行使优先购买权的股东承担违约责任，违约金为转让股权对应价值的20%。行使优先购买权的股东反悔的，违约金为转让股权对应价值的30%。

（五）特定主体股权转让的限制条款

公司中担任重要职务且持有股权的人员，例如担任董事长、副董事长、董事、总经理、副总经理、监事、各部门正副经理、分支公司正副经理等，这些关键岗位的特定人员本身熟知公司经营情况，如果突然转让股权可能存在损害公司利益或其他股东利益的事项发生，故应在公司章程中进行相应设计，以保证此类股东与公司共同发展，也可以保证公司治理与控制的稳定。

特定股东股权转让限制章程条款参考示例

第×××条　公司股东中，担任董事长、副董事长、董事、总经理、副总经理、监事、各部门正副经理、分支公司正副经理的职务的，可持有×××万股的职位股权，该部分股权仅为该职位设置，并具有完全的股东权能；无论任何情况，在前述人员不再担任上述职务时，其所持有的职位股权，经董事会决议，必须在董事会要求的期限内转让给继任者，股权转让金由受让人（继任者）直接支付给应转让股权者，股权价格为公司上一年度经审计的净资产的对应价款。

第×××条　公司股东中，担任董事长、副董事长、董事、总经理、副总经理、监事、各部门正副经理、分支公司正副经理的职务的，在其于公司任职期间以及从公司离职后两年内，不能直接或间接从事或以任何形式参与或涉及任何与公司业务相关或与公司业务进行竞争的业务（竞争性业务）；在任职期间每年仅能转让所持股权的20%（或不得转让股权）；在离职后满两年方可依据本章程的规定转让股权。

第×××条　公司股东中，担任董事长、副董事长、董事、总经理、副总经理、监事、各部门正副经理、分支公司正副经理的职务的，在其于公司任职期间，为公司的稳定发展，不能随便减持退出公司；如果其因特殊原因减持，应遵守以

下规定:

1. 任职期间需持有本人上任前股权数额的60%以上;

2. 任职期满后3年内需持有本人上任前股权数额的40%以上。

第×××条(约束控股股东转让的章程条款)

(一)自公司成立日起,甲股东(控股股东)应促使核心员工全职尽责为公司工作,甲股东在公司任职期间不得转让股权,在从公司离职满两年后方可将本人持有的股权全部转让。

(二)在甲股东于公司任职期间,以及从公司离职后两年内,不能直接或间接从事或以任何形式参与或涉及任何与公司业务相关或与公司业务进行竞争的业务(竞争性业务),亦不得直接或间接地在任何与公司业务存在竞争或竞争可能性的实体中持有任何股权、权益或控制权,亦不能进行其他有损于公司和其他股东利益的行为(竞争活动),包括但不限于:

1. 控股、参股、间接控制或参与从事竞争活动的公司或其他组织,成立本公司子公司或参股公司除外;

2. 担任与公司无股权关联、从事竞争活动的公司或组织的董事、管理层人员、顾问或员工(经董事会决议本公司拟控股或参股本公司外的某公司或其他组织的,在实际持股之前,由甲股东暂时担任其管理职务或顾问,不受本条限制);

3. 向从事竞争活动的公司或组织提供借款;

4. 甲股东不经过公司直接或间接地从竞争活动或从事竞争活动的公司或其他组织中获取利益,其他员工除外;

5. 以任何形式争取公司与公司业务相关的客户,或/和公司生产及销售业务相关的客户进行或试图进行交易;

6. 以任何形式通过任何由其直接或间接控制,或具有利益关系的个人或组织雇用从公司离任的任何核心员工或关键人员。

甲股东于公司任职期间,以及从公司离职后两年内所产生的知识产权均归公司所有,有确凿的证据表明该等知识产权的产生与其在公司的任职或公司的人力、物力、资源无关的除外。

甲股东承诺并保证,公司成立后若甲股东从事任何新项目,其他股东享有与甲股东同等的对该项目投资的权利，除非其他股东放弃该权利。

（六）股东股权转让的其他参考条款

第×××条　（司法强制执行的转让）人民法院依照法律规定的强制执行程序转让股东的股权时，其他股东在同等条件下有优先购买权。其他股东自人民法院通知之日起满 20 日不行使优先购买权的，视为放弃优先购买权。

第×××条　（股东资格条件条款）公司股东对外转让股权时，受让股东应符合公司章程规定的股东条件，否则视为转让股东对其他股东的违约，违约金为转让股权价值的 20%。

第×××条　（控股股东的回购条款）当公司达不到预定目标时，控股股东有义务收购不参与经营的股东股权，收购价格为实缴出资及年化 6% 的利率（或同期银行贷款利率的 2 倍）；此时不参与经营的股东可以选择不转让股权。当收购发生时，其他股东无优先购买权。

第×××条　（股东控制的强化条款）其他股东转让股权时，由控股股东接受转让。转让价格为上年年末审计后的每股净资产（如年内已分配，则为除权后的每股净资产），原则上按当年持有股份的时间（以月份为单位）计算股权盈亏。

第×××条　（股权激励中常有条款）本公司自然人股东必须是本企业正式在职职工或公司聘请的专家，股东离职或专家不再续聘，其所持公司股份必须转让给公司其他股东或由公司按股权净资产价值计价回购。

第×××条　（公司控制的参考条款）离职股东股权受让顺位按以下顺位受让：(1)股东按照持股比例依次确认，持股比例高的股东优先于持股比例低的股东，股东放弃优先顺位，自然进入下一顺位；(2)其他股东均放弃受让的，由公司回购。

第×××条　（股东控制强化的参考条款）股东向股东以外的人转让股权时，应事先通知公司，由公司安排股东会作出决议。

第×××条　（转让价格的参考条款）股权转让价格按以下原则确定：(1)股东持股不满 1 年的，按公司上一年度净资产价值的 60% 为标准确定；满 1 年的，按公司上一年度净资产价值的 70% 为标准确定；满 2 年至 3 年的，按公司上一年度净资产价值的80%为标准确定,满4年的,按公司上一年度净资产价值的85%为标准确定。(2)股东入股满5年及以上的可以按公司上一年度净资产价值的100%为标准确定。(3)持股时间以公司的出资证明为起点,以股东离职时间为终点,其间股东不间断的持股时间。

第×××条 (瑕疵出资股东的转让条款)瑕疵出资的股东转让股权时,其股权转让款应首先实缴出资,或由受让方先实缴出资,公司方可配合股权登记。

第×××条 (股权转让限制的救济条款)因本章程规定的股权转让限制条款而最终导致股东不能转让股权时,由控股股东按市场价格进行收购或由公司减资操作。

第×××条 (股权转让导致多个股东并超过法定人数的)如股权转让导致股东人数大于50人,公司股东会可决议多个受让人共有一个股东资格(或由多个受让人成立一家公司或合伙企业受让股权)。

第×××条 (同比例转让条款)基于公司发展需要而有必要引进战略投资者、PE、VC等其他第三人作为公司股东时,无论采用增值扩股方案,还是股权转让方案或其他可行方案,全体现有股东均同意同比例(按照全体股东现有持股比例)稀释各自的相应股权或同比例转让相应的股权;此种情况下,各股东互相之间无优先购买权。

第×××条 (关联企业转让无优先购买权条款)股东同意,任何一方因其结构调整,可把其在公司的全部或部分出资及权益转让给其关联企业(对该关联企业必须拥有超过50%的权益)。在此情况下,其他股东应放弃优先购买权。

第×××条 控股股东股权转让限制条款

(一)除非取得中小股东的事先书面同意,在公司成立后的5年内,控股股东不得将其持有的公司的任何股权直接或间接进行出售、赠予、质押、设定产权负担或以其他方式加以处分(统称“转让”)。或也不得向公司其他股东或公司股东以外的第三方转让其所持有的部分或全部公司股份,或进行可能导致公司实际控制人发生变化的股份质押等任何其他行为。控股股东在转让自己的股权时,中小股东有权选择以同等条件跟随出售。本条规定转让股份包括仅以协议方式作出约定而不办理公司变更登记的转让，或其他任何形式的股份转让或控制权转移。

（二）控股股东同意并承诺不得在中小股东不同意其转让时要求中小股东购买其股权，也不得将中小股东不购买其股权的行为视为同意其转让。

（三）中小股东转让其股权不应受到任何的限制（或不得转让给公司的竞争对手或有同业竞争业务关系的主体）。因法律要求，中小股东转让股权需要公司或控股股东同意的，公司和控股股东应予以同意。控股股东在此同意并声明，通过签署本协议，其在此已预先给予中小股东法律所规定的转让股权所需的任何形式的同意或豁免，包括放弃优先购买权及其他任何限制。控股股东在此进一步同意，其有义务应中小股东要求签署格式与内容令中小股东满意的法律文件以豁免或消除中小股东出售其持有的公司股权时可能受到的任何限制。

第×××条　特定股东（控股股东、中小股东等）优先受让权条款

（一）特定股东对公司的任何其他股东（此时称转让方）出售的公司股权有在同等价格条件下按照其持股比例优先于其他股东受让部分或全部拟出售的股权。

（二）若转让方希望向任何第三方（受让方）出售其在公司的全部或部分股权，转让方必须给予特定股东通知（转让通知），其中列明转让方希望出售的股权数量、该等股权的价格、受让方的身份，以及其他与该等拟进行的出售有关的条款和条件。

（三）在转让方向特定股东送达转让通知之后，特定股东必须在其收到转让通知后的20个工作日（答复期间）内以书面形式答复转让方，表明其：（x）不同意该等出售，（y）同意该等出售并放弃优先购买权，或（z）同意该等出售并行使优先购买权（该答复此时称优先购买通知）购买转让方拟出售的部分或全部股权。

（四）如特定股东在收到转让通知后未在答复期限内以书面形式作出任何答复，则应视为其已对转让方在转让通知中说明的出售作出了事先书面同意，并放弃了本章程规定的优先购买权。

第×××条　特定股东的跟随出售权条款

（一）如果控股股东欲向受让方转让公司的任何股权，在中小股东发出跟

随出售通知的情况下,中小股东有权以其与转让方之间的持股比例共同参与向受让方进行股权出售。

(二)如果中小股东选择行使跟随出售权,中小股东应在答复期间内发出跟随出售通知,并在其中注明其选择行使跟随出售权所涉及的公司股权数量。如中小股东行使跟随出售权,控股股东应采取包括相应缩减转让方出售股权数量等方式确保跟随出售权实现。如果中小股东已恰当地行使跟随出售权而受让方拒绝向中小股东购买相关股权,则控股股东不得向受让方出售公司的任何股权,除非控股股东同时以相同的条件条款向中小股东购买中小股东原本拟通过跟随出售方式出让给受让人的全部股权。

三、股权转让经典案例解析

股份公司章程对股份转让限制的司法观点及实务前瞻
股权转让纠纷案[①]

随着资本运作的日益频繁,股权转让已成为企业调整股权结构、优化资源配置的重要手段。在此过程中,公司章程对股权转让的限制常成为法律实践中的争议焦点。针对(2020)最高法民终1224号案件,结合《公司法》(2023年修订)第84条和第157条的具体规定,深入分析公司章程在股权转让中的限制效力。

(一)案情简介

2010年7月14日,梦兰集团公司与黑河星河实业发展有限公司、菊华信用担保有限公司发起设立梦兰星河公司,后股东先后发生变化。

2018年1月,梦兰星河公司股东分别为梦兰集团公司、黑龙江天狼星电站设备有限公司(以下简称天狼星公司)、常熟风范电力设备股份有限公司(以下简称风范公司)、上海梦星投资合伙企业(以下简称梦星投资)、孙某。截至2018年5月7日,梦兰集团公司持有梦兰星河公司20276.5万股,占公司股份

① 参见最高人民法院民事判决书,(2020)最高法民终1224号。

比例为 28.97%。

2018 年 5 月 7 日，梦兰集团公司（甲方）与千兴投资公司（乙方）签订《股权转让协议》，约定梦兰集团公司将其持有梦兰星河公司 4.29% 的 3000 万股股权转让给千兴投资公司，转让价格 9000 万元。

2018 年 4 月 28 日，梦兰集团公司向梦兰星河公司的其他股东天狼星公司、风范公司、梦星投资发出股权转让通知，称其计划以每股 3 元的价格转让 3000 万股给沙钢集团，并要求这些股东在 5 个工作日内决定是否行使优先受让权，逾期则视为同意转让并放弃公司章程第 24 条项下全部权利。

梦兰星河公司于 2018 年 5 月 24 日回复梦兰集团公司，指出梦兰集团公司尚欠其 2030 万元人民币的股东借款及利息，梦兰集团公司未按承诺偿还该股东借款，该等股东借款违反了法律规定，并影响了梦兰星河公司的正常运营及其他股东的利益。鉴于需要提供公司股东会议决议方可办理股份转让手续，故梦兰星河公司要求梦兰集团公司在与其他股东协商一致后，提供符合要求的文件才同意协助其办理股权转让工作。

天狼星公司、风范公司于 2018 年 5 月 24 日回复梦兰集团公司，指出梦兰集团公司作为梦兰星河公司的股东，尚欠梦兰星河公司 2030 万元人民币的股东借款及利息，梦兰集团未按承诺偿还该股东借款，该等股东借款违反了法律规定，并影响了梦兰星河公司的正常运营及其他股东的利益。因此，两公司要求梦兰集团公司在未清偿借款前不得进行股权转让，否则应按公司净资产减少梦兰集团公司在梦兰星河公司的相应股份数额。在梦兰集团公司偿还相应股东借款后，两公司将考虑是否行使公司章程中约定的优先受让权或同售权，并将召开股东大会进行表决。

梦兰星河公司设立时公司章程第 24 条规定内容为“股东持有的股份可以依法转让”。2015 年 12 月修订版公司章程第 24 条规定内容为“股东持有的股份可以依法转让。股东向股东之外第三方转让股份的，应事先取得其他股东一致同意。各股东一致同意，任何涉及以公司股份为标的之股东（一位股东或几位股东）与第三方之间的交易中，其他股东对交易标的股份在同等条件下享有优先受让权。各股东一致同意，任何涉及以公司股份为标的之股东（一位股东或几位股东）与第三方之间的交易中，若不行使前款优先受让权的其他股东

(一方或几方)有权但无义务将其持有的公司股份优先共同出售给第三方"。

二审期间,千兴投资公司提交新证据《补充协议》。该《补充协议》系千兴投资公司与梦兰集团公司于 2020 年 12 月 2 日补充签订,拟证明:案涉股权转让协议的生效条件已经成就,双方一致确认该协议自签字之日起生效。

千兴投资公司向黑龙江省高级人民法院起诉,请求确认千兴投资公司的梦兰星河公司股东身份,并确认千兴投资公司持有梦兰星河公司出资金额为 3000 万股 9000 万元占梦兰星河公司 4.36% 的股份,判令梦兰星河公司限期办理千兴投资公司出资金额 3000 万股 9000 万元占梦兰星河公司 4.36% 股份的股东名册和工商变更登记。

诉讼关系见图 10。

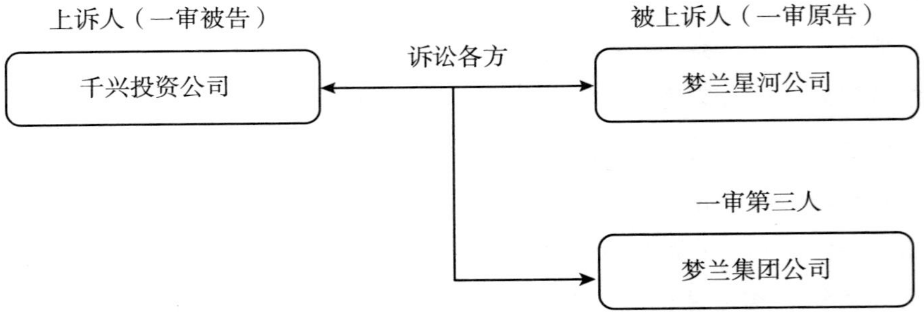

图 10　诉讼关系

(二)争议焦点

一审法院黑龙江省高级人民法院认为,本案争议焦点为千兴投资公司要求梦兰星河公司确认其股东身份并为其办理股东变更登记的理由是否成立?

二审法院最高人民法院认为,本案系股东资格确认纠纷,二审焦点问题为:案涉股权转让条件是否已成就?也就是该转让行为是否符合梦兰星河公司章程规定?

(三)法院判决和裁判理由

1. 黑龙江省高级人民法院(2019)黑民初 11 号民事判决:驳回千兴投资公

司的诉讼请求。

黑龙江省高级人民法院观点：

公司章程是关于公司组织和行为的自治规则，是公司的行为准则，对公司具有约束力。公司章程又具有契约的性质，体现了股东的共同意志，对公司股东也具有约束力。公司及股东应当遵守和执行公司章程。案涉股权转让的目标公司梦兰星河公司修订后的公司章程对股东向第三方转让股份作出限制性规定，即应事先取得其他股东一致同意及其他条件。尽管该修订后的公司章程并未在工商档案中备案，未起到公示作用，但因梦兰星河公司时任各股东均已盖章确认，故在公司内部对公司股东应当具有约束力。梦兰星河公司的股东在对外转让股份时，应当遵守公司章程相关规定。千兴投资公司与梦兰集团公司所签《股权转让协议》中约定的合同生效条件之一，亦为目标公司股东会同意目标股权转让的决议或者其他股东放弃优先受让权，能够说明合同双方在签订《股权转让协议》时知晓案涉股权转让并非合同双方达成合意即可发生法律效力，还需征得相关方同意等方可完成股权转让行为。千兴投资公司虽称梦兰集团公司已将案涉股权转让事宜通知了梦兰星河公司及各股东，但梦兰星河公司及天狼星公司、风范公司均未表示同意转让，亦未明确表示放弃优先受让权等相关权利，故案涉《股权转让协议》目前对梦兰星河公司并未发生法律效力。梦兰星河公司的抗辩主张成立，一审法院予以支持。

2. 最高人民法院（2020）最高法民终 1224 号民事判决：驳回上诉，维持原判。

最高人民法院观点：

修改后的梦兰星河公司章程第 24 条共有 4 款，第 1 款规定了股份可以转让，前提为“依法”；第 2 款规定了股东对外转让股份，应取得其他股东同意，且为“事先”“一致”；第 3 款规定了其他股东享有“优先受让权”即《公司法》规定的“优先购买权”；第 4 款规定了其他股东享有“同售权”。根据以上章程规定，梦兰集团公司对外转让股份，应保障其他股东“优先购买权”“同售权”行使，且应无法定限制或其他股东正当事由否定。结合本案查明事实，梦兰集团公司股权转让条件尚未成就。具体理由如下：

首先，本案中，现无证据显示梦兰集团公司在对外转让股份前曾事先与其他股东充分协商,梦兰集团公司在 2018 年 4 月 28 日发出股权转让通知时直接确定了对外转让价格,天狼星公司、风范公司、梦兰星河公司在收到通知后,于 2018 年 5 月 24 日明确回函,考虑到梦兰集团公司向梦兰星河公司借款且该款可能产生抽取其公司注册资本的实质后果,不符合《公司法》关于资本维持原则的基本精神,存在法定障碍,要求梦兰集团清除该障碍,并召开股东大会表决。该理由合理、正当,梦兰集团公司该时点并未解决该问题并及时提请股东大会讨论。其次,2018 年 4 月 28 日股权转让通知所称股份受让对象为"沙钢集团",与实际受让主体千兴投资公司不一致,虽然千兴投资公司主张梦兰集团公司于 2019 年 1 月分别向天狼星公司、风范公司、梦星投资寄出的落款日期为 2018 年 4 月 28 日的股权转让通知,明确主体问题,但该通知内容属于告知股权转让,并非与其他股东商讨行使优先购买权或同售权,形式并不完备。最后,本案中,梦兰星河公司股东为梦兰集团公司、天狼星公司、风范公司、梦星投资、孙某,但无论是 2018 年 4 月 28 日通知抑或 2019 年 1 月通知,均无证据显示梦兰集团公司已实质通知到小股东孙某,并不符合章程第 24 条规定的"一致"要求。因此,千兴投资公司虽主张其与梦兰集团公司签订的《股权转让协议》已对梦兰星河公司以及公司其他股东发生法律效力,但在现有情况下,其履行情况尚不符合公司章程第 24 条的规定,其可待充分履行章程规定的条件后再行主张权利。

(四)案件评析

1. 学界针对公司章程限制股份转让尚有不同观点

《公司法》(2018 年修正)第 137 条为股权转让确立了基本原则,即股东持有的股份可以依法进行转让,第 71 条则明确了有限公司章程对股权转让的限制效力。但对于股份有限公司章程是否有权对股东的股份转让进行限制,《公司法》(2018 年修正)尚未给出明确的规定。这一法律空白在理论界引发了广泛的讨论,司法实践中也常因法官对"依法转让"理解得不同,导致同类案件在判决上存在差异。目前,我国公司法学界已就股份有限公司章程对股份转让的限制问题进行了深入的研究,形成了两种主要观点:"肯定说"与"否定说"。

(1)肯定说

肯定说主要从私法自治的角度出发,肯定公司章程限制股权转让的正当性。尽管全面支持在股份有限公司中实施此类限制的学者不多见,但仍有部分学者在非上市股份公司中持保留意见。他们认为,股份的依法自由转让并非绝对,特定情况下,如人合性和封闭性特征显著的私人公司,在股东间充分协商的基础上,公司章程可以设定合理的限制条款[①]。具体来说,这些学者关注到经济活动中某些具有特殊性质的股份有限公司,如它们的封闭性和人合性特征。这一观点进一步细化为两个主要分支:

首先,开放性程度区别对待说。该观点主张,基于公司的开放程度,应实施不同的股权转让政策。封闭性较高的公司,如非公众股份公司,其封闭性仅次于有限责任公司,因此,应允许其公司章程对股权转让进行一定限制。对于规模较小的家族企业,尽管不主张全面限制股权转让,但可以对潜在受让方进行适当的筛选,确保这种限制符合公司整体股东的利益[②]。也有学者坚持,即使在股份有限公司中,股份的自由转让也有例外,法定或约定的限制是可以接受的[③]。

其次,特殊行业例外规定说。在原则上,股份公司的章程不应限制股份的转让,但在某些特殊行业中,如公共利益关系密切且监管严格的银行、保险等行业,可以允许公司章程设定限制[④],例如,在银行业,由于国家金融监督管理总局对股东有特定要求,公司章程可以设定审查新股东资格的条款,符合条件者方可加入,否则将拒绝其加入。这一主张强调了在特定情境下,公司章程对股权转让的合法限制。

(2)否定说

否定说坚持股份依法自由转让,认为《公司法》(2018 年修正)第 137 条是强制性规定,股份公司的公司章程限制股权转让的,违反法律的强制性规定,属

---

① 参见黄辉:《现代公司法比较研究:国际经验及对中国的启示》,清华大学出版社 2011 年版,第 52 页。

② 参见刘俊海:《现代公司法》,法律出版社 2011 年版,第 66 页。

③ 参见叶林主编:《公司法原理与案例教程》,中国人民大学出版社 2010 年版,第 281~291 页。

④ 参见王保树、崔勤之:《中国公司法原理》,社会科学文献出版社 2006 年版,第 230 页。

于无效条款[①]。股份公司的资合性较强,人合性对公司的发展意义不大,股东的股份除法律另有规定外,可以自由转让,公司章程不得禁止公司股东通过自由转让其股份以收回投资。公司章程可否限制股权转让表面上涉及公司章程自治,实际上是对立法者立法意图的探究,在不能证明现行公司类型二元划分模式存在缺陷的情况下,股份公司的公司章程限制股权转让的条款无效[②]。

2.《公司法》(2023 年修订)新增规定给予了公司章程的自治空间

《公司法》(2023 年修订)的第 84 条和第 157 条针对公司章程对股权转让的限制效力进行了规则调整,体现了法律对公司自治权的尊重,也进一步明确了公司章程在股权转让中的重要作用,为相关司法实践提供了重要的指引。通过对这两条法律条款的解读与分析,我们能够更加深入地理解公司章程对股权转让限制的实际效果,进而为相关司法实践提供有力的法律支持。

(1)有限责任公司

在《公司法》(2018 年修正)的框架内,《公司法》(2023 年修订)第 84 条对股权转让的规定进行了重要调整。该条款取消了《公司法》(2018 年修正)第 71 条第 2 款中关于股东向非股东转让股权时"经其他股东过半数同意"以及"不同意的股东应当购买该转让的股权;不购买的,视为同意转让"的要求,同时将原先的"股权转让事项书面通知"细化为"将股权转让的数量、价格、支付方式和期限等事项书面通知其他股东"。这一变化不仅简化了股权转让的流程,更凸显了股权转让的自主性和自由度。从交易双方的角度来看,这一变化将带来更高的确定性,尤其对卖方而言,他们无须再担心现有股东否决交易的风险,只需根据商业谈判的条件来确定其他股东是否行使优先购买权。

值得强调的是,《公司法》(2023 年修订)第 84 条第 3 款赋予了有限责任公司章程在股权转让问题上的自治权。这意味着,如果公司章程对股权转让有特别规定,这些规定应优先适用。例如,若有限责任公司股东一致认为公司的人合性至关重要,且不希望股权过于流动,则可以在章程中明确规定股权转让仍

① 参见唐青林、王玲编著:《公司诉讼法律实务精解与百案评析》,中国法制出版社 2013 年版,第 89 页。

② 参见蔡元庆:《股份有限公司章程对股权转让的限制》,载《暨南学报(哲学社会科学版)》2013 年第 3 期。

需遵循《公司法》(2018 年修正)中过半数股东同意的规则,或设定更为严格的转让条件。只要这些规定不违反公司法禁止性规定或与之相悖,那么股权转让就仍然受限于章程规定。

(2)股份有限公司

对于股份有限公司而言,其资本构成更加注重资合性,因此,在《公司法》(2018 年修正)和《公司法》(2023 年修订)的框架下,股东之间并不享有对其他股东对外转让股份的优先购买权。然而,《公司法》(2023 年修订)第 157 条的引入,为章程对股权转让的限制效力提供了指引,该条款明确指出:"……公司章程对股份转让有限制的,其转让按照公司章程的规定进行。"这一变化凸显了公司章程在股权转让过程中的重要作用,肯定了股份有限公司公司章程对股权转让的限制效力。

值得进一步关注的是,《公司法》(2023 年修订)新增了类别股机制,并明确允许股份有限公司发行"转让须经公司同意等转让受限的股份"。这一创新机制为公司提供了更大的灵活性,使其能够结合自身的商业需求和市场环境,灵活设定股份的转让条件,不仅为市场实践提供了广阔的空间,也展现了《公司法》(2023 年修订)在平衡市场活力和股东权益保护方面作出的努力。

从另一方面来看,相较于《公司法》(2018 年修正)中股东对其他股东股权转让一概无优先购买权的法定依据,《公司法》(2023 年修订)下的公司章程或股东协议为股东提供了更多的自主权利。股东们可以在章程或协议中约定享有优先购买权,以更好地维护自身利益。同时,类别股机制项下"须经公司同意等转让受限的股份"的规定,也可以被视为《公司法》(2023 年修订)为市场实践留出的空间,允许在具体商业场景下考虑是否将"优先购买权"纳入类别股机制的范畴内。

总体而言,《公司法》(2023 年修订)的新增规定显著强化了章程对股权转让的限制效力,为股份有限公司提供了更多的自治空间和灵活性,不仅有助于保护股东权益,也有助于促进市场活力和公平竞争。

3.《公司法》(2023 年修订)施行后的公司章程对股权转让限制具有更大自由和空间

(2020)最高法民终 1224 号判决书对公司章程对股权转让的限制问题进

行了判定并有清晰明确的裁判要旨,这对《公司法》(2023 年修订)相关条文的司法适用与商业实践具有预示和参考意义。该案件表明,在《公司法》(2023 年修订)颁布施行之前,实践中就有司法案件支持股份有限公司的公司章程对股份转让作出限制性规定,这种限制性规定反映了股份有限公司股东间的自治性约定。《公司法》(2023 年修订)施行之后,依据其 157 条的规定,在制定公司章程时,股份有限公司的股东可以从公司控制和股东权利保护的角度对股份的转让进行限制,这种限制有了法律的支持,给予了章程设计的自由和空间,但公司章程的这种限制性设计不应达到禁止或变相禁止股权转让的程度,要充分考虑公司章程对股权转让限制的合法性和合理性,进而更好地维护公司控制并保护股东的利益。

第八章　股东退出的章程设计

以终为始，赢在退出！

股东作为公司的投资者，通过公司的利润分配和公司增值来获取投资回报。股东加入公司不仅需要合理的股权架构来保障良好的公司治理与正当利益，也需要完善的退出机制。随着公司实践与资本市场的发展，公司异议股东的变动、优化治理结构、资本结构的调整、公司市值的管理、股权激励的实行以及投资者的风险控制等都可能导致股东离开公司，股东退出是股权合作结束的刚性话题，也是公司日常运营、股权架构调整的实际需要，《公司法》（2023 年修订）新增内容迎合了这种市场需要，在《公司法》（2018 年修正）规定的基础上，完善了有限责任公司异议股东回购请求权，新增了股份有限公司异议股东回购请求权。

一、股东退出概述

股东退出是指在公司存续期间，股东基于特定事由，将其所持股权的价值收回，从而丧失其公司社员地位的行为。股东投资和控制公司的目的是追求更大的投资效益，良好的公司治理是股东实现投资效益的必要条件。但在实践中，因为公司股东之间可能产生不同的利益诉求，当投资利益实现时，股东可能选择盈利退出；当投资利益不能实现时，可能会造成股东争议或公司僵局，这时也会产生股东退出的需求。

从公司控制的角度分析，当公司在部分股东控制之下时，控制公司的股东当然不主张其他股东的退出，甚至会挽留其他股东，因为只有公司保持稳定性，控制公司的股东才能实现利益最大化。针对其他没有控制公司的股东来说，如其不能享有公司发展的红利,其投资目的就不能实现,退出公司是其较优的选择。当股东无心继续留在公司时,股东的意图、行为、表决等方面已不能赋能公司,反而是公司的管控成本。在这种情况下,强制股东留在公司对公司发展不利,控制股东应该考虑设定一些合适的路径让异议股东退出。

股东退出一般是特定情况下的退出,多发生在公司僵局或股东投资目的不能实现的情形。当然也有股东在实现投资收益后退出,但这种退出不是我们讨论的重点,因为实现投资收益后的股东退出一般不会形成争议,而在争议情况下的股东退出一般会导致公司僵局或公司有解散的风险。为避免公司陷入僵局或有导致公司解散的风险,法律及股东当事方都试图通过各种措施对公司僵局进行化解,并以维护公司存续作为解决公司僵局的基本原则。

【参考案例】 最高人民法院在袁某晖与长江置业(湖南)发展有限公司(以下简称长江置业公司)请求公司收购股份纠纷案中释明,长江置业公司章程中规定,股东权利受到公司侵犯,股东可书面请求公司限期停止侵权活动,并补偿因被侵权导致的经济损失。如公司经法院或公司登记机关证实:公司未在所要求的期限内终止侵权活动,被侵权的股东可根据自己的意愿退股,其所拥有的股份由其他股东协议摊派或按持股比例由其他股东认购。本案中,长江置业公司在没有通知袁某晖参与股东会的情况下,于2010年5月31日作出股东会决议,取消了袁某晖的一切经费开支,长江置业公司和其股东会没有保障袁某晖作为股东应享有的决策权和知情权,侵犯了袁某晖的股东权益,符合长江置业公司章程所约定的“股东权利受到公司侵犯”的情形。因此,袁某晖有权根据公司章程的规定,请求公司以回购股权的方式让其退出公司。[①]

股东退出有法定退出和协议退出两种情形。

(一)股东法定退出

1. 法定回购

《公司法》(2023年修订)第89条第1款将有限责任公司中的异议股东股

① 参见最高人民法院民事裁定书,(2014)民申字第2154号。

权回购请求权的适用范围规定了三种情形：(1)公司连续5年不向股东分配利润，而公司该5年连续盈利，并且符合本法规定的分配利润条件；(2)公司合并、分立、转让主要财产；(3)公司章程规定的营业期限届满或者章程规定的其他解散事由出现，股东会通过决议修改章程使公司存续。同时在第89条第3款新增了股东压制情形下的退出规定，即"公司的控股股东滥用股东权利，严重损害公司或者其他股东利益的，其他股东有权请求公司按照合理的价格收购其股权"。

《公司法》(2023年修订)第161条新增了股份有限公司异议股东回购请求权，将《公司法》(2023年修订)第89条第1款规定的三种情形也列为股份有限公司股东异议回购请求权的三种情形，但没有第89条第3款规定的股东压制情形下的股东回购请求事项；《公司法》(2023年修订)第162条规定了股份有限公司的主动股份回购情形，依据该条第1款的规定，股份有限公司的股份回购则是"原则禁止，例外允许"，且该条还规定了"上市公司为维护公司价值及股东权益所必需"，公司可以回购本公司股份。

利润分配请求权是股东的核心权利，也是股东投资公司的首要动机，连续5年不分配利润会使中小股东的投资回报时间过于冗长，并导致投资目的落空。公司的合并、分立会导致公司的财产结构、经营状况，甚至公司性质等发生重大的改变，为公司的未来带来很多不稳定的因素。每一个股东对于公司结构性重大变更会作出不同的判断，这种重大变更往往会改变股东对公司前景的预期。而转让主要财产的决议足以对公司运营产生重大影响，甚至动摇公司存在的根基，使股东的投资目的落空。同时，这些重大变更可能削弱股东权利，影响着股东的切身利益。部分股东对公司的影响力可能因此减小，或可能对股东的投资信心造成重大打击。股东加入公司时是基于公司章程作出的投资决定，修改公司章程使公司存续可能导致股东无法按投资计划结束此次投资，使股东的投资资金被公司"裹挟""套牢"，这就违背了股东投资的初衷。在此类情况下，法律或章程应保护股东的权益并设计股东的退出路径，在《公司法》(2023年修订)规定情境下股东要求公司或控股股东回购并退出公司或公司主动回购以便使股东退出符合现实需要及法律本义。

2. 股东失权

《公司法》(2023 年修订)第 51 条、第 52 条新增了股东失权制度,依据第 107 条规定,股东失权制度也适用于股份有限公司。依据《公司法》(2023 年修订)第 51 条、第 52 条的新规定,如果股东未按期足额缴纳公司章程规定的出资,在公司向该股东发出书面催缴书后,经过一定的宽限期,该股东仍未履行出资义务,公司经董事会决议可以向该股东发出失权通知,通知应当以书面形式发出。自通知发出之日起,该股东丧失其未缴纳出资的股权。

《公司法》(2023 年修订)新增的股东失权制度填补了我国公司法律制度中股东除名规则的空白,是继《公司法司法解释(三)》股东除名规则之后的更严格的法定除名规则,为督促股东履行出资义务、维护公司资本充实提供了有利抓手。但该制度对公司控制与股东权利保护是一柄"双刃剑",要防止股东失权制度沦为股东压制或逃避责任的工具,相关主体应谨慎运用。

针对股东未按期足额缴纳公司章程规定的出资的,《公司法》(2023 年修订)规定了失权制度。而依规缴纳出资后的抽逃出资是股东等主体侵害公司财产的行为,其行为性质属于侵权,同样损害了公司资本的充实性与其他股东的利益,应该说"抽逃出资"比"股东未按期足额缴纳公司章程规定的出资"具有更大的恶意,依据"举轻以明重"的体系解释方法,抽逃出资更应当适用股东失权制度。我国在《公司法司法解释(三)》中规定,有限责任公司的股东未履行出资义务或者抽逃全部出资,经公司催告缴纳或者返还,其在合理期间内仍未缴纳或者返还出资,公司有权依法以股东会决议解除该股东的股东资格。

【参考案例】 在宋某祥、上海万禹国际贸易有限公司(以下简称万禹公司)与杭州豪旭贸易有限公司(以下简称豪旭公司)公司决议效力确认纠纷上诉案中,上海市第二中级人民法院释明:《公司法司法解释(三)》第 17 条中规定的股东除名权是公司为消除不履行义务的股东对公司和其他股东所产生不利影响而享有的一种法定权能,不以征求被除名股东的意思为前提和基础。在特定情形下,股东除名决议作出时,会涉及被除名股东可能操纵表决权的情形。故当某一股东与股东会讨论的决议事项有特别利害关系时,该股东不得就其持有的股权行使表决权。该院认为，本案系争除名决议已获除豪旭公司以外的其他股东一致表决同意系争决议内容，即以100%表决权同意并通过，故万禹公司2014年3月25日作出的股东会决议应属有效，豪旭公司股东资格已被合法解除。①

依据以上分析和司法判例，针对“抽逃出资”和“股东未按期足额缴纳公司章程规定的出资”的情况，公司章程应作出解除股东资格或股东失权的细化规定，以维持公司资本充实和保护公司和股东利益。

3. 公司解散

《公司法》(2023年修订)第229条规定了公司解散的法定原因，这是股东最终退出公司的法定路径。另外，《公司法》(2023年修订)第231条规定，“公司经营管理发生严重困难，继续存续会使股东利益受到重大损失，通过其他途径不能解决的，持有公司百分之十以上表决权的股东，可以请求人民法院解散公司”。该法条系我国公司法关于股东申请解散公司的规定，也是股东法定退出的又一路径。依照该条规定，股东有权在公司特定情形下，申请公司解散退出公司。公司解散退出应是股东退出的终极路径，因为这条退出的方式以消灭公司法人地位为前提，对其他股东、公司及社会公共利益皆无益处，是股东退出的“多输”路径。正如《公司法司法解释(二)》第5条第1款规定：“人民法院审理解散公司诉讼案件，应当注重调解。当事人协商同意由公司或者股东收购股份，或者以减资等方式使公司存续，且不违反法律、行政法规强制性规定的，人民法院应予支持……”依据该解释规定，司法机关并不鼓励强制解散公司，如果有其他途径可以使公司存续，司法机关将予以支持。

【参考案例】 在最高人民法院第二批指导案件中，指导案例8号林某清诉常熟市凯莱实业有限公司(以下简称凯莱公司)、戴某明公司解散纠纷案(最高人民法院审判委员会讨论通过2012年4月9日发布)就是这样“多输”的典型案件。在审理该案的过程中，一审法院的观点是，虽然两股东陷入僵局，但凯

① 参见上海市第二中级人民法院民事判决书，(2014)沪二中民四(商)终字第1261号。

莱公司目前经营状况良好,不存在公司经营管理发生严重困难的情形。如果仅因为股东之间存在矛盾而导致公司从业人员失去工作、几百名经营户无法继续经营,既不符合公司法的立法本意,也不利于维护任何一方股东的权益。股东之间的僵局可以通过多种途径来破解。公司法在维护股东权利方面制定了明确而具体的规定,若林某清认为其股东权利受损,可依法进行救济。此外,林某清可以要求戴某明或凯莱公司收购林某清股份,以合理的价格转让股份,既能打破僵局救济股东权利,又能保持公司的存续。一审法院认为林某清关于解散凯莱公司的请求依据不足,不予支持。但二审法院认为,首先,凯莱公司的经营管理已发生严重困难。“公司经营管理发生严重困难”的侧重点在于公司管理方面存有严重内部障碍,如股东会机制失灵、无法就公司的经营管理进行决策等,不应片面理解为公司资金缺乏、严重亏损等经营性困难。其次,由于凯莱公司的内部运营机制早已失灵,林某清的股东权、监事权长期处于无法行使的状态,其投资凯莱公司的目的无法实现,利益受到重大损失,且凯莱公司的僵局通过其他途径长期无法解决。凯莱公司已符合《公司法》及《公司法司法解释(二)》所规定的股东提起解散公司之诉的条件。二审法院从充分保护股东合法权益,合理规范公司治理结构,促进市场经济健康有序发展的角度出发,依法作出撤销一审判决,判决解散凯莱公司。①

综合股权(份)回购、股东失权和公司解散的三种股东法定退出方式,依据法定路径,股东退出不仅前提严格,实践中还不易操作,甚至提起公司解散也不能保证顺利退出。这三种退出方式最终都可能通过诉讼才能达到退出目的,且不说通过诉讼能否最终达到退出目的,耗时耗力的诉讼争端过程也不是股东投资之时就想要面对的。一句话,谁也不想股权合作“蜜月式”开始,“悲剧式”结束。因此,面对股东法定退出的窘境,股东应积极作为,通过章程设计其他能够解决分歧、维持公司正常经营、避免公司解散或使股东平和退出的协议路径,在先的制度设计完全可以预防将来可能的退出冲突。

---

① 参见江苏省苏州市中级人民法院民事判决书,(2006)苏中民二初字第0277号;江苏省高级人民法院民事判决书,(2010)苏商终字第0043号。

(二)股东协议退出

从社会发展和公司治理的角度出发,股东投资公司的目的是赚取投资收益及资本增值,从而达到自身及社会财富的增加。公司不应将股东死死锁定在公司内部,财富的流转才会带来更多创造财富的机会。根据商事法律所贯彻的"法无禁止即自由"之私法精神,应由公司股东对退出公司进行事前或事后的合意。只要股东能够达成合意,在不损害公司利益相关主体或违反法律效力性强制规定的情况下,就应当认定股东退出的约定有效。在司法实务中,也有法院秉持类似的观点。

【参考案例】 在泉州永春乾通股权投资合伙企业与王某与公司有关的纠纷案中,法院释明:《公司法》第142条系规定股份公司原则上不得收购本公司的股份,系针对与目标公司签订对赌协议无效,但与公司的股东签订对赌协议不违反法律、行政法规禁止性规定,因约定由公司的股东按合理的价格回购投资人(原告)的股份,属于缔约过程中当事人对投资合作商业风险的安排,系当事人的真实意思表示,未侵害公司及债权人的利益,亦不构成抽逃出资,具有法律和事实上履行可能性,故被告抗辩对赌协议无效的辩解,其抗辩无理,法院不予采纳。①

《公司法》(2023年修订)针对股权转让进行了大幅松绑式修订,其施行后股东股权转让更加便利且自由,同时也延续了"公司章程对股权转让另有规定的,从其规定"的赋权规定。《公司法》(2023年修订)完善了有限责任公司的异议股东退出制度,增加了有限责任公司股东压制情况下的退出,新增了股份有限公司异议股东的退出情形。《公司法》(2023年修订)的这些修订内容都对股权变动赋予了支持、鼓励和放松管制的空间。从公司控制与股东权利保护的目的出发,股东完全可以通过公司章程对股东退出的事项进行个性化的设计。

【参考案例】 在周某红与上海东会工程造价咨询有限公司(以下简称东

---

① 参见福建省福州市马尾区人民法院民事判决书,(2019)闽0105民初359号。

会公司)公司盈余分配纠纷案中,上海市高级人民法院指出:东会公司《公司章程》第10条和《股东协议》第12条均约定:“股东应同时具备以下条件……(二)在本公司专职执业,且与公司签订《劳动(聘用)合同》……”该规定系股东根据本公司实际情况对股东资格条件作出的自主约定,内容于法不悖,对包括周某红在内的所有股东均有约束力。现双方均确认周某红与东会公司不存在劳动关系,即周某红不符合东会公司《公司章程》和《股东协议》约定之股东资格条件,东会公司临时股东会据此作出对周某红的除名决议符合《公司章程》之约定,该决议内容亦于法不悖。[①] 以上案例充分说明公司章程的预设性规定使不适格股东退出公司的适用性。

股东协议退出从一定程度上可以使公司的股权架构更健康。如果股东实现了自己的投资目的,则协议退出皆大欢喜。如果股东因为产生了矛盾,不能继续共处合作,则协议退出也使公司健康地发展下去。从保护公司、其他股东和债权人利益的角度,从保护社会秩序推动社会发展的角度,从公平正义、公司人合性的角度来看,当股东不能继续合作,提前设定好退出的通道是最佳的解决路径。否则,当一个公司还在良性运行时,因股东僵局而导致公司解散从而实现股东的退出,是一个“多输”的结局,对公司股东及社会发展并无益处。

【参考案例】 在沛县舜天房地产开发有限公司(以下简称舜天公司)与叶某文股权转让纠纷再审案中,最高人民法院明确表达了对公司股东协议退出公司的肯定性观点。最高人民法院在该案中释明:《公司法》规定股东不得抽逃出资,但《公司法》并不禁止股东在公司成立之后以合法方式退出公司,包括以公司回购股权的形式退出公司。《公司法》第75条规定的股东回购请求权是法定的股东回购请求权,根据该条规定的情形,股东可以请求公司按照合理价格收购其股权,股东与公司不能达成协议的,股东可在法定期限内向人民法院提起诉讼。除该条规定的情形股东可行使法定的回购请求权外,《公司法》上仍有股东与公司于其他情形通过协议而由公司回购股东股权的余地。《公司法司法解释(二)》第5条规定,人民法院审理解散公司诉讼案件,应当注重调

① 参见上海市高级人民法院民事裁定书,(2017)沪民申502号。

解。当事人协商同意由公司或者股东收购股份，或者以减资等方式使公司存续，且不违反法律、行政法规强制性规定的，人民法院应予支持。显然，股东通过公司回购股份退出公司，并不仅限于《公司法》第75条规定的情形。公司的成立本身就是股东意思表示一致的结果，公司存在的意义不在于将股东匿于公司中不得脱身，而在于谋求股东利益最大化。在股东之间就公司的经营发生分歧，或者股东因其自身原因不能正常行使股东权利时，股东与公司达成协议由公司回购股东的股权，既符合有限责任公司封闭性和人合性特点，又可打破公司僵局、避免公司解散的最坏结局，使得公司、股东、公司债权人的利益得到平等保护。《公司法》允许公司与股东在公司解散诉讼案件中，协商由公司回购股东股份，以打破公司僵局，使公司保持存续而免遭解散，那么允许公司与股东在公司僵局形成之初、股东提请解散公司之前，即协商由公司回购股份以打破公司僵局、避免走向公司解散诉讼，符合《公司法》立法原意。通过公司回购股东股份，使公司继续存续，可以保持公司的营运价值，并不必然导致公司债权人利益受损。而公司回购股东股份之后，《公司法司法解释(二)》第5条规定，或者转让，或者将该股份通过减资程序注销。无论注销或转让，均应符合《公司法》关于保护公司债权人的相关规定，即"股份转让或者注销之前，原告不得以公司收购其股份为由对抗公司债权人"。二审判决认定股东会决议和公司与叶某文签订的《股权转让协议》有效是正确的。[①] 舜天公司应当且有条件及时安排其他股东受让叶某文转让的股份或者履行减资手续让叶某文退出公司，以保护公司债权人的利益。

国家文件和司法实践中早就已秉持类似的观点。《国务院关于国有企业发展混合所有制经济的意见》(国发〔2015〕54号)中明确提出要"建立健全股权流转和退出机制"。《公司法司法解释(五)》尝试给出了股东退出的协议路径。《公司法司法解释(五)》第5条规定，人民法院审理涉及有限责任公司股东重大分歧案件时，应当注重调解。当事人协商一致以下列方式解决分歧，且不违反法律、行政法规的强制性规定的，人民法院应予支持：(1)公司回购部分

---

① 参见最高人民法院民事裁定书，(2009)民申字第453号。

股东股份;(2)其他股东受让部分股东股份;(3)他人受让部分股东股份;(4)公司减资;(5)公司分立;(6)其他能够解决分歧,恢复公司正常经营,避免公司解散的方式。

从公司法修订、国家文件和司法解释的观点可以看出,我国法律法规和司法解释对股东退出持开放态度,要求或希望股东之间自主确立健康机制或协商解决退出纷争,解散公司的股东退出方式非常谨慎,鼓励从公司回购、股份转让、他人受让、公司减资、公司分立等公司自治途径解决股东之间的纷争,最终使股东合意顺利退出。

二、股东退出的章程设计

现代市场经济,投资与风险共生,完善的公司制度及公司章程应为股东及投资者提供合理的风险规避及退出的方式方法。在遵循依法设计的前提下,公司股东应主动积极利用公司章程设计"能进能出"的公司投资机制,从而满足公司对人力、资本等各要素有序变动的需求,稳中有变、变中有序地促进公司健康发展。

(一)股东退出之股权回购

除了法定的公司回购之外,结合《公司法》(2023年修订)第89条、第161条和第162条规定的法律精神,股东可以从投资目的不能实现、公司重大交易或重大变动不利于股东利益的角度进行公司章程的退出设计。

【参考案例】 《最高人民法院关于发布第18批指导性案例的通知》发布的指导案例96号:宋某军诉西安市大华餐饮有限公司股东资格确认纠纷案中,该案裁判要旨表明,有限责任公司股权回购除法定情形外还可以进行约定。有限责任公司按照初始章程约定,支付合理对价回购股东股权,且通过转让给其他股东等方式合理进行处置的,人民法院应予以支持。[①]

---

① 《最高人民法院关于发布第18批指导性案例的通知》(法〔2018〕164号)。

根据回购主体的不同，协议回购主要分为两大类，公司回购和其他股东回购。关于约定在满足一定的条件后由其他股东对退出股东的股权进行回购，实务中司法裁判观点已经较为统一，法院倾向于认为此类约定并不损害公司资本维持原则，不会对公司及债权人的利益造成侵害，如果不存在法律规定的合同无效的情形，合同应有效。而约定以公司为主体进行回购是否有效，实务中一直存在较大争议。①

倾向性观点的演变可以大致分为以下四个主要阶段：

一是无效。

【参考案例】 在甘肃世恒有色资源再利用有限公司(以下简称世恒公司)、香港迪亚有限公司(以下简称迪亚公司)与苏州工业园区海富投资有限公司(以下简称海富公司)、陆某增资纠纷案(以下简称甘肃世恒案)中，最高人民法院释明，世恒公司、海富公司、迪亚公司、陆某在《增资协议书》中约定，如果世恒公司实际净利润低于3000万元，则海富公司有权从世恒公司处获得补偿，并约定了计算公式。这一约定使海富公司的投资可以取得相对固定的收益，该收益脱离了世恒公司的经营业绩，损害了公司利益和公司债权人利益，一审法院、二审法院根据《公司法》第20条和《中外合资经营企业法》第8条的规定认定《增资协议书》中的这部分条款无效是正确的。②

最高人民法院对甘肃世恒案[(2012)民提字第11号]的裁判思路在很长时间内对PE&VC的投资都有一个指引作用，即投资者与目标公司本身之间的补偿条款如果使投资者可以取得相对固定的收益，则该约定直接或间接地损害公司利益和公司债权人利益，故应认定投资者和目标公司之间关于股权回购的条款无效。最高人民法院在认定世恒公司补偿条款无效的理由中，特别强调了其无效的理由是因为海富公司可以取得的相对固定收益，该收益脱离了世恒公司的经营业绩，从而损害了公司利益和公司债权人利益。

二是并非当然无效。

---

① 参见曹力：《有限责任公司股权回购法律适用及争议解决方式研究》，载《法制与社会》2018年第28期。

② 参见最高人民法院民事判决书，(2012)民提字第11号。

【参考案例】 在江苏华工创业投资有限公司(以下简称华工公司)与扬州锻压机床股份有限公司(以下简称扬锻公司,其原来为扬锻集团公司)、潘某虎等请求公司收购股份纠纷再审案中,江苏省高级人民法院释明:我国《公司法》并不禁止有限责任公司回购本公司股份,有限责任公司回购本公司股份不当然违反我国《公司法》的强制性规定。有限责任公司在履行法定程序后回购本公司股份,既不会损害公司股东及债权人利益,也不会构成对公司资本维持原则的违反。在有限责任公司作为对赌协议约定的股份回购主体的情形下,投资者作为对赌协议相对方所负担的义务不仅限于投入资金成本,还包括激励完善公司治理结构以及以公司上市为目标的资本运作等。投资人在进入目标公司后,亦应依《公司法》的规定,对目标公司经营亏损等问题按照合同约定或者持股比例承担相应责任。案涉对赌协议中关于股份回购的条款内容,是当事人特别设立的保护投资人利益的条款,属于缔约过程中当事人对投资合作商业风险的安排,系各方当事人的真实意思表示。股份回购条款中关于股份回购价款约定为:华工公司投资额+(华工公司投资额×8%×投资到公司实际月份数÷12)-扬锻集团公司累计对华工公司进行的分红。该约定虽为相对固定收益,但约定的年回报率为8%,与同期企业融资成本相比并不明显过高,不存在脱离目标公司正常经营下所应负担的经营成本及所能获得的经营业绩的企业正常经营规律。华工公司、扬锻集团公司及扬锻集团公司全体股东关于华工公司上述投资收益的约定,不违反国家法律、行政法规的禁止性规定,不存在《合同法》第52条规定的合同无效的情形,亦不属于合同法所规定的格式合同或者格式条款,不存在显失公平的问题。扬锻公司及潘某虎等关于案涉对赌协议无效的辩解意见,法院不予采信。扬锻集团公司变更为扬锻公司后,案涉对赌协议的权利义务应由扬锻公司承继,在案涉对赌条款激活后,扬锻公司应按照协议约定履行股份回购义务,潘某虎等原扬锻集团公司股东应承担连带责任。①

三是《全国法院民商事审判工作会议纪要》的观点。

2019年11月8日,最高人民法院印发的《全国法院民商事审判工作会议

---

① 参见江苏省高级人民法院民事判决书,(2019)苏民再62号。

纪要》[①]认为约定公司进行回购原则上是有效的，但退出股东要求公司实际履行的主张应结合公司实际情况再具体审查。

结合法律规定、司法实践和会议纪要，《公司法》（2023 年修订）规定了公司异议股东可以依据规定行使股份回购请求权，但法律规定的回购异议股东股权的实现条件过于严苛，特别是《公司法》（2023 年修订）在第 89 条第 3 款新增规定“公司的控股股东滥用股东权利，严重损害公司或者其他股东利益的，其他股东有权请求公司按照合理的价格收购其股权”，该规定是针对有限责任公司控股股东压制情况下的股权回购，有必要在公司章程中对之进行细化，例如，公司在多长时间不分配利润或在可以分配利润的情况下不分配利润时，异议股东可以委托第三方专业机构就公司的账目资料进行审计，对审计结果，其他股东（大股东）均应予以认可，并且审计费用由公司承担等；如果公司在章程规定的情况下，仍不分配利润或大股东拒绝分配利润，异议股东有权选择股权转让或有权要求大股东、控股股东或实际控制人回购相应股权。回购的价格可约定为不低于每年 10% 的相应利润或投资回报等类似规定。如果公司章程能预先设计异议股东行使回购权的具体办法，小股东在法定或章程规定的回购情形发生时，可以更加便捷地退出公司，以减少纠纷的发生或对公司的不利影响。结合法律法规、司法案件及意见和会议纪要，可以看出倾向性观点是支持公司自治，这就为公司章程设计股东协议退出提供了制度支持。

四是《公司法》（2023 年修订）的新增规定。

《公司法》（2023 年修订）第 89 条第 1 款维持了《公司法》（2018 年修正）的

---

① 《全国法院民商事审判工作会议纪要》第 5 条规定：投资方与目标公司订立的“对赌协议”在不存在法定无效事由的情况下，目标公司仅以存在股权回购或者金钱补偿约定为由，主张“对赌协议”无效的，人民法院不予支持，但投资方主张实际履行的，人民法院应当审查是否符合公司法关于“股东不得抽逃出资”及股份回购的强制性规定，判决是否支持其诉讼请求。投资方请求目标公司回购股权的，人民法院应当依据《公司法》第 35 条关于“股东不得抽逃出资”或者第 142 条关于股份回购的强制性规定进行审查。经审查，目标公司未完成减资程序的，人民法院应当驳回其诉讼请求。投资方请求目标公司承担金钱补偿义务的，人民法院应当依据《公司法》第 35 条关于“股东不得抽逃出资”和第 166 条关于利润分配的强制性规定进行审查。经审查，目标公司没有利润或者虽有利润但不足以补偿投资方的，人民法院应当驳回或者部分支持其诉讼请求。今后目标公司有利润时，投资方还可以依据该事实另行提起诉讼。

规定,延续了有限责任公司中的异议股东股权回购请求权的适用情形;在第 89 条第 3 款新增了股东压制的退出规定,即“公司的控股股东滥用股东权利,严重损害公司或者其他股东利益的,其他股东有权请求公司按照合理的价格收购其股权”。《公司法》(2023 年修订)第 161 条新增了股份有限公司异议股东回购请求权,将《公司法》(2023 年修订)第 89 条第 1 款规定的三种情形扩展至股份有限公司,同时在《公司法》(2023 年修订)第 162 条规定了股份有限公司的主动股份回购情形。《公司法》(2023 年修订)规定为公司回购股东股权提供了新的制度抓手。公司回购股东的股权一般应通过减资操作,这时应注意《公司法》(2023 年修订)第 224 条第 3 款的规定,即“公司减少注册资本,应当按照股东出资或者持有股份的比例相应减少出资额或者股份,法律另有规定、有限责任公司全体股东另有约定或者股份有限公司章程另有规定的除外”。依据《公司法》(2023 年修订)的规定,公司章程针对公司回购使股东退出的情形应有足够的设计空间。

股东退出之股权回购章程条款参考示例

第×××条　出现下列情形之一的,对股东会该项决议投反对票的股东可以请求公司按照合理的价格收购其股权:

(一)公司连续 5 年不向股东分配利润,而公司该 5 年连续盈利,并且符合公司法规定的分配利润条件的;

(二)公司合并、分立、转让主要财产的;

(三)公司章程规定的营业期限届满或者章程规定的其他解散事由出现,股东会通过决议修改章程使公司存续的。

第×××条　自股东会决议通过之日起 60 日内,股东与公司不能达成股权收购协议的,股东可以自股东会决议通过之日起 90 日内向人民法院提起诉讼。

第×××条　(法定回购的补充条款)当公司存在以下情形时,公司股东有权行使退股权,由公司及控股股东连带收购该股东的股权:

(一)股东会投票通过公司转让主要财产,少数股东持异议的;

(二)公司的行为严重背离股东投资的预期利益;

（三）股东之间或者董事之间发生严重冲突，股东会、董事会管理陷入僵局；

（四）少数股东持续攫取和滥用公司资产，给公司和股东造成了不可弥补的损失；

（五）排斥股东参与利润分配，但特定股东或者高管人员通过其他方式获取不正当报酬或高额薪资以及侵占公司利润；

（六）职工股东辞职、被辞退、退休或亡故的，此种情况下，控股股东有权要求收购该等职工股东的股权；

（七）由于股东个人原因难以继续合作的其他情况。

第×××条　当公司股东会在表决时，从第一次不能通过有效的股东会决议之日起，如果股东会在一年内不能形成有效的股东会决议，股东甲即应该依据市场评估价或净资产价格或投资后以年化利率10%的价格中孰高者收购股东乙的股权；如股东甲未能收购，股东甲应将其股权的5%无偿转让给股东乙。

第×××条　中小股东的主动退出条款

（一）当出现以下情况时，中小股东有权要求标的公司或控股股东回购中小股东所持有的全部或部分公司股份：不论任何主观或客观原因，公司在具备法定的分配利润的条件下，而控股股东对股东会利润分配决议投反对票。

（二）当出现下列任何重大事项时，中小股东有权转让其所持有的全部或者部分公司股份，控股股东负有按本章程规定的股份回购价格受让该等股份的义务；但是如果任何第三方提出的购买该等股份的条件优于前述股份回购条件，则中小股东有权决定将该等股份转让给该第三方：

1. 控股股东和公司出现重大诚信问题严重损害公司利益，包括但不限于公司出现中小股东不知情的大额账外现金销售收入等情形；

2. 公司的有效资产（包括土地、房产或设备等）因为行使抵押权被拍卖等导致所有权不再由公司持有或者存在此种潜在风险，并且在合理时间内（不超过3个月）未能采取有效措施解决由此给公司造成重大影响；

3. 控股股东所持有的公司之股份因行使质押权等原因，所有权发生实质性转移或者存在此种潜在风险；

4. 公司的生产经营、业务范围发生实质性调整，且不能得到中小股东的

同意;

5. 其他根据一般常识性的、合理的以及理性的判断,因中小股东受到不平等、不公正的对待等原因,继续持有公司股份将给中小股东造成重大损失或无法实现投资预期。

(三)本条项下的股份回购价格应按以下两者较高者确定:

1. 按照本条规定的中小股东的全部出资额及自从实际缴纳出资日起至原股东或者公司实际支付回购价款之日按年利率10%计算的利息(不计复利);

2. 回购时中小股东所持股权对应的公司经审计的净资产。

(四)本条项下的股份回购均应以现金形式进行,全部股份回购款应在中小股东发出书面回购要求之日起2个月内全额支付给中小股东。中小股东之前从公司所收到的所有股息和红利可作为购买价格的一部分予以扣除。

(五)如果公司对中小股东的股份回购行为受到法律的限制,控股股东应作为收购方,应以其自有资金收购中小股东持有的公司股份。

第×××条　股权回购及股东退出

(一)各方股东同意,发生下列任一事件时,持股比例较小的或中小股东有权在任何时间要求公司和/或控股股东回购中小股东所持有的全部或部分股权(回购的方式包括但不限于控股股东受让中小股东股权、公司向中小股东定向减资、公司优先向中小股东分配红利等一切合法手段,具体方式届时由中小股东选择,中小股东可同时进行多项选择):

1. 公司或控股股东所披露的公司资产或经营状况严重失实以致严重侵害持股比例较小的或中小股东的投资利益和预期收益;

2. 控股股东严重侵害持股比例较小的或中小股东权益,如挪用公司资金、变卖公司资产、设立关联公司进行体外循环,尤其是公司出现持股比例较小的或中小股东不知情的账外现金销售收支。

为避免歧义,持股比例较小的中小股东根据本条款行使回购选择权并不影响持股比例较小的或中小股东就公司和/或控股股东的严重违约追究其责任并要求获得赔偿的权利。

(二)各方同意,若因本条第(一)款第1项所述原因导致中小股东要求回购的,回购价格为下列金额中较高者:

1. 持股比例较小的或中小股东实缴出资款的1.5倍；

2. 持股比例较小的或中小股东实缴出资款与持股比例较小的或中小股东应分配利润（自实际缴付出资之日起至向持股比例较小的或中小股东支付全部回购价款之日公司实现的净利润乘以在此期间持股比例较小的或中小股东持有公司的加权平均股权比例）的总额（扣除公司已支付给持股比例较小的或中小股东的利润分配或股息红利）；

3. 持股比例较小的或中小股东股权比例对应的公司截至向持股比例较小的或中小股东支付全部回购价款之日的公司净资产。

（三）各方同意，为完成上述回购，公司和/或控股股东应作出或促使其委派的董事作出其他方合理要求的一切行为和签署一切必要的文件（包括但不限于控股股东应签订与持股比例较小的或中小股东股权转让相关的一切文件），公司将负责办理所有必要的手续，包括但不限于办理政府部门审批登记手续。

第×××条 经本公司股权激励所获得的股权，持股人因任何原因包括但不限于辞职、辞退、未经公司同意与公司同业竞争、丧失劳动能力、退休、亡故等与公司终止劳动合同或离开公司的，公司允许转让或保留其所持有的股份，安排如下：曾担任公司中层以上领导干部职务，曾参与公司经营决策并对公司经营作出一定贡献的人员，经持股本人申请报公司董事会批准，允许保留5年的持有期；其他有关人员及普通员工经持股本人申请，报请公司董事会批准，允许保留3年的持有期。保留期满，必须转让给公司董事会指定人员或由公司回购安排，转让价格均按公司上一年度经审计的净资产为标准执行。相应被回购股份的持股人，在董事会向其发出转让或回购通知后，通知送达以后，不按时办理转让或回购手续的，公司不再分配红利、股息和配股，该部分股权的权利归公司指定人员享有。

第×××条 公司的控股股东、实际控制人员不得利用其关联关系损害公司利益。违反规定给公司造成损失的，应当承担赔偿责任。

公司控股股东及实际控制人对公司和其他股东负有诚信义务。控股股东应严格依法行使出资人的权利，控股股东不得利用利润分配、资产重组、对外投资、资金占用、借款担保等方式损害公司和其他股东的合法权益，不得利用其控制地位损害公司和其他股东的利益。

发生以上情形的,其他股东有权要求控股股东回购其股权。

(二)股东退出之股东失权

《公司法》(2023年修订)第51条、第52条新增了股东失权制度,依据第107条规定,股东失权制度也适用于股份有限公司。如果股东未按期足额缴纳公司章程规定的出资,经过一定程序,该股东可能丧失其未缴纳出资的股权。股东抽逃出资是股东等主体侵害公司财产的行为,同样损害了公司资本的充实性与其他股东的利益,应该说具有更大的侵权故意。我国在《公司法司法解释(三)》中规定,有限责任公司的股东未履行出资义务或者抽逃全部出资,经公司催告缴纳或者返还,其在合理期间内仍未缴纳或者返还出资的,公司有权依法以股东会决议解除该股东的股东资格,使该股东失权。

依据《公司法》(2023年修订)的失权制度和司法解释,股东失权是公司为消除特定股东对公司和股东的共同利益所产生的不利影响而享有的一项权能。当股东因出资事项违反了法定或约定义务,股东间往往丧失人合性基础,当因此致使公司股东共同目的无法实现时,应允许将该股东驱离公司,以保护公司和其他股东的合法权益。

【参考案例】 在倪某与广东国华新能源投资有限公司(以下简称国华公司)股东出资纠纷案中,广东省高级人民法院释明:股东除名作为对股东最严厉的一种处罚,是对失信股东的放弃。《公司法司法解释(三)》第18条规定:"有限责任公司的股东未履行出资义务或者抽逃全部出资,经公司催告缴纳或者返还,其在合理期间内仍未缴纳或者返还出资,公司以股东会决议解除该股东的股东资格,该股东请求确认该解除行为无效的,人民法院不予支持。"本案因倪某没有足额缴纳首期出资款,且经国华公司催缴仍未履行其出资义务。二审法院据此认定国华公司通过公司股东会决议的形式,对倪某进行除名,该决议程序合法,内容未违反法律、法规的强制性规定,亦符合上述规定。①

---

① 参见广东省高级人民法院民事裁定书,(2013)粤高法民二申字第662号。

新增的股东失权制度是对瑕疵出资股东最严厉的措施，股东失权会导致公司股权结构的变化、公司控制权转移以及股东权利的保护问题，公司章程可对股东失权进行一定的设计，以使之符合公司控制与股东权利保护的特定方向。

股东退出之股东失权章程条款参考示例

第×××条　公司成立后，董事会应当对股东的出资情况进行核查，发现股东未按期足额缴纳本章程规定的出资的，应当提请公司向该股东发出书面催缴书，催缴出资。未及时履行本款规定的义务，给公司造成损失的，负有责任的董事应当承担赔偿责任。

股东未按期足额缴纳出资的，公司应当向该股东发出书面催缴书，催缴出资。

催缴书可以载明缴纳出资的宽限期，宽限期自公司发出催缴书之日起，不得少于60日。宽限期届满，股东仍未履行出资义务的，公司经董事会决议可以向该股东发出书面失权通知。自通知发出之日起，该股东丧失其未缴纳出资的股权。

依照前款规定丧失的股权应当依法转让，或者相应减少注册资本并注销该股权；6个月内未转让或者注销的，由公司其他股东按照其出资比例足额缴纳相应出资。

第×××条　任一股东有下列行为之一时，其必须无条件将其所持公司全部股权按照以公司净资产作为依据确定的转让价格转让给其他股东（该其他股东可以是本协议签订时各方股东一致提前确认指定的某一特定股东，也可以是届时由其他股东所持表决权的2/3以上通过推举的某一特定股东；如不能锁定某一特定股东，可以由其他股东按照出资比例共同受让该股权）：

（一）在竞争对手的公司做兼职或者顾问；

（二）股东个人直接或通过成立其他公司、企业与本公司开展同业竞争；

（三）引诱公司员工离职，引诱客户脱离；

（四）股东作为公司员工主动辞职离开公司，或被公司辞退、解雇；

（五）严重违反公司章程、保密制度等；

（六）丧失民事行为能力、死亡；

(七)因刑事犯罪被追究刑事责任的;

(八)在公司工作期间出现重大过错行为,致使公司受到重大损失;

(九)有其他损害公司利益的行为,并经其他股东75%以上表决权表决同意。

第×××条 (丧失能力或资格的股东退出条款)因股东丧失民事行为能力或死亡时,其股权由其他股东受让(该其他股东可以是本协议签订时各方股东一致提前确认指定的某一特定股东,也可以是届时由其他股东所持表决权的2/3以上通过推举的某一特定股东;如不能锁定某一特定股东,可以由其他股东按照出资比例共同受让该股权)以公司净资产每股溢价的50%受让(或其他价格),并支付给丧失行为能力的股东或死亡股东的合法继承人。

第×××条 (瑕疵出资股东的退出条款)怠于履行出资义务(包括但不限于未按约定或章程规定出资、延迟出资、出资不实等)及抽逃出资的股东,公司应及时追缴出资,公司董事会有责任通知该等股东履行出资义务。

该等股东经公司通知后60日内未补缴出资或返还出资的,在60日届满之日后,公司应及时召开股东会,经除该股东外过半数表决权的股东会决议,该股东即丧失未补缴或未返还出资部分所代表的股权,该部分股权由股东会决议同意的股东认缴;无人认缴者由公司减资。

第×××条 (股东退出的违约金条款)各股东任何一方违反本章程的约定,应按违约股东认缴资本总额的20%向其他守约方支付违约金,并赔偿其他守约方因此而产生的全部损失(该损失包括但不限于可得利益损失、错失交易机会损失等)。

第×××条 (配偶约束条款)各股东确保并承诺,其配偶以及其他财产共有人已完全知晓并了解本章程的相关条款,认可并同意本章程项下涉及或可能涉及对其相应权利的处置与安排,同意各股东签署本章程;如有违反,股东及配偶对其他守约股东应承担违约责任,并赔偿其他股东因此而产生的全部损失。

第×××条 (控股股东侵权的退出条款)遇有以下情形之一的,股东在不违反中国法律法规的前提下,有权要求公司及控股股东回购其持有的公司全部或部分股权:

（一）控股股东或实际控制人出现重大诚信问题，尤其是公司出现部分股东不知情的重大账外现金销售收入时；

（二）公司与其关联公司擅自进行对部分股东产生重大不利影响的交易或担保行为；

（三）因控股股东或实际控制人未获得董事会授权的为或不为导致公司主营业务发生重大不利影响的变化；

（四）由于控股股东或实际控制人提供虚假信息或有意隐瞒信息而误导部分股东的投资决策；

（五）控股股东或实际控制人实质性地违反其于公司章程或股东协议中作出的陈述与保证，或违反主要义务，或控股股东、实际控制人因违反法律法规而使公司遭受重大行政处罚或刑罚。

第×××条　（股东过错被除名条款）公司股东利用公司平台谋取个人私利，损害公司利益的或与公司股东之外的人员和单位串通损害公司利益的，经代表2/3以上表决权的股东同意，可以对该股东作除名处理，被除名股东可以与公司清算，由公司其他股东收购其份额。被除名股东进入公司时对退股事宜有约定的，按事前约定处理。

第×××条　（重大过失的主动退出条款）因股东个人故意及重大过失行为，影响公司正常经营或导致公司名誉受到侵害、经济损失的，经其他股东代表75%以上表决权的股东表决通过，可责令其退股并无条件转让股权，由股东会决议指定的股东按有资质的评估机构评估的股份价格收购。

（三）股东退出之股权转让

股权转让是股东意定退出的主要路径。当股东不想继续维持股权合作关系时，有限责任公司的股东可通过对内对外的股权转让退出公司。当公司盈利时可以退出，当公司僵局时可以退出，也可以考虑因与控制公司的股东意见不一致时退出公司，这些退出的条件皆可以约定在公司章程中或股东协议中。上市公司的股东可以通过公开市场交易退出公司，非上市公众公司可以按照与其他股东或公司的协议进行股份转让退出公司。如果公司有发展前途，则股东退出公司应该不是问题。如果公司股东内部矛盾重重，则股东转让股权退出公司并不容易,极易形成公司僵局。而作为打破公司僵局的另一种救济措施的股权收购,实际上是对公司进行重组的过程,即在按章程约定让异议一方股东在公司经营期满后以股权出让方式退出的同时,又实现了另一方股东存续公司经营避免公司解散清算的目的,促使公司破裂的人合性恢复到原来的完满状态,从而以较小的代价化解了公司的僵局,进而保全了公司的主体经营资格。①

《公司法》(2023 年修订)第 84 条主要基于有限责任公司的“人合性”,规定公司章程就股权转让可以自行约定,明确股权转让属于章程自治的范围。因股东对外转让股权在本书的第七章已有论述,故本处所说的股权转让主要是指股东之间为维持人合性所做的内部转让。对于股份有限公司而言,《公司法》(2023 年修订)在第 157 条也明确规定,“股份有限公司的股东持有的股份可以向其他股东转让,也可以向股东以外的人转让;公司章程对股份转让有限制的,其转让按照公司章程的规定进行”。无论是有限责任公司还是股份有限公司,公司章程都可以对股权/股份转让进行个性化的设计,这种个性化设计依法具有优先的效力。当公司股权架构出现问题、股东之间存在矛盾或公司控制权争夺时,公司都可以通过章程对该种情况进行预防性规定。实务操作中,控制公司的股东可以在公司章程中明确约定,特定情况下,股权转让只能由其购买或必须先通知控股股东。转让价格、转让程序都可以通过公司章程规定,以保证控股股东的控制权,或通过股东约定由部分或特定股东对其他股东的股权/股份进行收购从而解决股东退出的问题,这是股东们应该提前预设的章程机制。

股东退出之股权转让的章程条款参考示例

第×××条　公司股东彼此之间可以自由转让其持有公司的全部或部分股权。任何股东如向公司股东之外的第三方转让其全部或部分股权,须经其他股东同意或严格遵守本章程载明的优先购买权的程序,但向关联公司转让股权除外(在此情况下,出售方股东应确保其关联公司同意受本条约束)。

一方转让其全部或部分股权时,其他股东根据下述条款和条件享有优先购买权。

① 参见上海市第二中级人民法院民事判决书,(2013)沪二中民四(商)终字第 1282 号。

（一）有意转让其股权的股东应向另一方股东通知其转让议案，转让议案应载明预期买方的名称、供转让的股权及其转让价格。

（二）如果转让议案未载明上述各项，应视为无效，出让股东无权转让其股权。

（三）如果另一方股东已同意转让议案通知中载明的转让价格，优先购买权须在强制期（出让股东向另一方股东书面通知其转让提案之日起的30日）内行使。

（四）如果出让股东和受让股东未在收到转让议案后的30日内就价格达成一致，视为受让股东放弃优先购买权，转让股东有权向预期买方出售其股权，其他股东应予以配合（包括但不限于作出董事会决议、签署有关文件、办理相关手续等），但转让价格不得低于转让议案中规定的价格，否则出让股东无权出售其股权。

第×××条　股东有退股权，考虑到各股东相知相熟的缘故，如有股东退股必须将其持有的全部股权出售给原始股东，退股时间从公司成立起满24个月后方可退股，退股人需提前一个月知会董事会；关于本条规定的退股价格：股权价值的降低没有限制，但股权的价值增加应依据以下价格进行：第一年每股价格增加3%，第二年每股增加5%，第三年每股增加7%；在任何时候的股权转让价格最高增值比封顶不超过7%。股东股权的转让只能依据本条的退股规定执行。

第×××条　各股东之间可以相互转让全部或者部分股权；发起人股东自公司成立之日起3年内不得主动退出或转让，经拟退出或转让的股东以外的其他全体股东一致决议同意的除外；3年后主动退出或转让时依照章程规定或法律规定执行；如在3年内主动退出者，退出时的股权转让价格为入股本金的六折，由控股股东甲购买，但股东甲放弃购买的除外。

第×××条　公司股东会制定股权管理办法，为本章程的附件，与本章程具有同等法律效力。股权管理办法是公司股权转让、股权管理的基本规章制度，对全体股东具有约束力。股东离职后或其要求转让股权的，应当按照其持有的股权上一年度末的对应净资产值（按照权益法计算）将公司股权转让给股东会决议指定的受让人员。

三、股东退出经典案例解析

股东退出的章程规定应得到司法的支持
股东资格确认纠纷案[①]

(一)案情简介

西安市大华餐饮有限责任公司(以下简称大华公司)成立于1990年4月5日。2004年5月,大华公司由国有企业改制为有限责任公司,宋某军系大华公司员工,出资2万元成为大华公司的股东。大华公司章程第三章"注册资本和股份"第14条规定:"公司股权不向公司以外的任何团体和个人出售、转让。公司改制一年后,经董事会批准后可在公司内部赠予、转让和继承。持股人死亡或退休经董事会批准后方可继承、转让或由企业收购,持股人若辞职、调离或被辞退、解除劳动合同的,人走股留,所持股份由企业收购……"第十三章"股东认为需要规定的其他事项"下第66条规定,"本章程由全体股东共同认可,自公司设立之日起生效"。该公司章程经大华公司全体股东签名通过。2006年6月3日,宋某军向公司提出解除劳动合同,并申请退出其所持有的公司的2万元股份。2006年8月28日,经大华公司法定代表人同意,宋某军领到退出股金款2万元整。2007年1月8日,大华公司召开2006年度股东大会,大会应到股东107人,实到股东104人,代表股权占公司股份总数的93%,会议审议通过了宋某军、王某青、杭某国3位股东退股的申请并决议"其股金暂由公司收购保管,不得参与红利分配"。后宋某军以大华公司的回购行为违反法律规定,未履行法定程序且《公司法》规定股东不得抽逃出资等,请求依法确认其具有大华公司的股东资格。

诉讼关系见图11。

① 最高人民法院指导案例96号。

图11 诉讼关系

（二）争议焦点

1. 大华公司的公司章程中关于“人走股留”的规定，是否违反了《公司法》的禁止性规定，该章程是否有效？

2. 大华公司回购宋某军股权是否违反《公司法》的相关规定，大华公司是否构成抽逃出资？

（三）法院判决和裁判理由

本案经陕西省西安市碑林区人民法院一审、西安市中级人民法院二审、陕西省高级人民法院再审，皆驳回宋某军的诉讼请求。

法院理由：

首先，大华公司章程第14条规定，公司股权不向公司以外的任何团体和个人出售、转让。公司改制一年后，经董事会批准后可以公司内部赠与、转让和继承。持股人死亡或退休经董事会批准后方可继承、转让或由企业收购，持股人若辞职、调离或被辞退、解除劳动合同的，人走股留，所持股份由企业收购。有限责任公司章程系公司设立时全体股东一致同意并对公司及全体股东产生约束力的规则性文件，宋某军在公司章程上签名的行为，应视为其对前述规定的认可，该章程对大华公司及宋某军均产生约束力。

其次，基于有限责任公司封闭性和人合性的特点，由公司章程对公司股东转让股权作出某些限制性规定，系公司自治的体现。大华公司章程将是否与公司具有劳动合同关系作为取得股东身份的依据继而作出“人走股留”的规定，符合有限责任公司封闭性和人合性的特点，亦系公司自治原则的体现，不违反公司法的禁止性规定。

最后，大华公司章程第14条关于股权转让的规定，属于对股东转让股权的限制性规定而非禁止性规定,宋某军依法转让股权的权利没有被公司章程所禁止,大华公司章程不存在侵害宋某军股权转让权利的情形。

针对焦点二,大华公司基于宋某军的退股申请,依照公司章程的规定回购宋某军的股权,程序并无不当。另外,我国《公司法》所规定的抽逃出资专指公司股东抽逃其对于公司出资的行为,公司不能构成抽逃出资的主体。

(四)案件评析

1. 依据《公司法》的规定,章程应对签字股东具有约束力

《公司法》第71条第4款规定,公司章程对股权转让另有规定的,从其规定。公司章程具有自治性,是公司内部组织与行为的准则,对公司成员与事务具有普遍的约束力。本案中,大华公司由国有企业改制变更为有限责任公司之时,公司章程就明确规定,只有具有公司员工身份的人才可以持有公司的股份,而持股人一旦丧失了员工身份,就"人走股留,所持股份由企业收购"。本案中宋某军作为初始股东已在章程上签字,章程之规定当然对其有约束力。

2. 本案裁判规则已作为指导案例公布,对股东通过自治完善股东的变动或退出具有现实意义

为激发公司员工的劳动积极性,将员工的收益与公司的成长结合起来,不仅在民营企业,而且在国有企业中也积极推行员工持股制度,即股权激励制度。股权激励制度的核心就是将员工通过协议变成公司的股东,使员工利益与公司利益相关联,实现二者之间的新型利益均衡。劳资关系容易发生变化,而股东关系相对稳定,当员工不再和公司保持劳动关系时,两者之间通过股权激励建立的均衡关系就会被打破。因此,"人走股留"也往往成为公司对员工股东管理的第一选择,在实践中"人走股留"的条款在股权激励中被广泛应用。本案作为96号指导案例,为国企混改及民营企业青睐的员工持股和股权激励制度提供了法律支持,有极具价值的实用意义。

3. 本案的裁判标准并结合《公司法司法解释(五)》的适用为公司通过章程调整股权架构统一了思想,将会促进公司的投融资交易

除公司法规定的股东法定退出情形之外,章程规定的股东协议退出并不多

见,且从最高人民法院到地方人民法院,各级人民法院的裁判尺度也不尽一致。

2019年4月28日,最高人民法院发布了《公司法司法解释(五)》且该司法解释已被法释〔2020〕18号修正。根据《公司法司法解释(五)》第5条规定,人民法院审理涉及有限责任公司股东重大分歧案件时,应当注重调解。当事人协商一致以下列方式解决分歧,且不违反法律、行政法规的强制性规定的,人民法院应予支持:(1)公司回购部分股东股份;(2)其他股东受让部分股东股份;(3)他人受让部分股东股份;(4)公司减资;(5)公司分立;(6)其他能够解决分歧,恢复公司正常经营,避免公司解散的方式。

根据最高人民法院民二庭相关负责人就《公司法司法解释(五)》答记者问的相关内容,目前的股东分歧解决机制适用范围偏窄。《公司法司法解释(五)》继承了此前的分歧解决机制,并扩大适用范围,将其扩大到所有涉及有限责任公司股东重大分歧的案件纠纷类型中。通过调解,可以由公司回购股东股份,类似于股份回购制度。公司回购股东股份的,应当在6个月内注销该股份。

结合96号指导案例的裁判要旨及《公司法司法解释(五)》之规定,公司通过章程对股东退出的情形进行提前规定将是股东退出的发展趋势,也为股东控制公司、和谐解决冲突提供了有效路径。

第九章　股东资格继承的章程设计

随着我国市场经济的发展，第一代企业家创造的辉煌业绩有目共睹，不过也纷纷进入了退休年龄，考虑公司身后的发展和股权传承是整个创一代企业家群体不得不面对的问题。杉杉股份董事长郑永刚、娃哈哈创始人宗庆后的去世让股权规划与继承一再成为热点话题。股权继承的法律规则及协议构造是股权继承的两大模式，法律规则已规定了股权继承的路径，但法定路径并不能满足股权传承的个性化需要，因此针对股权继承的协议构造及个性化设计应成为股权传承的主要模式。《公司法》（2023 年修订）对有限责任公司股东资格的继承没有变化，仍然规定“自然人股东死亡后，其合法继承人可以继承股东资格；但是，公司章程另有规定的除外”。《公司法》（2023 年修订）在第 167 条新增了股份有限公司的股东资格继承，但也明确规定“股份转让受限的股份有限公司的章程另有规定的除外”。至此，两类公司的股东资格继承已没有任何法律障碍，且公司章程都可以作出不同于法定规则的规定，这就给公司股权的个性化传承提供了章程空间。

一、股东资格继承概述

（一）股东资格继承现状及案例简介

我国自公司制度推广以来，不过 30 多年的时间。但随着老一代创业者年龄逐渐增大，代际传承的事项日益提上了日程。而在现实实践中，多数公司并没有就股权继承的问题专门作出规定，一旦出现某一股东死亡的事情，其法定继承人往往直接要求继承股东资格，强行加入公司，而公司的其他股东对这种情况也往往准备不足，常见的反应是拒绝接纳该继承人作为公司新的股东，纠纷由此产生。无论因自然原因还是意外事件，股东去世往往导致公司股权继承的纠纷，特别是公司实际控制人或控股大股东的离世，近年来我国有关公司继承权的诉讼纠纷案件呈上升趋势。

2003 年 1 月，山西海鑫钢铁集团创始人李某仓突然被害，导致这个家族企业陷入混沌之中，而依据朴素传统的传承思想，年仅 22 岁的李某仓独子李某会被选中继承董事长职位，最后导致海鑫集团被破产拍卖。[①] 2013 年 12 月 20 日，云南柏联集团总裁郝某在法国收购了弗龙萨克产区最大的酒庄“大河城堡”。当晚，郝某乘坐直升机前去视察酒庄，不料中途出事，直升机坠入多尔多涅河，郝某与其 12 岁儿子双双遇难，留下了 200 亿元的巨额遗产。郝某年近九旬的父亲郝某某要求继承郝某在云南柏联集团的股东资格，并与郝某的妻子刘某云产生争议，双方由此引发财产继承纠纷[②]。笔者在亲自代理的一起案件中也涉及新加坡籍创始人在萨摩亚投资公司并通过香港投资上海和苏州的企业，在企业如日中天之时，创始人突遇事故身亡，而家族人员开始纷争公司而导致公司解散。

（二）股东资格继承现行法律规定的解析

股权是一种综合性权利，除具有财产权利属性外，还具有与股东个人的社会属性及其特质、品格密不可分的人格权、身份权等内容。但股权的核心内容是财产性权利，既然股权的核心内容是财产性权利，那么股权就应当被纳入继承法律关系的客体范围。《公司法》（2023 年修订）第 90 条规定，“自然人股东死亡后，其合法继承人可以继承股东资格；但是，公司章程另有规定的除外”。《公司法》（2023 年修订）新增了股份有限公司的继承内容，即第 167 条规定，“自然人股东死亡后，其合法继承人可以继承股东资格；但是，股份转让受限的股份有限公司的章程另有规定的除外”。从法律规定的字面含义分析，我国公司法没有明确自然人股东死亡后，其合法继承人可以继承对应股权的财产性权益，而是可以继承“股东资格”。但从“股东资格”的字面意义分析，此处的资格

① 载 https://new.qq.com/omn/20180117/20180117G0TTED.html。

② 参见《云南柏联集团总裁巨额遗产纠纷案开庭　翁媳争 200 亿遗产和股权》，载搜狐网 2017 年 4 月 19 日，https://www.sohu.com/a/134895400_115092。

应该是指作为股东应具备的条件或身份等前提,并不直接包含股权的财产性权利。公司法规定允许股东资格可以继承后并没有给出具体而详尽的操作路径,法律的这一抽象规定使股权继承的实际操作令人迷茫。

我国《民法典》第 1121 条规定,继承从被继承人死亡时开始。当公司某一股东死亡发生后,股东资格的继承应该开始了,但针对公司和其他股东来说,如果公司章程没有相应规定,面对突然的股权继承及股东变更,公司显然准备不足。当股权继承开始时,股东权利及股东表决事项如何行使?如果股权继承中合法继承人放弃继承,则被放弃的股权又如何处理?我国公司法规定,有限责任公司的股东人数在 50 人以下,股份有限公司的股东人数在 200 人以下,如果股权继承使有限责任公司的股东超过 50 人或股份有限公司的股东超过 200 人,这一情形则会影响到公司法人人格的存续,其如何解决等问题在《公司法》(2023 年修订)第 90 条和第 167 条的规定中都不能找到答案和指引。

(三)股东资格继承的可设计性

有限责任公司人合性大于资合性,股东之间对人品和能力的信赖关系是公司存续和稳定经营的基石,因此我国公司法在有限责任公司的股东继承方面留出了公司章程自由设计的空间。《公司法》(2023 年修订)新增了股份有限公司的股份继承规定,针对股份有限公司,股东人数较少或规模较小的股份有限公司与有限责任公司一样具有封闭性和人合性,当因股份继承发生股权结构变化时一样会影响公司控制与股东权利保护的问题,依据《公司法》(2023 年修订)第 167 条的规定,股份有限公司的章程可以对股份继承进行个性化设计。

从公司控制的角度上来说,公司股权的继承涉及公司股东的变化,当新的股东进入公司以后,股东的人合性受到挑战,而公司架构的稳定性也面临威胁。如果股东的继承人依法继承了股东资格,那么其有可能与公司的整体利益发生冲突,如何平衡股东继承利益和公司整体利益间的关系就显得尤为重要。故从控制公司的角度来说,股东提前设计好股权继承的制度对公司的控制及可持续发展有极为重要的意义。通过公司法赋予的章程权利对股权继承进行提前设计和规划,也是公司人合性及股权架构稳定性的应用体现。

比如说一个公司的股权结构是3个股东甲、乙、丙，其股权结构是40∶30∶30，甲是大股东，其结合乙的股权完全实现的对公司的绝对控制，但当乙突然去世后，乙的继承人不再和甲结盟，而是和丙联合起来，则甲在股权继承完成后由控制股东变成了小股东，股权继承所引起的新股东进入导致甲失去控制权，并进而引起了利益的变更。因此，作为公司的控股股东不能不重视股权继承的章程设计。

【参考案例1】　在苏某某等与北京大圆圣慧文化艺术有限公司请求变更公司登记纠纷案中，正如北京市第一中级人民法院释明“就继承人继承死亡股东的股东资格问题，公司章程在不排除继承法有关继承顺序的规则或者对其进行变动的情况下，可以对股权的继承作出一定限制”。①

【参考案例2】　在南京富坤商贸实业有限责任公司(以下简称富坤公司)和刘某莉与公司有关的纠纷再审复查与审判监督案中，再审申请人富坤公司主张，一方面，该公司为国企改制设立的公司，享受了许多国家优惠政策，同时也要承担大量的义务，如安置原有职工、缴纳社保、下岗职工的生活补贴等。另一方面，富坤公司的人合性质十分明显，全体股东都是改制时原单位的职工，刘某莉(被申请人)虽系原职工汪某林遗属，但并非富坤公司的前职工，不符合人合的条件，且富坤公司的2004版章程第21条明确规定“股东如调离、辞职或其他原因离开公司，公司对其持有的股份，按公司章程中所规定的其股份原值进行回购”，这里的“其他原因”是指股东死亡，没有直接写明死亡是怕不吉利，但汪某林死亡后，其遗属不是公司的职工，当然不能继承股东资格。但江苏省高级人民法院认为：《公司法》第76条规定，自然人股东死亡后，其合法继承人可以继承股东资格；但是，公司章程另有规定的除外。该条规定了股权继承的一般原则，即自然人股东的合法继承人可以继承股东资格，同时为了维持公司的人合性，允许公司章程就此作出另外规定。本案中，首先，富坤公司的章程对股东资格的继承未作出明确的另外规定，说明公司在章程制定及修改时就股东资格继承未作出公司人合性方面的特别要求。其次，富坤公司2004版章程第21条

① 参见北京市第一中级人民法院民事裁定书，(2014)一中民终字第5386号。

"股东如调离、辞职或其他原因离开公司,公司对其持有的股份,按公司章程中所规定的其股份原值进行回购",并未将股东死亡的情形列举其中,对于"其他原因"离开公司是否包括死亡,富坤公司亦未以任何书面形式向股东说明。2004 版章程第 21 条系限制股东合法权利的条款,对条款文义不明之处不宜作扩大解释适用。据此驳回富坤公司的再审申请。[①]

依据此判例可以看出,出于中国传统思想对生死问题的忌讳,在公司的章程对于股权继承的约定并不清晰明确的情况下,作出了对公司不利的判决。在我国目前的法律环境下,如果没有公司章程的明确规定,单纯依靠法定的继承规则可能导致公司人合性的破坏和股权架构的变动,对公司的继续经营和管理产生不利影响。因此,将公司法、继承法等相关法律法规与公司章程的设计相结合,从公司制度层面加以完善,进行更加细致入微的规定,才是真正解决股权继承问题并使公司控制权稳定的有效操作。

二、股东资格继承章程设计

《公司法》(2023 年修订)第 90 条规定,自然人股东死亡后,其合法继承人可以继承股东资格;但是,公司章程另有规定的除外。《公司法司法解释(四)》第 16 条规定,有限责任公司的自然人股东因继承发生变化时,其他股东主张依据《公司法》第 71 条第 3 款规定行使优先购买权的,人民法院不予支持,但公司章程另有规定或者全体股东另有约定的除外。《公司法》(2023 年修订)第 167 条规定,"自然人股东死亡后,其合法继承人可以继承股东资格;但是,股份转让受限的股份有限公司的章程另有规定的除外"。这些法律规定是股东进行股权继承章程设计的主要法律渊源。

(一)类似公司法一般规定的章程条款

实践中,公司章程程式化的条款比较多。如果公司不想在股东资格继承问

---

① 参见江苏省高级人民法院民事裁定书,(2014)苏审三商申字第 00320 号。

题上有个性化的规定，完全照抄公司法规定也是可以的。一旦有股东资格继承事项发生，继承事项就依照法律规定进行。

股权继承章程一般条款参考示例

第×××条　本公司自然人股东死亡后，股东资格继承依法进行。

第×××条　本公司自然人股东死亡后，其合法继承人可以依法继承股东资格。

第×××条　本公司股权因法定继承发生变化时，其他股东对因继承发生变化的公司股权变动无优先购买权。

（二）维护公司股东人合性的章程条款

为维持公司的人合性，防止不符合股东条件的继承人继承股东资格从而影响公司的经营，避免公司陷入僵局，公司章程可以规定股权继承人需具备特定资格，方可继承成为股东，这种资格包括但不限于民事行为能力、资历、学历、特别的关系或人事范围（比如说男性家族内部成员等）等涉及公司经营决策、管理监督的能力和资质。对于不符合公司股东条件的继承人，章程可以约定由公司回购或由其他股东受让股权，由继承人取得公司股权的财产对价，以此保护公司的持续稳定发展，也可以约定公司股权继承时，由剩余股东进行决议，以表明是否接受继承人进入公司成为股东，还可以在章程中直接规定，股东去世后不发生继承，由公司回购或转让给其他股东或特定股东以维持有限责任公司的人合性。

维护公司股东人合性的股权继承章程条款参考示例

第×××条　自然人股东死亡后，法定继承人应符合以下条件方可继承股东资格：

（一）已在本公司工作5年以上；

（二）认同本公司文化，有管理、专业技术硕士以上学历；

（三）其他本章程规定的股东资质和条件。

第×××条　自然人股东死亡后，股东资格不得自动继承，应经其他股东100%同意后，方可继承；如其他股东不能100%同意，股东资格不得继承，由股东会决议达2/3(含)以上决定进行对应回购或公司减资,被继承股东的股东资格退出,所得对应价款支付给死亡股东的法定继承人。

第×××条 本公司的自然人股东因继承发生变化时,其他股东可以主张依据公司法规定行使优先购买权,购买价格以公司上一年度经审计的公司净资产对应价格购买;如多个股东主张行使优先购买权,按所持股权比例对应购买。

第×××条 本公司自然人股东身故后,其合法继承人不得继承股东资格,公司其他股东应按比例以公司上一年度经审计的财务报告中的股权对应的净资产价值(可参照发生继承时的公司净资产、第三方评估机构出具的股权评估价值,或按照公司净利润的PE倍数换算对应股权价值)收购被继承的股权,其合法继承人则取得被继承股东生前所持有的股权对应价款。

第×××条 自然人股东死亡后,其继承人可以继承其股权对应的财产价值,但不能自然取得股东资格而成为公司新股东,除非经公司其他股东人数的2/3以上同意。

(三)股东资格继承人具有特定身份,不方便或不宜担任股东的章程条款

我国法律明确规定了特定主体不得从事或者参与营利性活动。例如,《公务员法》(2018年修订)第59条第16项规定,公务员不得违反有关规定从事或者参与营利性活动,在企业或者其他营利性组织中兼任职务。《法官法》(2019年修订)第46条第9项中也规定,法官不得违反有关规定从事或者参与营利性活动,在企业或者其他营利性组织中兼任职务。依据法律规定,类似主体可能不方便或不宜成为公司的股东。

【参考案例】 在李甲、伍某某与上海恒盈实业有限公司(以下简称恒盈公司)股东资格确认纠纷上诉案中,上海市第二中级人民法院释明,本案关键焦点在于吴甲是否能成为工商载明的登记股东。吴甲通过继承行为获得了继承股东资格的权利,本可按《公司法》(2005年修订)第38条的规定对恒盈公司的经营享有决定权、选举权、审议权、作出决议权及其他相关职权,但其现为公务

员及拥有法官身份,《公务员法》(2005 年)第 53 条第 14 项和《法官法》(2001 年)第 32 条第 11 项均规定了公务员必须遵守纪律,不得从事或者参与营利性活动,在企业或者其他营利性组织中兼任职务。而所谓营利性活动,即指公务员参与的活动是以盈利为目的,且进行收入分配。因此,吴甲以公务员身份参与恒盈公司经营为《公务员法》和《法官法》所禁止,吴甲诉请欲成为有公示效力的工商登记股东,与《公务员法》和《法官法》的相关规定冲突,其诉请法院难以支持。吴甲可通过其他途径实现其财产权。[①] 也有法院释明,"公务员法中的相关规定属管理性规范,并非效力性规范,若违反上述法律规定,可按公务员法的相关规定承担相应的法律责任,但并不导致本案的持股协议书无效"。[②]

依据法律规定和以上案例可以看出,具有公务员、法官身份的自然人成为股东容易引起争议,且特定身份的自然人成为股东也有可能违反相关法规对特定身份的管理,并承担相应法律责任。好的解决方案是该特定身份自然人放弃其中一个身份。章程中可约定此时该继承人有两种做法:(1)继承人可辞去现有职务失去特定身份后继承股权。(2)继承人不愿失去特定身份的,可以约定通过股权转让的方式,由公司回购、其他股东或第三人购买,获取股权转让后的相应对价。

股东资格继承人具有特定身份,不宜担任股东的章程条款参考示例

第×××条　当股东合法继承人具有不方便或不宜成为股东的情形时,该继承人要继承股东资格时,应首先辞去现有特定身份方可办理股东资格继承事项;如继承人不愿辞去现有特定身份,由公司回购或由其他股东购买相应的被继承股权;无其他股东购买的可以由公司回购并减资操作。

具有特定身份的合法继承人可以直接要求公司减资退出,并继承相应退出后获得的股权对价。

(四)继承人为无民事行为能力人或限制民事行为能力人的章程条款

公司法并未对继承人是无民事行为能力人或限制民事行为能力人作为股

---

① 参见上海市第二中级人民法院民事判决书,(2011)沪二中民四(商)终字第 781 号。

② 北京市第一中级人民法院民事判决书,(2015)一中民(商)终字第 5296 号。

东设置任何的限制,但股东资格的继承和股东权利的行使对股东作为主体的要求有不同。如无民事行为能力人或限制行为能力人通过继承获得了股东资格,但其行使股东权利诸如参与公司管理、行使表决权等需要作出意思表示时仍有很大的局限,公司应该对此予以特别关注。

继承人为无民事行为能力人或限制民事行为能力人的章程条款参考示例

第×××条　当股东合法继承人为无民事行为能力人或限制民事行为能力人的,由其他股东召开股东会会议投票决定继承的方式方法;全体其他股东不同意该无民事行为能力人或限制民事行为能力人继承股东资格的,由全体股东购买被继承股东的股权或要求公司减资并将减资后所得财产交付给法定继承人。

如全体其他股东决定进行继承,则该无民事行为能力人或限制民事行为能力人成为股东后,在其无民事行为能力和限制民事行为能力变成为完全民事行为能力之前,该等股东不具有表决权,相应地表决基数为其他股东所持有的股权数,但任何表决不得不当减损继承后的股东的权益。

(五)继承人为数人的章程条款

当股权继承发生时,如果有数个继承人,且继承人之间不能就继承进行协商或达成一致,继承人之间的争吵有可能带入公司的股东会之中,会对公司的决策效率及经营成本产生影响;另外多个继承人也有可能使股东人数超过法定人数。在法律允许的范围内,数个继承人在协商一致的情况下,可以按照比例各自取得股东资格。

继承人为数人的章程条款参考示例

第×××条　如死亡股东有多个继承人继承股东资格并发生争议,公司股东会可决议回购股权,或公司股东会可以决议选定其中一人作为登记股东。

多个继承人继承一个股东资格的,经继承人协商一致后,可经公司章程登记继承人之一为股东,由多个继承人内部共有一个股东资格。

如股权有多个继承人继承股东资格使股东人数大于法定股东人数,公司股东会可决议回购被继承股权。

第×××条　股东死亡后，由股东生前指定的继承人继承其股权，成为公司新的股东。

（六）瑕疵出资股东资格继承的章程条款

股东对公司认缴的出资份额是公司最基本的信用担保，公司的实缴资本关系着公司的发展和公司债权人的利益，股东履行出资义务是公司制度的重要内容。如果股东出资存在瑕疵，依据《公司法》（2023 年修订）第 49 条第 3 款规定，股东未按期足额缴纳出资的，除应当向公司足额缴纳外，还应当对给公司造成的损失承担赔偿责任。股东未按照公司章程规定的出资日期缴纳出资，公司在发出书面催缴书并经过一定宽限期后，还有可能丧失其未缴纳出资的股权。因此针对瑕疵出资股东资格的继承，公司可以要求合法继承人按照约定补足出资后再办理继承手续，防止继承人只想继承权利而逃避履行缴付出资的义务，从而对公司产生一系列不良影响。

瑕疵出资股东资格继承章程条款参考示例

第×××条　当瑕疵出资的股东因自然原因或意外事件亡故的，其合法继承人可以依法继承股东资格，但在继承进行之前，合法继承人应对瑕疵出资依规定或约定补缴完整后方可发生继承；若继承人拒绝补缴完整，不应发生股东资格的继承，可由其他股东作价收购或由公司相应减资操作后继承相应股权对价。

（七）隐名股东的股东资格继承

我国法律并无隐名股东的概念，所谓的“隐名股东”一般是指以他人名义履行出资义务或者认购股份的实际投资人，《公司法司法解释（三）》以“实际出资人”与“名义出资人”并列对比的方式来保护隐名股东的利益；依据《公司法司法解释（三）》第 24 条第 1 款的规定，有限责任公司的实际出资人与名义出资人订立合同，约定由实际出资人出资并享有投资权益，以名义出资人为名义股东，如果合同不存在无效的情形，则法院应当认定该合同有效。实际出资人以其实际履行了出资义务为由向名义股东主张权利的,法院应予以支持。名义股东以公司股东名册记载、公司登记机关登记为由否认实际出资人权利的,法院不予支持。从法律规定来看,公司法司法解释保护的是隐名股东的实际利益,即当实际出资人与名义出资人发生纠纷时,法律应保护实际出资人的利益。但对隐名股东的股东权利,如果没有其他股东半数以上同意并登记为公司股东,法律并不保护。因此,从法律规定的角度及出资的实际情况出发,隐名股东的股东资格继承问题很难参照实际股东的继承规定进行,但从实际出资的角度来讲,各股东之间可以通过约定的方式保护隐名股东继承人对隐名股东实际出资的经济利益。

隐名股东资格继承章程条款参考示例

第×××条 公司股东资格的继承仅指登记在册股东的股东资格继承问题,对没有登记在册的实际出资人的继承事项,应该由名义股东和实际出资人的继承人之间协商确定。

第×××条 如公司全体股东一致同意实际出资人(隐名股东)的继承人继承股东资格,则该继承人可以成为公司的股东。

(八)无继承人可继承或继承人拒绝继承股东资格的章程条款

自然人股东没有继承人,或是从经济角度考虑,继承人认为比较继承股东资格将股权折现后继承更符合其利益,因此拒绝继承股东资格,或是继承人怠于行使自己的权利,未作出接受或拒绝的明确意思表示,同时拖延股东资格的办理手续等情况也可能在现实中发生。在这种情况下,股东资格的空缺会影响到公司的整体利益和治理秩序,因此公司可以在章程中进行约定,在此情形下,自然人股东没有继承人的,可由公司减资操作,该自然人股东的经济利益依据相关法律规定处理;自然人股东继承人拒绝继承的,其他股东可以按出资比例购买该部分股权,或是约定由公司回购该部分股权。

无继承人可继承或继承人拒绝继承股东资格的章程条款参考示例

第×××条 公司自然人股东发生股东资格继承的情形时,如没有继承人继承或继承人拒绝继承,公司应按法律规定作减资处理。

第×××条　股东死亡后，其合法继承人不愿意继承股东资格的，死亡股东的股权由其他股东购买；其他股东均同意购买的，按股东持股比例行使购买权；其他股东均不购买的，则由公司回购作减资处理。

死亡股东法定继承人相应继承股权的财产对价。

（九）继承发生时公司控制权的妥善安排

公司的创始人也可以在章程中约定只有自己的法定继承人可以继承股权并成为公司的股东，而其他股东在退出公司时只能将股权转让给自己或自己所指定的人。该等设计保证了公司创始人的财富传承以及基业长青，这也是公司控制权的章程特定安排。当然，为了保证公司经营的连续性，也可以规定创始人的股权暂不能被继承，只能由公司事先选定的核心人物或经公司选定后的特定有能力的经营人员来进行管理或把控，以保证公司的核心团队在创始人发生意外时对公司的控制，有效地避免了实际控制人离任或离世，新继任者与公司经营理念不合而产生的经营风险。

继承发生时公司控制权的妥善安排章程条款参考示例

第×××条　公司自然人股东若发生亡故事件，该自然人股东的股权由公司控股股东甲或其指定的主体按市场价格进行收购；若公司控股股东甲发生亡故事项，其名下股权可以发生法定继承，但继承后的股权应由公司管理团队代行管理5年，5年后股东权利由股东甲的法定继承人行使。

第×××条　公司自然人股东若发生亡故事件，其法定继承人若要继承股东资格时，应由其他股东以表决权过半数通过方可继承；若表决不能通过，则亡故股东的股权应由其他股东按实缴出资比例收购，亡故股东的法定继承人可以继承股权被收购后的相应财产对价。

第×××条　本公司自然人股东身故后，其股权可以由其合法继承人继承；但身故股东生前所担任的公司职位不能继承，应由公司依据法律和章程的规定进行处理。

（十）股东职务不得继承的章程条款

股东继承事项可能会涉及被继承股东生前在公司担任董事长、总经理及其他高级管理人职位。这样的职位一般是因为股东生前所拥有的个人能力、经验条件、资格背景等因素而被公司选中或聘任所担任的,职位的担任本身具有人身性,是基于股东本人的条件所担任。无论股东持有多少股权,继承人在不具备亡故股东所具有的个人条件的情况下,从有利于公司、股东及社会公共利益的角度出发,都不应让继承人直接继承股东生前的职务。当然继承人凭借自己的个人实力而获得公司其他股东、董事的一致认可并担任相应职务的除外。

股东职务不得继承的章程条款参考示例

第×××条 公司自然人股东亡故后,无论亡故股东所持有的股份占比大小,其合法继承人皆不得自动继承亡故股东生前在公司担任的职务。

(十一)股东资格继承程序安排的章程条款

《公司法》(2023 年修订)第 90 条和第 167 条并没有就股东资格继承的程序进行规定。股东资格继承发生后,继承人如何继承,向公司哪个机关主张,或继承登记的程序如何,都没有操作规定。从一定角度上来说,这不利于公司股东资格继承的顺利进行,也有可能给公司造成负面影响或麻烦,因此,公司章程有必要对股东资格继承的程序进行相应的设计与规定。

股东资格继承程序安排的章程条款参考示例

第×××条 股东继承事实发生后,公司董事会依据公司章程的规定协助合法继承人办理继承及公司登记的事项,以保证合法继承人依法成为公司的股东。

第×××条 股东继承事实发生后,公司董事会应在事实发生后的 15 日内召集其他股东召开会议,对是否同意继承人成为公司新的股东作出决议,或依据公司章程的规定启动公司相应股权的转让或回购程序。

第×××条 股东继承事实发生之后,由公司董事会/公司总经理负责接洽办理股东继承事项,配合办理法定继承人继承公司股东资格。

三、股东资格继承经典案例解析

公司章程可以排除股东资格的继承
股东资格确认纠纷案①

（一）基本案情

建都公司系依法登记成立的有限责任公司，注册资本 5000 万元，其中周某父亲周某新出资 2100 万元，持有 42% 的股权并担任法定代表人。2015 年 11 月 23 日，周某新订立遗嘱，明确其所持有的建都公司 42% 股权由周某继承，与股权相对应的股东权利均由周某享有并承受。同年 12 月 4 日，周某新因病逝世。对于周某新上述遗嘱，周某新的配偶（周某母亲）并无异议，并同意将上述 42% 股权变更登记在周某名下。后周某向建都公司主张股东资格并要求将原登记在周某新名下的 42% 股权变更至其名下时，因建都公司现有管理层及其他股东的异议，建都公司一直未能办理相应工商变更登记手续，故周某诉至法院请求判决确认周某享有建都公司 42% 的股权（股权价值为 32,555 万元），并判令建都公司将周某载入股东名册，办理将上述股权变更登记至周某名下的相应变更登记手续。

诉讼关系见图 12。

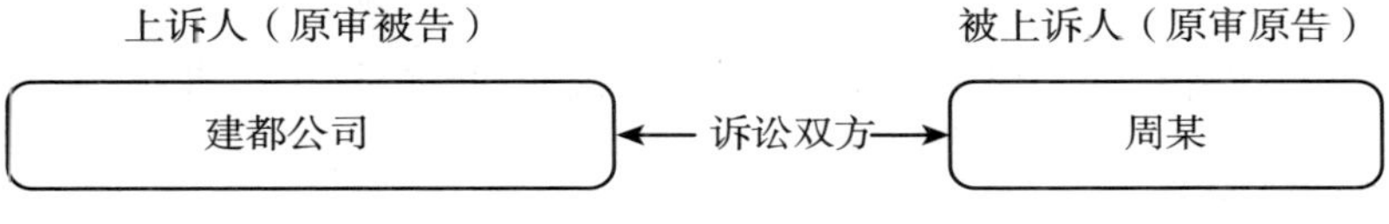

图 12　诉讼关系

（二）争议焦点

周某要求确认其股东资格，并要求建都公司办理股权变更手续是否有事实

---

① 江苏省高级人民法院民事判决书，（2016）苏民初 10 号；最高人民法院民事判决书，（2018）最高法民终 88 号。

和法律依据。

(三)法院判决和裁判理由

江苏省高级人民法院:(1)确认周某继承取得周某新股东资格,对建都公司享有2100万元出资额,出资比例为注册资本的42%;(2)建都公司于一审判决生效之日起20日内将周某载入股东名册,并向公司登记机关申请办理将周某新2100万元出资额由周某继承取得的变更登记手续。

最高人民法院:(1)撤销江苏省高级人民法院(2016)苏民初10号民事判决;(2)驳回周某的诉讼请求。

裁判理由:

一审法院注意到了建都公司章程规定的特殊性,在审理案件期间,因并无其他股东受让死亡股东的股权,且公司当时的章程对无人受让股权如何处理未作明确规定,故在约定不明确的情况下,股东资格应依法由周某继承。

但二审法院却有不同的观点:纵观建都公司章程的演变,并结合建都公司对离职退股的实践处理方式,本案应当认定公司章程已经排除了股东资格的继承。排除股东资格继承后,标的股权如何处理属于公司治理事项,不影响本案股东资格的判断。建都公司作为有限责任公司,具有独立的法人人格和治理结构,案涉股权排除继承后,究竟是由公司回购还是由其他股东受让,均可通过公司自治实现。这两种方式均有利于打破公司僵局,维持公司的人合性和封闭性,体现公司意志,保护股东权益。此外,周某虽无权继承股东资格,但其财产权利可以得到保障。故判决撤销一审判决,驳回周某的诉讼请求。

(四)案件评析

《公司法》第75条明确规定,自然人股东死亡后,其合法继承人可以继承股东资格;但是,公司章程另有规定的除外。

本案是因股权继承引起的股东资格确认案。本案原告有权继承其父亲在公司的股权在法律上是没有任何障碍的。依据继承法的规定,作为自然人的股东去世后,其遗留的个人合法财产由其继承人继承。但作为既有财产属性又有身份属性的股权来说,继承作为财产的股权当然没有问题,但继承作为身份的股东资格在以人合为主的有限责任公司中应看公司章程是否有另外的规定，并不能像财产一样自然继承。

建都公司章程规定"股东之间经股东会批准，可以相互转让其全部或者部分股权。股东不得向股东以外的人转让股权。股东出资的股份在经营期内不保本、不保息。股本金实行动态持股管理办法。对免职、调离、终止合同、退休（退休后继续任职的除外）等人员及时办理股权转让手续，由公司其他股东按原出资额受让，转让股权的股东，除公司发生累计亏损外（经会计师事务所审计确认），其持股期间每年另按出资额的8%享受公司增值资产固定回报。对不及时办理转让手续的股东，自股东会批准转让之日起不再享受分红，也不享受银行存款或贷款利息的回报。股东由于主观原因造成公司重大损失或因严重违反财经法律，徇私舞弊，中饱私囊构成违法、违纪被处理的人员也将被取消股东资格，其股金及分红应首先用于弥补公司损失"，"对正常到龄退休（返聘除外）、长病、长休、死亡的股东，应及时办理股权手续，股东退股时，公司累计有盈余的（经会计师事务所审计确认），持股期间按本人持股额每年享受20%以内回报"。

从维持公司的人合性角度来看，建都公司章程明确规定不允许陌生人成为公司股东，且因免职、调离、终止合同、正常到龄退休（返聘除外）、长病、长休、死亡的股东都要退出公司股东会，章程的表达是明确的。但章程并未就具体的退出事项作出安排，以至于一审判决认为"由于非原告周某的原因致周某新的股权无法转让，且公司当时的章程对无人受让股权如何处理未作明确规定，故原告周某根据父亲所立遗嘱要求继承周某新的股东资格符合《公司法》第75条的规定，其要求确认股权、并由被告办理股东资格手续的诉请应予支持"。首先，可以明确认为，建都公司章程关于股东继承的实体问题做了明确规定，但程序问题没有设计好，没有明确的可操作的路径，所以才有一审法院的意见及上诉的争议。其次，本案原告的父亲是建都公司的董事长、创始人，可以说为公司发展作出了主要的巨大贡献，但没有考虑自己身后的利益传承问题，从管控公司发展以及家庭财富的传承角度来说是不利的。最后，从原告周某的诉求来看，42%的公司股权价值为人民币32,555万元，而按照公司章程的退股方式，计算为2100万元再加20%的年利息与32,555万元的估值价值也相差甚远，章程规定的案涉股权价值显著低于实际价值,章程规定价格的强制性结算规定显失公平,这种显失公平的股权价格应由法律进行调整,否则不符合法律的公平正义原则。本案股东资格因继承退出并不会破坏公司股东的人合性,如此巨大的股权价值差异实为侵害了本案原告周某的权利。

从本案可以看出,公司章程对股权继承的事前设计是至关重要的。从公司管控及财富传承的角度都应该事先设计好,且这种设计应当提前作出。在某个股东去世后,公司再作出类似设计或决议的,可能不会得到司法的支持。

第十章　公司反收购的章程设计

收购与反收购，资本市场的王者之战。

早在1993年9月底10月初，中国宝安集团通过二级市场收集流通股的方式取得延中实业（现在为方正科技）第一大股东地位，这是发生在中国资本市场的第一起公司控制权争夺案例，成为轰动一时的“宝延风波”。据传当时的中国证监会领导事后谈起此次事件，惊叹于“市场行动快于预期”。

2005年发生在纳斯达克的盛大收购新浪事件，因收购战中的两位主角皆为中国市场极具影响力的门户网站从而引起了人们的极大关注。此次收购战中，新浪董事会依据美国法律启动反收购“毒丸计划”，从而成功阻止盛大的收购。这次收购因是在美国资本市场上第一次一个中国公司对另一个中国公司进行“没有想到的”收购，无论对法律界还是投资银行界来说都认为是里程碑式的事情，这次事件也让中国资本市场的参与者第一次看到了反收购措施的巨大威力。自盛大收购新浪之后，我国上市公司中掀起了一波修改公司章程的浪潮，反收购条款第一次被广泛地纳入公司章程之中。

股权分置改革后我国进入了股权全流通的时代，公司控制权市场也活力迸发，多起引人注目的收购与反收购大战均产生了一定的社会影响。

2009年大港油田收购爱使股份，双方因爱使股份的章程中反收购防御条款而惊动了市场监管高层，最终因监管层介入而迫使收购方与反收购方进行谈判，双方达成妥协后终结了对抗激烈的收购与反收购之战。虽然大港油田最终强势入主爱使股份，但爱使股份公司章程中的反收购条款使爱使董事及高级管理人员得以保留，这一谈判结果使爱使股份公司章程中的反收购条款成为当时资本市场上的热门话题。

2015年，宝能与万科之争更让人们见识了“门口的野蛮人”的收购大戏。

“宝万之争”作为资本市场上令人瞩目的控制权争夺事件,让众多股权分散的上市公司如惊弓之鸟,仓促而剧烈地修改公司章程,通过章程的修改至少在自家公司门口筑起了反收购防御的“前沿阵地”。据中证中小投资服务中心统计,截至2017年5月,有600多家上市公司修改公司章程,引入了反收购条款,可以说是我国资本市场历史上第二次修改公司章程并在其中纳入反收购条款的浪潮。①

一、公司反收购概要

(一)收购与反收购

收购与反收购在现今发达的资本市场上已不是热门话题。收购(acquisition)是指企业使用现金、股票或债券等支付方式购买目标公司的股票或资产,目的是获得目标公司控制权的行为。②

依据收购方与被收购方有无磋商或是否达成一致,收购被分为善意收购和敌意收购。如果收购方与被收购方在平等自愿、等价有偿的基础上进行收购,则收购活动对双方来说是一种“双赢”,也是善意的收购;也有收购方类似“门口的野蛮人”强行转移目标公司控制权进行收购,这种收购不受目标公司管理层及大股东的欢迎,常被称为敌意收购。实践中的敌意收购一般是指收购方在未经告知目标公司董事会并取得董事会讨论通过的情况下,以获得目标公司控制权或对目标公司决策的重大影响力为目的而实施的收购。从市场的角度来说,敌意收购并无贬义的含义,因其违背被收购一方实际控制人或控股股东或管理层的意志,才有了敌意之说。

敌意收购方采取“霸王硬上弓”的收购方法,为取得被收购公司的控制权,常采用二级市场突然袭击或爬坡式购买、通过未披露的一致行动人隐没收购公司股份等手段,最终达到快速制胜取得公司控制权的目的。因其志在取得公司的控制权,重组公司管理层,这种突然的收购战术必定会引起原公司董事会及

---

① 参见赵恒:《公司章程反收购条款的法律规制研究》,西南政法大学2018年硕士学位论文,第1页。

② 参见梅君:《中国上市公司并购规则》,中国人民大学出版社2005年版,第13页。

高级管理人员的反对或反感。因此,希望能够保有公司控制权以及有志于长期经营的股东和高层管理人员往往会采取各种反收购措施来抵制敌意收购。例如,在国风集团有限公司与胡某1、胡某2股票交易信息披露侵权纠纷案中,拉萨市中级人民法院裁定采取行为保全措施,依西藏旅游股份有限公司控股股东国风集团有限公司的申请,禁止相关股东在判决生效前行使或通过第三方行使相关股东权利。① 但诉讼方式费时费力,仅在没有反收购措施情况下不得已而为之。

如果公司控股股东拥有公司绝对多数的股份,如占有67%以上的股份比例等,那么这样的公司不存在担心敌意收购的问题。但对于多数走上资本市场的公司来说,从初创的股权集中到不断融资并最终挂牌上市的过程中,公司创始人或控股股东的股份被不断稀释,公司创始人或控股股东对公司的控制力不断减弱,当公司发展良好又股权分散时,敌意收购常常不期而至。

针对有限责任公司,如公司章程没有特别的规定,股东内部的股权转让依据《公司法》(2023年修订)第84条的规定自由转让,而股东向股东以外的人转让股权,则需要履行法定及章程规定的特别的程序,如通知、行使优先购买权等。因此,针对有限责任公司的控制权收购,因有限责任公司以人合性为主的封闭性,外部发起突然收购的可能性几乎没有。而针对股份有限公司特别是上市公司来说,因股份有限公司的股份转让是自由的,且因公司股东众多而不易觉察,面对突然发起的收购之战,控制股东或实际控制人往往措手不及,因此有必要采取必要的预防措施,包括对公司章程中进行特别的设计,以避免准备不足而失去公司。

【参考案例】 万科反收购:2015年1月,宝能系旗下公司深圳市钜盛华股份有限公司及其一致行动人开始在二级市场买入万科股份。7月10日,宝能系合计持有万科股份达5%,首次向万科举牌。之后,继续增持股份,先后两次举牌万科,至8月26日,宝能系持有万科股份达15.04%,超过华润(集团)有限公司(以下简称华润集团),成为万科第一大股东。虽然华润集团小幅增持,但截至12月11日,宝能系持有万科股份22.45%,以较大优势占据万科第一大

---

① 参见《西藏旅游股份有限公司关于诉讼的进展公告》,载巨潮资讯网,http://www.cninfo.com.cn/new/disclosure/detail?stockCode=600749&announcementId=1201594444&orgId=gssh0600749&announcementTime=2015-10-15,最后访问时间:2024年5月5日。

股东地位。12 月 17 日,万科董事长王某针对宝能系举牌万科的内部讲话流出,王某措辞强硬,称不欢迎宝能系成为万科第一大股东,万科管理层以重大资产重组及收购为由就万科 A 股向深交所申请临时停牌,“宝万之争”爆发。宝能系成为万科第一大股东之后,为什么不能行使股东权利改选董事会?其实,宝能系也提出过。万科于 2016 年 6 月 27 日公告宝能系“深圳市钜盛华股份有限公司及前海人寿保险有限公司”关于提请公司董事会召开 2016 年第二次临时股东大会的通知,提请万科董事会召集 2016 年第二次临时股东大会审议罢免王某等董事、独立董事及监事共 12 名的议案。[①] 以王某为首的董事会,于 2016 年 7 月 4 日公告第 17 届董事会第 12 次会议决议公告:全体董事全票通过“关于不同意深圳市钜盛华股份有限公司及前海人寿保险股份有限公司提请召开 2016 年第二次临时股东大会的议案”。[②]

万科董事会不同意召集,作为大股东的宝能系则开不成临时股东大会。即使宝能系依据公司法规定自行召集和主持临时股东大会,其仍不能变更公司非独立董事,因为万科公司章程(A + H)(2014 年 6 月)早已设置了反收购条款,其在第 97 条规定“董事、监事候选人名单以提案的方式提请股东大会决议。非独立董事候选人名单由上届董事会或连续 180 个交易日单独或合计持有公司发行在外有表决权股份总数 3% 以上的股东提出。监事候选人中的股东代表由上届监事会或单独或合计持有公司发行在外有表决权股份总数 3% 以上的股东提出”。依据这一条的规定,结合宝能系的持股情况,宝能系没有权利提出非独立董事和监事候选人。可以看出,宝能系虽为万科当时第一大股东,但进入万科董事会的梦想止步于万科公司章程第 97 条。暂且不分析这一条规定的合法性,仅这一条款的存在就有效帮助了以王某为首的公司董事会引入“白

---

① 参见《深圳市钜盛华股份有限公司及前海人寿保险股份有限公司关于提请公司董事会召开 2016 年第二次临时股东大会的通知》,载巨潮资讯网,http://www.cninfo.com.cn/new/disclosure/detail? stockCode = 000002&announcementId = 1202409795&orgId = gssz0000002&announce - mentTime = 2016 - 06 - 27,最后访问时间:2024 年 5 月 5 日。

② 参见《第十七届董事会第十二次会议决议公告》,载巨潮资讯网,http://www.cninfo.com.cn/new/disclosure/detail? stockCode = 000002&announcementId = 1202447796&orgId = gssz0000002&announcementTime = 2016 - 07 - 04,最后访问时间:2024 年 5 月 5 日。

衣骑士”深铁集团来对抗宝能系的强势并购。

“宝万之争”虽已得到解决，但该事件对资本市场的上市公司造成了严重的冲击，特别是股权分散的上市公司，反收购或防御收购成为上市公司面临的迫切难题，公司控制主体对公司控制权的保护提出新的制度要求。诸多上市公司继“宝万之争”事件后纷纷发布公告修改公司章程，在章程中增加防止反收购条款，增强企业控制权。据《经济日报》2017 年 6 月 15 日报道，仅 2017 年上半年就有 620 余家上市公司在公司章程中引入反收购条款。① 这也充分说明章程条款对于公司收购与反收购活动的重要性。

（二）章程反收购分析

我国关于上市公司收购的规定主要集中于《上市公司收购管理办法》（2020 年修正）、《证券法》、《公司法》等规定中。《上市公司收购管理办法》（2020 年修正）第 7 条、第 8 条、第 33 条规定的是被收购公司的实际控制人及控股股东、董事会和高级管理人员对收购具有配合义务，不得无故妨碍收购。《证券法》（2019 年修订）也没有对反收购相关问题予以规定，反而在第 62 条、第 63 条②规定了投资者可以采取要约收购、协议收购及其他合法方式收购上

---

① 参见温济聪：《逾 620 家上市公司增设反收购条款》，载《经济日报》2017 年 6 月 15 日，第 7 版。

② 《证券法》（2019 年修订）第 62 条规定，投资者可以采取要约收购、协议收购及其他合法方式收购上市公司。

第 63 条规定，通过证券交易所的证券交易，投资者持有或者通过协议、其他安排与他人共同持有一个上市公司已发行的有表决权股份达到 5% 时，应当在该事实发生之日起 3 日内，向国务院证券监督管理机构、证券交易所作出书面报告，通知该上市公司，并予公告，在上述期限内不得再行买卖该上市公司的股票，但国务院证券监督管理机构规定的情形除外。

投资者持有或者通过协议、其他安排与他人共同持有一个上市公司已发行的有表决权股份达到 5% 后，其所持该上市公司已发行的有表决权股份比例每增加或者减少 5%，应当依照前款规定进行报告和公告，在该事实发生之日起至公告后 3 日内，不得再行买卖该上市公司的股票，但国务院证券监督管理机构规定的情形除外。

投资者持有或者通过协议、其他安排与他人共同持有一个上市公司已发行的有表决权股份达到 5% 后，其所持该上市公司已发行的有表决权股份比例每增加或者减少 1%，应当在该事实发生的次日通知该上市公司，并予公告。

违反第 1 款、第 2 款规定买入上市公司有表决权的股份的，在买入后的 36 个月内，对该超过规定比例部分的股份不得行使表决权。

市公司。依据这些法条规定,明显可以看出法律的观点是鼓励交易和并购,而非鼓励反收购。

在李某、成都市路桥工程股份有限公司(以下简称成都路桥公司)公司决议效力确认纠纷案①中,李某累计买入成都路桥股票占总股本20.0554%,成为成都路桥第一大股东。李某持有股份达到上市公司已发行股份的5%后,未按照《证券法》(2014年修正)第86条、《上市公司收购管理办法》(2014年修订)第13条和第17条的规定,及时向深交所提交书面报告并披露权益变动报告书,聘请财务顾问对上述权益变动报告书所披露的内容出具核查意见。直至2016年3月3日,李某才披露了详式权益变动报告书。如此重大的违规事项,中国证监会四川监管局通过出具关于对李某采取出具警示函措施的决定、关于对李某采取责令改正措施的决定,对李某在收购成都路桥公司股权过程中存在的“未依法在规定的期限内停止买入”和“详式权益变动报告书不符合信息披露有关要求”的违规行为已经作出了认定,但也只是采取了出具警示函和责令改正的措施,并无任何限制股东表决权等权利的举措。当成都路桥公司修改公司章程并以成都路桥公司2016年第二次临时股东大会决议和成都路桥公司2017年第一次临时股东大会决议限制李某行使股东表决权时,成都市武侯区人民法院和成都市中级人民法院皆判决章程无效并撤销两决议,导致公司对违约收购方不能进行有效阻击。本案发生于2019年《证券法》生效之前。对强势的收购方来说,额度有限的处罚与公司收购这样重大的事项相比,本处案件涉及的处罚或警示不足以吓阻或惩罚敌意收购者。故股权分散的上市公司在章程中制定反收购条款仍有很大的必要。

相比《证券法》(2014年修正)和《上市公司收购管理办法》(2014年修订),《证券法》(2019年修订)在第63条第4款明确规定,如果收购方违反了报告、披露等义务,对新买入的股份在36个月内不得行使表决权。从条文的规定来看,《证券法》(2019年修订)对违规收购采取了限制措施,这种限制目前还未在实践中得到检验。虽然《证券法》(2019年修订)允许对违规增持的股份的表决权予以限制,但针对谁来判断是否违规、具体如何限制等问题均没有明

① 参见四川省成都市中级人民法院民事判决书,(2017)川01民终14529号。

确规定。因此，我国法律针对反收购措施的规定相对缺失，对违规收购的限制措施尚不完备，这与实务中出现的纷繁复杂的收购状况及采取措施反收购的现状不能相适应，故上市公司的控股股东、实际控制人、董事会及其成员、高级管理人员有必要考虑利用公司章程的自治设计填补法律的缺失之处。如振芯科技(300101)在其公告中所说：鉴于国内外近年来曾多次出现上市公司遭遇恶意收购，引起企业动荡。因此，公司董事会未雨绸缪，为了确保公司发展战略、发展路线及发展目标的一贯性和有效实施，稳定核心骨干团队，避免突发的恶意收购干扰公司正常的生产经营活动，避免公司出现不必要的动荡，从保护广大中小股东利益的角度出发，在不违反《上市公司治理准则》(2018 年修订)等法律法规规定的前提下，同时借鉴其他上市公司针对“恶意收购”在其公司章程中的约定，特在本次修订公司章程中增加了“反恶意收购”的相关条款。①

上市公司通常的反收购措施有“白衣骑士”、交叉持股、帕克曼式防御战略、“焦土政策”、“毒丸计划”、特别事项多数决、分级分期董事会、董事特定资格、员工持股等措施，并通过公司章程设置对应反收购条款。在这些反收购措施中，相比“白衣骑士”、交叉持股、帕克曼式防御战略、“焦土政策”，将“毒丸计划”、特别事项多数决、分级分期董事会、董事特定资格、员工持股等措施制定到公司章程并起到反收购作用常为目标公司所采用。因为这些措施属于公司内部的章程设置，行动方便，成本小且效果明显。类似这样的章程反收购条款又称为“驱鲨剂条款”，主要指公司章程中所规定的对敌意收购进行有效阻碍的条款，通过该条款可以抵御市场发生的敌意收购，保护公司的控制权。

我国法律法规并没有给出章程反收购条款的制定指引。依据中证中小投资者服务中心的说法，公司章程的反收购条款在市场的实践中主要集中在以下6 个方面：(1)通过提高持股比例或设置持股期限要求，限制股东行使提案权、提名权、征集投票权、自行召集和主持股东大会等权利；(2)通过降低信息披露的股权比例，增加收购方的信息报告义务；(3)增加公司收购特别决议、设置超

① 参见《关于对深圳证券交易所关注函回复的公告》，载巨潮资讯网，http://www.cninfo.com.cn/new/disclosure/detail? stockCode = 300101&announcementId = 1205999831&orgId = 9900011989&announcementTime = 2019 - 04 - 08，最后访问时间：2024 年 5 月 5 日。

级多数条款;(4)通过设置分级分期董事会、对董事任职资格作严格限制等方式限制董事结构调整,导致收购者无法对董事会进行实质性改组;(5)赋予大股东特别权利,规定当公司面临恶意收购情况时,公司控股股东有权采取或要求董事会采取反收购措施,无须另行单独获得股东大会的决议授权;(6)设置"金色降落伞"计划,规定在公司被收购时,董事和高级管理人员在公司被并购接管且被解除时,将从公司一次性领取巨额补偿金。[①]

鉴于实务中,有上市公司章程设置了诸如此类的"驱鲨剂"条款,且该类条款也已经过监管机关备案。笔者建议一些公司可以尝试从多个维度设置反收购章程条款,使其具有可执行性和可操作性,以达到适当的"驱鲨"效果。

二、公司反收购章程设计

不像对有限责任公司,我国公司法并没有给予股份有限公司章程太多的自治空间,针对股份有限公司"章程另有规定除外"的赋权性条款在法律中并不多见,尤其对上市公司来说,有《公司法》、《证券法》、《上市公司收购管理办法》、《上市公司章程指引》、《上市公司治理准则》及证券交易所股票上市规则、上市公司规范运作指引等法律法规进行约束或限制,而且这些法律法规中也没有对反收购事项进行过明确规定,自主设计反收购条款似乎失去了法律基础。

《公司法》(2023 年修订)在其第 112 条明确规定,本法第 59 条第 1 款、第 2 款关于有限责任公司股东会职权的规定,适用于股份有限公司股东会。而第 59 条第 1 款第 9 项的内容是"公司章程规定的其他职权"。依据私法领域的"法无禁止即可为"的一般原则,只要没有和现行法律抵触,在公司自治的基础上对股份有限公司的反收购条款进行设计仍有可为之处。

从公司性质来说,股份有限公司虽是以资合性为主的公司,但并不排斥人合性。敌意并购的股东强行进入公司,并行使权力,其实质是改变目标公司现有的利益格局及权力平衡,在法律允许市场化动作及公平竞争的情况下,不能

---

① 参见《中证中小投资者服务中心公开发声关注六类不当反收购条款》,载新华网,http://www.xinhuanet.com/fortune/2017-05/25/c_1121036550.htm,最后访问时间:2020 年 4 月 22 日。

不对原有股东的利益进行相应保护。

(一)敌意收购的章程定义条款

市场将敌意收购的主体称为“门口的野蛮人”。这一称谓形象地描述了敌意收购的突然性及对被收购公司的震撼性。只有明确什么是敌意收购,公司章程设计的反收购条款才有用武之地,正所谓“师出有名”,公司才能在敌意收购的时候启动反收购条款。

公司章程定义敌意收购应从维护公司长期、持续、稳定经营的角度出发,从股东的整体利益出发,而不是为了维护特定群体包括控股股东、董事会或高级管理人员的控制利益。公司章程不应排斥所有的市场收购行为,而应防止的是收购方以追求短期资本收益为目的,使公司陷入投机性资本的恶意炒作,不利于公司长远发展和股东整体利益,没有按规定履行相应程序的收购行为。

敌意收购涉嫌欺诈。

【参考案例】 诚如在上海兴盛实业发展(集团)有限公司诉王某忠证券欺诈责任纠纷一案中法院释明的一样:本院已充分注意到,被告违反《证券法》第86条的规定,在未依法履行信息披露义务的情况下,违规超比例购买新梅公司股票的行为,违背了证券市场公开、公平、公正的交易原则,侵害了广大中小投资者的知情权和投资决策权,一定程度上亦不利于上市公司治理的稳定性,其违法行为也受到了证券监督管理部门的处罚。①

依据《证券法》(2019年修订),违规收购的投资者在36个月之内将被限制股东表决权。这一新增立法限制充分说明立法者认识到了违规收购对公司的危害性,才在《证券法》(2019年修订)中增加了限制股东表决权的内容。基于法律的发展,公司章程对敌意收购进行定义同样也是为了防止违规收购对公司的危害,保护公司稳定经营、长远发展及股东整体利益。

如果公司章程对类似“敌意收购”进行定义并经公司股东会合法程序审议通过,这代表了公司现有股东的商业判断,属于公司股东意思自治范畴,是公司

---

① 上海市第一中级人民法院民事判决书,(2015)沪一中民六(商)初字第66号。

股东会在其职权范围内的自治行为,并不违反法律的禁止性或强制性规定,在私法自治的原则下,司法及监管部门对这样的条款应予以尊重。

设计敌意收购定义的章程条款参考示例

第×××条　依据本章程,本公司及股东并不排斥市场的正常收购或股份购买行为,而敌意收购,是指违反《公司法》《证券法》《上市公司收购管理办法》等法律规章,或多个行为人隐蔽式收购并在收购中达成一致行动人突然发起的收购以争夺公司控制权的行为,或公司股东会以通过普通决议认定的属于敌意收购的收购行为。

如果证券监管部门未来就“敌意收购”作出明确界定,则本章程下定义的敌意收购的范围按证券监管部门规定调整。

如发生本章程条款规定的“敌意收购”行为,为确保公司经营管理的持续稳定,最大限度维护公司及股东的整体及长远利益,公司董事会有义务根据本章程的授权规定,在符合上市公司及广大股东利益的前提下主动采取以下反收购措施:

(一)对公司收购方按照本章程的规定提交的关于未来增持、收购及其他后续安排的资料,进行审核、讨论、分析,提出分析结果和应对措施,并在适当情况下提交股东会审议确认;

(二)从公司长远利益考虑,在敌意收购难以避免的情况下,董事会可以为公司选择其他收购者,以阻止敌意收购行为;

(三)根据法律、法规及本章程的规定,采取可能对公司的股权结构进行适当调整以降低敌意收购者的持股比例或增加收购难度的行动;

(四)根据法律、法规及本章程的规定,采取以阻止敌意收购者实施收购为目标的反收购行动,包括但不限于对抗性反向收购、法律诉讼策略等;

(五)其他能有效阻止敌意收购的方式或措施。

第×××条　敌意收购,是指违反法律法规的相关规定,在未经公司董事会同意的情况下通过收购或一致行动等方式取得公司控制权的行为,或违反本章程相应条款规定的行为,或公司股东会在收购方回避的情况下以普通决议认定的属于敌意收购的其他行为,如果证券监管部门将来就“敌意收购”作出明确界定，则本章程下定义的敌意收购的范围按证券监管部门规定调整；前述股东会未就敌意收购进行确认决议，不影响公司董事会根据本章程规定，在符合上市公司及广大股东利益的前提下主动采取应对措施。

（二）“毒丸计划”反收购章程措施前瞻

毒丸，也称为股东权利计划，只要目标公司董事会运用得当，将会完全阻碍收购的发生。毒丸的详细机理并不重要，但其基本机理是，当收购方的持股超过规定的门槛（如20%的流通股）时，毒丸的启用会大量稀释潜在收购方的股份。被稀释的前景阻止了收购方的脚步，直到毒丸被撤回。[①]

“毒丸计划”创设并发展于美国，我国最先了解“毒丸计划”这一名词大约是因为2005年发生在纳斯达克的“盛大收购新浪”事件。2005年，盛大对新浪发起收购，新浪启动“毒丸计划”，除盛大方外，已经持有新浪股票的股东将按照1∶1的比例获得认股权证，原股东可用权证发行时股票价格的半价来行权，获得新股票，将盛大的股份从19.5%稀释到了2.28%，最终致使该收购失败。[②]这次收购因是在美国资本市场上第一次两个涉及中国的公司的强行收购，无论对法律界还是投行界来说都认为是里程碑式的事件，这次事件也让中国资本市场的参与者第一次看到了反收购措施的巨大威力。

在《公司法》（2023年修订）施行之前，“毒丸计划”在我国没有适用的法律环境，一是因为我国针对股份有限公司执行的是“一股一权”的股权平等制度，没有类别股制度。二是没有授权资本制。依据当时《公司法》的规定，公司要发行股份通常需要股东大会决议通过，发行股份属于特别决议事项，必须经出席会议的股东所持表决权的2/3以上通过。当公司对此召集召开股东大会作出决议时，收购方可能此时已持有部分股票成为股东，其当然在股东会上对发行股份的决议投反对票，况且由于股东会人数众多，召集召开流程相对复杂，不利于以控股股东为代表的董事会采取有效率的收购抵御措施。

---

① 参见［美］杰弗里·N.戈登、［德］沃尔夫－格奥尔格·林格编：《牛津公司法与公司治理手册》（上册），罗培新等译，上海人民出版社2022年版，第225页。

② 参见王毓莹：《新公司法二十四讲：审判原理与疑难问题深度释解》，法律出版社2024年版，第355页。

《公司法》(2023 年修订)第 144 条明确规定公司可以按照公司章程的规定发行类别股,包括优先股;第 152 条规定了授权资本制,明确规定“公司章程或者股东会可以授权董事会在三年内决定发行不超过已发行股份百分之五十的股份。但以非货币财产作价出资的应当经股东会决议。董事会依照前款规定决定发行股份导致公司注册资本、已发行股份数发生变化的,对公司章程该项记载事项的修改不需再由股东会表决”。经此授权后,公司的股份发行事项可以由董事会负责了,特别是通过公司章程规定的授权资本制。

我国资本市场已通过《上市公司证券发行注册管理办法》对授权资本制进行了尝试,在该办法第 21 条第 1 款规定,“上市公司年度股东大会可以根据公司章程的规定,授权董事会决定向特定对象发行融资总额不超过人民币三亿元且不超过最近一年末净资产百分之二十的股票,该项授权在下一年度股东大会召开日失效”,依据该办法,上市公司年度股东大会给予董事会此种授权的,应当依据该办法规定由股东大会作出决定。《上市公司证券发行注册管理办法》第 21 条的规定相比《公司法》(2023 年修订)第 152 条的规定,在授权前提、发行比例、授权期限、发行对象上都不同,可以预见,《公司法》(2023 年修订)施行后,在股份发行事宜上,股份有限公司的董事会应有更大的自由度。一般来说,针对股份有限公司,董事会被以控股股东或实际控制人为代表的董事所控制,而抵御敌意收购,也是以控股股东或实际控制人为代表的董事会在抵御,中小股东可能还会欢迎兼并收购,因为中小股东有了利用兼并收购获利退出的机会。《公司法》(2023 年修订)于 2024 年 7 月 1 日施行后,考虑利用公司股东会将授权资本制设计进入公司章程,并通过公司董事会择机实施,应会是股份有限公司包括上市公司实际控制人和控股股东进行公司控制及保护股东权利的未雨绸缪之作。

鉴于《公司法》(2023 年修订)于 2024 年 7 月 1 日施行,且现行《上市公司证券发行注册管理办法》的生效规定与《公司法》(2023 年修订)的规定亦有不同,同时,《公司法》(2023 年修订)进一步加强了董事、监事、高级管理人员履职责任,《上市公司收购管理办法》(2020 年修正)也在其第 8 条明确规定,“被收购公司的董事、监事、高级管理人员对公司负有忠实义务和勤勉义务,应当公平对待收购本公司的所有收购人。被收购公司董事会针对收购所作出的决策及采取的措施，应当有利于维护公司及其股东的利益，不得滥用职权对收购设置不适当的障碍，不得利用公司资源向收购人提供任何形式的财务资助，不得损害公司及其股东的合法权益”。因此，“毒丸计划”如何有效在国内落地，可能还需要时间。可以肯定的是，如果“宝万之争”发生在《公司法》（2023 年修订）施行以后，在“白衣骑士”深铁集团的介入下，万科董事会应会果断采用法律所赋予的类别股和授权资本制等措施来抵御宝能系的强行收购，那时，“宝万之争”并购事件中抵御并购的手段会更丰富，并购事件及参与方的结果可能会有戏剧性变化。历史不可假设，随着《公司法》（2023 年修订）的施行，可以预判的是，类别股和授权资本制的入法将会深刻地影响我国兼并收购市场的格局。

“毒丸计划”反收购章程条款参考示例

第×××条　如发生本章程条款规定的“敌意收购”行为，为确保公司经营管理的持续稳定，最大限度维护公司及股东的整体及长远利益，公司董事会有权主动采取以下单独或联合的措施：

（一）从公司长远利益考虑，在敌意收购难以避免的情况下，为维护公司的最大利益，董事会可以为公司选择其他收购者。

（二）公司向特定对象发行优先股作为支付手段，向公司特定股东回购普通股。公司回购普通股的价格应当公允、合理，不得损害股东或其他利益相关方的合法利益，并符合国家法律法规及监管政策的规定。

（三）针对收购，董事会有权采取一切合法措施，包括但不限于在 3 年内决定发行不超过已发行股份 50% 的股份（包括优先股）等措施。但以非货币财产作价出资的应当经股东会决议。

董事会依照前款规定决定发行股份导致公司注册资本、已发行股份数发生变化的，对公司章程该项记载事项的修改不需再由股东会表决。

（四）董事会采取前述措施时，应经过董事会决议后采取，董事会决议应当经全体董事 2/3 以上通过。

（三）特别事项多数表决条款

针对公司收购，收购方有备而来，收购方收购公司不仅是为了控制公司，还有其他目的。收购方或是看重公司特定的资产,或是利用公司现有的优势渠道,或是看上了公司特有的技术或研发。这些公司关键资产或技术的处置会给公司造成重大的影响,收购方完成收购后也可能在股东会上提出对公司现有的优势技术或资产进行处理的议案。当收购方占有持股优势后,收购方所提出的议案有可能被通过,这会造成上市公司的优质资产或技术被强势收购方掏空而失去发展的优势,从长远来看影响公司的发展以及损害了股东尤其是中小股东的利益。利用并购掏空目标公司的新闻在资本市场上并不少见。

对于通过敌意收购进入股东会的股东,在对公司的优质资产或技术提出动议时,为慎重起见,有必要将收购方提出的这些动议列为特别事项而提高表决比例,以便更好地让中小股东发表看法,达成共识,真正保护公司与股东的整体利益。

《公司法》《上市公司章程指引》等法律法规及规范性文件规定的上市公司就股东会特别决议事项在法定绝对多数即2/3以上仅是法律法规规定的最低标准,并未禁止上市公司就特定事项作出更为严格的要求,遵循“法不禁止即自由”的法理以及司法不过多干预公司自治的立法精神,目标公司可以根据需要在章程中设置此类条款。当敌意收购方处置公司特定优质资产与技术时将表决比例提高到3/4或以上数额时,将会进一步增加该议案在股东会通过的严格性和难度,其实质是保护公司的整体利益,避免资本的随意。

特别事项多数表决章程条款参考示例

第×××条　下列事项由出席股东会的股东所持有表决权的3/4以上通过:

(一)除公司处于特殊危机的情况外,公司需与董事、高级管理人员以外的人签订将公司全部或重要业务交予其负责的合同;

(二)收购方为实施敌意收购行为而提交的关于购买或出售资产、租入或租出资产、赠与资产、关联交易、对外投资(含委托理财等)、对外担保、提供财务资助、债权或债务重组、签订管理方面的合同(含委托经营、受托经营等)、研究与开发项目的转移、签订授权许可协议等议案。

(三)股东为本章程规定的通过敌意收购进入的股东,当其在成为股东后的2年内在股东会上提出处置公司核心技术或核心资产的动议时。

（四）股东提案权限制条款

上市公司经营管理的显著特征就是两权分离，即股份所有权与经营控制权分离。公司不是由股东经营，而由股东会选举产生的董事会经营管理，即使在掌握多数投票权的情况下，股东也只能通过选举董事会等方式间接影响公司营运。

《公司法》（2023年修订）第115条第2款规定："单独或者合计持有公司百分之一以上股份的股东，可以在股东会会议召开十日前提出临时提案并书面提交董事会。临时提案应当有明确议题和具体决议事项。董事会应当在收到提案后二日内通知其他股东，并将该临时提案提交股东会审议；但临时提案违反法律、行政法规或者公司章程的规定，或者不属于股东会职权范围的除外。公司不得提高提出临时提案股东的持股比例。"本条款专门规定"公司不得提高提出临时提案股东的持股比例"。公司通过章程无权提高临时提案的股东的持股比例。只要单独或合计达到公司1%以上股份的股东，都可以在股东会召开10日前提出临时提案并书面提交董事会。但类似"宝能系"提出罢免董事会、监事会全体成员的提案就不合适，这是因为公司的稳定经营需要稳定的团队，这不仅是对公司负责，也是对社会及经济发展负责，不能因为收购持有了更多的股份，就可以任意提案。

有的上市公司修改章程规定拥有更高持股比例（一般为10%）或规定持股满一定的期限的股东才可以提出临时提案，这与现行法律的规定不符。股东提案权是股东的固有权利，上市公司超出法律规定在持股比例或持股期限方面限制股东提案权在实务中饱受质疑。但上市公司可以依据《公司法》（2023年修订）第59条和第112条，将股东会的职权对象进行一般事项及重大事项的分类，并要求敌意收购的收购方就其临时提案涉及的重大事项的合理性进行说明及给予充分的论证，然后再依据公司股东会议事规则，在《公司法》和公司章程规定的范围内行使职权。

【参考案例】 在中证中小投资者服务中心有限责任公司与上海海利生物

技术股份有限公司公司决议效力确认纠纷案中，法院释明：根据《公司法》规定，公司股东依法享有资产收益，参与重大决策和选择管理者等权利。在权利的具体行使方式上，单独或者合计持有公司3%以上股份的股东，可以在股东大会召开10日前提出临时提案并书面提交董事会。上述规定表明，只要具有公司股东身份，就有选择包括非独立董事候选人在内的管理者的权利，在权利的行使上并未附加任何的限制条件。分析被告在2015年第一次临时股东大会决议中有关公司章程第82条第2款第1项内容，其中设定“连续90天以上”的条件，违反了《公司法》的规定，限制了部分股东就非独立董事候选人提出临时提案的权利，该决议内容应认定为无效。①

本案中法院释明的重点是在权利的行使上不能有限制条件，但并未说股东会的职权范围上也不能设置限制条件，上市公司的现有股东完全可以依据这一法律的赋权性规定做些文章。

股东提案权限制章程条款参考示例

第×××条　公司召开股东会、董事会、监事会以及单独或者合并持有公司1%以上股份的股东，有权向公司提出提案。

单独或者合计持有公司1%以上股份的股东，可以在股东会召开10日前提出临时提案并书面提交召集人。召集人应当在收到提案后2日内发出股东会补充通知，公告临时提案的内容。

除前款规定的情形外，召集人在发出股东会通知公告后，不得修改股东会通知中已列明的提案或增加新的提案。

股东会通知中未列明或不符合本章程第×××条规定的提案，股东会不得进行表决并作出决议。

第×××条　提案的内容应当属于股东会职权范围，有明确议题和具体决议事项，并且符合法律、行政法规和本章程的有关规定。

为降低和避免可能出现的股东权利滥用的情形，维护公司组织机构稳定及正常经营，鼓励长期持股投资而非短期投机的股东参与公司重大事项的讨论和

① 参见上海市奉贤区人民法院民事判决书，(2017)沪0120民初13112号。

管理,促进公司持续经营及资本市场的发展与稳定,如持续持股时间不足 180 日,或收购股票时有法律规定或本章程规定的故意隐瞒披露信息行为,或符合本章程规定的"恶意收购"的行为的股东的权限应受到适当限制,当提出属于本章程规定的重大事项或特别事项[①]议案时(或不得提出事关公司重大事项、特别事项的临时议案),应向公司董事会说明充分的理由并提交相应的证据,由董事会进行审核或先提交股东会以 2/3 的特别决议通过,董事会才可将该临时议案向股东会提交表决。未有充分理由,仅以收购公司并控制公司为目的的议案不应提交股东会表决,但前述前提限制条件已失效的除外。

(五)限制董监高资格条款

公司董事会系公司重大经营决策的议事机构,公司董事须具备与其董事职务相适应的对公司所处行业的基本了解、专业能力及知识水平。公司法赋予了公司以公司章程对董事会组成予以自治的权利。《公司法》(2023 年修订)第 95 条规定,公司章程应当载明"(七)董事会的组成、职权和议事规则"。《上市公司章程指引》(2023 年修正)第 57 条第 1 款第 1 项规定,股东会拟讨论董事、监事选举事项的,股东会通知中将充分披露董事、监事候选人的详细资料,至少包括以下内容:教育背景、工作经历、兼职等个人情况。《上市公司治理准则》(2018 年修订)第 19 条第 1 款规定,上市公司应当在股东会召开前披露董事候选人的详细资料,便于股东对候选人有足够的了解;第 45 条规定,监事会的人员和结构应当确保监事会能够独立有效地履行职责。监事应当具有相应的专业知识或者工作经验,具备有效履职能力。依据以上法律法规的规定,可以看出董事、监事应具备相应条件以满足履行职务的需要。

关于董事、监事候选人资格的审查权、审查制度,包括《公司法》《上市公司章程指引》在内的法律法规及规范性文件并未作出禁止性规定,《上市公司章

---

① 重大或特别事项参考设定如下:包括但不限于购买或出售资产、租入或租出资产、赠与资产、关联交易、对外投资(含委托理财等)、对外担保、提供财务资助、债权或债务重组、签订管理方面的合同(含委托经营、受托经营等)、研究与开发项目的转移、签订授权许可协议,撤换公司董事长、总经理或本公司章程规定的董事、监事或高级管理人员,或其他经董事会决议认定为重大特别事项的。

程指引》《上市公司治理准则》皆对董事、监事的个人情况要求进行披露,但仅仅披露是不够的,没有审查的披露没有任何意义。既然公司法认为公司章程可以规定董事会的组成,那么公司章程有权在不违反法律法规及规范性文件禁止性规定的前提下对公司董事、监事候选人资格的审查权、审查制度进行相应设定。如有的上市公司专业很强,对管理人员的要求很高,而贸然进入的恶意收购者在进来之后就更换董事、监事有可能造成这些公司独特的竞争优势或技术丧失。例如,章程规定,"符合本公司章程规定的恶意收购方及其一致行动人提名的董事、监事有 5 年以上与公司目前主营业务相同的业务管理经验,以及与其履行董事职责相适应的专业能力和知识水平";又如,章程规定,"由于公司主营业务所处行业的细分程度较高。若公司管理层不熟悉公司所处行业情况,对公司面临的行业环境和竞争没有充分的认识,不具备相关管理经验、专业能力和知识水平,难以保证公司发展目标和业绩提升的可持续性";再如,公司章程规定,"公司主营业务所处行业属国家重点支持的战略性新兴产业,涉及国家重要装备制造领域,对于管理层的政治背景、相关专业技能、管理经验、职业资历都有着非常严格的要求。如果管理层没有相应资历,公司的发展目标有可能被改变或打乱,这对公司的正常运营、公司股价的稳定、国家重大科技项目的顺利推进,以及对公司广大中小股东及公司本身都将可能产生重大的不利影响"。因此,设定公司董事、监事、高级管理人员的相应资质,可以有效保证公司经营的稳定和持续性,保护公司和股东的合法权益。

限制董事或高级管理人员资格章程条款参考示例

第×××条　为保证公司在被恶意收购后的经营稳定性,维护公司及全体股东的长期利益,收购方及其一致行动人提名的董事、监事候选人除应具备与履行董事、监事职责相应适应的专业能力和知识水平外,还应当具有 6 年以上与本公司主营业务相同的业务管理经验,或是在公司工作年限较长,对公司经营业务或者管理工作较为熟悉的员工担任董事,以便其能够对公司经营管理工作提出合理化建议,更好地履行董事职责和义务。

(六)"金色降落伞"条款

"金色降落伞"条款是指目标公司与高级管理人员、一般管理人员和普通员工约定，公司在被敌意收购后，不论该等人员是主动离职还是被迫离职，目标公司都应向其支付一定的补偿金。实务中，通常将目标公司与高级管理人员的约定称作“金降落伞”，与一般管理人员的约定称作“银降落伞或灰色降落伞”，与普通员工的约定称作“锡降落伞”。目标公司设置此类规定的目的是以此增加收购方的收购成本，降低收购方的收购欲望或者阻却敌意收购。

依据公司法的规定，公司董事、监事的报酬事项由股东会决定，经理的报酬由董事会决定，公司法并没有对以上人员的报酬事项作出限制性或禁止性规定。《上市公司治理准则》（2018 年修订）第 61 条规定，上市公司章程或者相关合同中涉及提前解除董事、监事和高级管理人员任职的补偿内容应当符合公平原则，不得损害上市公司合法权益，不得进行利益输送。

《公司法》（2023 年修订）第 71 条确认了对董事职位的无因解任，明确规定，股东会可以决议解任董事，决议作出之日解任生效；第 120 条也明确规定，董事职位的无因解任适用于股份有限公司。因此，如果章程规定“董事在任期届满之前不得无故解除”则已不符合公司法的规定。但《公司法》（2023 年修订）对董事任期也有明确规定“董事任期届满未及时改选，或者董事在任期内辞职导致董事会成员低于法定人数的，在改选出的董事就任前，原董事仍应当依照法律、行政法规和公司章程的规定，履行董事职务”。依据以上规定，董事职务的无因解任与董事职务特定情况下的继续留任对董事来说并不公平。《公司法》（2023 年修订）第 71 条第 2 款也明确规定“无正当理由，在任期届满前解任董事的，该董事可以要求公司予以赔偿”。从董事与公司的关系来说，董事与公司应是委托关系，《民法典》第 933 条规定，“委托人或者受托人可以随时解除委托合同。因解除合同造成对方损失的，除不可归责于该当事人的事由外，无偿委托合同的解除方应当赔偿因解除时间不当造成的直接损失，有偿委托合同的解除方应当赔偿对方的直接损失和合同履行后可以获得的利益”。因此，设置“降落伞”条款符合法律的规定。另外，从公司经营的稳定来说，恶意收购的收购方仅凭资本多数决的规则就可以任性置换公司董事等核心管理人员的话，对资本市场及公司的发展不利，不利于保护广大中小股东的利益。当公司面临恶意收购时，设置上述“降落伞”条款目的在于维护在任董事履行职责的延续性，维护公司经营管理工作的持续稳定，保护公司和全体股东的合法权益。

"金色降落伞"章程条款参考示例

第×××条　董事由股东会选举或更换,每届任期3年,任期从股东会通过之日起计算,至本届董事会任期届满时为止。董事任期届满,可连选连任。董事在任期届满前,股东会不得无故解除其职务。但股东会在遵守有关法律、行政法规规定的前提下,可以以普通决议的方式将任何任期未满的董事罢免,但此类罢免不影响该董事依据任何合约提出的索偿要求。

第×××条　总裁对董事局负责,行使下列职权:

拟定对高层管理人员的解聘补偿方案;拟定对公司任职2年以上员工的解聘补偿事项。

第×××条　当发生公司被并购接管的情形时,在公司高级管理人员任期未届满前如确需终止或解除职务,必须得到本人的认可,且公司须一次性支付其相当于前一年年薪总和10倍以上的经济补偿。

第×××条　董事由股东会选举或更换,任期3年。董事任期届满,可连选连任。董事在任期届满以前,股东会不能无故解除其职务。

在发生公司恶意收购的情况下,非经原提名股东提议,任何董事在不存在违法犯罪行为,或不存在不具备担任公司董事的资格及能力,或不存在违反公司章程规定等情形下于任期内被解除董事职务的,公司应按该名董事在公司任职董事年限内税前薪酬总额的5倍向该名董事支付赔偿金。

在发生公司恶意收购的情况下,该届董事会任期届满的,继任董事会成员中应至少有2/3的原任董事会成员连任;在继任董事会任期未届满的每一年度内的股东会上改选董事的总数,不得超过本章程所规定董事会组成人数的1/4。

在发生公司恶意收购的情况下,为保证公司及股东的整体利益以及公司经营的稳定性,收购方及其一致行动人提名的董事候选人应当具有至少5年与公司目前(经营、主营)业务相同的业务管理经验,以及与其履行董事职责相适应的专业能力和知识水平。

董事任期从就任之日起计算,至本届董事会任期届满时为止。董事任期届满未及时改选，在改选出的董事就任前，原董事仍应当依照法律、行政法规、部门规章和本章程的规定，履行董事职务。

董事可以由总经理或者其他高级管理人员兼任，但兼任总经理或者其他高级管理人员职务的董事，总计不得超过公司董事总人数的1/2。

董事会不设职工代表董事。

第×××条 在公司发生本章程列明的恶意收购时，任何董事、监事、总裁或其他高级管理人员在不发生违法犯罪行为，并未丧失任职的要求或资格及未发生违反公司章程规定的情形下，未经本人同意，于任期届满之前被解除职务的，公司应按该名董事、监事、总裁或其他高级管理人员在公司任职年限内税前薪酬总额的5倍支付赔偿金。倘若高级管理人员已与公司签订了劳动合同，则公司尚应按照《劳动合同法》的有关规定另外支付经济补偿金或赔偿金。倘若高级管理人员或核心技术人员在公司被恶意收购时主动提出辞职，则公司仍应以该职位税前年薪及福利待遇为基数，支付3倍或足额的赔偿金。

三、公司反收购经典案例解析

违规收购与限制股权的司法判定公司决议效力确认纠纷案①

（一）案情简介

2014年11月25日，中国证监会深圳监管局作出（2014）6号行政处罚决定书，认定：林某作出决策，委托匡某某具体操作“林某”账户、“陈某某”账户等13个账户陆续买进康达尔公司股票；至2013年10月10日上述13个账户合计持有康达尔公司股票超过已发行股份比例的5%，至2014年3月11日，合计持有康达尔公司股票61,787,291股，占康达尔公司已发行股票的15.81%；林某作为该13个账户的实际控制人，未依照《证券法》第86条的规定履行报告、通知及公告义务，是上述违法行为的责任人。该局决定对林某责令改正、给予警

① 参见广东省深圳市中级人民法院民事判决书，（2016）粤03民终13834号。

告,并处人民币 60 万元罚款(以下币种均为人民币)。

2014 年 12 月 1 日,林某以简式权益变动报告书的方式披露了其控制的 13 个账户合计持有康达尔公司股份 61,787,291 股,占康达尔公司总股本达到 15.81% 的事实。

2015 年 8 月 31 日,京基集团有限公司与林某、王某某签署《一致行动人协议》,此后其以详式权益变动报告书的方式进行了披露。

2015 年 10 月 15 日,温某等 12 人以公证声明书的方式确认其名下的股票账户由林某实际控制、支配及操作,林某享有该账户内康达尔公司股份的全部股东权利和权益。

2015 年 12 月 1 日,康达尔公司公告其第 8 届董事会 2015 年第 6 次临时会议决议,该会议于 2015 年 11 月 26 日举行,决议内容为:"1. 授权公司董事长和管理层采取法律措施就林某、京基集团有限公司及其一致行动人涉嫌违反证券交易法律法规的行为依法进行追究,就其违法行为向有关监管部门进行举报。2. 公司应要求林某、京基集团有限公司及其一致行动人:(1)林某、京基集团有限公司及其一致行动人在改正其违法行为前不得对其持有的公司股份行使表决权;(2)林某、京基集团有限公司及其一致行动人将其违法所得(即违法增持公司股票及减持该等股票所获的收益)上缴上市公司;(3)林某、京基集团有限公司及其一致行动人改正其违法行为,将合计持有的公司股票减持至合计持有比例 5% 以下;(4)确认林某、京基集团有限公司及其一致行动人不具备收购上市公司的主体资格。董事会同意并授权公司采取包括提起诉讼在内的措施,以促成相应要求的实施。同意授权公司董事长及其授权的代理人在董事会权限范围内全权负责与上述所涉事宜相关事项。"

2015 年 12 月 4 日,京基集团有限公司、林某、王某某向深圳市罗湖区人民法院起诉康达尔公司,要求确认其 2015 年 11 月 26 日作出的董事会决议无效。

2016 年 2 月 25 日,京基集团有限公司以详式权益变动报告书披露其于 2016 年 2 月 24 日以大宗交易的方式受让了林某、王某某持有的全部康达尔公司股份。

诉讼关系见图 13。

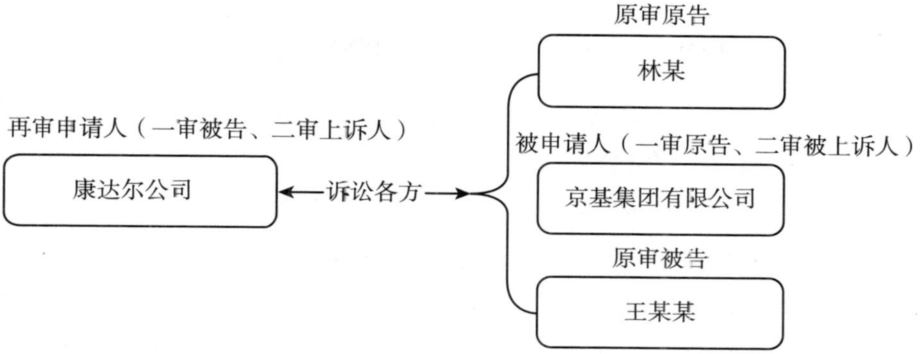

图 13　诉讼关系

（二）争议焦点

本案的争议焦点为涉案的董事会决议董事会是否有权作出，以及有关决议是否符合法律、行政法规的规定。

（三）法院判决和裁判理由

三级法院均裁判：康达尔公司董事会作出该部分决议缺乏法律依据和公司章程的授权，该部分决议应属无效。

裁判理由：

深圳市福田区人民法院在一审中认为：

本案为公司决议效力纠纷。《公司法》第 22 条第 1 款规定，公司股东会或者股东大会、董事会的决议内容违反法律、行政法规的无效。

康达尔公司董事会决议不但认定京基集团有限公司存在证券违法行为，还限制了京基集团有限公司行使其股东权利。康达尔公司董事会作出该部分决议缺乏法律依据和公司章程的授权，该部分决议应属无效。理由如下：

首先，认定京基集团有限公司是否存在证券违法行为，系证券监管部门职责及司法机关的权力范围，没有任何法律、行政法规授权公司董事会具有这一公法项下的权力。

其次，限制股东权利应当由有权机关作出。对违反《上市公司收购管理办法》的上市公司的收购及相关股份权益变动活动中的信息披露义务人，作出相应处罚的机关系“中国证监会”,而非公司董事会。并且,康达尔公司章程第107 条所约定的董事会可以行使的职权中并无限制股东权利,康达尔公司也没有举证证明有法律、行政法规授权其董事会可以限制股东权利,故康达尔公司董事会作出限制股东权利的决议缺乏权力依据。

最后,《公司法》第 4 条规定,公司股东依法享有资产权益、参与重大决策和选择管理者等权利。上述法律规定的股东权利是根本性的权利,未经正当的程序不应受到非法的限制和剥夺。京基集团有限公司持有的康达尔公司股份已经登记,其取得了相应的股东身份,依法享有股东的权利。股东参与重大决策系以表决权的方式体现,康达尔公司董事会在京基集团有限公司的股东身份不存在异议的情况下,限制京基集团有限公司股东权利,违反了前述《公司法》的规定,亦属无效。

康达尔公司不服一审判决,向深圳市中级人民法院上诉,深圳市中级人民法院认为:

本案为公司决议效力确认纠纷。背景是京基集团有限公司持有的康达尔公司的大额股票,部分是由其一致行动人林某违反《证券法》第 86 条的规定,未履行信息披露义务情况下超比例购买的,双方当事人围绕康达尔公司的控制权,提起了包括本案在内的多起诉讼。

大额股票投资者对披露义务的违反,不仅侵犯了广大中小投资者的知情权和投资决策权,而且一定程度上影响上市公司实际控制人的合法权益,甚至不利于上市公司治理的稳定性(如为规避监管及信息披露义务、类似“穿马甲”式的大额收购行为,可能造成公司大股东或实际控制人反击时不可能在同一股票价格水平上公平竞争)。因此,我国证券法律法规及司法解释规定应承担相应的行政责任、民事责任乃至刑事责任。

股东的合法权利受法律保护,除非股东自愿放弃,否则非经严格法律程序不得剥夺或限制。这是现代公司制度的基石,尤其是股东表决权,是股东行使自己意志,参与公司重大决策和选择管理者等其他股东权利的方式,系股东的根本性、固有性权利,对其限制或剥夺,只能是由有权机关依据公权力,根据法律的明确规定,按照法定的程序进行,而不应允许公司董事会有权认定股东的违法行为,进而决定限制股东权利。否则,将动摇公司制度的基石。

本案京基集团有限公司是否存在证券违法行为并非本案审理范围，退一步言，即使京基集团有限公司存在康达尔公司主张的证券违法行为，康达尔公司也只能向证券监管机关进行举报或向人民法院提起诉讼（正如其此前所做的一样），但是在证券监管机关及司法机关没有认定或作出生效判决的情况下，康达尔公司董事会无权作出限制股东权利的决议。

案涉董事会决议作出后，康达尔公司及其董事会、监事会已经实际在执行案涉决议内容，客观上限制了京基集团有限公司行使股东权利。

综上，一审认定事实清楚，适用法律正确，程序合法，二审法院予以维持。

康达尔公司不服二审判决，向广东省高级人民法院提出再审申请，再审法院认为：

以违反信息披露义务为由限制股东表决权的前提条件是中国证监会已对相关股东的违法事实作出认定。根据本案查明的事实，未有证据表明中国证监会已认定京基集团有限公司存在违反信息披露义务的违法行为，因此，二审判决认定康达尔公司董事会无权作出案涉决议限制及剥夺京基集团有限公司行使股东权利，案涉决议无效，并无不当。

（四）案件评析

之所以选取本案向读者介绍，是因为本案是上市公司收购与反收购的一个经典案例。从隐蔽买入康达尔公司股份到京基集团有限公司最终入主康达尔公司董事会，本案的收购与反收购之战双方僵持有近5年之久。最终京基集团有限公司强势收购成功，康达尔公司被收购后，股票名称变成了京基智农。

在京基集团有限公司强势收购康达尔之前，康达尔公司的股权结构相对分散，属相对控股型股权结构。大股东深圳市华超投资集团有限公司持股比例为26.36%，虽拥有较大的话语权，但依据持股比例并不具有否决权。除大股东所持股份外，第二大股东的持股比例仅为2.64%，其余股份过于分散，基本集中在散户和机构投资者手中，流通性较强，加之大股东控股持股量在1/3以下，没有达到34%股比的重大事项否决权的安全线，大股东的控制结构并不十分稳固。康达尔公司拥有深圳市宝安区西乡和沙井面积总计24万平方米土地开发权，这样优质的土地资源让不少房地产企业觊觎，引起“门口的野蛮人”注意并不奇怪。

从本案来看,在京基集团有限公司持有大额股份以后,康达尔公司采取的反收购措施为通过董事会决议限制股东权利。针对本案的判决来说,各级法院的说理是清晰明确的,即"股东的合法权利受法律保护,除非股东自愿放弃,否则非经严格法律程序不得剥夺或限制"。这与康达尔公司并无提前的反收购措施有很大关系,从案件资料可以看到,当时的康达尔公司章程并无反收购措施,一审法院也明确表示:"康达尔公司章程第一百零七条所约定的董事会可以行使的职权中并无限制股东权利。"因此,康达尔公司在"门口的野蛮人"来临时通过董事会决议限制其股东权利肯定不能得到司法的支持。

从另一个角度来说,《证券法》(2014 年修正)第 213 条明确规定,"收购人未按照本法规定履行上市公司收购的公告、发出收购要约等义务的,责令改正,给予警告,并处以十万元以上三十万元以下的罚款;在改正前,收购人对其收购或者通过协议、其他安排与他人共同收购的股份不得行使表决权"。《上市公司收购管理办法》(2014 年修订)第 76 条也规定,"上市公司的收购及相关股份权益变动活动中的信息披露义务人在报告、公告等文件中有虚假记载、误导性陈述或者重大遗漏的,中国证监会责令改正,采取监管谈话、出具警示函、责令暂停或者停止收购等监管措施。在改正前,收购人对其持有或者实际支配的股份不得行使表决权"。本案的事实是,2014 年 11 月 25 日,中国证监会深圳监管局作出(2014)6 号行政处罚决定书,认定:林某作为该 13 个账户的实际控制人,未依照《证券法》第 86 条的规定履行报告、通知及公告义务,是上述违法行为的责任人。该局决定对林某责令改正、给予警告,并处人民币 60 万元罚款。结合以上法律法规,本案可以明确的是林某所收购的股份在未改正之前,不应具有相应的表决权,故该股份有表决权瑕疵。

虽然京基集团有限公司通过"(1)自然人多账户囤票,(2)协议达成一致行动人,(3)自然人受让股份,(4)置换董事会"四步关键动作成功夺取康达尔公司控制权,其联合自然人并购目标公司的手段十分的隐蔽,让目标公司难以察觉,最终成功地实现了并购康达尔公司的目标。[①] 京基集团有限公司通过大宗

① 参见凌佳:《康达尔反并购京基的案例分析》,深圳大学 2017 年硕士学位论文,第 23 页。

交易收购的林其所持有的股份也是具有表决权瑕疵的股份，不能因为一次的交易就掩盖了该股份表决权的瑕疵性质，故虽然没有证据证明京基集团有限公司存在违反信息披露义务的违法行为，但京基集团有限公司持有股份具有表决权瑕疵是明确的。如果康达尔公司在其章程中事先设计敌意收购的定义条款，特别事项的多数表决条款，股东提案权的限制条款以及对违规收购股东的表决限制条款，京基集团有限公司是否还能顺利强势收购康达尔公司则是一个未知数。

本案例是《证券法》(2019 年修订）实施之前的案例。《证券法》(2019 年修订）加大了二级市场举牌监管力度，在第 63 条明文规定违规增持股份将于 36 个月内不享有表决权。这一规定的实施应使上市公司的权力机构有权作出决议，以限制或剥夺“违规股东”的股东权利。因此，被收购公司可利用这一规定设计公司章程条款以限制或剥夺“违规股东”的股东权利，以对抗资本市场上的敌意收购。

第十一章　有限合伙企业在公司控制中的应用

有限合伙企业是指自然人、法人和其他组织依照合伙企业法在中国境内设立，由普通合伙人和有限合伙人组成的合伙企业，普通合伙人对合伙企业债务承担无限连带责任，有限合伙人以其认缴的出资额为限对合伙企业债务承担责任。随着私募股权投资的热潮，有限合伙企业数量也出现了爆发式增长。万科总裁郁亮曾喊出一句话“职业经理人已死，事业合伙人时代诞生”，虽然“彼合伙”非“此合伙”，但使合伙人制度成为一时的焦点。有限合伙企业的大量出现并非因为有限合伙企业在实业上的投资经营业绩，而是因为有限合伙企业的制度优势。通过有限合伙企业可以集中管控权、聚合资本、减少管理成本、提高决策效率、降低税负、实现表决权与收益权的灵活配置，从而将有限合伙企业更多地使用在公司管理与控制、股东权利保护的特殊架构设计上。

一、合伙企业概述

合伙企业是指自然人、法人和其他组织依照合伙企业法在中国境内设立的，由两个或两个以上的主体通过书面合伙协议聚合在一起，基于共同认缴或者实际缴付的出资，通过协议共同承担盈亏和风险，并对企业债务承担无限连带责任的企业组织。

（一）合伙企业的特征

依据《合伙企业法》第 14 条的规定，设立合伙企业应当至少具备四个条件：(1) 有 2 个以上合伙人；(2) 有书面合伙协议；(3) 有合伙人认缴或者实际缴付的出资；(4) 有合伙企业的名称和生产经营场所。法律法规规定其他条件的，还应符合其他规定。

合伙企业作为一种企业组织形态，具有以下特征：

(1)合伙企业对合伙人有明确要求，必须为 2 个以上合伙人，1 人不能成伙。作为普通合伙人的自然人要有完全民事行为能力，但对作为有限合伙人的自然人并没有如此的要求。

(2)书面合伙协议是合伙企业成立的前提。成立合伙企业，要有书面的合伙协议，合伙协议具体规定合伙企业各项基本信息，是确定合伙人之间权利义务的基础性法律文件。合伙协议作为合伙企业的组织规则，是全体合伙人真实的意思表示，为相互合作提供了规范化的规则保障，无限连带责任的制度设计又将合伙人的合作关系置于了较强的外在约束之下。[①]

(3)合伙人共同出资是合伙企业运营的财产基础。合伙人可以用货币、实物、知识产权、土地使用权或者其他财产权利出资，也可以用劳务出资。经全体合伙人协商确定，合伙人的出资方式可以灵活多样。

(4)合伙人的人合性是合伙企业运营的基础。除法律规定外，合伙人对执行合伙事务享有同等的权利，对合伙企业的重大事项需要一致同意；合伙人共负盈亏，对合伙企业债务承担连带责任。

(二)合伙企业的分类

依据合伙人组成及责任承担的不同，合伙企业又分为普通合伙企业和有限合伙企业。

1. 普通合伙企业

依据法律，普通合伙企业由普通合伙人组成，合伙人对合伙企业债务承担无限连带责任。普通合伙企业从本质上讲是人的结合，普通合伙企业的组合基础是全体合伙人的人格信用，而不是合伙企业的财产。普通合伙企业最重要的法律文件是合伙协议。根据《合伙企业法》，普通合伙企业的合伙协议要由全体合伙人协商一致，以书面形式订立，并由全体合伙人签名/盖章后生效。普通

---

① 参见谭旨：《商业合伙组织制度研究》，西南政法大学 2019 年博士学位论文，第 137 页。

合伙人可以用货币、实物、知识产权、土地使用权或者其他财产权利出资,也可以用劳务出资,出资形式灵活,出资是合伙人的基本义务,也是其取得合伙人资格的前提。合伙人共同经营,对执行合伙事务享有同等的权利。在普通合伙企业中,每个合伙人都应当对合伙企业的债务承担无限连带责任。当合伙企业财产不足以清偿企业债务时,任何一个合伙人都有义务以其个人财产先予以清偿全部债务。合伙企业对合伙人执行合伙事务以及对外代表合伙企业权利的限制,不得对抗善意第三人。

2. 有限合伙企业

有限合伙企业,是指由一名以上对合伙债务承担无限责任的普通合伙人和一名以上对合伙债务承担有限责任的有限合伙人组成的合伙企业,有限合伙企业的合伙人数量为 2 人以上 50 人以下。

有限合伙集普通合伙的人合性与有限责任公司的资合性于一身,它是由人合与资合两种因素有机结合而成的一种合伙形式。有限合伙企业的普通合伙人负责合伙事务的经营管理,对合伙债务承担无限连带责任。有限合伙人仅以其出资为限承担合伙的债务,对合伙债务仅负有限责任。普通合伙人出资形式较为灵活,而且出资比例较小,如普通合伙人可以只是象征性地投入 1% 甚至更少的出资,而有限合伙人投入 99% 或者更多的出资。有限合伙人必须以金钱或其他财产出资,不得以劳务或信用出资。

有限合伙制度确认了有限合伙人以其认缴的出资额为限对合伙企业债务承担有限责任的责任形式,有效实现了经营权与所有权两权一体的普通合伙组织形式与具有资合有限责任性质的公司制度的完美结合。①

3. 合伙企业的类别应用

普通合伙过于强调人合性,最大的风险是作为普通合伙企业的合伙人需要对合伙企业的事务承担无限连带责任,责任承担的方式具有“连坐”式的穿透性,使其难以在商业社会中有更广泛的应用。有限合伙基于其特殊的组织形态和内部行权特征,在公司经营管理的控制权应用方面有着特殊的应用模式和很

---

① 参见胡卫萍:《我国有限合伙企业法律地位确立引起的思考》,载《中国商法年刊》2006 年,法律出版社 2007 年版。

强的生命力。公司一般依据股东出资的多少来决定股东的话语权,但有限合伙可以通过协议的方式,由普通合伙人代表合伙企业对合伙企业进行控制与运营。有限合伙的这种协议控制、责任分类的模式更适合应用于公司控制和股东权利保护。

二、有限合伙企业及其制度优势应用

2006 年我国《合伙企业法》的修订带来了合伙企业的“春天”,因为在这一年,《合伙企业法》通过修订之后,确定了一种新型的合伙企业,即有限合伙企业。有限合伙企业是由普通合伙企业发展而来的一种合伙形式,有限合伙企业是由有限合伙人与普通合伙人共同组成,对合伙企业的债务,有限合伙人仅以其出资为限承担有限责任。

有限合伙人所承担的有限责任满足了部分商业主体没有充沛的精力或不方便参与合伙事务,同时希望投资企业承担有限责任的要求。相比普通合伙人,有限合伙人更像投资者。

(一)有限合伙企业的特征

依据《合伙企业法》第三章有限合伙企业的规定,有限合伙企业具有以下特征:

(1)人员组成上,普通合伙企业的合伙人全部是普通合伙人,普通合伙人的数额并未设定上限;而有限合伙企业的合伙人由 2 个以上 50 个以下合伙人组成,有限合伙企业至少应当有一个普通合伙人。

(2)合伙出资上,普通合伙企业的合伙人出资由合伙人约定,合伙人可以用货币、实物、知识产权、土地使用权或者其他财产权利出资,也可以用劳务出资。但在有限合伙企业中,有限合伙人可以用货币、实物、知识产权、土地使用权或者其他财产权利出资,但不能用劳务出资。

(3)经营管理上,普通合伙企业的合伙人,一般均可以参加合伙企业的经营管理;但有限合伙企业的有限合伙人不执行合伙事务,不得对外代表合伙企业。

(4)责任承担上,普通合伙企业的合伙人对合伙企业债务一体承担无限连带责任;而有限合伙企业的有限合伙人以其认缴的出资额为限对合伙企业债务承担责任。

依据以上有限合伙的特征,有限合伙制度可以充分发挥专业管理机构或个人的管理才能与社会闲散资金的聚合效应,因此有限合伙企业往往也被称作“能人”和“富人”的有机结合体,这种“能人”和“富人”的结合模式使其更易于扩大经营规模。这种二元责任承担形式使有限合伙企业区别于公司的同时,也区别于普通合伙企业,在公司经营管理的控制权运用方面有着特殊的优势。

(二)有限合伙企业的权力分配

1. 普通合伙人

根据《合伙企业法》第61条的规定,有限合伙企业由2个以上50个以下合伙人设立;但是,法律另有规定的除外。有限合伙企业至少应当有一个普通合伙人。根据《合伙企业法》第67条、第68条的规定,有限合伙企业由普通合伙人执行合伙事务,有限合伙人不执行合伙事务。

参考上述三条法律规定,我们发现有限合伙企业内部的组织架构对合伙人的人数做了限制,并且关于执行合伙事务的经营管理权也限定在普通合伙人身上。因此,有限合伙企业内部的控制权由普通合伙人享有,有限合伙人实质上不享有有限合伙企业的管理控制权。

2. 有限合伙人

有限合伙人不得执行合伙事务并不代表有限合伙人在参与企业治理层面途径的彻底缺失。

我国《合伙企业法》也规定了8种参与合伙事项但不视为执行合伙事务的情形,而这相当于赋予了有限合伙人一定的权利,从而有效地保护自身利益。这八种情形为:(1)参与决定普通合伙人入伙、退伙;(2)对企业的经营管理提出建议;(3)参与选择承办有限合伙企业审计业务的会计师事务所;(4)获取经审计的有限合伙企业财务会计报告;(5)对涉及自身利益的情况,查阅有限合伙企业财务会计账簿等财务资料;(6)在有限合伙企业中的利益受到侵害时,向有责任的合伙人主张权利或者提起诉讼；(7)执行事务合伙人怠于行使权利时，督促其行使权利或者为了本企业的利益以自己的名义提起诉讼；(8)依法为本企业提供担保。

当然，如果有限合伙人超越法律所规定的权利，依据《合伙企业法》第76条第1款的规定，使第三人有理由相信有限合伙人为普通合伙人并与其交易的，该有限合伙人对该笔交易承担与普通合伙人同样的责任。

(三)有限合伙企业的优势

1. 有限合伙企业的经营管理优势

首先，有限合伙相对公司来说设立简便，虽然在出资方式上，有限合伙对有限合伙人的出资作了一定的限制，但对承担无限连带责任的普通合伙人来说，出资方式非常灵活，甚至可以用劳务、管理技术出资。有限合伙的合伙协议自主性强，无须行政管理机关批准，这种灵活的成立方式决定了有限合伙企业对市场的适应能力更强。其次，在对有限合伙的经营管理上，普通合伙人对有限合伙企业的经营管理有决策权，而有限合伙人不参与有限合伙企业的经营管理，不得对外代表有限合伙企业。因此，有限合伙企业能够在现代激烈的市场竞争中快速高效作出决策，掌握市场先机，更能适应现代化节奏的挑战并取得优势。

2. 有限合伙企业的两种承担责任形式更能融合知识和资本

针对有限合伙企业债务，普通合伙人承担无限连带责任而有限合伙人只在出资范围内承担有限责任。承担责任形式的不同可以使普通合伙人审慎履行管理职务，而有限合伙人在有限责任的形式下投入资金后再无后顾之忧。有限合伙企业兼具人合性与资合性的特征能有效激发专业管理人的才华，调动潜在投资者的创业热情，充分聚拢社会闲置资金，促进经济的可持续发展。

3. 有限合伙企业的纳税优势

有限合伙企业可以有效避免双重征税。有限合伙企业缴纳的不是企业所得税，而是各合伙人的个人所得税。对投资公司的股东来说，在分配公司利润时，公司要先缴纳所得税然后再分配到股东个人手中，这时股东又要缴纳个人所得税，这显然是针对同一笔资金的两次征税。依据《财政部、国家税务总局关于合伙企业合伙人所得税问题的通知》(财税〔2008〕159号)的规定,在所得税税收制度上,有限合伙制企业本身并不具有法人地位,不作为纳税主体,对合伙企业生产经营所得和其他所得按“先分后税”原则征收所得税,以每一合伙人为纳税人,分别缴纳个人所得税或企业所得税。可见,作为投资者的合伙人只缴纳一重税赋。

(四)有限合伙企业在公司控制中的应用

1. 持股平台

持股平台一般是指在主体公司外部建立一个有限合伙企业或者关联公司,公司投资主体并不直接持有目标公司的股权,而是在该有限合伙企业持有份额或持有关联公司股权,通过有限合伙企业或关联公司投资目标公司从而间接持有目标公司的股权,起到这一作用的有限合伙企业或关联公司通称为持股平台。

在现代市场经济的环境下,人才竞争日益激烈,公司创始人或控股股东常将公司股权、股权期权以及其他与股权有关的工具作为一种“融资”“融智”的工具,用以融汇资金和智力跟随企业一起发展,以达到企业与投资者、员工共赢的目的。具体而言就是在目标公司之外以被激励对象或投资人作为主要的成员来搭建持股平台,然后利用持股平台去持有目标公司的股权,从而实现被激励对象或投资人间接持有目标公司股权的目的。

从公司控制与创始股东权利保护的角度来说,在股权激励时,激励对象间接持股更为有利。首先,如果员工直接持股,公司的股东人数有可能超出法律所规定的股东人数上限,则公司不得不变更公司形式;员工成为股东之后,因其员工身份经常有变动,特别是当员工离开公司时,公司的股权变动不得不进行公司登记事项的变更。如果此时员工配合还没有问题;如果员工不配合,则不得不进行诉讼以变更股权,这将给公司的治理带来很大的成本。其次,如果员工直接登记为股东,则员工就可以依据股东身份要求行使股东权利,众多激励员工的股东要求行使股东权利时,公司的管理成本也会大幅上升。成立有限合伙作为持股平台,可以实现公司控制权的稳定,保护创始股东或控股股东的权利,同时也可以保证公司组织机构的决策质量与效率。

利用持股平台持股一般有直接持股、设立公司间接持股、设立合伙企业间接持股三种模式。鉴于有限合伙企业具有税赋低、保密性好、进出灵活、控制权集中的优势，有限合伙企业一般成为众多企业选择持股平台的首选模式。

有限合伙持股平台的法律架构见图 14。

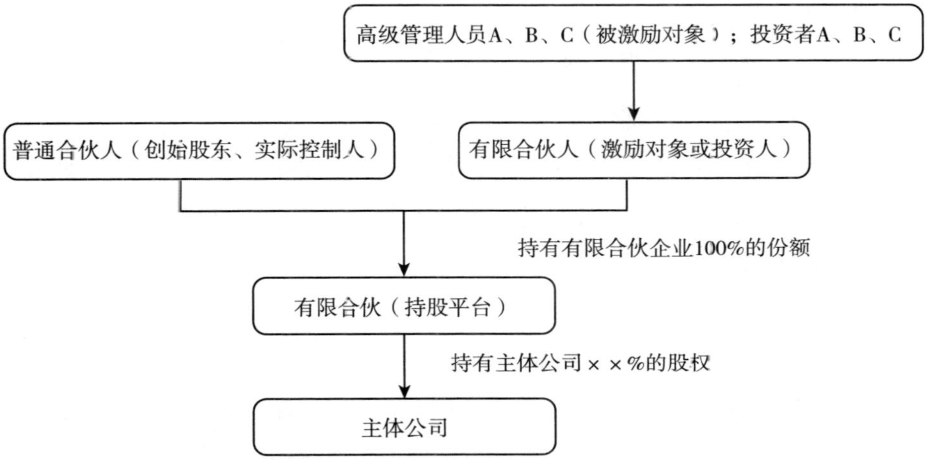

图 14　有限合伙持股平台的法律架构之一

创始股东或实际控制人为隔离风险，也可以变更使用图 15 中的法律结构。

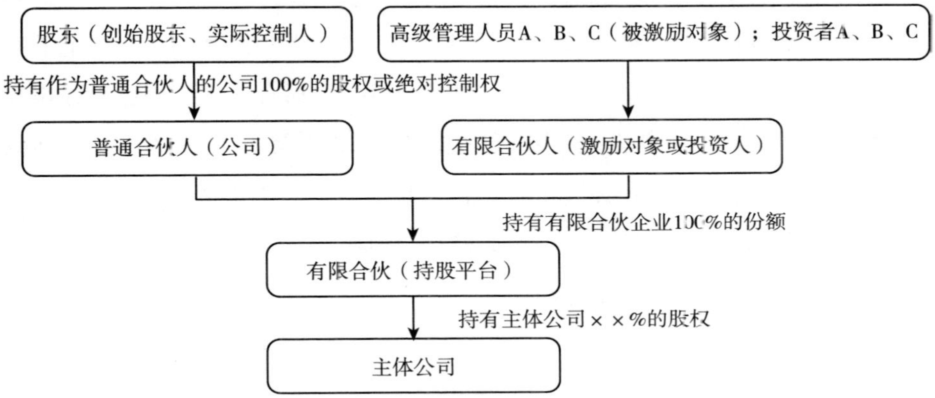

图 15　有限合伙持股平台的法律架构之二

依据以上持股控制架构，有限合伙持股平台涉及的主要法律关系包括：(1)创始股东或实际控制人作为普通合伙人与被激励员工或投资者作为有限合伙人之间基于有限合伙企业发生的合伙关系;(2)有限合伙企业投资到目标公司的投资关系;(3)创始股东或实际控制人与被激励员工或投资者在目标公司中的间接股东关系;(4)目标公司与被激励的公司员工通过有限合伙持股平台发生的间接投资和股权激励合同关系;(5)被激励员工与目标公司之间的劳动合同关系。

2. 有限合伙型持股平台与其他持股平台的比较优势

(1)被激励对象或投资者直接持股模式

不需要设立持股平台,但不利于企业的集中管理与决策;对员工长期激励不足;且由于目标企业股权比例分散,不利于公司多次激励,很难有长期的股权激励或融资规划。

(2)通过公司间接持股模式

相对于合伙企业,公司管理的法律法规健全,作为持股平台的公司管理依然受限于公司决策机制,管理决策不太方便;税赋高,有双重征税的问题,需要设立专业的公司治理管理架构,运营成本高,决策机制受制于公司法的烦琐程序。

(3)有限合伙型持股平台

有限合伙持股平台税赋低,合伙人之间以合伙协议约束,自由灵活;对有限合伙人有人数的限制,如果合伙人超过50个人,可能需要设立2个及以上的有限合伙企业作为持股平台。对于普通合伙人来说,普通合伙人不用出资或很少出资就可以控制有限合伙企业,决策迅速集中,方式简便快捷,决策程序少而效率高;有限合伙人不能代表合伙企业执行合伙事务,作为创始股东或实际控制人可以完全控制有限合伙企业,避免了管理的内耗。

3. 有限合伙型持股平台的搭建

(1)平台构成

公司设立有限合伙企业作为员工持股平台,通过有限合伙企业来投资目标公司,从而实现以小博大,最终达到控制目标公司的目的。简单来说,公司先成立有限合伙企业,然后由该有限合伙企业持有目标公司的股权,与此同时让目标公司的创始人和/或其创始人名下的公司担任该有限合伙企业的普通合伙人从而控制整个有限合伙企业，进一步实现通过有限合伙企业持有和控制目标公司的股权的目的。而目标公司的公司员工或其他投资者担任该有限合伙企业的有限合伙人，对该有限合伙企业只享有经济收益，而不参与实质管理。该新设的有限合伙企业便是员工的持股平台。对于该员工持股平台（有限合伙企业）来说，公司管理层担任普通合伙人，执行合伙事务，继续承担管理职能，而员工作为有限合伙人仅以其出资额为限承担有限责任，分享收益，但不能直接参与有限合伙企业的经营管理，同时员工也不能通过有限合伙企业来控制目标公司，仅享有监督和建议的权利。

（2）构建流程

首先，由公司择定的被激励对象与创始股东代表共同成立有限合伙企业（持股平台），其中，创始股东代表担任平台的管理人即普通合伙人，其他被激励对象或投资者为有限合伙人。

其次，由持股平台作为新股东受让创始股东的部分股权或认购目标公司发行的增资，以使持股平台取得包含相应分红权的激励股权。

最后，持股平台受让被激励股权后，作为被激励对象的高级管理人员和核心骨干或员工为有限合伙人，有权根据合伙协议的约定比例分享持股平台来自目标公司的分红或其他利益，从而实现间接拥有目标公司，并分享目标公司成长收益的目的。

（3）利益分配

各合伙人之间的利益分配比例，既可以按照出资额比例，也可以不按照出资额比例。在股权激励模式下，由于普通合伙人不需要管理费，也不存在有限合伙人优先获得固定回报的目的，普通合伙人和有限合伙人之间的利益分配完全可以通过合伙协议进行约定。由于作为有限合伙人的被激励员工主要关注企业的成长及分红收益，对公司的管理权并不看重，建议目标公司控股股东在对有限合伙人（被激励员工）分红时增加比例，以便起到激励的目的。

4. 有限合伙（持股平台）设立中的若干问题

合伙协议是有限合伙企业的核心法律文件。全体合伙人应从公司管理的角度对合伙协议中普通合伙人的权利义务、执行事务合伙人的职责、有限合伙人的权利义务、财产份额转让、入伙与退伙等重要条款进行约定,要与股权激励方案的权利义务、限制条件、退出机制等内容相互对应与衔接,避免激励公司和持股平台两个层面的相关协议条款存在脱节或冲突。

从确保控股股东或实际控制人的公司控制权的角度考虑,有限合伙持股平台的合伙协议至少需对如下事项作出特别约定:

第一,设定有限合伙人期限条款。有限合伙企业因公司控制或股权激励而设立,应特别约定作为投资者或激励对象的有限合伙人的期限条款,避免投资者短期行为或被激励对象随意离开公司而失去了激励的意义。

第二,关于执行事务合伙人的权限。除合伙企业法规定的权限外,还应包括有权决定转让或者处分合伙企业持有的公司股权,行使合伙企业持有的公司股权的表决权,批准新合伙人入伙和有限合伙人退伙决定权,增加或者减持合伙企业的财产份额等事项。

第三,关于合伙人结构的稳定性。为保持对有限合伙企业的控制,可通过合伙协议约定新合伙人入伙应由普通合伙人同意。非经全体合伙人一致同意,合伙企业存续期间,普通合伙人不得转变为有限合伙人,有限合伙人不得转变为普通合伙人。

三、利用有限合伙控制公司的经典实例

(一)典型性有限合伙企业作为持股平台的控制模式

1. 通过多个有限合伙企业持股平台的激励与控制:绿地集团

绿地集团成立于1992年,1997年绿地集团进行股份制改革,并建立了职工持股会作为员工持股制度的载体。2013年,绿地集团准备借壳金丰控股上市事宜,因法律法规限制,绿地集团的职工持股会不能作为上市公司股东。根据我国《公司法》(2018年修正)第78条的规定,设立股份有限公司,应当有2人以上200人以下为发起人,其中须有半数以上的发起人在中国境内有住所。由于当时绿地集团的持股员工数远远超过200人的人数上限,为解决这一问题,绿地集团创造性地采用了有限合伙持股的方式,来解决这一难题,并且通过

有限合伙持股方式依然保持着对公司的控制。

绿地集团具体操作如下：首先，绿地集团管理层43人出资10万元共同设立一家管理公司即上海格林兰投资管理有限公司。其次，绿地集团职工持股会成员与上海格林兰投资管理有限公司成立了32家有限合伙企业。根据我国法律规定，有限合伙企业的人数不得超过50人，因每一家有限合伙企业所能吸收的持股员工即有限合伙人人数最多为49人，因此绿地集团要想将职工持股会中的所有员工都加入持股平台（有限合伙企业）中，只能根据其持股员工数按每家有限合伙企业吸纳49位员工成立相应数目的有限合伙企业。最后，绿地集团设立了32家有限合伙企业（从上海格林兰壹投资管理中心一直设立至上海格林兰叁拾贰投资管理中心），并且这32家有限合伙企业均由绿地集团设立的管理公司上海格林兰投资管理有限公司以出资0.1万元作为普通合伙人，管理有限合伙企业，执行合伙事务，全体职工持股会成员担任这32家有限合伙企业的有限合伙人。（见图16）

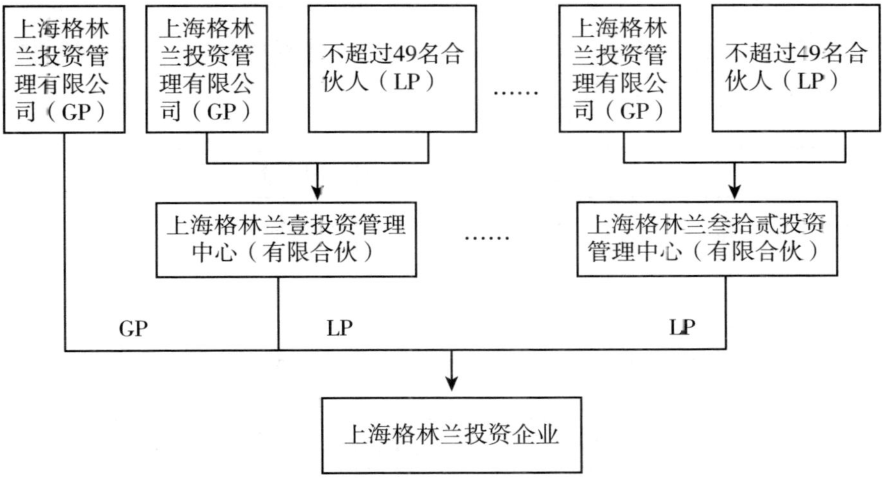

图16 上海格林兰投资企业（有限合伙）出资结构

然而，绿地集团并没有将这32家有限合伙企业直接作为股份制改革后的股东，而是再次运用了一遍相同的操作机制，由这32家小有限合伙企业再次担任有限合伙人出资3.2万元，由上海格林兰投资管理公司担任普通合伙人出资6.8万元再次共同组建了一家新的有限合伙企业上海格林兰投资企业。最终，上海格林兰投资企业设立完成后,绿地集团职工持股会与其签署《吸收合并协议》,协议约定吸收合并完成后,由上海格林兰投资企业作为绿地集团股东,继受职工持股会的全部资产、债权债务及其他一切权利、义务。

通过以上安排,绿地集团职工持股会退出公司股东行列,上海格林兰投资企业作为新的员工持股平台成为绿地集团股东,持股比例 28.83%,代表持股员工行使股东权利,履行股东义务。

绿地集团实际控制人和管理层通过运用有限合伙企业的运行机制,以每家 0.1 万元的出资设立了 32 家小有限合伙企业。通过这 32 家新设立的有限合伙企业吸纳了职工持股会中的所有持股员工。然后由这 32 家小有限合伙企业出资 3.2 万元担任有限合伙人,绿地集团组建成立的管理公司出资 6.8 万元担任普通合伙人共同组建成立一家注册资本 10 万元的有限合伙企业,最终绿地集团最后成立的有限合伙企业作为绿地集团股份改制后的公司股东持股 28.83%。绿地集团的管理公司虽仅出资 10 万元,但却因其担任有限合伙企业中的普通合伙人的特殊地位,实际控制着该有限合伙企业所享有的 28.83% 的股权,共计 3766.55 万元,真正实现了以小博大。从图 17 中可以看出,上海格林兰投资企业成为公司借壳上市后的最大股东。

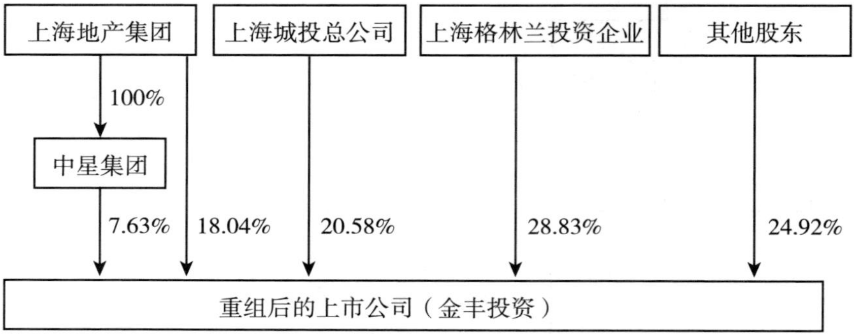

图 17　金丰投资股权结构

结合绿地集团上市后的股权结构来看,绿地集团采取的控制方式运用了有限合伙企业中的普通合伙人行使企业管理执行权,而有限合伙人间接投资进入企业,一起共享企业成长收益的管控模式,而其控制公司的模式仍属于传统的控制模式,即掌握公司股份的多数表决权。

2. 多重持股平台公司控制模式:蚂蚁集团

2020年8月25日,蚂蚁集团股份有限公司(以下简称蚂蚁集团)向上海证券交易所及香港交易所同步递交上市招股文件,拟在A+H发行的新股数量合计不低于发行后总股本的10%,发行后总股本不低于300.3897亿股(绿鞋前)。依据蚂蚁集团所披露的招股说明书,杭州君瀚股权投资合伙企业(有限合伙)(以下简称杭州君瀚)、杭州君澳股权投资合伙企业(有限合伙)(以下简称杭州君澳)作为蚂蚁集团员工的持股平台,分别持有蚂蚁集团29.8%和20.6%的股份,为控股股东。在利用有限合伙企业持股平台的优势进行公司控制的实际案例中,蚂蚁集团是一个值得研究和学习的案例。

蚂蚁集团拟上市前的股权架构见图18(来自蚂蚁集团招股说明书)。

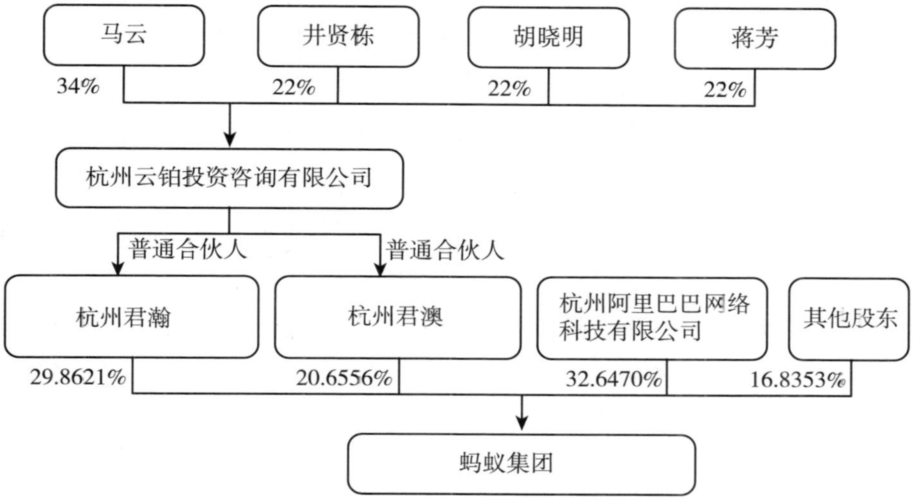

图18 蚂蚁集团投资及股权结构之一

蚂蚁集团控股股东为杭州君瀚、杭州君澳,分别持有发行人29.8621%及20.6556%的股份。杭州君瀚及杭州君澳的普通合伙人及执行事务合伙人为杭州云铂投资咨询有限公司(以下简称杭州云铂)。

杭州云铂在2020年8月21日之前是马云一人持有的自然人独资有限公司,2020年8月21日之后,股东变更为马云、井贤栋、胡晓明及蒋芳4人。马云持有杭州云铂34%的股权,井贤栋、胡晓明及蒋芳分别持有杭州云铂22%的股权。

根据马云、井贤栋、胡晓明及蒋芳于2020年8月21日签署的《杭州云铂章程》及《一致行动协议》,股东会是杭州云铂的权力机构,杭州君瀚及杭州君澳就其持有的蚂蚁集团股份行使表决权,杭州君瀚和杭州君澳向蚂蚁集团提名董事、监事等股东提案权的行使以及杭州君瀚和杭州君澳增持或者减持其持有的蚂蚁集团股份,均应由杭州云铂股东会审议,并需要经过有表决权的股东所持表决权的2/3以上批准,因此马云作为拥有杭州云铂34%股权的股东对于相关事项拥有否决权,且根据《杭州云铂章程》及《一致行动协议》,在杭州云铂股东会相关决议事项上,井贤栋、胡晓明及蒋芳为马云的一致行动人。在杭州云铂股东会通过相关决议时,其他股东应按照马云的决定投票,作出并签署相关股东会决议。

杭州君瀚直接持有公司29.8621%的股份,杭州君澳直接持有公司20.6556%的股份,合计持有发行人50.5177%的股份。杭州云铂为杭州君瀚和杭州君澳的普通合伙人和执行事务合伙人,马云和在杭州云铂层面的一致行动人合计持有杭州云铂100%的股权。杭州君瀚和杭州君澳同受实际控制人马云控制。马云能够实际支配杭州云铂股东会与行使蚂蚁集团股东权利相关事项的表决结果,马云实为蚂蚁集团的实际控制人。

通过多级股权架构及有限合伙企业特殊的议事规则,马云最大限度地撬动了多级股权架构实现控制权的杠杆,实现了对蚂蚁集团及其旗下公司的绝对控制权。

从以上分析可以看出,蚂蚁集团的股权架构设计使实际控制人马云实现对公司控制权的成本极低,通过杭州云铂300万元的注册资本绝对控制了估值为2250亿元的蚂蚁集团,杠杆比率近1∶70000,且马云并未以自然人的身份直接在有限合伙中担任普通合伙人,而是通过设立杭州云铂作为普通合伙人,然后再设立杭州君瀚和杭州君澳有限合伙企业,通过杭州君瀚和杭州君澳作为控股股东的模式控制蚂蚁集团,实现了马云个人与公司风险、有限合伙企业风险的有效隔离;另外,将公司员工放入杭州君瀚和杭州君澳有限合伙企业中,也有效隔离集团员工对蚂蚁集团的管理介入。

综合蚂蚁集团的股权架构,马云对蚂蚁集团的控制方式采用了综合控制的方式，设立杭州云铂作为普通合伙人以隔离自身风险，通过一致行动协议和保留否决权的方式控制作为普通合伙人的杭州云铂，通过杭州云铂控制有限合伙杭州君瀚和杭州君澳，通过杭州君瀚和杭州君澳聚集公司高级管理人员及员工的资金和智慧并占有蚂蚁集团大多数表决权，即最终控制蚂蚁集团并与公司高级管理人员及员工共享公司成长与收益。由协议控制最终达到股权控制，实现了在中国现行法律的环境下对公司的整体控制。在本书第一版付梓之际，蚂蚁集团的上市被上海证券交易所于 2020 年 11 月 3 日叫了暂停。2023 年 1 月 7 日，蚂蚁集团调整了股权架构，调整完成后的蚂蚁集团股权结构见图 19。

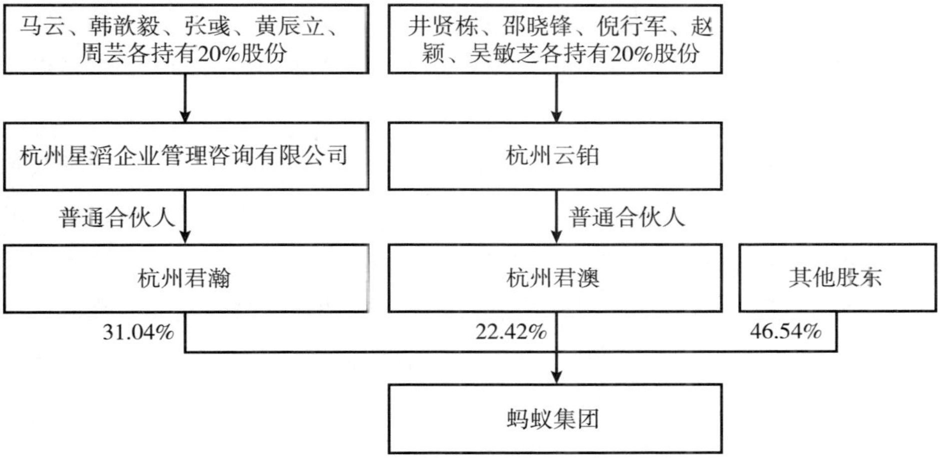

图 19　蚂蚁集团投资及股权结构之二

本次调整完成后，蚂蚁集团包括杭州君瀚和杭州君澳在内的各主要股东彼此独立行使所持有的蚂蚁集团股份表决权且无一致行动关系，各股东未单独或共同在蚂蚁集团股东大会层面形成控制，也不存在任何股东所提名的董事人数超过全体董事半数的情形。因此，不再存在任何直接或间接股东单一或共同控制蚂蚁集团的情形。[①] 不管怎么说，蚂蚁集团 2023 年 1 月 7 日之前的股权架构中对有限合伙的利用可以说是公司控制的经典之作。

---

① 参见《蚂蚁集团关于持续完善公司治理的公告》，载蚂蚁集团官网，https://www.antgroup.com/notices/1，最后访问时间：2024 年 2 月 21 日。

3. 总结

通过上述理论和实务的具体分析,基于有限合伙企业内控机制的特殊性,通过有限合伙企业来控制公司往往具有以小博大的特点。因担任有限合伙企业实际控制人的普通合伙人对于出资限额并没有要求,公司可以由担任普通合伙人的管理层或管理公司以较少出资,与担任有限合伙人的其他股东共同组建成立一家有限合伙企业,由该有限合伙企业作为母公司的股东,实现对母公司的控制。通过担任有限合伙企业的普通合伙人,执行该合伙企业的合伙事务并参与经营管理该合伙企业,从而达到最终控制公司的目的。另外,虽然有限合伙企业的成立由其他有限合伙人共同组建稀释了部分股权,但是因有限合伙人不能实质参与对该有限合伙企业的管理,因此作为普通合伙人的公司管理层或管理公司的管理权并未被稀释。

有限合伙企业对公司的控制除了具有以小博大的优势外,还具有吸纳众多投资者的优势。因股份有限公司对于发起人数有严格的限制,为了突破这种限制,公司可以通过设立多家有限合伙企业来吸纳众多的投资者,绿地集团便是运用了两次有限合伙企业的运行机制将集团原有的职工持股会中的众多持股员工最终成功吸纳进一家有限合伙企业,从而突破了人数的限制。当然,除了上述两种优势外,以有限合伙企业作为对公司的直接控制人还有一种优势便是隐形投资。有限合伙企业作为公司股东,而实际控制人作为有限合伙企业的普通合伙人实际控制公司的经营管理,但公司对外显示均是有限合伙企业的信息,而真正的实际控制人躲在有限合伙企业的面纱背后,这给真正的实际控制人对公司的控制及经营管理带来了极大的便利。

(二)非典型性合伙人控制模式:阿里巴巴合伙人制度[①]

从法律的意义上来说,阿里巴巴的“合伙人制度”并不是我国法律上所说的合伙企业的组织形式;而从企业治理的角度上来说,阿里巴巴的“合伙人制度”是持有公司股份的管理者的联合,管理者通过内部的“合伙”架构结合公司

---

① 本部分内容主要源于 https://www.alibabagroup.com/cn/ir/governance_9 和阿里巴巴美国上市招股说明书。

治理的特点，通过特定的权利设计并与其他股东选择管理者的权利进行绑定，从而使管理者选定的继任者成为管理者，并延续自己的控制力的一种特殊结构形态设计。

1. 阿里巴巴合伙人

依据阿里巴巴在美国上市的招股说明书以及公司网站介绍，阿里巴巴的公司创始人于1999年首次聚集在马云的公寓以来，创始人和阿里巴巴的管理层即以合伙的精神行事，这种创始人和企业管理层合伙、合作的企业文化是阿里巴巴企业成功、服务客户、员工发展以及为股东赋予长期价值的基础。阿里巴巴的创始人和企业管理层认为这种"合伙"关系可以帮助企业更好地管理业务，而合伙关系的同质性使企业高级管理人员可以协作并超越官僚机构和等级制度，通过合伙人的纳新可以保持其活力并增强其卓越性，创新性和可持续性，并能延续企业成功的基础。

为保护创始人和企业管理层的合作精神，并确保企业的使命、愿景和价值观可持续发展，阿里巴巴于2010年7月正式将这种合作伙伴关系命名为"湖畔合伙人"，又称"阿里巴巴合伙人"。

2. 阿里巴巴合伙人的资格和提名

成为阿里巴巴合伙人具有一定的前提条件和资格，合伙人候选人必须具备：(1)高标准的人格和诚信；(2)为阿里巴巴集团及其关联公司和/或与阿里巴巴有重要关系的某些公司(如蚂蚁集团)的服务期限不少于5年；(3)对阿里巴巴集团有明确的业绩贡献；(4)作为企业文化传承的核心载体，合伙人对阿里巴巴的使命、愿景和价值观表现出一贯的承诺并与之相称；(5)每个合伙人在其任职期间都必须在公司中保持有意义的股权水平。合伙人可以直接作为个人或通过其关联公司持有其在本公司的股权。依据阿里巴巴公司与合伙人签订的股份保留协议，从成为合伙人之日起3年，要求每个合伙人至少保留60%的股权/股份。在最初的3年持有期后，只要仍然是合伙人，该合伙人至少保留其持有的40%的股权/股份。

除以上资格要求外，要成为阿里巴巴合伙人必须经过现有的合伙人向合伙人委员会提名，经合伙人委员会审查确定是否将被提名候选人推荐给整个合伙人团体进行投票。选举新的合伙人至少需要获得所有合伙人成员75%的同意。

3. 阿里巴巴合伙人委员会

阿里巴巴合伙人委员会由至少5个但不超过7个合伙人组成,包括合伙人委员会中的永久性成员。合伙人委员会负责管理合伙人选举,决定作为管理层的合伙人年度奖分配。合伙人委员会永久性成员为马云和蔡崇信。除合伙人委员会永久性成员外,合伙人委员会成员的任期为5年,可以连选连任。

合伙人委员会成员的选举每5年举行一次。合伙人委员会的永久性成员无须被选举更换,可以任职至不再成为合伙人、退休或因疾病或永久丧失工作能力而无法履行合伙人委员会成员的职责为止。永久性成员的替代者由该永久性成员指定,或者视情况由其他合伙人委员会中的永久性成员指定。

合伙人委员会的成员实行多一人差额选举,除得票最少的候选人外,其余候选人当选。

4. 阿里巴巴合伙人的主要权利:董事提名和任命权

依据公司章程,阿里巴巴合伙人有权提名或在特别情况直接任命董事会多数成员的排他性权利。

阿里巴巴合伙人提名的董事候选人将在公司年度股东会上获得股东多数同意票后当选。如果股东会没有多数通过阿里巴巴合伙人所提名的董事候选人,或者阿里巴巴合伙人提名的董事人选在当选后退出董事会,阿里巴巴合伙人有权任命其他人担任该空缺职位的临时董事直到下次年度股东会。在下一次年度股东会时,阿里巴巴合伙人任命的临时董事或替补董事作为阿里巴巴合伙人提名的董事候选人再次参与股东会选举,当选后履行完毕原来的董事剩余任期。

如果在任何时候董事会中由阿里巴巴合伙人提名或任命的董事人选少于董事会人数的简单多数时,无论任何原因包括由于先前由阿里巴巴合伙人提名的董事不再是董事会成员或因为阿里巴巴合伙人此前没有行使其提名或任命董事会成员简单多数的权利,阿里巴巴合伙人将无须任何其他股东协助,都有权独立任命此类董事以确保董事会由阿里巴巴合伙人提名或任命的董事占董事会的简单多数。

阿里巴巴公司董事会目前由10名成员组成,其中5名是由阿里巴巴合伙人提名的。根据阿里巴巴合伙人有权提名或任命董事会成员简单多数的权利，阿里巴巴合伙人有权额外提名或任命一名董事，即使董事会成员总数增加至11名，也要保证阿里巴巴合伙人有权提名或任命董事会成员占董事会全体成员的简单多数。

阿里巴巴合伙人提名或任命董事成员的程序见图20。

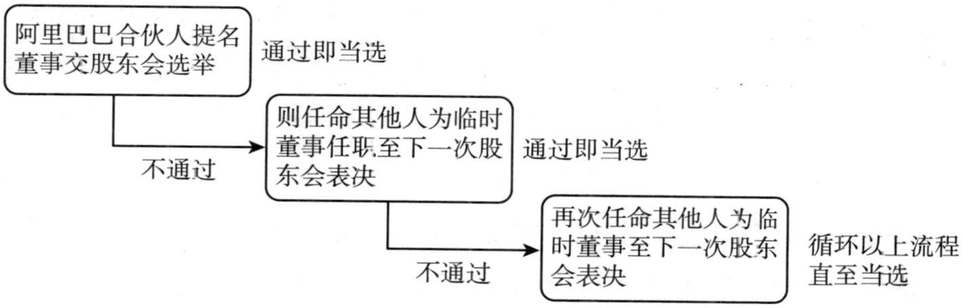

图20　阿里巴巴合伙人提名董事选任说明

通过图20可以看出，在公司治理构架上相当于阿里巴巴合伙人在股东会之下有权控制公司董事会成员简单多数的选任权利。公司治理架构见图21。

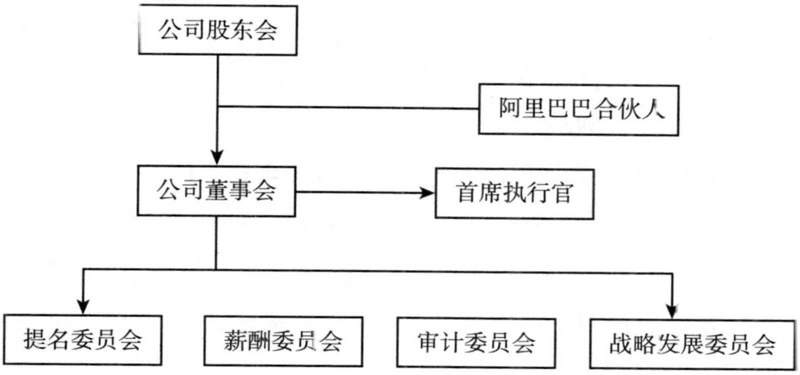

图21　阿里巴巴公司治理架构

阿里巴巴合伙人对董事提名和任命权的强化措施：

(1)由合伙人委员会提交全体合伙人选举最终确定董事候选人。在确定阿里巴巴合伙人提名的董事候选人时，由合伙人委员会提交全体合伙人投票选举董事候选人，获得合伙人简单多数选票的候选人将会成为最终的董事候选人。阿里巴巴合伙人的董事提名人可以是阿里巴巴合伙人的成员,也可以是与阿里巴巴合伙人无关的其他合格个人。

(2)与其他主要股东签署投票协议。例如,(ⅰ)在每次年度股东会上投票赞成阿里巴巴合伙人的董事提名人选;(ⅱ)未经马云和蔡崇信同意,不得投票罢免由阿里巴巴合伙人提名或任命的任何董事。

(3)将阿里巴巴合伙人对董事的提名和任命权载入公司章程。根据公司章程,阿里巴巴合伙人的提名权以及与之相关的章程条款仅在股东会有表决权的95%以上投票通过时方能修订,远高于章程一般条款的修订表决比例。

5. 阿里巴巴合伙人的退休和离职

合伙人可以随时选择退出阿里巴巴合伙人。除永久性合伙人外,其他合伙人必须在60周岁退休或终止劳动关系后退出合伙人组织。作为永久性合伙人的马云和蔡崇信可以一直保持合伙人身份,直到他们年满70周岁(此年龄限制可以由所有合伙人的多数票延长),或选择退出阿里巴巴合伙人,或因死亡或丧失工作能力而退出阿里巴巴合伙人。

任何合伙人,包括作为永久性合伙人的马云和蔡崇信,都可以因违反合伙人协议中的规定包括未能积极促进阿里巴巴的使命、愿景和价值观,欺诈、重大过错或过失而由所有合伙人的简单多数投票中被罢免。

在达到一定年龄和服务要求后从合伙企业退休的合伙人可以由合伙人委员会指定为荣誉退休合伙人。荣誉退休合伙人不再像合伙人一样行为,但有权从年度现金奖金池的递延部分中分配资金,这些款项被称为退休后付款。永久性合伙人即使仍然是合伙人,但只要不再是公司的员工,他们也将没有资格从年度现金奖金池中获得拨款,但如果他们是荣誉退休合伙人,则有资格从递延奖金池中获得退休后付款。

6. 阿里巴巴合伙人在现行我国法律背景下的借鉴意义

董事会是依照法律法规,按公司章程设立并由全体董事组成的对内掌管公司事务、对外代表公司的公司经营决策机关,是公司治理的核心机关。在既定的法律框架下,公司董事会的权力来自法律的直接规定,而不是股东会的授权,因此,董事会的地位具有法定性。董事会的法定地位及核心作用决定了董事会的组成结构直接左右着公司的控制和经营管理，而董事是董事会的组成成员，提名董事是选举董事的前提，因此董事的提名和选举是公司治理的关键一环，对于公司控制格外重要。阿里巴巴合伙人的关键权利在于对公司董事会成员简单多数的提名。阿里巴巴合伙人并没有越过公司股东会直接任命公司董事，公司董事仍由股东会投票选举。一旦阿里巴巴合伙人提名的董事候选人没有通过股东会投票选举，阿里巴巴合伙人就有权再次提名其他人选直至通过为止。依据《公司法》（2023 年修订）第 67 条和第 120 条对董事会权利的规定，可以看出通过对董事会成员简单多数成员的提名权利，阿里巴巴合伙人控制公司董事会的成员组成进而独占行使对公司的管理权利。

依据《公司法》（2023 年修订）第 59 条和第 112 条的规定，股东会行使选举和更换非由职工代表担任的董事、监事，决定有关董事、监事的报酬事项，且公司章程可以规定公司股东会的其他职权。我国《公司法》（2023 年修订）中并没有明确规定董事提名权，仅在第 4 条规定了股东选择管理者的权利。因此，董事提名权并非一项独立的法律权利，而是附属性的权利，单独的董事提名权并不能让所提名的人选一定成为董事行使董事权利。要想通过董事提名权将董事候选人成为真正的董事，《公司法》（2023 年修订）第 59 条和第 112 条是必须依据的路径，即提名董事之后经过股东会的选举程序，成为董事之后，方可行使管理公司的权利。此时有三种可选途径：（1）通过股东会决议确定提名的准董事通过审议最终成为董事；（2）利用公司法赋予股东的自治条款，即在公司章程中实现董事提名权并正式获得法律地位；（3）通过建立合伙人的组织，将公司管理层和创始股东相互绑定，极大地增加了公司管理层和创始股东之间的人合性，并通过公司章程规定合伙人的权利，类似董事提名权等并通过协议绑定其他股东，要求其对自己的董事提名持赞同观点。

正如有观点认为“借鉴阿里巴巴模式，实施股权型合伙人制的公司可考虑成立合伙人会议，合伙人会议代表公司内部的管理经营者，股东大会代表外部的投资方，通过界定和平衡两个利益群体的权力，从而实现良性互动”。[①]

---

① 参见李寒冰：《一文读懂合伙人制的过去、现实和未来》，载《中国机电工业》2016 年第 8 期。

参 考 书 目

1. 陈洁主编:《商法界论集(第8卷):〈公司法〉修改的本土逻辑》,中国金融出版社2021年版。

2. 陈洁主编:《商法界论集(第3卷):民法典背景下的公司法改革》,法律出版社2019年版。

3. 赵旭东主编:《公司法》(第3版),中国政法大学出版社2018年版。

4. 罗培新:《公司法的合同解释》,北京大学出版社2004年版。

5. 叶林:《公司治理制度:理念、规则与实践》,中国人民大学出版社2021年版。

6. 梁上上:《公司正义:以公司股东的权责配置为视角展开》,法律出版社2022年版。

7. 赵旭东主编:《董事长与总经理法律风险防范与应对》,法律出版社2013年版。

8. 邹海林、陈洁主编:《公司资本制度的现代化》,社会科学文献出版社2014年版。

9. 李建伟:《公司法学》(第4版),中国人民大学出版社2018年版。

10. 王毓莹:《新公司法二十四讲:审判原理与疑难问题深度释解》,法律出版社2024年版。

11. [美]斯蒂芬·M. 班布里奇、[美]M. 托德·亨德森:《外包董事会:董事会服务提供商如何改善公司治理》,李诗鸿译,上海人民出版社2022年版。

12. [美]杰弗里·N. 戈登、[德]沃尔夫-格奥尔格·林格编:《牛津公司法与公司治理手册》(上、下册),罗培新等译,上海人民出版社2022年版。

13. 宋燕妮、赵旭东主编:《中华人民共和国公司法释义》,法律出版社2019

年版。

14. 李建伟:《公司诉讼类型化专题 24 讲(一):公司大数据实证分析与裁判规则评述》,法律出版社 2021 年版。

15. 李建伟:《公司诉讼类型化专题 24 讲(二):公司大数据实证分析与裁判规则评述》,法律出版社 2022 年版。

16. 李建伟:《公司诉讼类型化专题 24 讲(三):公司大数据实证分析与裁判规则评述》,法律出版社 2023 年版。

17. 金剑锋:《关联公司法律制度研究》,法律出版社 2016 年版。

18. [美]斯蒂芬·M. 班布里奇、[美]M. 托德·亨德森:《有限责任:法律与经济分析》,李诗鸿译,上海人民出版社 2019 年版。

19. [美]罗伯塔·罗曼诺编著:《公司法基础》,罗培新译,北京大学出版社 2013 年版。

20. 刘俊海:《股东权法律保护概论》,人民法院出版社 1995 年版。

21. 汪青松:《股份公司股东权利配置的多元模式研究》,中国政法大学出版社 2015 年版。

22. 施天涛:《公司法论》(第 3 版),法律出版社 2014 年版。

23. 朱锦清:《公司法学》,清华大学出版社 2019 年版。

24. 刘俊海主编:《公司法上效力性强制性规定识别案件裁判规则》,法律出版社 2021 年版。

25. [澳]斯蒂芬·波特姆利:《公司宪治论:重新审视公司治理》,李建伟译,法律出版社 2019 年版。

26. 张巍:《资本的规则》,中国法制出版社 2017 年版。

27. 毕革新、王继承、许春燕:《公司治理视角下的党组织与中国特色国有企业监督体制机制研究》,中国发展出版社 2019 年版。

28. 徐晓松:《公司控制视阈下中国公司治理法律制度研究》,中国政法大学出版社 2022 年版。

29. [美]莱纳·克拉克曼、[美]亨利·汉斯曼等:《公司法剖析:比较与功能的视角》(第 2 版),罗培新译,法律出版社 2012 年版。

30. [美]克里斯多夫·M. 布鲁纳:《普通法世界的公司治理:股东权力的

政治基础》,林少伟译,法律出版社 2016 年版。

31. [美]弗兰克·伊斯特布鲁克、[美]丹尼尔·费希尔:《公司法的经济结构》(第 2 版),罗培新、张建伟译,北京大学出版社 2014 年版。

32. 沈四宝编译:《最新美国标准公司法》,法律出版社 2006 年版。

33. 杜万华主编、最高人民法院民事审判第二庭编著:《最高人民法院公司法司法解释(四)理解与适用》,人民法院出版社 2017 年版。

34. 王军:《公司资本制度》,北京大学出版社 2022 年版。

35. 葛伟军:《英国公司法:原理与判例》,中国法制出版社 2007 年版。

36. 周游:《公司法的功能嬗变:从填空到选择》,法律出版社 2022 年版。

37. 林少伟:《英国现代公司法》,中国法制出版社 2015 年版。

38. 张维迎:《理解公司:产权、激励与治理》,上海人民出版社 2014 年版。

39. 朱羿锟:《董事问责标准的重构》,北京大学出版社 2011 年版。

40. 金剑峰等:《公司诉讼的理论与实务问题研究》,人民法院出版社 2008 年版。

41. 李彤:《近代中国公司法中股东权制度研究:以法律与社会的互动为中心》,法律出版社 2010 年版。

42. 王勇华:《董事会权力法律制度研究:理论与规则》,法律出版社 2014 年版。

43. 陈立斌主编:《股权转让纠纷》(第 3 版),法律出版社 2015 年版。

44. 赵玲:《公司控制权的争夺:不可逾越的经验法则》,人民法院出版社 2019 年版。

45.《特拉华州普通公司法:最新全译本》,徐文彬等译,中国法制出版社 2010 年版。

46. [丹]莫顿·班纳德森、范博宏:《家族企业规则图》,陈密容、付兆琪译,东方出版社 2015 年版。

47. 苏东主编:《个人合伙纠纷处理》,中国民主法制出版社 2015 年版。

48. 白慧林:《控股公司控制权法律问题研究》,北京大学出版社 2010 年版。

49. 贺少锋:《公司法强制性规范研究》,厦门大学出版社 2010 年版。

50. 孙光焰编著:《公司控制权:专题案例与实训》(第一辑),法律出版社2015年版。

51. 最高人民法院民事审判第二庭编著:《〈全国法院民商事审判工作会议纪要〉理解与适用》,人民法院出版社2019年版。

52. 人民法院出版社编:《最高人民法院司法观点集成·商事卷》(第3版),人民法院出版社2017年版。

附　　录

一、有限责任公司章程参考版本

××××××有限责任公司章程

第一章　总　　则

第一条　依据《中华人民共和国公司法》(以下简称《公司法》)及有关法律、法规的规定,由________等________方共同出资,成立________有限(责任)公司(以下简称公司),特制定本章程。

第二条　本公司为依法成立的有限责任公司,有独立的法人财产,享有法人财产权。公司以其全部财产对公司的债务承担责任。公司的合法权益受法律保护,不受侵犯。

第二章　公司名称和住所

第三条　公司名称:××××××××××××××××××××××。

第四条　公司住所:××××××××××××××××××××××。

第三章　公司经营范围

第五条　公司经营范围:××××××××××××××××××××××××××××××××。

(注:公司经营范围应界定准确,有利于明确与公司主营业务有实质性竞争关系的其他公司主体,或界定股东行使知情权是否有不正当目的事项,或界定董事、高级管理人员是否有自营或者为他人经营与所任职公司同类的业务事项等。)

第四章 公司注册资本及股东的姓名(名称)、出资额、出资时间、出资方式

第六条 公司注册资本:__________万元人民币,全体股东认缴的出资额由股东按照公司章程的规定自公司成立之日起五年内缴足。

第七条 段东的姓名(名称)、认缴的出资额、出资日期、出资方式如下:

股东姓名或名称	认缴情况		
	认缴出资额	出资时间	出资方式
合计			

(注:《公司法》第四十七条规定,有限责任公司全体股东认缴的出资额由股东按照公司章程的规定自公司成立之日起五年内缴足。在确定出资日期时,不得超过法律规定的最长期限。建议就认缴资本的实缴事项或瑕疵出资进行更详细的规定,以明确瑕疵出资股东的权利义务,避免公司设立时的其他股东承担连带责任。)

第五章 公司的机构及其产生办法、职权、议事规则

第八条 股东会由全体股东组成,是公司的权力机构,行使下列职权:

(一)选举和更换董事、监事,决定有关董事、监事的报酬事项;

(二)审议批准董事会的报告;

(三)审议批准监事会的报告;

(四)审议批准公司的利润分配方案和弥补亏损方案;

(五)对公司增加或者减少注册资本作出决议;

(六)对发行公司债券作出决议;

(七)对公司合并、分立、解散、清算或者变更公司形式作出决议;

(八)修改公司章程;

(九)公司章程规定的其他职权。

股东会可以授权董事会对发行公司债券作出决议。

对本条第一款所列事项股东以书面形式一致表示同意的,可以不召开股东会会议,直接作出决定,并由全体股东在决定文件上签名或者盖章。

(注:可根据本公司具体情况,通过章程规定扩张或限缩股东会的职权,或

约定对董事会进行授权性规定。)

第九条 股东会的首次会议由出资最多的股东召集和主持。

第十条 股东会会议由股东按照出资比例行使表决权。

(注:公司章程可对此处的表决权行使进行另外的规定。)

第十一条 股东会会议分为定期会议和临时会议。

召开股东会会议,应当于会议召开十五日前通知全体股东。

(注:公司章程可对股东会的议事方式和表决程序进行规定。)

定期会议按每半年一次定时召开。代表十分之一以上表决权的股东,三分之一以上的董事,监事会(不设监事会时,由监事)提议召开临时会议的,应当召开临时会议。

(注:股东可在章程中规定定期会议的召开事项。)

第十二条 股东会会议由董事会召集,董事长主持;董事长不能履行职务或者不履行职务的,由副董事长主持;副董事长不能履行职务或者不履行职务的,由过半数的董事共同推举一名董事主持。

董事会不能履行或者不履行召集股东会会议职责的,由监事会召集和主持;监事会不召集和主持的,代表十分之一以上表决权的股东可以自行召集和主持。

(注:有限责任公司不设董事会的,股东会会议由董事召集和主持。公司章程可以对以上召集主体不履行或怠于履行召集的事项进行规定,以利于后一主体行使召集权和主持权,有效召开股东会。)

第十三条 股东会作出决议,应当经代表过半数表决权的股东通过。股东会作出修改公司章程、增加或者减少注册资本的决议,以及公司合并、分立、解散或者变更公司形式的决议,应当经代表三分之二以上表决权的股东通过。

(注:有限责任公司的章程在遵守公司法规定的前提下,仍可对股东会的议事方式和表决程序进行其他约定。)

第十四条 公司设董事会,成员为______人,由____________产生。董事任期______年(注:每届不得超过三年),任期届满,可连选连任。

董事会设董事长一人,副董事长______人,由____________产生。

(注:董事长、副董事长的产生办法由公司章程规定。)

（注：有限责任公司不设董事会的，此条应改为：公司不设董事会，设董事一人，由股东会选举产生。董事任期________年，任期届满，可连选连任。）

第十五条 董事会行使下列职权：

（一）召集股东会会议，并向股东会报告工作；

（二）执行股东会的决议；

（三）决定公司的经营计划和投资方案；

（四）制订公司的利润分配方案和弥补亏损方案；

（五）制订公司增加或者减少注册资本以及发行公司债券的方案；

（六）制订公司合并、分立、解散或者变更公司形式的方案；

（七）决定公司内部管理机构的设置；

（八）决定聘任或者解聘公司经理及其报酬事项，并根据经理的提名决定聘任或者解聘公司副经理、财务负责人及其报酬事项；

（九）制定公司的基本管理制度；

（十）公司章程规定或者股东会授予的其他职权。

公司章程对董事会职权的限制不得对抗善意相对人。

（注：可以在公司章程中设定董事会其他职权。规模较小或者股东人数较少的有限责任公司，可以不设董事会，设一名董事，行使法律规定的董事会的职权。该董事可以兼任公司经理。）

董事会应当对股东的出资情况进行核查，发现股东未按期足额缴纳公司章程规定的出资的，应当督促由公司向该股东发出书面催缴书，催缴出资。未及时履行前述规定的义务，给公司造成损失的，负有责任的董事应当承担赔偿责任。（《公司法》第五十一条）

第十六条 董事会会议由董事长召集和主持；董事长不能履行职务或者不履行职务的，由副董事长召集和主持；副董事长不能履行职务或者不履行职务的，由过半数的董事共同推举一名董事召集和主持。

（注：公司章程可以对以上召集主体不履行或怠于履行召集的事项进行规定，以利于后一主体行使召集权和主持权，有效召开董事会。）

第十七条 董事会决议的表决，应当一人一票。

董事会会议应当有过半数的董事出席方可举行。董事会作出决议，应当经全体董事的过半数通过。

董事会应当对所议事项的决定作成会议记录,出席会议的董事应当在会议记录上签名。

(注:有限责任公司董事会的议事方式和表决程序,除公司法有规定的外,公司章程可以进行其他规定。)

第十八条 公司设经理,由董事会决定聘任或者解聘。经理对董事会负责,行使下列职权:

(一)主持公司的生产经营管理工作,执行并组织实施董事会决议;

(二)组织拟订、实施公司年度经营计划和投资方案;

(三)拟订公司内部管理机构设置方案;

(四)拟订公司的基本管理制度;

(五)制定公司的具体规章;

(六)提请聘任或者解聘公司副经理、财务负责人;

(七)决定聘任或者解聘除应由董事会决定聘任或者解聘以外的负责管理人员;

(八)公司章程规定或董事会授予的其他职权。

经理列席董事会会议。

(选择性条款进入章程)董事会可以通过决议变更经理以上职权;董事会作出决议后,经理职权将被变更;如经理职权被变更后与以上职权不一致时,视为以上内容被实际变更,该项变更不需要修订本章程,但股东会决议另有规定的除外。

(注:《公司法》第七十四条规定,有限责任公司可以设经理,由董事会决定聘任或者解聘。经理对董事会负责,根据公司章程的规定或者董事会的授权行使职权。经理列席董事会会议。故公司可以不设经理。如设经理,经理的以上列举性职权可由章程规定或经董事会授权确定。)

第十九条 公司设监事会,成员________人,监事会设主席一人,由全体监事过半数选举产生。监事会中股东代表监事与职工代表监事的比例为______:______。

(注:由股东自行确定监事会成员人数及职工代表的比例,但职工代表的

比例不得低于三分之一。)

监事的任期每届为三年。任期届满,可连选连任。

(注:当公司设置一名监事时,此条应改为:公司不设监事会,设监事一人,由股东会选举产生。监事的任期每届为三年。任期届满,可连选连任。或可设计为:因本公司规模较小或者股东人数较少,经全体股东一致同意,不设监事。)

第二十条 监事会行使下列职权:

(一)检查公司财务;

(二)对董事、高级管理人员执行职务的行为进行监督,对违反法律、行政法规、公司章程或者股东会决议的董事、高级管理人员提出解任的建议;

(三)当董事、高级管理人员的行为损害公司的利益时,要求董事、高级管理人员予以纠正;

(四)提议召开临时股东会会议,在董事会不履行本法规定的召集和主持股东会会议职责时召集和主持股东会会议;

(五)向股东会会议提出提案;

(六)依照《公司法》第一百八十九条的规定,对董事、高级管理人员提起诉讼;

(七)公司章程规定的其他职权。

(注:公司章程可以自行确定监事会或不设监事会的监事的职权;或者确定既不设监事会也不设监事的监督事项。)

监事可以列席董事会会议,并对董事会决议事项提出质询或者建议。监事会可以要求董事、高级管理人员提交执行职务的报告。董事、高级管理人员应当如实向监事会提供有关情况和资料,不得妨碍监事会或者监事行使职权。

第二十一条 监事会每年度至少召开一次会议,监事可以提议召开临时监事会会议。

第二十二条 监事会决议的表决,应当一人一票;监事会决议应当经全体监事的过半数通过。

(注:公司章程可以确定监事会的议事方式和表决程序,但不应与现行的公司法规定相冲突。)

第六章　公司法定代表人的产生、变更办法

第二十三条　公司法定代表人由【代表公司执行公司事务的董事或者经理(选择其一)】担任。

第二十四条　担任法定代表人的【董事或者经理】辞任的,视为同时辞去法定代表人,法定代表人辞任的,公司应当在法定代表人辞任之日起三十日内确定新的法定代表人。

第二十五条　法定代表人以公司名义从事的民事活动,其法律后果由公司承受。法定代表人因执行职务造成他人损害的,由公司承担民事责任。公司承担民事责任后,可以向有过错的法定代表人追偿。

(注:通过公司章程明确代表公司执行公司事务的董事或者经理的哪一主体担任公司法定代表人,也可由设计类似由甲方股东委派的代表公司执行事务的董事担任等;可以在章程中设计法定代表人的职权,但公司章程对法定代表人职权的限制,不得对抗善意相对人。)

第七章　股权转让和继承

第二十六条　股东之间可以相互转让其全部或者部分股权。

第二十七条　股东向股东以外的人转让股权的,应当将股权转让的数量、价格、支付方式和期限等事项书面通知其他股东,其他股东在同等条件下有优先购买权。股东自接到书面通知之日起三十日内未答复的,视为放弃优先购买权。两个以上股东行使优先购买权的,协商确定各自的购买比例;协商不成的,按照转让时各自的出资比例行使优先购买权。

【公司章程对股权转让另有规定的,从其规定。】

(注:从考虑公司控制与股东权利保护的角度,可以通过公司章程,另行规定股权转让的方式方法或其他限制,但不得构成股权转让的实质性禁止。)

第二十八条　公司自然人股东死亡后,其合法继承人可以继承股东资格。

(注:公司章程可以对股东资格继承事项作出其他规定。)

第八章　公司董事、监事、高级管理人员的资格和义务

第二十九条　有下列情形之一的,不得担任本公司的董事、监事、高级管理人员:

(一)无民事行为能力或者限制民事行为能力;

（二）因贪污、贿赂、侵占财产、挪用财产或者破坏社会主义市场经济秩序，被判处刑罚，或者因犯罪被剥夺政治权利，执行期满未逾五年，被宣告缓刑的，自缓刑考验期满之日起未逾二年；

（三）担任破产清算的公司、企业的董事或者厂长、经理，对该公司、企业的破产负有个人责任的，自该公司、企业破产清算完结之日起未逾三年；

（四）担任因违法被吊销营业执照、责令关闭的公司、企业的法定代表人，并负有个人责任的，自该公司、企业被吊销营业执照、责令关闭之日起未逾三年；

（五）个人因所负数额较大债务到期未清偿被人民法院列为失信被执行人。

违反前款规定选举、委派董事、监事或者聘任高级管理人员的，该选举、委派或者聘任无效。

董事、监事、高级管理人员在任职期间出现本条第一款所列情形的，公司应当解除其职务。

第三十条 董事、监事、高级管理人员应当遵守法律、行政法规和公司章程。

第三十一条 董事、监事、高级管理人员对公司负有忠实义务，应当采取措施避免自身利益与公司利益冲突，不得利用职权牟取不正当利益。

董事、监事、高级管理人员对公司负有勤勉义务，执行职务应当为公司的最大利益尽到管理者通常应有的合理注意。

公司的控股股东、实际控制人不担任公司董事但实际执行公司事务的，适用本条前两款规定。

第三十二条 董事、监事、高级管理人员不得有下列行为：

（一）侵占公司财产、挪用公司资金；

（二）将公司资金以其个人名义或者以其他个人名义开立账户存储；

（三）利用职权贿赂或者收受其他非法收入；

（四）接受他人与公司交易的佣金归为己有；

（五）擅自披露公司秘密；

（六）违反对公司忠实义务的其他行为。

第三十三条 董事、监事、高级管理人员,直接或者间接与本公司订立合同或者进行交易,应当就与订立合同或者进行交易有关的事项向【董事会或者股东会(选择其一)】报告,并按照公司章程的规定经【董事会或者股东会(选择其一)】决议通过。

董事、监事、高级管理人员的近亲属,董事、监事、高级管理人员或者其近亲属直接或者间接控制的企业,以及与董事、监事、高级管理人员有其他关联关系的关联人,与公司订立合同或者进行交易,适用前款规定。

第三十四条 董事、监事、高级管理人员,不得利用职务便利为自己或者他人谋取属于公司的商业机会。但是,有下列情形之一的除外:

(一)向董事会或者股东会报告,并按照公司章程的规定经【董事会或者股东会决议】通过;

(二)根据法律、行政法规或者公司章程的规定,公司不能利用该商业机会。

第三十五条 董事、监事、高级管理人员未向董事会或者股东会报告,并按照公司章程的规定经【董事会或者股东会】决议通过,不得自营或者为他人经营与其任职公司同类的业务。

第三十六条 董事会对《公司法》第一百八十二条至第一百八十四条规定的事项决议时,关联董事不得参与表决,其表决权不计入表决权总数。出席董事会会议的无关联关系董事人数不足三人的,应当将该事项提交股东会审议。

第三十七条 董事、监事、高级管理人员违反《公司法》第一百八十一条至第一百八十四条规定所得的收入应当归公司所有。

第三十八条 股东会要求董事、监事、高级管理人员列席会议的,董事、监事、高级管理人员应当列席并接受股东的质询。

第三十九条 董事、监事、高级管理人员执行职务违反法律、行政法规或者公司章程的规定,给公司造成损失的,应当承担赔偿责任。

第四十条 董事、高级管理人员有前条规定的情形的,公司股东,可以书面请求监事会向人民法院提起诉讼;监事有前条规定的情形的,前述股东可以书面请求董事会向人民法院提起诉讼。

监事会或者董事会收到前款规定的股东书面请求后拒绝提起诉讼,或者自收到请求之日起三十日内未提起诉讼，或者情况紧急、不立即提起诉讼将会使公司利益受到难以弥补的损害的，前款规定的股东有权为公司利益以自己的名义直接向人民法院提起诉讼。

他人侵犯公司合法权益，给公司造成损失的，本条第一款规定的股东可以依照前两款的规定向人民法院提起诉讼。

公司全资子公司的董事、监事、高级管理人员有前条规定情形，或者他人侵犯公司全资子公司合法权益造成损失的，本公司股东可以依照前三款规定书面请求全资子公司的监事会、董事会向人民法院提起诉讼或者以自己的名义直接向人民法院提起诉讼。

第四十一条　董事、高级管理人员违反法律、行政法规或者公司章程的规定，损害股东利益的，股东可以向人民法院提起诉讼。

第四十二条　董事、高级管理人员执行职务，给他人造成损害的，公司应当承担赔偿责任；董事、高级管理人员存在故意或者重大过失的，也应当承担赔偿责任。

第四十三条　公司的控股股东、实际控制人指示董事、高级管理人员从事损害公司或者股东利益的行为的，与该董事、高级管理人员承担连带责任。

第四十四条　公司在董事任职期间为董事因执行公司职务承担的赔偿责任投保责任保险。

公司为董事投保责任保险或者续保后，董事会应当向股东会报告责任保险的投保金额、承保范围及保险费率等内容。

第九章　公司财务、会计与利润分配

第四十五条　公司财务、会计

（一）公司依照法律、行政法规和国务院财政部门的规定建立本公司的财务、会计制度。

（二）公司除法定的会计账簿外，不得另立会计账簿。对公司的资金，不得以任何个人名义开立账户存储。

（三）公司聘用、解聘承办公司审计业务的会计师事务所，由【股东会、董事会或者监事会（应选择其一）】决定。

（注：鉴于聘用、解聘承办公司审计业务的会计师事务所事项重要，建议规

定由股东会决定;如考虑公司决策的便利和效率,可以考虑规定为董事会或监事会进行决定。)

第四十六条 公司利润分配

(一)公司弥补亏损和提取公积金后所余税后利润按全体股东的实缴出资比例分配,但全体股东另有约定的除外。

(二)公司违反公司法规定向股东分配利润的,股东应当将违反规定分配的利润退还给公司;给公司造成损失的,股东及负有责任的董事、监事、高级管理人员应当承担赔偿责任。

(三)股东会作出分配利润的决议的,董事会应当在股东会决议作出之日起六个月内进行分配。

第四十七条 公司的公积金用于弥补公司的亏损、扩大公司生产经营或者转为增加公司注册资本。

公积金弥补公司亏损,应当先使用任意公积金和法定公积金;仍不能弥补的,可以按照规定使用资本公积金。

法定公积金转为增加注册资本时,所留存的该项公积金不得少于转增前公司注册资本的百分之二十五。

第十章 公司增资与减资

第四十八条 公司增资

(一)公司增加注册资本应当经股东会决议通过。

(二)公司增加注册资本时,股东在同等条件下有权优先按照实缴的出资比例认缴出资。但是,全体股东约定不按照出资比例优先认缴出资的除外。

第四十九条 公司减资

(一)依照法律、行政法规的规定,经股东会决议,公司可以减少注册资本。

(二)公司减少注册资本,应当编制资产负债表及财产清单。

(三)公司应当自股东会作出减少注册资本决议之日起十日内通知债权人,并于三十日内在报纸上或者国家企业信用信息公示系统公告。债权人自接到通知之日起三十日内,未接到通知的自公告之日起四十五日内,有权要求公司清偿债务或者提供相应的担保。

(四)公司减少注册资本,应当按照股东出资或者持有股份的比例相应减少出资额或者股份,法律另有规定、有限责任公司全体股东另有约定或者股份有限公司章程另有规定的除外。

(五)公司依照《公司法》规定弥补亏损后,仍有亏损的,可以减少注册资本弥补亏损。减少注册资本弥补亏损的,公司不得向股东分配,也不得免除股东缴纳出资或者股款的义务。

依照前款规定减少注册资本的,不适用《公司法》第二百二十四条第二款的规定,但应当自股东会作出减少注册资本决议之日起三十日内在报纸上或者国家企业信用信息公示系统公告。

公司依照前两款的规定减少注册资本后,在法定公积金和任意公积金累计额达到公司注册资本百分之五十前,不得分配利润。

(六)公司违反法律规定减少注册资本的,股东应当退还其收到的资金,减免股东出资的应当恢复原状;给公司造成损失的,股东及负有责任的董事、监事、高级管理人员应当承担赔偿责任。

第十一章　公司解散与清算

第五十条　公司因下列原因解散:

(一)公司章程规定的营业期限届满或者公司章程规定的其他解散事由出现;

(二)股东会决议解散;

(三)因公司合并或者分立需要解散;

(四)依法被吊销营业执照、责令关闭或者被撤销;

(五)人民法院依照《公司法》第二百三十一条的规定予以解散。

公司出现前款规定的解散事由,应当在十日内将解散事由通过国家企业信用信息公示系统予以公示。

公司研究决定解散公司的重大问题时,应当听取公司工会的意见,并通过职工代表大会或者其他形式听取职工的意见和建议。

第五十一条　清算分配

(一)因公司章程规定或公司法规定而解散公司的,应当清算。董事为公司清算义务人,应当在解散事由出现之日起十五日内组成清算组进行清算。

(二)清算组由董事组成,但是股东会决议另选他人的除外。

（三）清算义务人未及时履行清算义务，给公司或者债权人造成损失的，应当承担赔偿责任。

（四）清算组在清理公司财产、编制资产负债表和财产清单后，应当制定清算方案，并报股东会或者人民法院确认。

（五）公司财产在分别支付清算费用、职工的工资、社会保险费用和法定补偿金，缴纳所欠税款，清偿公司债务后的剩余财产，有限责任公司按照股东的实缴出资比例分配。

（六）清算期间，公司存续，但不得开展与清算无关的经营活动。公司财产在未依照相关规定清偿前，不得分配给股东。

（七）公司清算结束后，清算组应当制作清算报告，报股东会或者人民法院确认，并报送公司登记机关，申请注销登记。

第十二章　附　　则

第五十二条　公司应根据相关规定，结合实际，聚焦创新发展的重点领域，制定相应的容错纠错制度。对公司董事和管理人员在落实重大战略部署、推进改革创新发展、维护社会稳定等过程中勤勉尽责、未谋私利，出现存在容错情形且符合容错条件的失误偏差，经股东会审议后，不做负面评价或者进行减责、免责。同时，应当对失误偏差予以纠正并完善制度机制。

第五十三条　本章程下列用语有如下含义：

高级管理人员，是指公司的经理、副经理、财务负责人、法务总监、技术总监、公司股东会或董事会决议指定的人员或公司章程规定的其他人员。

本章程所称的“以上”“以下”包括本数，“少于”“过半数”“超过”不包括本数。

第五十四条　本章程中的各项条款与法律、法规、规章不符的，以法律、法规、规章的规定为准。本章程未尽事宜根据相关法律、法规、规章、规范性文件执行。

第五十五条　本章程一式________份，并报公司登记机关一份。

全体股东签名或者盖公章：

××××年××月××日

二、有限合伙协议参考版本

××××××合伙企业(有限合伙作为持股平台)
合伙协议

第一条 根据《中华人民共和国合伙企业法》(以下简称《合伙企业法》)及《中华人民共和国合伙企业登记管理办法》的有关规定,经全体合伙人协商一致订立本协议。

第二条 本企业为有限合伙企业。合伙人愿意遵守国家有关的法律、法规、规章,依法纳税,守法经营。

第三条 企业的名称:××××××合伙企业(有限合伙)。

第四条 主要经营场所:××××××。

第五条 经营期限:长期。

第六条 合伙目的:繁荣市场经济,通过合法经营实现资产增值。

第七条 经营范围:投资管理、投资咨询(以市场监管局核定为准)。

第八条 合伙人类型、姓名/名称及住所:

1. 普通合伙人:______________________________,

住所(址):______________________________。

2. 有限合伙人:______________________________,

住所(址):______________________________。

3. 有限合伙人:______________________________,

住所(址):______________________________。

4. 有限合伙人:______________________________,

住所(址):______________________________。

第九条 合伙人认缴或者实际缴付的出资额、缴付期限、出资方式为:

本合伙企业财产份额为人民币¥ 万元。

1. 普通合伙人以货币认缴出资¥ 万元,在 年 月 日前缴付。

2. 有限合伙人以货币认缴出资¥ 万元,在 年 月 日前缴付。

除因不可抗力外,任何一合伙人未按本协议规定的缴纳期限足额缴纳认缴出资的,每逾期一日,违约方总计应当向守约方支付其应认缴资本的千分之一(0.1%)作为违约金,违约金由守约方按照其出资的比例分配。

第十条 合伙企业的费用

有限合伙设立、运营、终止、解散及清算过程中发生的各项费用由有限合伙企业支付,上述费用原则上应在各合伙人之间按其实缴出资比例分摊,除非本协议另有明确约定。

第十一条 利润分配、亏损分担办法及对外债务的责任

1. 企业的利润分配方式:按合伙人实缴出资比例分配。

2. 企业亏损的分担方式:按合伙人实缴出资比例分担。

3. 本企业债务:合伙债务应先以合伙财产偿还。当合伙财产不足以清偿时,有限合伙人在认缴出资额内承担有限责任,普通合伙人承担无限连带责任。

4. 全体合伙人于此一致同意,普通合伙人可独立作出与以上利润分配、亏损分担不一致的分配、分担决定。

第十二条 合伙企业事务执行

1. 执行事务合伙人对外代表企业。普通合伙人×××为执行事务合伙人,其他合伙人不再执行合伙企业事务。

除非本协议另有约定,普通合伙人有权以有限合伙企业之名义,在其自主判断为必须、必要、有利或方便的情况下,为有限合伙企业缔结合同或达成其他约定、承诺,管理及处分有限合伙之财产,以实现有限合伙之经营宗旨和目的。

普通合伙人及其委派的代表为执行合伙事务所作的全部行为,包括与任何第三人进行业务合作及就有关事项进行交涉,均对有限合伙企业具有约束力。

2. 普通合伙人作为执行事务合伙人拥有《合伙企业法》及本协议所规定的对于有限合伙企业事务的独占及排他的执行权,包括但不限于:

(1)执行有限合伙投资业务的决策和实施工作;

(2)收益分配、亏损分担的实施;

(3)代表有限合伙取得、管理、维持和处分有限合伙企业的资产;

(4)开立、维持和撤销有限合伙的银行账户,开具支票和其他付款凭证;

(5)聘用专业人士、中介及顾问机构对有限合伙提供服务;

(6)采取为实现合伙目的、维护或争取有限合伙合法权益、维持有限合伙合法存续、保障有限合伙的财产安全、以有限合伙企业身份开展经营活动所必需的一切行动;

(7)为有限合伙的利益决定提起诉讼或应诉或进行仲裁;与争议对方进行妥协、和解等,以解决有限合伙与第三方的争议;

(8)代表有限合伙对外签署文件;

(9)本协议规定及全体合伙人授予的其他权限。

3. 全体有限合伙人通过签署本协议向普通合伙人进行一项不可撤销的特别授权,授权普通合伙人代表全体或任一有限合伙人在下列文件上签字:

(1)本合伙协议的修正案或修改后的合伙协议。当修改内容为本协议规定的普通合伙人独立决定事项之相关内容时,普通合伙人在不违反本协议基本内容的情况下可直接代表有限合伙人签署;

(2)有限合伙企业所有的企业登记/变更登记文件;

(3)当普通合伙人担任有限合伙企业的清算人时,为执行有限合伙企业解散或清算相关事务而需签署的文件。

第十三条 执行事务合伙人应具备的条件和选择程序、权限与违约处理办法。

1. 本有限合伙企业的普通合伙人为执行事务合伙人。

执行事务合伙人应具备以下条件:

(1)按期缴付出资,对合伙企业的债务承担无限连带责任;

(2)具有完全民事行为能力;

(3)无犯罪记录,无不良经营记录。

2. 执行事务合伙人权限与违约处理办法:

执行事务合伙人负责合伙企业事务的执行。执行事务合伙人应基于诚实信用原则为有限合伙谋求最大利益。若因执行事务合伙人的故意或重大过失行为,致使有限合伙受到损害或承担债务、责任,执行事务合伙人应承担赔偿责任。

第十四条 入伙、退伙

1. 普通合伙人入伙、退伙。

1.1　本合伙企业不再接纳新的普通合伙人入伙,除非经全体合伙人一致同意。普通合伙人在此承诺,除非本协议各方另有明确约定,在有限合伙企业按照本协议约定解散或清算之前,普通合伙人始终履行本协议项下的职责;在有限合伙企业解散或清算之前,不要求退伙;其自身亦不会采取任何行动主动解散或终止有限合伙企业。

1.2　普通合伙人发生下列情形时,当然退伙:

(1)发生根据《合伙企业法》适用于普通合伙人的规定被视为当然退伙的其他情形;

(2)普通合伙人依上述约定当然退伙时,除非有限合伙企业立即接纳了新的普通合伙人,否则有限合伙企业进入清算程序。

2.有限合伙人的入伙、退伙。

2.1　普通合伙人在此获得各合伙人授权,并可独立决定接纳新的有限合伙人入伙。新的有限合伙人经批准入伙并且签署书面文件确认其同意受本协议约束之日成为有限合伙人。新的有限合伙人入伙后,合伙企业应依法办理相应的企业变更登记手续。

2.2　有限合伙人应当依据本协议以及各合伙人单独或共同另行签订的协议约定转让其持有的有限合伙权益从而退出有限合伙企业,除此之外,有限合伙人不得提出退伙或提前收回投资本金的要求。

2.3　有限合伙人发生下列情形时,当然退伙:

(1)持有的有限合伙权益被法院强制执行;

(2)发生根据《合伙企业法》规定被视为当然退伙的其他情形。

有限合伙人依上述约定当然退伙时,其有限合伙权益参照上款处理。

2.4　如果有限合伙人存在下列情形,普通合伙人在此获得各合伙人授权并可独立决定,按照本协议以及各合伙人单独或共同另行签订的协议对该有限合伙人除名退伙:

(1)发生禁止行为,具体如下:

①重大渎职行为。

②重大决策失误导致合伙企业所投资公司及其子公司(“公司”)利益受到重大损失。

③违反本协议规定对合伙份额私自转让、交换、担保、偿还债务等。

④在任何与公司存在业务竞争关系的其他任何单位工作或兼职;未经公司同意,自行从事任何营利性或经营性活动;未经公司许可,在公司安排的工作时间内从事非公司安排的其他工作。

⑤利用职权对外收取佣金或回扣行为,侵占或挪用公司财产的行为。

⑥参与或从事与公司的业务经营有竞争性的活动,或为其他单位谋取与公司有竞争性的利益;从事任何有损公司声誉、形象和经济利益的活动。

⑦向任何第三人透露、披露、告知、交付、传递公司的商业秘密;未经公司许可,以任何形式(包括发表、网上发布、申请专利等)使公司商业秘密公开。

⑧触犯法律,并承担任何刑事责任。

⑨有损公司利益的其他行为。

(2)任何情形下与公司终止或解除劳动合同。

(3)退休、丧失劳动能力或死亡导致劳动合同提前终止。

(4)期满未续签劳动合同。

(5)发生竞业禁止行为,无论在劳动合同期内,还是劳动合同期满二年。

第十五条 有限合伙人与普通合伙人互换程序

除非法律另有规定或全体合伙人达成全体一致同意的书面决定,有限合伙人不能转变为普通合伙人,普通合伙人亦不能转变为有限合伙人。

第十六条 普通合伙人在此获得各合伙人授权,可独立就下列事项(包括但不限于)作出决定:

(1)决定有限合伙名称、经营范围或主要经营场所的变更;

(2)处分有限合伙的不动产、对外投资、知识产权和其他财产权利;

(3)以有限合伙名义为他人提供担保;

(4)决定有限合伙的提前解散;

(5)决定增加或减少有限合伙总规模;

(6)聘任合伙人以外的人担任合伙企业的经营管理人员;

(7)决定有限合伙人的变更、除名及接纳新的有限合伙人入伙;

(8)决定本协议的修订;

(9)其他除本协议或法律规定需由全体合伙人决议的事项。

除本协议另有约定,普通合伙人在此获得各合伙人授权,可独立就所有涉及有限合伙企业决议的相关事项作出决定。

第十七条 财产份额转让

1. 有限合伙人财产份额转让

1.1 在遵守本协议以及各合伙人单独或共同另行签订的协议之前提下,有限合伙人可以转让其在有限合伙当中的任何财产份额(有限合伙人在有限合伙中的财产份额应包括其在本协议项下享有的一切权利和承担的一切义务),包括但不限于对于出资、收益及接受分配的权利。

1.2 在符合本协议以及各合伙人单独或共同另行签订的协议之明确规定的前提下,拟转让有限合伙财产份额的有限合伙人(以下称为转让方)申请转让其持有的全部或部分有限合伙财产份额的,当下列条件全部满足时方为一项“有效申请”:

(1)转让方至少提前三十天向普通合伙人发出转让请求;

(2)拟议中的受让方(以下称为拟议受让方)已向普通合伙人提交关于其同意受本协议约束及将遵守本协议约定、承继转让方后续相关义务(如有)的承诺函,以及普通合伙人认为适宜要求的其他文件、证件及信息;

(3)拟议受让方已书面承诺承担该次转让引起的有限合伙及普通合伙人所发生的所有费用。

若普通合伙人根据其独立判断认为拟议中的转让符合有限合伙的最大利益,则可决定放弃本条规定的一项或数项条件,认可有关有限合伙财产份额转让的申请为“有效申请”。

1.3 对于一项有关有限合伙财产份额转让的有效申请,普通合伙人有权独立作出同意或不同意的决定。

2. 普通合伙人财产份额转让

2.1 普通合伙人可直接向第三方转让其持有的有限合伙企业中的财产份额,无须经其他合伙人一致同意。

2.2 若合伙人决议通过决议接纳了新的普通合伙人并将原普通合伙人除名,则原普通合伙人应向新的普通合伙人转让其持有的全部有限合伙财产份额。无须任何进一步行动、批准或任何人士的表决,该等受让人无须解散有限合伙,可以继续经营有限合伙的业务。

2.3 除依照本协议之明确规定进行的转让,普通合伙人不应以其他任何方式转让其在有限合伙当中的任何财产份额。

第十八条 争议解决办法

本协议受中国法律管辖并依其解释。因本协议引起的或与本协议有关的任何争议,应当通过协商或者调解解决。通过协商或调解解决不成的,应提请中国国际经济贸易仲裁委员会按照仲裁申请时有效的仲裁规则进行仲裁。仲裁裁决是终局的,对争议各方均有约束力。

第十九条 终止、解散与清算

1. 当下列任何情形之一发生时,有限合伙企业应被终止、解散并清算:

(1)普通合伙人提议并经合伙人决议同意;

(2)有限合伙企业期限届满,合伙人决定不再经营;

(3)有限合伙企业发生达到或超过有限合伙企业实缴出资总额50%的严重亏损,或者因不可抗力无法继续经营,且经全体合伙人同意;

(4)普通合伙人被除名且有限合伙企业没有接纳新的普通合伙人;

(5)有限合伙人一方或数方严重违约,致使普通合伙人判断有限合伙企业无法继续经营;

(6)有限合伙企业被吊销营业执照;

(7)出现《合伙企业法》及本协议规定的其他解散原因。

2. 清算

2.1 清算人由普通合伙人担任。在确定清算人以后,所有有限合伙未变现的资产由清算人负责管理。清算期间有限合伙不得发生任何新的业务,但经普通合伙人同意的除外。

2.2 有限合伙企业到期或终止清算时,应依法进行清偿及分配。

第二十条 附则

1. 保密

1.1 本协议各方均应对因协商、签署及执行本协议而了解的其他各方的商业秘密承担最高级别的保密责任。有限合伙人还应对其了解到的有限合伙经营信息承担最高级别的保密责任。

但是有限合伙人可以披露任何下列信息:

(1)在披露时,或披露前非有限合伙人原因已为公众所知晓的信息或资料;

(2)依据有效法律规定或行政监管机关依法要求有限合伙人必须披露的信息或资料。能证明从披露方获得相关信息时接受方已经熟知的资料或信息;

(3)为回应任何传唤或传票或因与任何诉讼相关而要求的信息;

(4)为了遵守任何适用于该有限合伙人的法律、法令、法规或裁决所必要的信息。

有限合伙人在披露之前,应及时通知普通合伙人;如在披露前来不及或不方便通知,也应在披露后的第一时间通知普通合伙人。

1.2　不管本协议有任何其他规定,普通合伙人在其确定为合理的期间内有权就下列事项向有限合伙人保密:

(1)任何普通合伙人合理相信具有商业秘密性质的信息;

(2)任何其他普通合伙人善意相信披露该信息不符合有限合伙的最大利益,或法律或与第三方的合同要求有限合伙保密的信息。

1.3　出于遵守适用法律和法规的目的,普通合伙人可以披露关于有限合伙或有限合伙人的必要的任何信息,而且各有限合伙人应在普通合伙人向其要求时,立即将普通合伙人合理地认为遵守该法律和法规所必要的全部信息提供给普通合伙人。

2. 本协议的补充和修订

本协议未尽事宜,由各合伙人另行协商确定并签署书面形式的声明、承诺或补充协议,上述书面声明、承诺或补充协议作为本协议的附件,为本协议不可分割的组成部分。本合伙协议为各合伙人之真实意思表示,如合伙人之间签署的其他协议与本合伙协议不一致之处,以本合伙协议为准。

当修订内容为本协议规定的普通合伙人可独立决定事项之相关内容时,普通合伙人在不违反本协议基本内容的情况下可直接代表有限合伙人签署本协议的修正案或修改后的合伙协议。该等修正案或修改后的合伙协议自普通合伙人签署之日起生效。

3. 签署文本

本协议经全体合伙人签署之日起生效。本协议正本一式二份，一份交工商登记部门，一份留合伙企业存档。各份协议均具有同等法律效力。

4. 本协议生效日

本协议自各方签署之日起生效。

[以下无正文，附××××××合伙企业(有限合伙)合伙协议签署页]

后　　记

现实中永远不缺公司控制争夺的“瓜”。

2020年4月，当当网创始人抢公章成了头条热点，时隔两个多月，就在抢公章的事尚未尘埃落定之时；2020年7月7日早上，当当网创始人之一李某庆又带领20多人，强行进入当当网，拿走当当网公司资料，且在微博宣称接管当当网，并宣布调整当当网组织结构及人员构成。中国经营网于2020年5月16日发布了题为《比特大陆“生死劫”：吴某寒与詹某团“宫斗”史》的文章。根据该文章，原法定代表人詹某团5月8日到北京市海淀区政务服务中心领取法定代表人恢复为自己的北京比特大陆科技有限公司的营业执照时，吴某寒阵营的北京比特首席财务官刘某遥指派王某广、贺某胤等大约60名员工在海淀区政务服务中心抢走了营业执照及其副本。北京市海淀区公安分局5月14日通报显示：海淀区公安局已对王某广、贺某胤等人依法采取强制措施。北京比特大陆科技有限公司创始人的“法定代表人”之争在互联网上又炸了一个响雷。《上海证券报》于2024年4月17日发布了题为《海信网能爆“新料” 科林电气控股权“暗战”正酣》的文章。海信集团旗下的海信网能在收购上市公司科林电气的过程中，与以科林电气董事长为代表的高管团队，站在了公司控制争夺“攻守”的对立面，海信集团也被描述成了并购中站在“门口的野蛮人”。

很显然，无论是当当网之争，还是北京比特大陆科技有限公司的法定代表人之争，抑或上市公司科林电气的并购控制之争，其背后都是公司控制的争夺，及对自己股东权利的维护。外行看热闹，内行看门道。吃瓜群众看到的是“瓜”，公司股东却应该从中看到经验教训。类似事件是否可以避免？如果可以，公司股东应如何避免类似事件发生？如果不可避免地发生了类似事件，公司股东又应该如何处置？公司股东在公司纠纷中到底应该如何最大限度地维护自己的利益？以上诸问题，关键在公司控制和股东权利保护，而实现这两者的关键在公司顶层制度设计。

公司顶层制度设计与公司的长远发展息息相关。优良的顶层设计既需要在宏观上架构公司的发展方向，又需要在微观上有良好的可执行性。好的制度引领公司劈风斩浪，勇往直前，坏的制度拖住公司的后腿，带来无穷无尽的内部消耗。海底捞在改变了容易出问题的 50∶50 的股权结构问题后，成功在新加坡上市，相反，真功夫没能解决 50∶50 的股权结构冲突，公司至今仍在内耗之中，阻碍了公司更好地发展。一个没有完善的制度设计的公司，很难有稳定的管控与股东权利保护，也很难有完善的治理体系和强大的现代治理能力。

基于以上种种论述，笔者尝试从公司的顶层制度——公司章程设计的实务角度，为公司控制和股东权利保护的落地提供一种具有可操作性的实践路径。这一路径是从公司股东的自主约定出发，落地于公司的章程与制度，帮助公司股东及其他公司投资者最大限度地实现投资公司的目的。通过公司章程中自主性条款的优化设计，达到公司股东自治意思的充分表示，为股东在章程中实现意思自治以及通过章程安排实现控制公司、保护股东权利，并为股东之间的良性对话及纠纷解决留出进路。

《公司法》经过修订后发生了巨大变化，对原有的公司控制形态和股东权利保护产生了深远影响，形成了重大冲击。本书结合《公司法》(2023 年修订)及相关法律法规和司法解释，响应《最高人民法院关于统一法律适用加强类案检索的指导意见(试行)》的号召，在设计每一条款时参考了相关的生效案例，为公司控制和股东保护提供实用和可操作的路径。

笔者清醒地认识到，落实于书面的文字有其滞后性和保守性，法律实践的丰富性远远胜于文字的描述，法律实践的发展速度也远远快于文字知识的总结进度。笔者在此仅以个人对相关法律条款和实际判例的研读、理解以及相关法庭实战经验，为公司治理、控制和股东权利保护提供一个实用的路径，一种选择的方案，一个参考的框架，为公司股东和利益相关者在制度设计中找到平衡，进而实现公司治理的优化并帮助股东投资公司获得最佳效益。

笔者仍然在此郑重提醒本书的读者，公司章程的制定、公司制度的设计，有其内在的复杂性，它们受制于公司法理论的不断演变，法律法规和司法裁判的更新,商业实践的复杂性以及具体个案的特殊性。本书中的章程条款参考示例仅为参考学习和研究之用,并非“放之四海而皆准”的标准,给出的各参考条款之间并不具有逻辑性,每个条款仅能在一定程度上或一定条件下有参考或借鉴意义。读者在处理具体问题时,应具体问题具体分析,务必聘请专业人士予以协助。

从公司控制和股东权利保护的角度来设计公司章程对笔者来说是一个全新的课题,也是对实践中的困惑思索所得,而笔者“左右互搏”式的设计也颇费了脑筋。因此,本书肯定存在不少问题甚至谬误,希望读者和方家能及时提出批评指正,并敬请谅解。有关批评、建议将会在以后的知识及实践中加以吸收,并使本书所涉课题不断得以完善,在此只有拜谢了!

最后,感谢法律出版社编辑的策划与指导!感谢读者的厚爱!本书第一版意料之外而又情理之中地成为畅销书,得到了众多读者包括企业家、创始人、股东、创投者、实际控制人、高级管理人员、律师和法律实务工作者的认可,还一度登上知名网站的热卖榜、新书榜和畅销榜。但是,笔者深知自己鲁钝,除在此衷心表示感谢外,唯有在《公司法》(2023 年修订)出台的背景下,加倍努力,以更好的内容回馈读者,尽最大努力不辜负支持和厚爱。